高速铁路运行控制调度一体化

董海荣 荀 径 谭立刚 高士根 著

科学出版社
北 京

内 容 简 介

本书讲述高速铁路运行控制调度一体化基础理论与关键技术。第1章介绍控制调度一体化的基本概念及相关技术发展现状。第2章介绍高速列车智能运行控制，包括列车运行速度曲线优化、精确停车鲁棒自触发预测控制和模型预测安全防护等方法。第3章介绍高速列车协同运行控制，包括协同运行控制原理、协同运行神经网络自主控制、强化学习协同运行最优控制等方法。第4章介绍多源扰动下高速列车协同运行控制，包括事件触发预设性能协同控制和协同运行分布式抗扰控制等方法。第5章介绍运行控制调度一体化，包括考虑进路的速度曲线优化、考虑速度曲线的列车运行智能调整、列车运行控制与动态调度一体化等方法。第6章介绍高速铁路运行控制调度一体化仿真平台，包括平台总体方案、一体化仿真平台、最小原型系统和实车验证等内容。

本书可供交通运输工程、自动化等专业的研究生学习，也可供相关领域科研人员的参考。

图书在版编目(CIP)数据

高速铁路运行控制调度一体化/董海荣等著. —北京：科学出版社，2023.11
ISBN 978-7-03-075405-9

Ⅰ.①高⋯　Ⅱ.①董⋯　Ⅲ.①高速铁路-列车-运行-控制系统
Ⅳ.①U284.48

中国国家版本馆 CIP 数据核字(2023)第 067134 号

责任编辑：孙伯元 / 责任校对：王萌萌
责任印制：师艳茹 / 封面设计：陈　敬

*科学出版社*出版
北京东黄城根北街 16 号
邮政编码：100717
http://www.sciencep.com

北京九州迅驰传媒文化有限公司 印刷
科学出版社发行　各地新华书店经销

*

2023 年 11 月第 一 版　开本：720×1000　1/16
2023 年 11 月第一次印刷　印张：15 1/2
字数：314 000
定价：128.00 元
(如有印装质量问题，我社负责调换)

前　言

经过二十余年的发展，我国高速铁路已经具有世界最长的运营里程、独一无二的网络化运营模式、覆盖最多样的自然地理环境，在建设与运营中形成完整的自主创新技术体系，积累了丰富的工程实践经验，成为一张亮丽的"中国名片"，也是服务和支撑现代化建设的重要创新驱动力。高速铁路相关技术研究逐步进入"无人区"，尤其是作为"大脑与中枢神经"的高速铁路列车运行控制系统经历了新技术引进、学习再创新、技术再升级、探索并超越的创新之路。随着路网规模快速增长、运行环境日趋复杂、需求运力难以匹配，智能化、自主化和无人化的高效运营已经成为高速铁路可持续发展的重大需求。

作为下一代高速铁路自主运行控制系统的核心关键技术之一，高速铁路运行控制调度一体化涉及控制决策、调度优化、人工智能、大数据和智能系统等相关研究领域和学科。作者团队依托轨道交通控制与安全国家重点实验室和轨道交通运行控制系统国家工程研究中心等国家级平台，长期致力于轨道交通运行控制系统基础理论与关键技术等方面的研究工作。2016年初，作者团队多次赴北京、上海、沈阳和广州等铁路现场进行调研，并与信息和铁路领域专家进行多轮深度研讨后，确立了"高速铁路运行控制与动态调度一体化"作为攻关方向。

感谢宁滨院士对本研究方向的开拓性贡献。相关研究工作得到信息领域和铁路领域众多专家学者的支持和帮助，尤其感谢何华武院士、桂卫华院士、柴天佑院士、钱锋院士和管晓宏院士等专家的长期指导和中国国家铁路集团有限公司郭竹学总经理等大力支持。感谢团队成员王洪伟、宋海锋、周敏、郑伟、孟令云、乐逸祥、吴兴堂、白卫齐、阴佳腾和杨欣等对研究工作的付出，感谢 iART 实验室研究生朱海楠、宁灵斌、张子轩、吴为、刘瑄、宋希颖、侯卓璞、郑玥、刘晓宇、刘通和赵子楸等为完成本书做了大量的辅助工作。

本书系统总结了近年来在国家自然科学基金重大项目"高速铁路运行控制与动态调度一体化基础理论与关键技术"（61790570）和杰出青年基金"复杂条件下列车运行智能控制与优化"（61925302）等相关科研项目的持续资助下所取得的

成果，介绍了我国高速铁路运控系统发展情况和国内外研究现状、高速列车智能运行控制、协同运行控制、运行控制调度一体化，以及相关仿真平台。为便于阅读，本书提供部分彩图的电子版文件，读者可自行扫描前言的二维码查阅。

需要强调的是，高速铁路运行控制调度一体化的理论与方法仍处于探索发展阶段，尚有大量工作值得深入开展。限于作者水平，书中难免存在不妥之处，恳请读者批评指正。

作　者

2022 年 12 月

部分彩图二维码

目 录

前言
第 1 章 绪论 ··· 1
  1.1 概述 ·· 1
  1.2 高速铁路运行控制调度一体化 ··· 3
  1.3 高速铁路运行控制调度一体化发展现状 ····································· 5
    1.3.1 列车运行控制 ·· 5
    1.3.2 列车运行调整 ·· 7
    1.3.3 运行控制调度一体化 ·· 9
第 2 章 高速列车智能运行控制 ·· 11
  2.1 基于动态规划的高速列车运行速度曲线优化 ···························· 11
    2.1.1 基于动态规划的速度曲线优化模型 ································· 12
    2.1.2 列车运行最优工况及速度曲线优化 ································· 21
  2.2 基于安全强化学习的列车运行速度曲线优化 ···························· 31
    2.2.1 基于强化学习的运行速度曲线优化模型 ·························· 31
    2.2.2 基于 Shield Sarsa 的列车运行速度曲线优化 ···················· 31
  2.3 高速列车精确停车鲁棒自触发预测控制 ·································· 40
    2.3.1 高速列车精确停车预测控制模型 ···································· 41
    2.3.2 精确停车鲁棒自触发预测控制 ······································· 44
  2.4 基于模型预测控制的列车运行安全防护 ·································· 53
    2.4.1 基于相对坐标的列车运行速度防护模型 ·························· 53
    2.4.2 基于模型预测控制的列车安全减速控制 ·························· 57
第 3 章 高速列车协同运行控制 ·· 67
  3.1 高速列车协同运行控制原理 ·· 67
    3.1.1 高速列车协同运行模型 ·· 67
    3.1.2 列车协同运行反馈控制 ·· 71
  3.2 高速列车标量学习协同运行控制 ··· 81
    3.2.1 前行-跟随的标量学习协同运行控制 ······························· 82
    3.2.2 邻接-通信的标量学习协同运行控制 ······························· 89
  3.3 不确定动态的协同运行神经网络自主控制 ······························· 92

	3.3.1	全状态反馈下协同运行的神经网络自主控制	93
	3.3.2	高阶滑模观测协同运行的神经网络自主控制	97
3.4	强化学习下高速列车协同运行最优控制		102
	3.4.1	协同运行控制的多目标函数与强化学习准则	102
	3.4.2	强化学习驱动的多车协同最优控制	108

第 4 章 多源扰动下高速列车协同运行控制 111

4.1	多源复合故障的扩张状态观测器		111
	4.1.1	动力分散与多源故障耦合机理模型	111
	4.1.2	复合故障的未知输入观测器与检测滤波器	114
4.2	事件触发预设性能协同控制		126
	4.2.1	连续通信模式下的事件触发预设性能控制	127
	4.2.2	不连续通信模式下的事件触发预设性能控制	133
4.3	多源扰动下协同运行分布式抗扰控制		137
	4.3.1	协同通信网络时滞时变低增益控制	137
	4.3.2	分散动力列车的状态依赖拓扑协同运行控制	156

第 5 章 高速铁路运行控制调度一体化 173

5.1	考虑进路控制的列车运行速度曲线优化		173
	5.1.1	基于信号开放时机的列车运行速度曲线优化模型	174
	5.1.2	基于群体智能的速度曲线与进路控制一体化优化	180
5.2	临时限速下考虑速度曲线的列车运行智能调整		184
	5.2.1	基于区间最小运行时分的列车运行调整模型	184
	5.2.2	基于深度强化学习的列车最速曲线与运行图调整一体化	189
5.3	临时限速下列车运行控制与动态调度一体化		200
	5.3.1	列车速度曲线优化和运行图调整一体化模型	201
	5.3.2	列车速度曲线和运行图调整一体化智能优化	207

第 6 章 高速铁路运行控制调度一体化仿真平台 213

6.1	平台总体方案		213
	6.1.1	平台设计原则与功能	213
	6.1.2	平台组成及架构	214
6.2	一体化仿真平台		214
	6.2.1	中心 CTC 子系统	214
	6.2.2	车站 CTC 子系统	216
	6.2.3	RBC 子系统	217
	6.2.4	车载子系统	218
	6.2.5	轨道电路子系统	219

6.2.6 临时限速服务器子系统 ························· 219
　　6.2.7 一体化决策子系统 ··························· 220
6.3 最小原型系统与验证 ······························ 222
　　6.3.1 最小原型系统结构 ··························· 222
　　6.3.2 列车智能运行调整优化验证 ····················· 222
　　6.3.3 多车协同运行验证 ··························· 223
6.4 实车试验线验证 ································· 224
　　6.4.1 列车智能运行调整实车验证 ····················· 227
　　6.4.2 多车协同实车验证 ··························· 227
　　6.4.3 运行控制调度一体化验证 ······················ 228

参考文献 ·· 233

第 1 章 绪　　论

1.1 概　　述

高速铁路具有速度快、安全可靠、运载量大、绿色环保等优势，受到世界各国的普遍重视，成为当前世界铁路行业最重要的发展方向之一[1]。经过近 20 年的发展，我国高速铁路总里程超过 4.2 万公里，从引进、消化、吸收再创新到自主创新，已建成世界最大的高速铁路运营网络[2]。目前，我国高速铁路运营环境复杂，呈现超大客流常态化、运输能力极限化和随机扰动多源化等新特征，给作为"大脑和中枢神经"的高速铁路运行控制系统安全运行带来巨大挑战[3]。

高速铁路运行控制系统由列控系统、调度系统和通信网络三部分组成，是确保列车安全运行和高效运营的重要保障和核心装备。列控系统根据调度命令、前方列车状态及轨道线路状况，生成列车运行的速度距离曲线。司机按照该曲线控制列车速度，人工驾驶列车并反馈确认信号，实现列车在站间的运行控制[4,5]。调度系统采用分散自律调度集中系统（centralized traffic control system，CTC），调度员根据运行图和列车运行状态下达运行计划和发布调度命令。通过无线通信网络及地面有线网络，将列车的运行状态信息反馈至调度系统，调度员人工监督列车运行状态，在满足安全和运行时分的前提下，保障列车按计划平稳准点运行[6,7]。

高速铁路系统是一个复杂巨系统，穿越隧道、涵洞和桥梁，穿过黄土、冻土、软土和膨胀土等复杂的地质条件，以及高寒、高温、高湿、强风等不同气象地质带。随着路网规模和覆盖范围不断扩大、交路不断延伸、开行列车数量不断增加，影响高速铁路运营的突发事件日益频繁，主要由突发危情（异物侵限、非法侵入和基础设施或动车组故障等）和缓变危情（边坡形变等）构成（图 1.1），从而造成非正常停车和大范围列车延误，严重时会导致安全运营事故，造成人民生命财产损失和恶劣社会影响。例如，2019 年 8 月 12 日，京沪高速铁路廊坊至北京南区间遭遇大风刮起彩钢板的撞击，途经杭州东开往北京南站的 G40 次列车紧急停车，这导致北京南站始发的 23 趟列车停运，多趟列车晚点，大量旅客滞留车站；2021 年 5 月 1 日，京广线定州东至保定东区间遭遇大风，接触网挂异物，造成 32 趟列车停运，130 余趟列车延误，最大延误超 6 小时，影响京广、石太等十余条线路的正常运营；2020 年 3 月 5 日，法国斯特拉斯堡-巴黎 TGV 线高速列车在安热南和萨埃索尔桑市之间遭遇特大滑坡，列车行驶轨道变形，列车脱轨造成大约 20 人受伤，以及后续列车大范围晚点。由此可见，随着高速铁路的快速发展，以及客流快速增长，在保障运行安全的前提下，不断提升运营效率和应急处置能力是高速铁路可持续发展的重大需求。

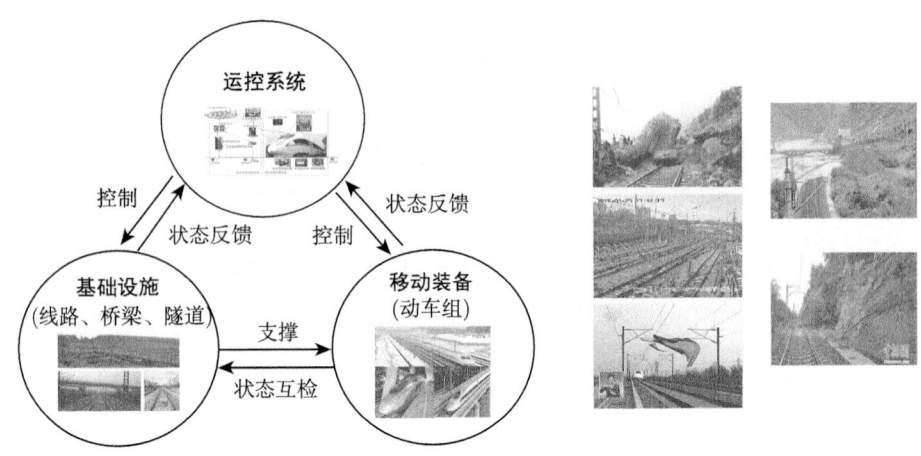

图 1.1　高速铁路系统组成及突发事件

为应对突发事件，高速铁路系统安装部署了自然灾害及异物侵限监测系统。列车因突发事件偏离运行计划时，调度员对列车运行进行人工在线调整并电话告知司机调度命令，然后由司机在列控系统的安全防护作用下完成驾驶任务。突发事件下，人工调度难以处置复杂、庞大的网络和长时空尺度的调度问题，而在线调整要求决策方案生成速度快，调度员在紧张的工作条件下，不能及时、快速地应对突发事件给系统运行带来的影响。司机在执行调度命令的过程中，只能根据驾驶经验对当前的运行状况进行判断，经验和能力水平差异大、应对复杂环境能力不同，列车控制效果差异性明显。控制决策和调度命令相对独立生成，以安全为最优保障原则，难以从全局层面实现对应急处置效率的提升。因此，将列车控制与调度协同优化，使两者在突发事件的应急处置中紧密耦合，实现控制决策和调度命令的一体化生成，建立高速铁路运行控制调度一体化理论和技术体系，是实现高速铁路高效运营和应急能力本质提升的关键。

近年来，世界各国和地区不断开展"未来先进轨道交通系统"的探索。日本 2018 年提出"Move up 2027"发展规划，通过自动驾驶、人工智能和大数据深度融合达到高效运营的目标。德国 2020 年发布了"Rail transport master plan"，应用数字化、智能化技术持续提高路网运输能力是其重要的发展方向之一。欧盟于 2022 年启动"Europe's rail"，提供具备适应性和可扩展能力的轨旁和车载系统架构作为下一代指挥、控制和信号系统的代表,并开发货运和客运的轻量化、自动化车辆等低成本的智能解决方案。

大数据、人工智能、5G,以及边缘计算等新一代信息技术推动着高速铁路向智能化、自主化和数字化发展[8,9]。运行控制系统必然从传统的固定闭塞机制、人工驾驶和人工调度等模式[10],向移动闭塞、自动驾驶和智能调度为一体的高速铁路自主运行控制系统方向发展。在安全运行的前提下,通过对车、线、网以及运行环境综合精准感知,优化配置车、线、网资源,实现动态拓扑结构下多列车在线智能优化调度和实时精准控制,打破既有高速铁路运营中列车控制和调度的分层架构,实现运行控制与调度一体化。高速铁路列车控制与动态调度如图 1.2 所示。《交通强国建设纲要》明确指出,我国铁路迫切需要通过智能化的技术升级实现"交通装备先进适用、完备可控","提升主要通道旅客运输能力"。这对高速铁路运行控制调度一体化基础理论和关键技术提出了更高的要求[11]。高速铁路运行控制调度一体化本质是调度策略和列车控制决策的一体生成,调度系统和列车控制系统深度耦合,调度策略与列车控制决策直接相关,列车运行状态直接反馈并影响调度指挥策略,实现高速铁路调度精细化和列车控制精准化,推动高速铁路运行效率的本质提升。因此,研究高速铁路运行控制调度一体化对提升我国高建速铁路自主创新能力、推进行业技术进步和掌握关键技术等均具有重要意义。

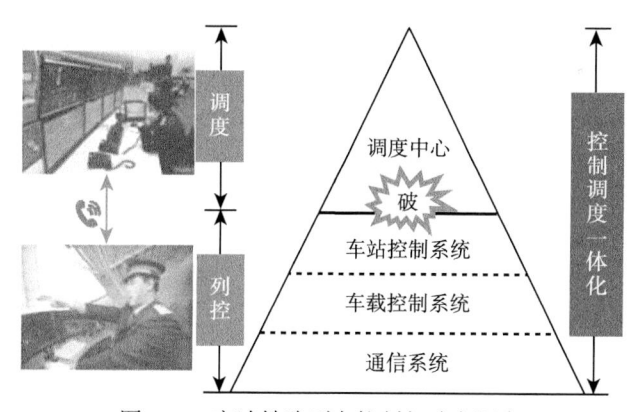

图 1.2 高速铁路列车控制与动态调度

1.2 高速铁路运行控制调度一体化

高速铁路运行控制调度一体化通过对高速铁路运行状态全局多层域、快速、精准的智能感知,对人、车、站、线、网等全局资源进行精准研判,列车控制与调度系统纵向贯通,以及车务-机务-工务-电务-车辆多专业横向协同,实现调度策略和列车控制决策的一体化生成,保障调度侧和控制侧的内在协同,实现路网资源分配和列车运行效率的全局最优，提升高速铁路应急处置能力，强化运行秩序的鲁棒性，是实现高速铁路智能化和自主化的重要保障[3]。

高速铁路运行控制调度一体化以既有运行控制系统为基础，通过增强信息感知和一体化决策系统实现。高速铁路运行控制调度一体化系统框架如图1.3所示[6]。增强信息感知通过智能感知和理解获取人、车、站、线、网全局运行环境状态信息，解决感知不全面的问题。一体化决策系统可以实现单车智能控制、多车协同控制和控制调度一体化。列控系统地面设备中，无线闭塞中心（radio block center，RBC）和CTC进行通信，获取列车在途运行信息和实绩运行图信息，与临时限速服务器（temporary speed restriction server，TSRS）共享临时限速信息。列车自动运行（automatic train operation，ATO）系统和CTC系统执行一体化决策实时生成的控制和调整策略。

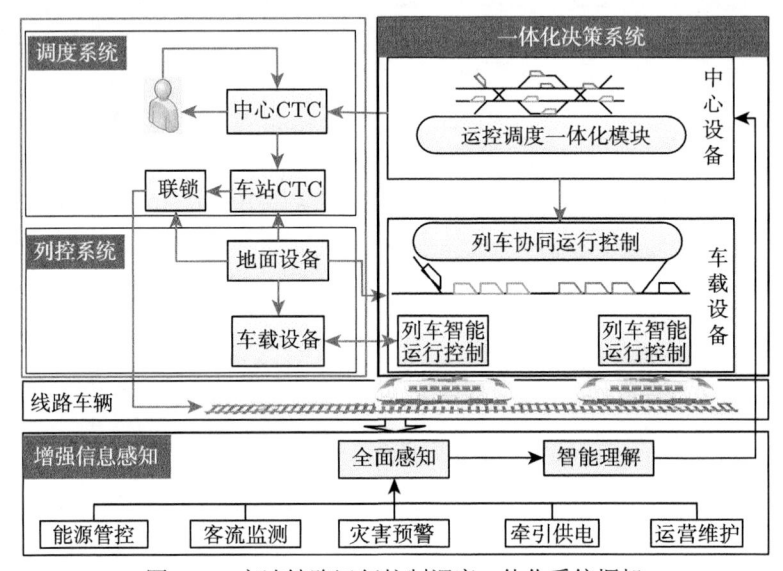

图1.3 高速铁路运行控制调度一体化系统框架

结合高速铁路实际运营中的风险事件，以及现有调规、技规及应急处置相关规章制度，基于延误致因、预估的延误时间及影响范围等因素，以资源配置最优化为目标可将突发事件导致的延误场景分为三类。延误场景I指延误0~10分钟或影响1~2趟列车的微延误场景，通过单车智能运行控制即可解决。延误场景II指延误10~30分钟或影响3~5趟列车的小延误场景，须在单车智能运行控制基础上增加多车协同控制来减少延误列车数量和总延误时间。延误场景III指延误大于30分钟或影响5趟列车以上的延误场景，应通过调度控制一体化实现全局的控制与优化。延误场景分类及应用策略如图1.4所示。

受影响 列车数	延误0～10分钟	延误10～30分钟	延误>30分钟
1～2列	单车智能	+多车协同	+运行控制调度一体化
3～5列	+多车协同	+多车协同	+运行控制调度一体化
5列以上	+运行控制调度一体化	+运行控制调度一体化	+运行控制调度一体化

场景I ■ 场景II ■ 场景III ■

图 1.4　延误场景分类及应用策略

1.3　高速铁路运行控制调度一体化发展现状

高速铁路运行控制调度一体化深度融合列车控制与调度系统的跨层功能，以既有运行控制系统为基础，实现多源数据支撑的新型一体化决策。本节介绍列车运行控制、列车运行调整和运行控制调度一体化等关键技术与方法的发展和研究现状。

1.3.1　列车运行控制

1. 单列车运行控制

早在 20 世纪 60 年代，列车的自动运行控制受到国内外学者的研究关注。最初，自动控制目标较为单一，即代替司机对既定目标速度曲线的跟踪控制。1968 年，英国伦敦地铁维多利亚线就应用了比例-微分-积分（proportion-integral-differential, PID）控制实现单列车运行控制。90 年代，Howlett 等[12-14]针对列车运行的能耗及最优控车序列问题，开展了具有代表性的基于庞特里亚金极大值定理的单列车系统最优控制研究，给出列车运行动态能耗模型，并将线路根据坡度和限速划分为一系列固定区段，利用解析方法解决五种工况模式下的列车运行速度曲线节能优化问题。Chou 等[15]深入研究了列车采用电气制动的动力学特性，建立了一种多质点列车动力学模型。在此基础上，Zhuan 等[16,17]设计了列车的闭环巡航控制策略，提高列车的跟踪控制精度、降低列车的车间耦合力和牵引能耗，并验证该方法在不同运行工况下的有效性。Dong 等[5]基于自适应模糊控制和差分优化模糊控制设计了列车的运行控制算法，既可以充分利用人工司机的驾驶经验，又能根据列车运行过程中的相关数据对模糊隶属度参数进行实时修正，在一定程度上提高列车的跟踪控制性能。Gao 等[18]提出饱和非线性输入约束下列车自动控制的鲁棒补偿与自适应估计方法，解决了参数未知与输入约束下的闭环稳定问题。Faieighi 等[19]针对列车动力学模型中存在的参数化不确定性，基于李雅普诺夫稳定性-对消原则设计了列车的直接自适应与鲁棒、反步鲁棒自适应控制算法，提高了速度跟踪控制性能。Lin 等[20]提出输入饱和非线性约束和未知扰动下高速列车的神经自适应容错控制，保证了随机故障下自动驾驶列车的安全性。Bai 等[21]设计了高速列车自动驾驶多源故障下的混杂 H_-/H_∞ 故障检测滤波器，给出故障监测的敏感度分析方法。Ganesan 等[22]基于模型参考的自适应二阶滑模控制提出一种自适应状态反馈的方法，以及一种基于混合模型参考的自适应超扭转滑模控制方案。Yin 等[23]采用离线优化调整的方法，针对不同类型的列车设计了三种巡航控制策略，通过降低列车的车间耦合力，保证列车的安全运行。Patel 等[24]设计了一种基于自适应观测器的高速列车非线性模型控制器，采用神经网络对模型中非线性因素和不确定性进行逼近。对于高速列车运行控制，在实现自动驾驶的前提下，如何进一步提高舒适度、降低能耗等问题引发了广泛的讨论。近年来，关于利用模型预测控制解决以上问题的研究不断增加。Farooqi 等[25]针对列车运行过程中环境不确定问题，研究了参数时变情况下基于模型预测控制的列车控制方法。Lin 等[26]研究了离散时间高速列车系统的速度和输入约束跟踪控制问题，提出分布式协同跟踪控制算法。Chen 等[27]基于迭代学习控制设计了列车的运行控制算法，能够充分利用列车运行中积累的重复性信息，使列车的控制性能随着重复运行次数的增加逐步提高。Novak 等[28]构建了一种分段仿射列车模型，描述列车系统的固有特征，并设计离线预计算控制算法。刘晓宇等[29]针对高速列车停车过程的特点，考虑避免控制输出频繁切换的前提，提出基于模型预测控制的精确停车算法，并采用鲁棒模型预测控制方法，提高对外部干扰的鲁棒性，实现高精度的停车曲线跟踪。

2. 多列车协同控制

在车车通信、大数据、云计算等技术支撑下，车载系统通过多列车间的数据直接交互，自动调整列车间的追踪相对位置和速度，实现多列车协同运行。这是行业公认的提升线路利用率的可行方案。Ning[30]提出一种移动闭塞系统下，基于绝对和相对制动距离的概念，成为支撑多列车协同控制的重要概念。Baek[31]提出基于移动授权的列车分离控制算法，使信号系统允许使用基于地面应答器的移动授权，进而由车载信号系统保证速度曲线。Takagi[32]提出一种充分利用列车在最小安全距离跟随前车的移动闭塞系统的同步控制方案，实现列车跟随的理论最短距离。Gao 等[33]研究了移动闭塞多通信拓扑结构的多列车队列协同控制算法，实现在规定性能下的跟踪，保证列车的速度和位置被分别限制在特定的速度范围，以及列车自动防护和移动授权允许的距离范围。Zhao 等[34]提出基于主动通信的列车车头间距动态控制系统，采用动态调度模型提高铁路的能力和安全性。Dong 等[35]通过研究移动闭塞的多列车协同控制集成与队列稳定性分析，提出绝对制动模式追踪运行列车的协同控制算法。Carvajal-Carreño 等[36]研究了多列车追踪运行模糊跟踪控制算法，实现高密度列车的间隔控制。Gao 等[37] 提出多列高速列车实现规定性能跟踪的协同控制方法，保证列车的速度、位置分别限制在列车自动防护和移动授权的速度限制和允许距离内。Bai 等[38] 通过研究高速列车的巡航控制问题，构建分布式控制定律，实现车厢协调控制的同时，保证各列车位置-速度曲线的协调性，以及列车连通性，避免碰撞。Xun 等[39] 考虑列车控制器输出饱和、通信延迟和带宽受限等约束条件，提出一种多列车自触发模型预测协同控制方法。Liu 等[40] 考虑车速限制和牵引制动性能变化带来的约束，提出一种分布式模型预测控制方法来保证虚拟编队的稳定性，并对约束最优控制问题进行建模。Lin 等[41] 考虑多列车协同运行过程中相邻列车的期望相对位置不固定的问题，同时考虑避撞和约束条件，提出一种分布式协同控制算法，使每列列车在自调整区域可以自动调整并以期望的速度运行。

1.3.2 列车运行调整

1. 弱扰动下的列车运行调整

弱扰动下实际运营偏离既定运行图的偏差相对较小，通常采用到发时刻调整、列车顺序调整和列车路径调整等方法，基于运筹学、图论等理论方法构建列车运行图调整模型。Mannino 等[42] 开发了一个实时交通自动控制系统，通过调整列车路径和到发时刻的方式提高地铁列车受到干扰后的准点率。Liu 等[43] 提出基于平行智能的列车运行图调整方法，构建基于代理方法的列车运行人工调度系统，运用计算实验实现不同扰动条件下列车运行调整策略的评估和优化，可以有效降低列车总延误时间。Dong 等[6] 提出列车运行控制与在线调整的一体化系统，根据延误时长和受影响列车的数量，提出列车速度曲线智能优化、多列车协同控制与运行图在线调整相结合的方法，提升高速铁路通过能力和恢复能力。曾壹等[44] 基于约束规划方法的高速铁路调整优化模型，将其转化为带约束的有向图，并考虑缓冲时间、列车越行调整策略，设计相同间隔时间、车站能力，以及调度措施约束下的整数规划算法。D'Ariano 等[45,46] 将调整问题描述为一个无存储约束的工作车间调度问题，基于替代图理论对列车行车间隔进行建模，提出分支定界算法求解模型，并设计了局部搜索算法优化列车路径。谭立刚等[47,48] 探讨了编组站智能调度系统的体系结构及功能，结合编组站智能化示范工程实际，介绍了系统的总体设计与分阶段实现问题。Gainanov 等[49] 运用相关图论理论对铁路网进行建模，构建了一个多层次列车运行计划，优化路网列车运行效率、减少列车延误时间。

在计算机仿真技术支持与智能优化等领域，Törnquist 等[50] 从宏观角度构建混合整数规划模型，假设列车的站间运行时间固定且列车运行间隔时间固定，设计了四种启发式策略调整列车运行顺序和运行路径，最小化列车延误。Xu 等[51]

建立了临时限速下基于替代图的列车运行调整模型,根据前后两列车之间的速度调整列车之间闭塞分区的个数,将部分约束下的求解结果作为模型的初值,并采用两阶段算法加快求解速度。Espinosa-Aranda 等[52] 以最小化乘客总延误为目标,基于可选图方法和启发式算法,提出一种加权列车延误的列车调度方法。Krasemann[53] 针对突发事件下列车运行调整,提出一种启发式贪婪算法,并制定了一系列的深度优先搜索和分支策略提升算法的求解效率。代学武等[54] 将多列车运行调整建模为受约束的资源占用和配置的多阶段序贯决策过程,利用强化学习对列车运行调整动作进行学习,提出启发式动作子空间自适应生成方法,提高求解效率。Hassannayebi 等[55] 提出基于跳停和大小交路组合调整策略的列车运行图调整优化模型,采用可变邻域搜索方法进求解。Ning 等[56] 以最小化所有列车的平均总延误为优化目标,提出一种基于深度强化学习的方法来重新安排列车运行时间,同时调整停站时间和发车顺序。

2. 强干扰下的列车运行调整

强干扰下的列车运行秩序紊乱,系统性能大幅下降,列车调度一般分为三个阶段,即初始阶段、稳定运营阶段、恢复阶段[57]。当强干扰发生时,立即进入初始阶段,列车运行大幅偏离既定运行图,甚至中断运营。调度员根据干扰原因和应急处置规章迅速制定强干扰下维持列车最大限度运行的方案,并对列车进行实时调整以进入稳定运营阶段。在强干扰原因排除后,系统进入恢复阶段,尽快恢复按图行车[3]。Jespersen-Groth 等[58] 指出在强干扰情况下,需要同时对列车运行计划、车底运用计划和乘务计划进行调整,并在此基础上将丹麦铁路运营公司 DSB S-tog 和荷兰铁路运营公司 NS 的中断管理措施进行对比。Zhou 等[59] 从宏观角度探讨了发生强干扰的情况下列车运行调整问题,以最小化列车延误时间,以及列车在所有车站延误次数的加权和作为目标建立混合整数线性规划模型,生成无冲突运行图,为调度员在大面积中断的情况下做出合理的决策提供支持。Acuna-Agost 等[60] 研究了恢复阶段的运行调整问题,通过估计每个事件发生的概率缩减解空间,从而在短时间内实现问题求解,尽量减少既定运行图与调整计划之间的差异。Meng 等[61] 基于时空网络和累积流理论建立 N-track 网络路径与时刻表协同调整模型,提出一种嵌入最短路径算法的拉格朗日松弛求解算法,并对协同调整模型的效果进行评估。

针对强干扰下的大范围优化决策问题,Zhu 等[62] 针对区段双向中断导致的强干扰,通过将乘客分配与列车调度有机结合,对列车的停站方式、运行顺序、到发时刻、车次取消、中途折返等进行优化来最小化乘客的总延误时间。Hong 等[63] 重点考虑突发强干扰影响下的列车运行调整与乘客分配问题,以最大化到达目的地车站的被干扰乘客数量,并以所有未取消的列车在目的地的总延误最小化为目标建立混合整数线性规划模型。文超[64]分析了高速铁路列车遇到强干扰后冲突消解的过程，提出冲突消解代价的概念，并利用数学规划方法建立了以最小化恢复代价为目标的列车运行调整问题优化模型。庄河等[65]通过构建高速铁路列车运行调整问题的马氏决策过程，根据决策过程最优策略结构设计了模型求解的策略优化方法，较人工调整取得了更好的优化效果。Altazin 等[66]以最小化旅客等待时间为目标，提出列车跳停方案。Li 等[67]提出以最小延误成本、等待时间成本和调整成本为优化目标的列车运行调整模型，设计了延误调整算法，实现最优调整方案。Shakibayifar 等[68]以最小化列车总晚点时间和晚点列车数量加权和为目标建立了列车运行调整模型。Sañudo 等[69]针对严重干扰下的高速铁路区间停车问题展开研究，考虑列车制动距离、区间长度和坡度等因素，通过建立离散选择模型优化列车的停靠区间。Dollevoet 等[70]针对区间能力临时失效问题，采用综合列车运行图、车底周转和乘务组计划的调整策略，并提出迭代框架。

1.3.3 运行控制调度一体化

突发事件发生时，列车控制与调度分层架构下难以实时掌握全局列车信息并快速做出精准优化的调整决策，迫切需要两者的结合。宁滨等[3]围绕高速铁路运行控制调度一体化，对现有运行控制和动态调度的发展现状进行梳理，率先完整给出高速铁路运行控制调度一体化的基本架构，明确其基本内涵，并提出未来的主要研究方向。在此之前，国内外学者在运行控制调度一体化理论方向也有一些初步探索。Ning 等[71]设计了面向追踪间隔调整和能耗最小的一体化优化模型，实现了面向平均等待时间最小的列车运行速度曲线次优解。通过优化控制速度曲线，司机/ATO 按照优化的建议速度驾驶列车，并在避免不必要制动等方面实现了较好的节能效果[72-74]。瑞士干线铁路 Lötschberg 隧道区域的 AF 系统[75,76]优化了列车在隧道区间的运行过程，也在小交通流量情况下取得一定的优化效果。

早期研究在单一目标优化、局部指标最小等方面做了有益的尝试，实现了若干关键指标的小范围优化，但是未对一体化原理、架构和实施过程进行详细描述。虽然能解决突发事件下的局部问题，但是仍然存在列车运行控制和调度指挥系统分层，强风干扰等突发场景下列车运行恢复能力还有待提升等问题。为了进一步提升高速铁路突发事件应急处置能力，考虑列车运行速度曲线和时刻表的协同调整优化引起了国内外学者的关注。Dong 等[6]提出一种运行控制和在线调度一体化系统，以提高高速铁路运力恢复能力，并以强风引起的临时限速为例，揭示了一体化系统提升高速铁路运力的恢复原理。Hou 等[77,78]研究了基于预置推荐速度曲线的列车运行图调整问题，以列车总延误时间、列车运行能耗及滞留乘客数量最小化为目标，建立混合整数非线性规划模型，离线求解的同时得到列车运行图调整与速度曲线的协同调整方案。Dai 等[79]通过引入连接分离的调度和控制层的协同优化层，提出三层集成框架和相关的协同优化方法。Zhan 等[80]通过建立多阶段最优控制模型对突发事件影响下的高速列车运行进行调整。Zhao 等[81]提出一种考虑信号开放时机的两步列车运行调整方法，有效缓解了列车延误。Hong 等[63]考虑列车的运行调整，建立了一个混合整数线性规划模型，为取消车次受影响的乘客重新分配运送。

欧盟 COMBINE 项目给出一种基于列车控制与调度迭代更新改善交通性能的方法，通过向司机提供动态运行图信息，使司机可以调整驾驶策略，满足运行图要求[82]。其优点在于可以形成反馈回路，缩小随时可能出现的实际运行图与计划运行图的偏差。但是，该方法采用两个模型优化，实时性不高。特别是在形成反馈控制回路后，系统的稳定性和收敛性需要进一步探讨[83]。Roberts 等[84]设计、开发并建立了一个铁路交通运行控制调度一体化管理系统。欧盟第七框架 ONTIME 项目也将铁路运行控制调度一体化作为研究方向。Wang 等[85]提出一种在实时交通管理中列车运行曲线多阶段优化方法，但是无法保证运行控制和调度调整的最优。Chen 等[86]通过分析铁路运输的瓶颈问题，提出基于混合整数规划的动态调度建模方法，并讨论了与运行控制进行一体化的基本构想。Luan 等[87]基于混合整数线性规划和非线性规划方法研究了一体化问题，通过底层预先计算得到列车在各段线路上的多条优化运行曲线，上层调度调整优化时可以从中选择适当的曲线。欧盟正在实施的 Shift2Rail 项目也对运行控制调度一体化理论开展了初步探讨[88]。瑞士联邦铁路为了进一步提升其管辖的铁路网络运输性能，持续推进铁路控制系统的建设[89]，通过车站区域行车优化、运行图调整、一体化节能运行三个子问题，初步实现了运行控制调度一体化优化，已在比利时国家铁路和德国国家铁路推广应用，并计划于瑞士 SmartRail4.0 的框架下进一步研究探讨。

综上，运行控制调度一体化是提升高速铁路系统突发事件应对处置能力、提升系统整体韧性的关键技术。在国内无先例、国际新起步的情况下，构建高速铁路运行控制调度一体化理论体系与方法，对保障高速铁路自主、安全、高效、绿色运行具有重要意义。

第 2 章　高速列车智能运行控制

高速铁路自主化和智能化是以自主感知、人工智能为代表的新一代信息技术融入高速铁路领域的过程，是高速铁路的发展方向。充分利用感知数据，提升复杂环境下列车运行控制性能，突破高速铁路运营瓶颈，是高速铁路可持续发展的迫切需求。高速列车运行逐渐由司机驾驶的开环控制向列车 ATO 系统驾驶的闭环控制发展。ATO 系统在高速铁路的使用为列车运行控制调度一体化提供了技术支撑。列车运行速度曲线优化、精确停车控制是 ATO 系统的重要功能。利用人工智能理论充分挖掘自主感知的列车在途数据，实现列车运行状态的实时优化控制是下一代运行控制系统的核心技术之一。本章重点介绍高速列车运行曲线优化、精确停车控制、安全防护控制等方法。

2.1　基于动态规划的高速列车运行速度曲线优化

高速铁路 ATO 系统通常采用双层控制结构，即上层曲线优化和下层跟踪控制。曲线优化层根据线路数据，包括站间距离、线路限速、坡度、运行图规定运行时间、列车自动防护（automatic train protection，ATP）限速、车辆模型、运营目标，通过优化算法或优化手段计算生成一条满足运营需求和优化目标的最优速度曲线，并将其实时传送给控制层。跟踪控制层通过控制算法、车辆网络反馈的列车实时状态（位置、速度），自动计算跟踪误差，控制列车牵引或制动，实现列车在区间内的自动运行。目前，优化层计算推荐速度通常通过静态数据离线计算，单次生成。高速列车运行过程受环境影响，经常存在不同等级的临时速度限制。鉴于此，离线优化的推荐速度曲线不能很好地满足高速列车运行需求。在实际工程应用中，优化层给出的推荐速度曲线常常是在 ATP 限速基础上减去某一经验值作为推荐速度曲线。这样既能降低触发紧急制动的可能性又能满足实时性，但是在能耗、舒适性、通过能力等方面无法达到最优目标。高速铁路 ATO 系统由车载设备、轨旁设备、车站设备和中心设备组成。在中国列车运行控制系统（Chinese train control system，CTCS）的基础上，车载增加 ATO 单元、通用分组无线服务（general packet radio service，GPRS）电台及相关配套设备。地面在 TSRS、CTC、列车运行控制中心（train control center，TCC）等设备上增加功能。车站设备包括 TCC、无绝缘轨道电路移频自动闭塞设备 ZPW-2000、CTC 车站自律分机等，股道增加精确定位应答器。高速铁路 ATO 系统结构如图 2.1

所示。

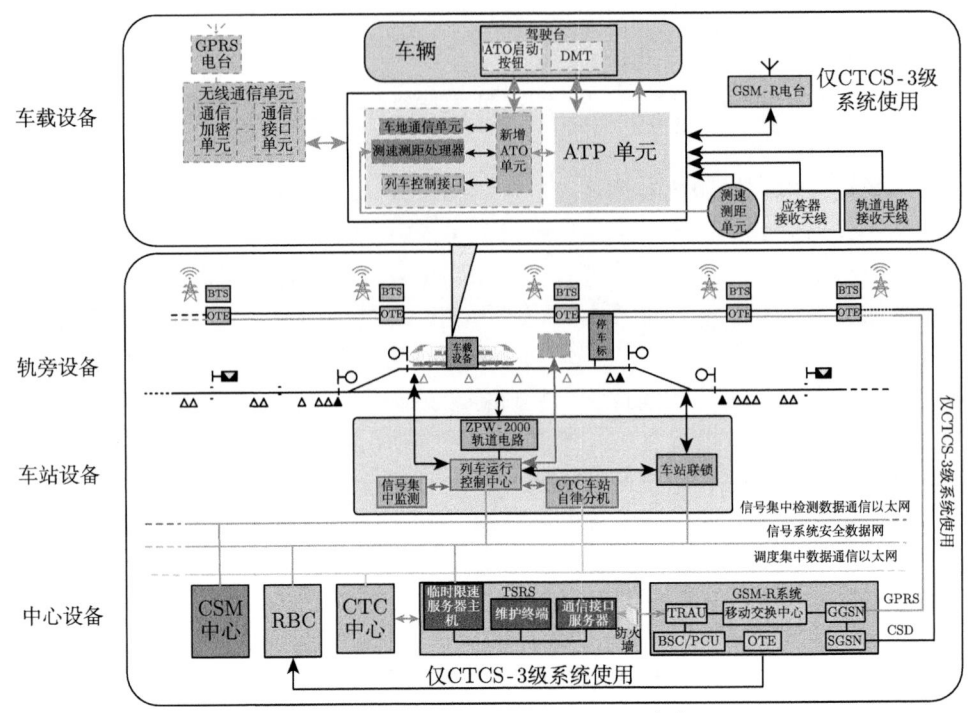

图 2.1 高速铁路 ATO 系统结构[90]

高速铁路 ATO 系统的基本功能包括区间自动运行、车站精确停车、车站自动发车、车门自动开门防护、车门/站台门联动控制。此外，还具有测速定位、记录、报警、通信管理等附加功能。其中，区间自动运行功能是指当车站允许信号开放，车门、站台门关闭等发车条件满足后，司机按压"ATO 启动按钮"，动车组控制列车自动从车站出发，按照预选驾驶策略或预先优化好的推荐速度控制列车加速、巡航、惰行、制动，实现列车在区间的自动运行。在精确停车阶段，ATO 系统根据停车股道精确定位应答器提供的位置信息矫正列车位置，通过地面设备提供停车点信息，自动控制列车在停车点处停车。

2.1.1 基于动态规划的速度曲线优化模型

速度曲线优化是 ATO 系统的重要功能，很多学者开展相关研究。基于动态规划的高速列车运行速度曲线优化需要考虑线路坡度、供电分相区等高速铁路特有的因素。动态规划是一种求解多阶段决策过程最优化的数学方法。多阶段决策过程示意图如图 2.2 所示。动态规划的基本思想是将待求解的问题分成若干个相互关联的子问题，分别求解每一个子问题即可得到由阶段决策构成整体决策的最

2.1 基于动态规划的高速列车运行速度曲线优化

优策略。列车运行过程与时间和空间强烈相关,下一时刻的速度和位置只与列车当前的速度、位置,以及所受合力有关,不受之前速度和位置的影响,满足无后效性要求,并且列车运行的整个过程可以按时间或空间划分为多个阶段的运行过程。因此,列车运行速度曲线优化问题是一个典型的多阶段决策过程,满足动态规划求解的要求。

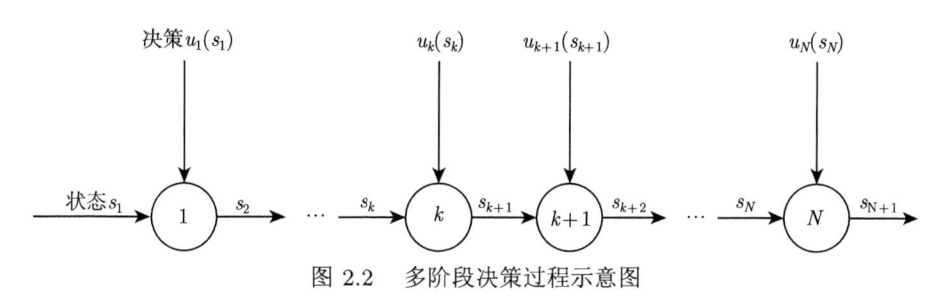

图 2.2 多阶段决策过程示意图

1. 基本概念

在运用动态规划建立列车运行优化模型时,需要先明确阶段、状态、决策、策略、状态转移方程、指标函数等。

对于运行速度曲线优化问题,阶段指以时间或空间特性划分的若干个相互关联的区间,一般用 k 表示阶段变量。

状态指描述各个子阶段初始时刻存在的自然形态或客观条件,通常用 s_k 表示状态变量。对列车而言,每个阶段存在的自然形态就是位置和速度。列车在某一位置的速度根据控制量的大小存在不同的值,因此列车在某阶段所有可能速度的集合称为状态集合。例如,第 k 阶段的状态集合用 $\phi(s_k)$ 表示。

决策指当某阶段状态确定后,从该状态按照某种动作选择下一阶段某一状态的过程。描述这一动作的变量即决策变量,可用 $u_k(s_k)$ 表示第 k 阶段的决策变量。通常,由某阶段转移到下一阶段存在不同的动作,因此某阶段某一状态所有可能动作的集合称为允许决策集合,常用 $D_k(s_k)$ 表示,$u_k(s_k) \in D_k(s_k)$。

求解各个阶段的决策变量后,即可确定整个问题的决策过程。这个由 N 个决策变量组成的决策序列称为策略,记为 $p_{1,N}(s_1) = \{u_1(s_1), u_2(s_2), \cdots, u_N(s_N)\}$。从初始状态到末状态存在不同的决策序列组合。所有可能的决策序列组合称为策略集合,记作 $P_{k,N}(s_k)$。策略集合中能使指标函数取得最优值的策略称为最优策略,记作 $P^*_{k,N}(s_k)$。

在某一确定状态下,根据当前状态的决策变量按照某种规律转移到下一阶段某个确定状态的过程称为状态转移。该规律称为状态转移方程,可用函数 $T(*)$ 表示。下一阶段的状态依赖当前阶段状态、当前决策和状态转移方程。假设当前阶

段状态已经确定，则下一阶段状态为

$$s_{k+1} = T_k(s_k, u_k(s_k)) \tag{2.1}$$

指标函数是评价每一阶段决策效果优劣的指标。给定一个具有 N 阶段的多阶段决策过程，若原过程为第 1 阶段到第 N 阶段的全部过程，则第 $k(1 \leqslant k \leqslant N)$ 阶段到第 N 阶段为原过程的一个后部子过程。指标函数是定义在后部子过程的一个数量函数。假设用 $f_{k,N}(s_k, p_{k,N}(s_k))$ 表示第 k 阶段状态 s_k 采用策略 $p_{k,N}(s_k)$，后部子过程的指标值，采用不同的策略会形成不同指标值。其中，使指标值最小的策略为最优策略，对应的指标函数最优值为

$$J_k^*(v_k) = f_{k,N}(s_k, p^*_{k,N}(s_k)) = \min_{p_{k,N}(s_k) \in P_{k,N}(s_k)} f_{k,N}(s_k, p_{k,N}(s_k)) \tag{2.2}$$

2. 基于动态规划的列车运行控制模型

根据最优性原理，不管初始状态如何，当前及以后各个阶段决策构成的策略必须是后部子过程的最优策略。针对列车节能优化问题，若列车最优速度曲线经过当前状态，那么列车从当前状态到末状态的后部子过程各个阶段的状态都是最优状态。依据此原理，可将动态规划求解分为反向计算和正向搜索两步，前提是已经获得各阶段状态转移后的能耗和时耗查询矩阵。动态规划求解过程一般包括获取离散状态、压缩状态空间、状态转移计算、反向计算最优指标等四步。

动态规划的求解首先需要获取离散状态。高速铁路线路坡度长度一般较长，最小坡度长度如表 2.1 所示。高速铁路线路困难条件下的最小坡度长度为 900m，因此以往将站间区间按线路条件以坡度或限速为界划分阶段的方式并不可取。目前列车运行控制系统的控制周期通常为 200ms，当列车以最高限速 350km/h 的速度运行时，一个控制周期内运行距离约 19.44m。当列车刚启动时，一个控制周期内的运行距离近似为 0m，因此划分阶段时，以二者平均值等间隔划分能够满足控制精度。

表 2.1 最小坡度长度

设计行车速度/(km/h)	一般条件/m	困难条件/m
350	2000	900
300	1200	900
250	1200	900

阶段划分示意图如图 2.3 所示。假设将区间等间隔划分为 N 个阶段，那么将产生 $N+1$ 个节点，则线路节点的位置记作 $x \in \{S_1, S_2, \cdots, S_k, S_{k+1}, \cdots, S_N, S_{N+1}\}$，速度记作 $v \in \{v_1, v_2, \cdots, v_k, v_{k+1}, \cdots, v_N, v_{N+1}\}$，任一位置 S_k 处速度表示为 $v \in \{v_{k,1}, v_{k,2}, \cdots, v_{k,i}, v_{k,j}, \cdots, v_{k,\text{limit}}\}$，根据类似原理，在点 S_{k+1} 处速度可表

2.1 基于动态规划的高速列车运行速度曲线优化

示为 $v \in \{v_{k+1,1}, v_{k+1,2}, \cdots, v_{k+1,p}, v_{k+1,q}, \cdots, v_{k+1,\text{limit}}\}$。为简化计算，划分阶段应尽量保证每一阶段内的坡度和限速值恒定，从而保证每个阶段内的控制量为常数。如果在划分的某个阶段内存在不同坡度值，应将该阶段开始位置的坡度值作为本阶段的坡度值；如果在某个区段内存在限速值上升的变化情况，为保证行车安全，需将较低的限速值作为本阶段的限速值；如果在某个区段内存在限速值下降的变化情况，同样为保证行车安全，需将较低限速值作为本阶段的限速值。

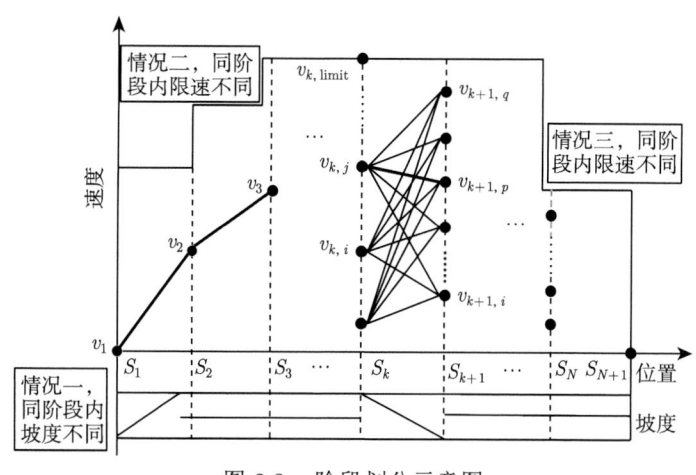

图 2.3 阶段划分示意图

通过上述过程可知，随着站间距增长，阶段划分数量增加，状态空间呈现非线性增大趋势。状态空间增大会增加计算时间，降低求解效率。因此，在求解之前，有必要通过一定策略压缩状态空间从而提高算法的求解速度。常见压缩状态空间的手段是通过最短时间运行曲线和最长时间运行曲线来剔除无效速度值，达到压缩状态空间的目的。

在列车运行曲线状态空间压缩示意图（图 2.4），实曲线为列车在某站间的最短时间运行曲线，横坐标为列车位置，纵坐标为列车速度 V，实线 V_{limit} 为区间限速，虚线是区间限速 V_{limit} 减去一个固定值 Δv，其通常是一个比较小的常数，例如 2m/s，这样可以在一定程度上避免优化曲线时出现超过区间限速的情况。最短时间即最快速度运行曲线。该曲线在每一时刻或位置的速度都是列车目前所能达到的最大速度，据此即可剔除任意阶段内满足条件 $v_{k,\max} < v_{k,i} < v_{k,\text{limit}}$ 的速度。同时，为保证行车效率，列车应能在计划运行时间内完成行车任务，因此列车在区间运行时存在一个最小平均运行速度，可表示为

$$V_{\min} = \frac{S}{T} \tag{2.3}$$

其中，S 表示站间距离；T 为站间计划运行时间。

当列车运行在顶棚限速区域时，列车的速度一般大于最小平均速度，即可剔除图 2.4 中甲点至乙点段内速度低于 V_min 的所有速度值。一般情况下，甲点取站间距离 S 的 0.3 处，乙点取总站间距离 S 的 0.7 处。下面将详细介绍最短时间运行曲线的求解方法。

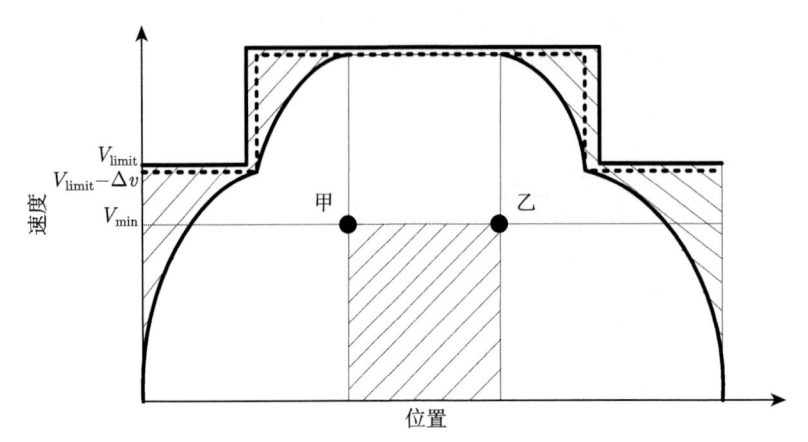

图 2.4　列车运行曲线状态空间压缩示意图

既有计算列车最快速度曲线的方法通常分成两步。第一步，利用最大牵引让列车从原点快速加速到最大限制速度。第二步，从终点利用最大制动反向逆推直到与第一步计算的曲线产生交点。若在与第一步计算的曲线产生交点之前达到最大限速，则最快运行曲线由最大牵引-最大限速-最大制动组成。这种计算方法需要针对不同站间限速、距离分情况讨论，如当站间距离较短时，最快运行曲线可能没有限速巡航阶段，并且需要针对不同情况处理细节处的运行时间，计算方法比较烦琐。我们提出一种基于标志位一次求解最快运行曲线的方法（图 2.5），用标志位表示站间区间的限速变化情况，分为两种情况，即限速上升和限速下降。此外，还应判断是否处于末限速区段，求解最快运行曲线时，本限速区段的运行工况需要根据下一区段的限速情况决定，可以归纳为如表 2.2 所示的本限速区段 5 种运行情况。

最快运行曲线计算过程示意见图 2.5 中粗实线表示的限速情况。最快运行曲线的计算过程如下：开始时刻利用最大牵引按照式（2.4）加速到第一个限速值。同理，继续加速到最大限速的末端甲点，若列车速度大于限速值，则将速度设置为限速值。查找下一限速区段为限速下降后，反向逆推到最大限速值，或逆推到与正向最大加速曲线的交点，从该交点开始依次用倒推的速度更新之前正向计算的速度。在甲点，因为无法获取下一限速区段的标志位，所以先让列车以限速值 A 巡航，直到本限速区段末端；查询下一限速区段限速下降后，列车再以限速值 B 巡航，直到限速区段末端，可知这是最后一个区段；列车再以限速 C 巡航到该

2.1 基于动态规划的高速列车运行速度曲线优化

表 2.2　本限速区段 5 种运行情况

限速变化	下一区段限速变化	下一区段是否处于末区段	本限速区段运行工况	涉及过程
限速上升	限速上升	否	最大牵引	1
限速上升	限速上升	否	先最大牵引到限速值，然后从本限速区段末端利用最大制动反向逆推	2、3
限速下降	限速上升	否	最大限速巡航	1
限速下降	限速下降	否	继续查询下一阶段的限速标志位，直到限速上升区段或末限速区段，然后从该区段末端利用最大制动逆推	4、5、7、8
限速下降	限速下降	是	从下一阶段末端利用最大制动反向逆推到本限速区段	5、7、8

限速区段的末端，即乙点。乙点按式（2.5）反向逆推到甲点，若列车速度大于所在阶段的限速值，将列车速度设为限速值；从甲点开始依次用倒推的速度更新之前正向计算的速度。若逆推到甲点的速度小于甲点的限速值，则说明列车在甲点无法达到限速值，此时需继续倒推，直到与最大限速值产生交点或倒推到与正向最大加速曲线的交点处，再从该交点开始依次用倒推的速度更新之前正向计算的速度，即

$$\begin{cases} v_{k+1} = \sqrt{v_k^2 + 2a_a\Delta s} \\ \Delta t_k = \dfrac{v_{k+1} - v_k}{a_b} \end{cases} \quad (2.4)$$

$$\begin{cases} v_k = \sqrt{v_{k+1}^2 + 2a_b\Delta s} \\ \Delta t_k = \dfrac{v_k - v_{k+1}}{a_b} \end{cases} \quad (2.5)$$

其中，a_a 为最大牵引加速度；a_b 为最大制动加速度；Δt_k 为速度更新时间。

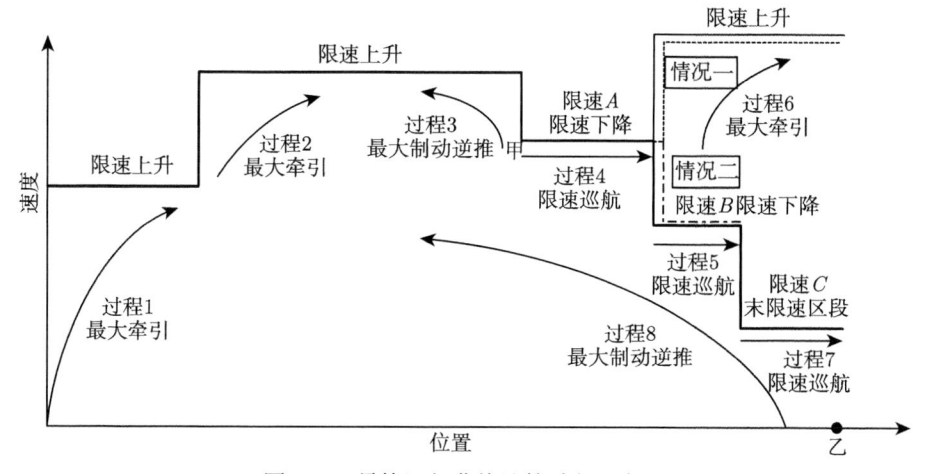

图 2.5　最快运行曲线计算过程示意图

这样就完成最快运行曲线的一次性求解。虽然该求解算法相对复杂，但是可以应对多种不同的限速情况，使最快运行曲线的求解更加灵活和实用。采用上述策略完成状态空间压缩后，为避免状态转移过程中搜索到无效状态，将无效状态的速度设置为 0。

状态转移的计算过程需要完成三步。

① 受列车最大牵引力和制动力的限制，在分相区外，列车从某状态转移到下一阶段的状态具有一定的范围。以第 k 阶段位置节点 $[x_k, x_{k+1}]$，列车从当前状态 $s_k(v_k, x_k)$ 转移到下一阶段 $s_{k+1}(v_{k+1}, x_{k+1})$ 的过程为例，若当前状态 s_k 的速度 v_k 已确定，则列车在下一阶段可达到的最大速度 v_b 需根据当前状态下列车所能施加的最大牵引力确定，即

$$v_b = \sqrt{v_k^2 + 2a_a \Delta s} \tag{2.6}$$

同理，列车能转移到下一阶段的最小速度 v_a，可根据当前状态下列车所能施加的最大制动力确定，即

$$v_a = \sqrt{v_k^2 + 2a_b \Delta s} \tag{2.7}$$

因此，列车从速度 v_k 到下一状态 s_{k+1} 可选择的速度 $v_{k+1} \in [v_a, v_b]$。其中，$v_a \in [0, v_{\text{limit}}]$；$v_b \in [0, v_{\text{limit}}]$。

② 在分相区，列车无牵引运行，当前状态到下一阶段的状态由线路条件唯一确定，因此分相区内的状态转移过程是一个根据式（2.8）定向转移的过程。假设列车在分相区内尽量使用惰行工况，当列车速度超过限速后可以使用空气制动保持速度巡航，即

$$\begin{cases} v_{k+1} = \sqrt{v_k^2 + 2a_d \Delta s} \\ a_d = \dfrac{(-f_0(v,s) - f_a(s)) \times 1000}{(1+\gamma)M} \\ v_{k+1} = v_{k+1}, \quad v_{k+1} \leqslant v_{k+1,\text{limit}} \\ v_{k+1} = v_{k+1,\text{limit}}, \quad v_{k+1} > v_{k+1,\text{limit}} \end{cases} \tag{2.8}$$

③ 在第 k 阶段，设节点 x_k 上的有效速度个数为 m，下一阶段节点 x_{k+1} 上的有效速度个数为 n，则从第 k 阶段速度 $v_{k,i}$，$1 \leqslant i \leqslant m$ 转移到第 $k+1$ 阶段速度 $v_{k+1,j}$，$1 \leqslant j \leqslant n$，共需要 $m \times n$ 次状态转移能耗 $E_{k,i}$ 和时耗 $T_{k,i}$ 的计算。计算结果刚好可以用两个 $m \times n$ 维的矩阵 E_k^C、T_k^C 表示，即

2.1 基于动态规划的高速列车运行速度曲线优化

$$E_k^C = \begin{bmatrix} E_{1,1} & E_{1,2} & \cdots & E_{1,j} & \cdots & E_{1,n-1} & E_{1,n} \\ E_{2,1} & E_{2,2} & \cdots & E_{2,j} & \cdots & E_{2,n-1} & E_{2,n} \\ \vdots & \vdots & & \vdots & & \vdots & \vdots \\ E_{i,1} & E_{i,2} & \cdots & E_{i,j} & \cdots & E_{i,n-1} & E_{i,n} \\ \vdots & \vdots & & \vdots & & \vdots & \vdots \\ E_{m-1,1} & E_{m-1,2} & \cdots & E_{m-1,j} & \cdots & E_{m-1,n-1} & E_{m-1,n} \\ E_{m,1} & E_{m,2} & \cdots & E_{m,j} & \cdots & E_{m,n-1} & E_{m,n} \end{bmatrix} \quad (2.9)$$

$$T_k^C = \begin{bmatrix} T_{1,1} & T_{1,2} & \cdots & T_{1,j} & \cdots & T_{1,n-1} & T_{1,n} \\ T_{2,1} & T_{2,2} & \cdots & T_{2,j} & \cdots & T_{2,n-1} & T_{2,n} \\ \vdots & \vdots & & \vdots & & \vdots & \vdots \\ T_{i,1} & T_{i,2} & \cdots & T_{i,j} & \cdots & T_{i,n-1} & T_{i,n} \\ \vdots & \vdots & & \vdots & & \vdots & \vdots \\ T_{m-1,1} & T_{m-1,2} & \cdots & T_{m-1,j} & \cdots & T_{m-1,n-1} & T_{m-1,n} \\ T_{m,1} & T_{m,2} & \cdots & T_{m,j} & \cdots & T_{m,n-1} & T_{m,n} \end{bmatrix} \quad (2.10)$$

能耗和时耗为

$$\begin{cases} E_k(k,i,j) = \dfrac{1}{2}(u(k,i,j) + |u(k,i,j)|)\Delta s, & \Delta s \in ((0, s_0) \cup (s_1, S)) \\ E_k(k,i,j) = 0, & \Delta s \in (s_0, s_1) \\ T_k(k,i,j) = \dfrac{2\Delta s}{v_{k,i} + v_{k+1,j}} \end{cases} \quad (2.11)$$

令 $1 \leqslant k \leqslant N$($N$为阶段数),依次计算所有阶段的能耗矩阵 E_k^C 和时耗矩阵 T_k^C 即可获得列车在区间内运行的三维时耗矩阵和能耗矩阵,进而确定列车在整个区间的总牵引能耗和总运行时间,即

$$\begin{cases} T = \sum\limits_{k=1}^{N} T_k^C \\ E = \sum\limits_{k=1}^{N} E_k^C \end{cases} \quad (2.12)$$

由此可知,由于最大牵引力和最大制动力的限制,列车从本阶段某一速度转移到下一阶段的速度存在一定的范围,在该范围内的速度值才能实现有效的连接,

范围外的速度连接是无效的。因此，当两节点的速度连接无效时，为避免搜索到无效值，则将其对应的能耗和时耗设置为 $+\infty$。

最后，计算和搜索最优解。在状态转移过程中，下一阶段的状态由本阶段决策确定。不同的决策会产生不同的状态，从而导致本阶段的能耗和时耗有所差异。因此，为衡量任意阶段某个决策的优劣，需要制定一个阶段评价函数评价决策效果。我们将该评价函数定义为状态转移的值函数，用状态转移的能耗成本作为评价函数值。同时，为保证准时性，我们将时间约束转化为罚函数的形式，引入值函数，表示为

$$\begin{cases} U_k(v_{k,i}, v_{k+1,j}) = c(1-\alpha)E_k^C(i,j) + \alpha \left| T_k^C(i,j) - T_{\text{ave}} \right|, \quad k \in [1, N] \\ T_{\text{ave}} = \frac{\Delta s}{\bar{v}} \bar{v} = \frac{S}{T} \end{cases} \quad (2.13)$$

其中，c 为平衡能耗和时耗数量级的系数，一般取较小的常数，如 10^{-7}；α 为权重系数，表示准时的重要性；T 和 S 分别表示计划运行时间和站间距离；T_{ave} 为每个阶段的计划运行时间。

为获取列车最优运行曲线，需从后往前依次求解列车在各个阶段及其后部子过程的最优速度序列，直到求出第一个阶段及其后部子过程的最优速度序列，即列车在站间运行的最优速度序列。根据 Bellman 最优性原理可知，列车在第 k 阶段，速度 v_k 节点上的最优指标函数为

$$J_k^*(v_{k,i}) = \begin{cases} \min\{U_k(v_{k,i}, v_{k+1,j}) + J_{k+1}^*(v_{k+1,j})\}, \quad k \in [1, N), \{i, j\} \in [1, M] \\ 0, \quad k = N \end{cases} \quad (2.14)$$

其中，M 为区间各阶段速度量化间隔的最大个数。

由式（2.14）可知，在从后往前逆推的过程中，当前节点的最优性能指标 $J_k^*(v_{k,i})$ 可由下一阶段各节点的最优性能指标值 $J_{k+1}^*(v_{k+1,j})$ 与其对应的状态值函数 $U_k(v_{k,i}, v_{k+1,j})$ 和的最小值计算得到。当前节点的最优性能指标确定后，便可根据下式，即

$$v_{k+1,j} = \arg\min\{U_k(v_{k,i}, v_{k+1,j}) + J_{k+1}^*(v_{k+1,j})\} \quad (2.15)$$

获得与之对应的下一阶段的速度 $v_{k+1,j}$。建立一个索引矩阵 I，在当前节点对应的元素位置存放第 $k+1$ 阶段速度下标 J。例如，$k = N$ 时，$J_N^*(v_{N+1,1}) = 0$，假设在 $N-1$ 阶段的位置节点 N 上存在 4 个有效速度，则可分别求出节点 N 上 4 个有效速度的最优指标函数 $J_{N-1}^*(v_{N,1}) = 0 + U(v_{N,1}, 0), \cdots$，然后计算 $v_{N+1,1}$，并将 1 存放在矩阵 I 中 4 个速度对应的位置上。依此类推，即可求出所有状态的最优性能指标函数和对应的索引矩阵，分别用矩阵 $J_{N \times M}^*$ 和索引矩阵 $I_{N \times M}$ 表示，即

$$J^*_{N\times M} = \begin{bmatrix} J^*_{1,1} & J^*_{2,1} & \cdots & J^*_{j,1} & \cdots & J^*_{N-1,1} & J^*_{N,1} \\ J^*_{1,2} & J^*_{2,2} & \cdots & J^*_{j,2} & \cdots & J^*_{N-1,2} & J^*_{N,2} \\ \vdots & \vdots & & \vdots & & \vdots & \vdots \\ J^*_{1,i} & J^*_{2,i} & \cdots & J^*_{j,i} & \cdots & J^*_{N-1,i} & J^*_{N,i} \\ \vdots & \vdots & & \vdots & & \vdots & \vdots \\ J^*_{1,M-1} & J^*_{2,M-1} & \cdots & J^*_{j,M-1} & \cdots & J^*_{N-1,M-1} & J^*_{N,M-1} \\ J^*_{1,M} & J^*_{2,M} & \cdots & J^*_{j,M} & \cdots & J^*_{N-1,M} & J^*_{N,M} \end{bmatrix} \quad (2.16)$$

$$I_{N\times M} = \begin{bmatrix} j_{1,1} & j_{2,1} & \cdots & j_{k,1} & \cdots & j_{N-1,1} & j_{N,1} \\ j_{1,2} & j_{2,2} & \cdots & j_{k,2} & \cdots & j_{N-1,2} & j_{N,2} \\ \vdots & \vdots & & \vdots & & \vdots & \vdots \\ j_{1,i} & j_{2,i} & \cdots & j_{k,i} & \cdots & j_{N-1,i} & j_{N,i} \\ \vdots & \vdots & & \vdots & & \vdots & \vdots \\ j_{1,M-1} & j_{2,M-1} & \cdots & j_{k,M-1} & \cdots & j_{N-1,M-1} & j_{N,M-1} \\ j_{1,M} & j_{2,M} & \cdots & j_{k,M} & \cdots & j_{N-1,M} & j_{N,M} \end{bmatrix} \quad (2.17)$$

建立索引矩阵 I 后，根据任意确定的初始状态即可搜索到一组与之对应的最优速度序列，由此求出各阶段的最优控制量，即

$$a_k^* = \frac{(v_{k+1}^*)^2 - (v_k^*)^2}{2\Delta s} \quad (2.18)$$

2.1.2 列车运行最优工况及速度曲线优化

1. 最优运行工况及其切换条件

首先，基于极大值原理分析该问题得出的最优运行工况，列车节能运行控制模型为

$$\begin{aligned} &\min_u \int_0^X \frac{u + |u|}{2} \mathrm{d}x \\ &\text{s.t.} \quad t(0) = 0, \quad t(X) = T, \quad v(x) = 0, \quad v(X) = 0 \\ &\qquad \frac{\mathrm{d}t}{\mathrm{d}x} = \frac{1}{v}, \quad \frac{\mathrm{d}v}{\mathrm{d}x} = \frac{u - r(v) + g(x)}{v} \\ &\qquad u \in [U_-(v), U_+(v)], \quad v \leqslant v_m \end{aligned} \quad (2.19)$$

其中，t 为运行时间；v 为列车速度；x 为列车位置；u 为施加的控制力，受限于最大牵引力 $U_+(v)$ 和最大制动力 $U_-(v)$；v_m 为与位置相关的限速，为分段常数；X 为站间距；T 规定的是站间运行时间；$g(x)$ 为折算后的单位坡道阻力，是分段常数；$r(v)$ 为基本阻力，即

$$r(v) = r_0 + r_1 v + r_2 v^2 \tag{2.20}$$

其中，r_0、r_1、r_2 为非负常数。

基于对最大牵引力的分析，可知 $U_+(v) \in (0, \infty)$，并且是关于 v 单调非增，满足局部 Lipschitz 条件，即

$$|U_-(v) - U_-(w)| \leqslant L_{-\varepsilon} |v - w| \tag{2.21}$$

其中，$L_{-\varepsilon}$ 为关于 $v, w \geqslant \varepsilon$ 的常数。

局部 Lipschitz 条件假设是为确保微分方程解的唯一性，结合牵引、制动特性曲线可知该条件容易满足。这一性质对后面的理论分析非常有帮助。

按照上述节能优化模型，定义哈密顿函数为

$$H = -\frac{u + |u|}{2} + \frac{\lambda_1}{v} + \frac{\lambda_2(u - r(v) + g(x))}{v} \tag{2.22}$$

其中，λ_1 和 λ_2 为协态变量，由极大值原理可知，满足如下微分方程，即

$$\frac{\mathrm{d}\lambda_1}{\mathrm{d}x} = -\frac{\partial H}{\partial t} = 0 \tag{2.23}$$

$$\frac{\mathrm{d}\lambda_2}{\mathrm{d}x} = \frac{\lambda_1}{v^2} + \frac{\lambda_2(u - r(v) + g(x))}{v^2} + \frac{\lambda_2 r'(v)}{v} - \sigma_1 U'_+(v) + \sigma_2 U'_-(v) + \frac{\mathrm{d}M}{\mathrm{d}x} \tag{2.24}$$

其中，λ_1 为一常数；$\sigma_1 \geqslant 0$；$\sigma_2 \geqslant 0$；$\dfrac{\mathrm{d}M}{\mathrm{d}x} \geqslant 0$ 是拉格朗日乘子，满足的互补松弛条件为

$$\sigma_1(U_+(v) - u) = 0 \tag{2.25}$$

$$\sigma_2(u - U_-(v)) = 0 \tag{2.26}$$

$$\frac{\mathrm{d}M}{\mathrm{d}x}(v_m - v) = 0 \tag{2.27}$$

其中，σ_1 和 σ_2 可以根据 KKT 条件通过对哈密顿函数极大化得到。

构造如下拉格朗日函数，即

$$L = H + \sigma_1(U_+(v) - u) + \sigma_2(u - U_-(v)) + \frac{\mathrm{d}M}{\mathrm{d}x}(v_m - v) \tag{2.28}$$

则

$$\frac{\partial L}{\partial u} = -\frac{1 + \mathrm{sgn}(u)}{2} + \frac{\lambda_2}{v} - \sigma_1 + \sigma_2 = 0 \tag{2.29}$$

其中，$\mathrm{sgn}(u)$ 为符号函数，若 $u > 0$，$\mathrm{sgn}(u) = 1$，若 $u < 0$，$\mathrm{sgn}(u) = -1$。

根据控制量 u 的正负情况，可得如下哈密顿函数，即

$$H = \begin{cases} \left(\dfrac{\lambda_2}{v} - 1\right)u + \dfrac{\lambda_1}{v} + \dfrac{\lambda_2(-r(v) + g(x))}{v}, & u \geqslant 0 \\ \dfrac{\lambda_2}{v}u + \dfrac{\lambda_1}{v} + \dfrac{\lambda_2(-r(v) + g(x))}{v}, & u < 0 \end{cases} \quad (2.30)$$

通过极大化哈密顿函数，可以得到如下最优运行工况。

① 若 $\dfrac{\lambda_2}{v} - 1 > 0$，$u = U_+(v)$，$\sigma_1 = \dfrac{\lambda_2}{v} - 1$，$\sigma_2 = 0$，列车处于最大加速（maximum acceleration，MA）模式。

② 若 $\dfrac{\lambda_2}{v} - 1 = 0$，$u \in [0, U_+(v)]$，$\sigma_1 = 0$，$\sigma_2 = 0$，列车处于部分牵引巡航（cruising and partial power，CR-PP）模式。

③ 若 $0 < \dfrac{\lambda_2}{v} < 1$，$u = 0$，$\sigma_1 = 0$，$\sigma_2 = 0$，列车处于惰行（coasting，CO）模式。

④ 若 $\dfrac{\lambda_2}{v} = 0$，$u \in [U_-(v), 0]$，$\sigma_1 = 0$，$\sigma_2 = 0$，列车处于部分制动巡航（cruising and partial braking，CR-PB）模式。

⑤ 若 $\dfrac{\lambda_2}{v} < 0$，$u = U_-(v)$，$\sigma_1 = 0$，$\sigma_2 = -\dfrac{\lambda_2}{v}$，列车处于最大制动（maximum braking，MB）模式。

在上述五种运行工况中，有两种奇异工况，即 CR-PP 模式和 CR-PB 模式。假定在某区间使用 CR-PP 模式，则有 $\lambda_2 = v$ 且 $\lambda_2' = v'$，化简可得

$$\lambda_1 + v^2 r'(v) + v^2 \dfrac{\mathrm{d}M}{\mathrm{d}x} = 0 \quad (2.31)$$

若 $v < v_m$，则 $v^2 r'(v) = -\lambda_1$，定义符合该等式的速度为巡航速度 v_c，若 $v = v_m$，则

$$-v_c^2 r'(v_c) + v_m^2 r'(v_m) + v_m^2 \dfrac{\mathrm{d}M}{\mathrm{d}x} = 0 \quad (2.32)$$

定义 $\psi(v) = v^2 r'(v) = v^2(r_1 + 2r_2 v)$，由于 $r_1, r_2 \geqslant 0$，$\psi(v)$ 在 $v \in (0, +\infty)$ 上单调递增。由于 $\mathrm{d}M/\mathrm{d}x \geqslant 0$，只有 $v_m \leqslant v_c$ 时式（2.32）成立，且限速为分段常值，因此在 CR-PP 模式下，列车匀速运行且 $v = \min\{v_c, v_m\}$。

假定在某区间使用 CR-PB 模式，则有 $\lambda_2' = 0$，化简可得

$$-v_c^2 r'(v_c) + v^2 \dfrac{\mathrm{d}M}{\mathrm{d}x} = 0 \quad (2.33)$$

由于 v_c 必为正值，若上式成立，则 $\mathrm{d}M/\mathrm{d}x > 0$，可知 $v = v_m$。注意，此时是利用部分制动工况来维持限速，因此必处于陡下坡。

下面讨论不同工况之间的切换，由于各模式之间的切换是通过 $\eta = \lambda_2/v - 1$ 和 $h = \lambda_2/v$ 决定的，因此处于 MA 模式如下微分方程，即

$$\eta' = \frac{\psi(v) - v^2 U'_+(v)}{v^3}\eta + \frac{\psi(v) - \psi(v_c)}{v^3} + \frac{1}{v}\frac{\mathrm{d}M}{\mathrm{d}x} \tag{2.34}$$

处于 CO 模式的如下微分方程，即

$$h' = \frac{\psi(v)}{v^3}h - \frac{\psi(v_c)}{v^3} + \frac{1}{v}\frac{\mathrm{d}M}{\mathrm{d}x} \tag{2.35}$$

处于 MB 模式的如下微分方程，即

$$h' = \frac{\psi(v) - v^2 U'_-(v)}{v^3}\eta - \frac{\psi(v_c)}{v^3} + \frac{1}{v}\frac{\mathrm{d}M}{\mathrm{d}x} \tag{2.36}$$

在某点 p 切换到其他模式，必有 $\eta(p) = 0$ 或 $h(p) = 0$，具体切换的模式与 $\eta'(p)$ 或 $h'(p)$ 的正负情况有关。若列车速度 $v < v_m$，则 $\mathrm{d}M/\mathrm{d}x = 0$，以 p^- 表示 p 左侧，则有如下切换情况。

① 若 p^- 处于 MA 模式，且 $\eta(p) = 0$，当 $\eta'(p) = 0$、$v = v_c$ 时，可切换到 MA 模式、CR-PP 模式、CO 模式；当 $\eta'(p) < 0$、$v < v_c$ 时，可切换到 CO 模式；当 $\eta'(p) > 0$、$v > v_c$ 时，可维持 MA 模式。

② 若 p^- 处于 CR-PP 模式，当 $v = v_c$、$\eta(p) = 0$、$\eta'(p) = 0$ 时，可切换到 MA 模式、CO 模式，或者维持 CR-PP 模式。

③ 若 p^- 处于 CO 模式，且 $\eta(p) = 0$，当 $\eta'(p) = 0$、$v = v_c$ 时，可切换到 MA 模式、CR-PP 模式、CO 模式；当 $\eta'(p) < 0$、$v < v_c$ 时，继续维持 CO 模式；当 $\eta'(p) > 0$、$v > v_c$ 时，可切换到 MA 模式。若 p^- 处于 CO 模式，且 $h(p) = 0$、$h'(p) < 0$ 时，切换到 MB 模式。

④ 若 p^- 处于 MB 模式，且 $h(p) = 0$，当 $h'(p) < 0$ 时，维持 MB 模式。

类似地，可以分析出列车速度 $v = v_m$ 时的切换情况[91]。注意到，在非陡坡的情况下，$-U_+(v) \leqslant -r(v) + g(x) \leqslant 0$，一般可认为非陡坡情况下处于 MA 模式必定加速，处于 CO 模式必定减速。从上述工况切换情况可以推断出，在非陡坡、无限速情况下，采用 MB 模式停车有两种最优工况连接，即 MA-CR-CO-MB 和 MA-CO-MB，采用 CO 模式停车有两种最优工况连接，即 MA-CR-CO 和 MA-CO，其余转换序列均不是最优情况。

2. 非陡坡和有限速情况分析

基于上述工况转换分析，限速的影响可用式（2.34）～式（2.36）中的 $\dfrac{1}{v}\dfrac{\mathrm{d}M}{\mathrm{d}x}$ 项表征。这一项的出现使协态变量 η 或 h 可能发生非负性跳变，而且跳变的具体数值未知，这就给理论分析带来困难。非陡坡情况由于无限速情况下最优工况序

2.1 基于动态规划的高速列车运行速度曲线优化

列已知,并且 MA 模式必定加速,CO 模式必定减速,严格控制工况序列发生的顺序,通过分析各限速区段的可能行为,就能逐步解决该问题。由于非陡坡情况下不存在 CR-PB 模式,以下用 CR 模式指代 CR-PP 模式。

引理 2.1 处于 CO 模式下的微分方程组为

$$\begin{cases} \dfrac{\mathrm{d}v}{\mathrm{d}x} = \dfrac{-r(v)+g(x)}{v} \\ \dfrac{\mathrm{d}h}{\mathrm{d}x} = \dfrac{\psi(v)}{v^3}h - \dfrac{\psi(v_c)}{v^3} \end{cases} \tag{2.37}$$

假设初始条件为 $(v^1(x_0), h^1(x_0))$ 的解曲线为 $(v^1(x), h^1(x))$,初始条件为 $(v^2(x_0), h^2(x_0))$ 的解曲线为 $(v^2(x), h^2(x))$,若

$$\psi(v) - \dfrac{v\psi'(v)}{3} - \psi(v_c) \leqslant 0 \tag{2.38}$$

则若 $v^1(x_0) \leqslant v^2(x_0)$、$h^1(x_0) \leqslant h^2(x_0)$,有 $v^1(x) \leqslant v^2(x)$、$h^1(x) \leqslant h^2(x)$ 成立。

证明 定义 $f(v,x) = \dfrac{\mathrm{d}v}{\mathrm{d}x}$、$g(v,h) = \dfrac{\mathrm{d}h}{\mathrm{d}x}$,$f(v,x)$ 满足局部 Lipschitz 条件,类似的,$g(v,h)$ 有关于 v 和 h 的连续偏导数,且在 CO 模式所处的有界闭集上有最大值,则 $g(v,h)$ 满足局部 Lipschitz 条件,且有

$$\dfrac{\partial g}{\partial v} = \dfrac{h(v\psi'(v) - 3\psi(v)) + 3\psi(v_c)}{v^4} \tag{2.39}$$

若 $v\psi'(v) - 3\psi(v) \geqslant 0$,由于 $h \in [0,1]$,则

$$\dfrac{\partial g}{\partial v} \geqslant \dfrac{3\psi(v_c)}{v^4} > 0 \tag{2.40}$$

若 $v\psi'(v) - 3\psi(v) < 0$,由于 $h \in [0,1]$,则

$$\dfrac{\partial g}{\partial v} \geqslant \dfrac{v\psi'(v) - 3\psi(v) + 3\psi(v_c)}{v^4} \geqslant 0 \tag{2.41}$$

因此,$\partial g/\partial v \geqslant 0$。由于 $f(v,x)$ 不显含 h,因此 $f(v,x)$ 和 $g(v,h)$ 是关于 h 和 v 的拟单增函数。根据中值比较定理[92],若 $v^1(x_0) \leqslant v^2(x_0)$、$h^1(x_0) \leqslant h^2(x_0)$,有 $v^1(x) \leqslant v^2(x)$、$h^1(x) \leqslant h^2(x)$ 成立。式(2.40)是很容易满足的条件,这一条件在文献 [93] 中用以证明陡坡上最佳切换点的局部唯一性。一个易于验证的充分性条件是,若 $\psi(v) < 3\psi(v_c)$ 成立,则式(2.41)成立。 □

假设引理 2.1 成立,考虑非陡坡情况下限速的典型场景。

如图 2.6 所示,列车在启动阶段采用 MA 模式,由于限速较低会在某点碰到限速,此时根据工况切换准则,列车可在该点选择 CR 模式或 CO 模式。若为 CR

模式,则需考虑在哪个位置选择切换到 CO 模式,不同的切换点位置产生的运行距离不同。下面的定义表示二者之间符合单调递增关系,即切换点越靠后,则总运行距离越长。

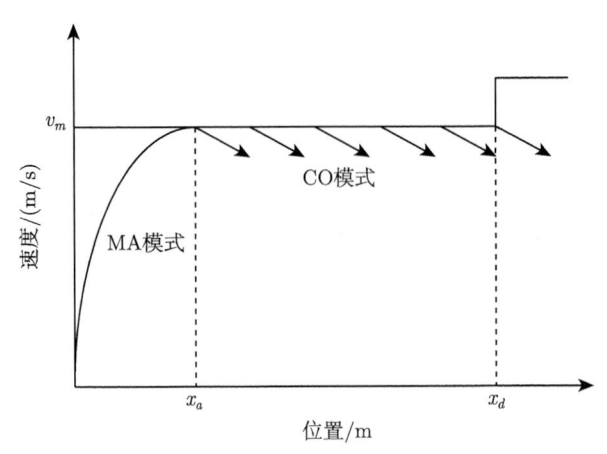

图 2.6　启动阶段工况切换场景

定理 2.1　设列车在启动阶段的 x_a 处达到限速 v_m 且 $v_m \leqslant v_c$,限速 v_m 在 $x \in [x_a, x_d]$ 时不变,则总运行距离是关于惰行工况切换点位置的单调递增函数。

假设存在两个不同的切换点 x_0、$x_1 \in [x_a, x_d]$,且 $x_0 < x_1$,对应切换后的工况运行序列为 CO-MB 模式(单独的 CO 模式也成立,证明类似),设对应切换点 x_0 的解曲线为 $(v_0(x), h_0(x))$,对应切换点 x_1 的解曲线为 $(v_1(x), h_1(x))$,由于 CO-MB 序列在非陡坡、无限速条件下,终端条件固定情况下具有唯一性[94],两条解曲线的停车点位置不可能相同。

假设对应 $v_0(x)$ 的停车点位置为 x_p^0,对应 $v_1(x)$ 的停车点位置为 x_p^1,若定义 2.1 不成立,则 $x_p^0 > x_p^1$,若 $v_1(x)$ 的制动曲线在 $[x_p^1, x_p^0]$ 阶段继续 MB 模式,则 $v_1(x_p^0) < v_0(x_p^0)$。定义连续函数在区间 $x \in [x_0, x_p^0]$ 的函数 $k(x) = v_1(x) - v_0(x)$,且有

$$k(x_0^+) = v_1(x_0^+) - v_0(x_0^+) > 0 \qquad (2.42)$$

其中,x_0^+ 位于 x_0 右侧的足够小区间内,且有

$$k(x_p^0) = v_1(x_p^0) - v_0(x_p^0) > 0 \qquad (2.43)$$

根据零点定理,必存在一点 $x_m \in (x_0, x_p^0)$,使 $v_1(x_m) = v_0(x_m)$,则可讨论首个交点 x_m 可能的情况。

① 若 x_m 均处于两解曲线的 CO 模式,则会违反微分方程解的唯一性定理。类似地,x_m 不会处于两解曲线的 MB 模式。

2.1 基于动态规划的高速列车运行速度曲线优化

② 若 x_m 位于 $v_0(x)$ 曲线的 CO 模式，$v_1(x)$ 曲线的 MB 模式，定义 $v_1(x)$ 上从 CO 模式切换到 MB 模式的切换点 x_n，且 $x_n < x_m$，两解曲线在 $x \in [x_1, x_n]$ 时均处于 CO 模式。然而，由于存在初值不等关系，$v_1(x_1) \geqslant v_0(x_1)$，$h_1(x_1) \geqslant h_0(x_1)$，根据引理 2.1，有 $h_1(x_n) \geqslant h_0(x_n)$，与 $h_1(x_n) = 0$、$h_0(x_n) > 0$ 矛盾。

③ 若 x_m 位于 $v_0(x)$ 曲线的 MB 模式和 $v_1(x)$ 曲线的 CO 模式，定义 $v_0(x)$ 上从 CO 模式切换到 MB 模式的切换点 x_k，当 $x \in [x_0, x_k]$ 时，两曲线不存在交点，且有 $v_0(x_k) < v_1(x_k)$。假设 $\bar{v}_0(x)$ 在 $x \in [x_k, x_m]$ 继续进行 CO 模式，且有 $\bar{v}_0(x_k) = v_0(x_k)$，则 $\bar{v}_0(x_m) > v_0(x_m) = v_1(x_m)$。考虑区间 $x \in [x_k, x_m]$ 上的惰行曲线 $\bar{v}_0(x)$ 和 $v_1(x)$，则有

$$(\bar{v}_0(x_k) - v_1(x_k))(\bar{v}_0(x_m) - v_1(x_m)) < 0 \tag{2.44}$$

因此，根据零点定理，必存在一点 $x \in (x_k, x_m)$，使 $\bar{v}_0(x) - v_1(x) = 0$。这与微分方程解的唯一性矛盾。综上所述，可能的四种相交情况都不存在，所以假设不成立。

定理 2.1 是对以往无陡坡、无限速情况下最优运行曲线唯一性证明的扩展。以往研究给出的对应切换点是唯一的，但不能找到切换点和运行距离之间的关系，尽管这一关系看似较为明显。根据定理 2.1，可通过计算边界点位置切换所得的运行距离，决定是否能够在限速区段中间某点切换到 CO 模式。

停车阶段考虑的场景与启动阶段类似。若列车速度为限速，需要确定合适的惰行切换点停车。若在限速开始位置，则需确定不同协态变量初值对应的运行距离。停车阶段工况切换场景如图 2.7 所示。这是由于在遇到限速时，协态变量可能发生非负性跳变，从而影响速度曲线。

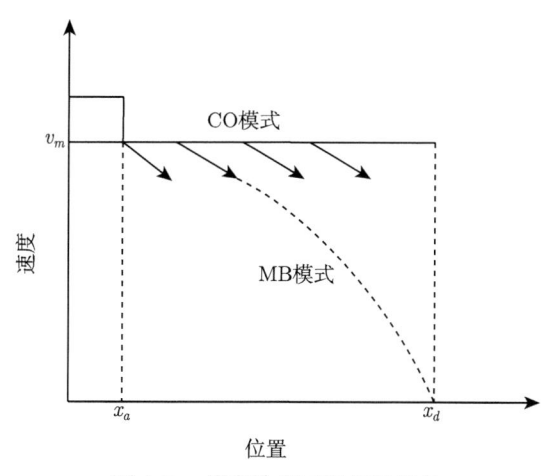

图 2.7 停车阶段工况切换场景

定理 2.2 假设在停车阶段，$v_m \leqslant v_c$，且列车速度在 $x = x_a$ 处达到限速 v_m，限速 v_m 在 $x \in [x_a, x_d]$ 时不变，停车阶段工况切换场景如图 2.7所示，则从 x_a 到 x_d 处的最优列车运行速度曲线唯一。

保证唯一性的关键是，对任意可能的协态变量跳变初值 $(v_m, h(x_a))$，均对应唯一的运行距离。$x = x_a$ 处可能的切换包含 MB 模式、CO 模式和 CR 模式。若切换到 CR 模式，则运行距离是关于切换点位置的单调递增函数，因此需讨论切换到 CO 模式或 MB 模式的两种情况。假设 $(v_0(x), h_0(x))$ 和 $(v_1(x), h_1(x))$ 是分别对应初值为 $(v_m, h_0(x_a))$ 和 $(v_m, h_1(x_a))$ 的解曲线，则有如下论断。

①切换到 CO 模式相比切换到 MB 模式有更长的运行距离。假设 $h_0(x_a) \leqslant 0 < h_1(x_a) \leqslant 1$，定义对 $v_1(x)$，从 CO 模式到 MB 模式的切换点为 x_m。对任意的 $x \in (x_a, x_m]$，$v_0(x) < v_1(x)$ 且 $v_0(x_m) < v_1(x_m)$。为避免违背微分方程解的唯一性，$v_0(x)$ 的停车点必然小于 $v_1(x)$ 的停车点。

②若切换到 CO 模式，则协态变量初值越高，总运行距离越远。假设 $0 < h_0(x_a) < h_1(x_a) \leqslant 1$，定义从 CO 模式到 MB 模式的切换点为 x_m 和 x_n，分别对应解曲线 $v_0(x)$ 和 $v_1(x)$。根据定义 2.1，若 $h_1(x_m) = 0$，则两曲线相同，违背微分方程解的唯一性，因此 $h_1(x_m) > 0$。对任意 $x \in (x_m, x_n]$，$v_0(x) < v_1(x)$ 且 $v_0(x_n) < v_1(x_n)$，根据微分方程解的唯一性定理，对应于 $v_1(x)$ 的停车点大于对应于 $v_0(x)$ 的停车点。

综上，若切换到 CO 模式，则运行距离是关于 $h(x_a)$ 的单调递增函数，且大于切换到 MB 模式的运行距离；若切换到 CR 模式，则运行距离是关于切换至惰行切换点位置的单调递增函数。上述分析隐含必须使用 MB 模式停车的假设，若使用 CO 模式停车，最优曲线仍然是唯一的。

当处于中间阶段时，往往不会碰到限速，但是从某一状态到另一状态的最优列车运行速度曲线却未必唯一。中间阶段的状态转换如图 2.8所示。

定理 2.3 假设 $v_c < v_m$，列车从一个状态点 (x_a, v_0) 首先使用 MA 模式到达另一状态点 (x_d, v_1)，如图 2.8 所示，则两状态点之间的最优轨线唯一。

可行的工况转换序列包括 {MA}、{MA-CR}、{MA-CO-MB}、{MA-CO}、{MA-CR-CO} 和 {MA-CR-CO-MB}，假设上述序列中某一个成立，则其他可行序列均不成立。进一步，每种序列只能有不超过一条的最优列车运行速度曲线。

采用某典型线路条件，列车最大牵引力和最大制动力按照文献 [95] 设置。其中，列车最大牵引力为

$$F_{\max} = \begin{cases} 203, & 0 \leqslant v \leqslant 51.5 \\ -0.002032v^3 + 0.4928v^2 - 42.12v + 1343, & 51.5 < v \leqslant 80 \end{cases} \quad (2.45)$$

其中，牵引力单位为 kN；速度单位为 km/h。

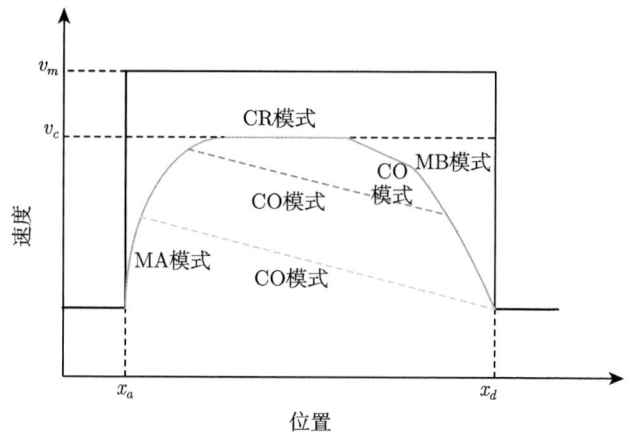

2.1 基于动态规划的高速列车运行速度曲线优化

图 2.8 中间阶段的状态转换

列车最大制动力为

$$B_{\max} = \begin{cases} 166, & 0 \leqslant v < 77 \\ 0.134v^2 - 25.07v + 1300, & 77 \leqslant v \leqslant 80 \end{cases} \tag{2.46}$$

其他参数包括基本阻力参数，即 $r_0 = 0.005$、$r_1 = 0.003$、$r_2 = 9.5383 \times 10^{-5}$。设定站间距为 2616m、坡度为 0、限速设置为 $x \in [0, 150]$m、$v_m = 50$km/h；$x \in [150, 2400]$m、$v_m = 80$km/h；$x \in [2400, 2616]$m、$v_m = 27$km/h。设定巡航速度为 20.2m/s，则

$$\psi(v) \leqslant \psi(v_m) = 3.59 < 3\psi(v_c) = 8.43 \tag{2.47}$$

最优列车运行速度曲线和对应协态变量曲线如图 2.9 和图 2.10 所示。在 $x = 150$m、$v = v_m = 50$km/h 处，切换到 CO 模式计算的总运行距离为 810m，低于总站间距，所以在该点必须采用 MA 模式，因此定理 2.3 可以应用。在 $x = 2400$m、$v = v_m = 27$km/h 处，切换到 CO 模式计算的总运行距离为 2565m，低于总站间距，因此列车在该点采用 CR 模式，且定理 2.2 可以应用。因此，总的速度曲线是唯一且最优的。协态变量在两次限速转折点位置发生跳变，第一次在 $x = 150$m 处，η 从 0 跳变到 0.024，第二次在 $x = 2400$m 处，η 从 -1.148 跳变到 0，过程中的协态变量均正确对应各工况转换。总运行距离和切换点位置的关系如图 2.11 所示。这就验证了定理 2.1 的正确性。采用近似动态规划方法应用在相同场景，可以比较近似动态规划方法的效果。

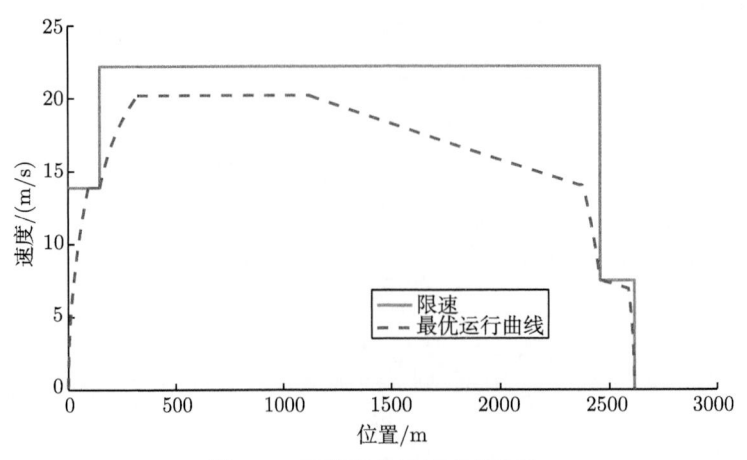

图 2.9　最优列车运行速度曲线

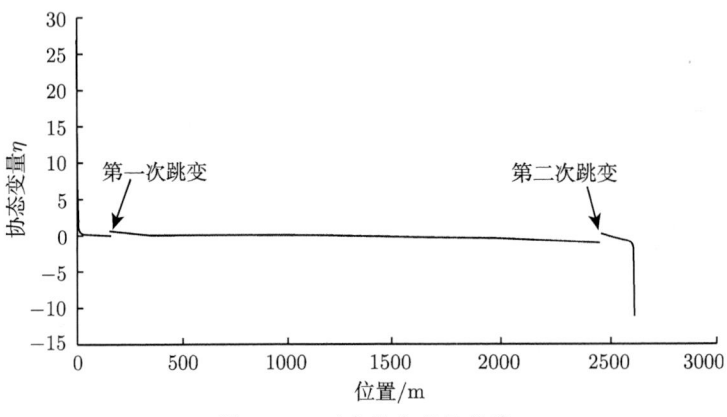

图 2.10　对应协态变量曲线

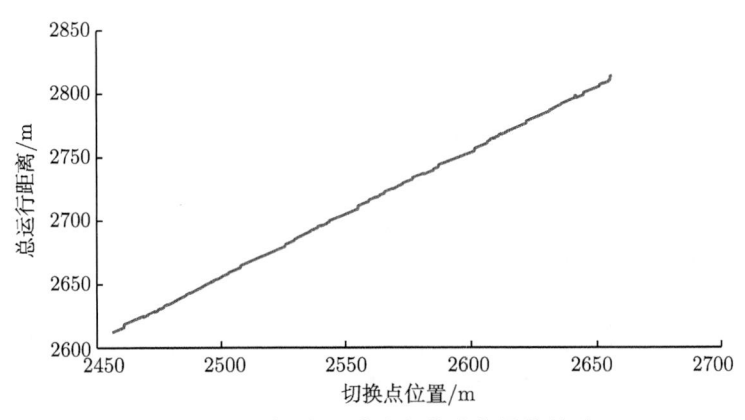

图 2.11　总运行距离和切换点位置的关系

2.2 基于安全强化学习的列车运行速度曲线优化

2.2.1 基于强化学习的运行速度曲线优化模型

列车运行时应考虑速度、位置、控制序列等状态。由于列车下一时刻状态只与当前状态相关，与过去状态无关，因此列车运行过程可以视为马尔可夫决策过程（Markov decision process，MDP）。在构建模型时，可以将列车运行过程看作一个多阶段决策过程。下面介绍基于强化学习（reinforcement learning，RL）的优化模型构建方法。

定义阶段 i 中的状态包含列车的当前速度 v_i 和当前位置 x_i，即

$$S_i = (x_i, v_i) \tag{2.48}$$

使用四种不同的运行工况构造动作集，可以写为

$$A = \{\text{MA}, \text{CO}, \text{CR}, \text{MB}\} \tag{2.49}$$

在 MA 模式和 MB 模式下，列车以最大牵引/制动加速度运行。在 CR 模式下，列车以恒定速度运行，列车运行时没有牵引力/制动力。定义目标函数为

$$J = \varsigma_1 J_E + \varsigma_2 J_T + \varsigma_3 J_C \tag{2.50}$$

其中，ς_1、ς_2、ς_3 为三个不同的权重因子；J_E 为能耗性能指标，定义为

$$J_E = E_1 + E_2 + E_3 = F_1 x + F_2 vt + F_3 x \tag{2.51}$$

J_T 为时间性能指标，定义为

$$J_T = \tau \sum_{i=1}^{n} (t_i - \bar{T}) \tag{2.52}$$

其中，n 为阶段数。

J_C 为舒适性能指标，由加速度的导数计算，即

$$J_C = \delta \frac{1}{n} \sum_{i=1}^{n} |\triangle a_i| \tag{2.53}$$

2.2.2 基于 Shield Sarsa 的列车运行速度曲线优化

本节建立一种名为 Shield 的有限状态反应系统，防止列车违反安全状态限制。在 Shield 设计中考虑环境因素，包括列车运行过程中的线路、限速等条件。本节首先提出 Shield 模型结构，然后证明 Shield 可以应用于高速列车运行速度曲线优化，并通过实例进行验证。

1. Shield 模型结构

Shield 是基于线性时序逻辑（linear temporal logic，LTL）的模型检验方法构建得到的。首先介绍该模型的一些基本组成和特性。转换系统可描述为 $M = (S \to L)$，其中 S 是状态集，$\to$ 表示 S 上的二元关系，称为转换关系。$\forall s \in S$，我们有 $s' \in S, s \to s'$。转换系统的轨迹是无限状态序列 $s_1, s_2, \cdots, s_n, \cdots, \forall i \geqslant 1, s_i \to s_{i+1}$。轨迹线通常记作 π，在 LTL 公式 Φ 中记作 $\pi| = \Phi$。

定义 $M = (S \to L)$ 为 LTL 模型，$s \in S$，Φ 为公式。若在 s 中 $\forall \pi \in M$，有 $\pi| = \Phi$；若 s 满足 Φ，记作 $M, s| = \Phi$ 或 $s| = \Phi$。

Shield 模型可归结为一个过渡系统，其所有轨迹都满足一个特殊的规范，满足安全约束。

在这种情况下，问题可以转化为建立一个过渡系统和一些特殊的规范，并寻找一种有效的表达安全约束的方法。采用观测函数、有限状态反应系统、安全规范和 MDP 构建 Shield。

① 观测函数是将状态 s 传递给另一个标签 l 的映射，构建为 $f: S \to L$。在高速列车运行过程中，线路数据等环境信息是无法忽略的。因此，观测函数构建为

$$f: S \times X \to L \tag{2.54}$$

其中，S 为学习过程的状态集；X 为用于观测的其他信息，主要是环境信息；L 用于判断 Shield 是否安全。

② 有限状态反应系统是一个过渡系统，可以看作一个元组 $R = (Q, q_0, \Sigma_I, \Sigma_O, \delta, \lambda)$。其中，$Q$ 为有限状态集；$q_0 \in Q$ 为初始状态；$\delta: Q \times \Sigma_I \to Q$ 和 $\lambda: Q \times \Sigma_I \to \Sigma_O$ 为转换函数和输出函数；Σ_I 和 Σ_O 为输入和输出。

③ 安全规范 φ 定义为允许的轨迹的集合 $L(\varphi) \subseteq \Sigma^\infty$。安全规范为 $(\varphi_1, \varphi_2, \cdots, \varphi_l)$，表示 $L(\varphi) = \bigcap_i L(\varphi_i)$。对于一个系统，如果满足 φ，则其满足所有的安全规范。

据此，安全规范可以定义为一个自动化的元组 $\varphi^S = (Q, q_0, \Sigma, \delta, \mathcal{G})$，其中 $\Sigma = \Sigma_I \times \Sigma_O$；$\delta: Q \times \Sigma \to Q$；$\mathcal{G} \subseteq Q$ 是一组安全状态。一个由轨迹 $\bar{\sigma} = \sigma_0, \sigma_1, \cdots \in \Sigma^\infty$ 引起的操作是一个状态序列 $\bar{q} = q_0, q_1, \cdots, q_{i+1} = \delta(q_i, x_i)$。如果引起的操作只访问安全状态，则系统 R 的迹 $\bar{\sigma}$ 满足 φ^S，即 $\forall i \geqslant 0, q_i \in \mathcal{G}$。

接下来，讨论 Shield 的收敛性。将 Shield 记作 S_{Sh}，它可转化成一种标准的 MDP，即 $M' = (S', s'_0, A', P', R')$，其中 $S' = S_{Sh}$；$s'_0 = q_{Sh,0}$；$A' = \Sigma_{I,Sh} \times \Sigma_{O,Sh}$；$P' = \delta_{Sh} \times \lambda_{Sh}$；$R'$ 表示可调节参数。考虑 Shield 可以转换为标准 MDP，可帮助学习算法收敛于标准 MDP。Shield 分为两层。第一层为转换器 $Q_{Sh}, q_{Sh,0}$，接收列车的动作、环境信息 E，其中 E 为式（2.54）中的 X。第二层为执行器，接

收第一层的输出 a、q。第二层基于 l、a、q、δ_{Sh} 输出一个安全的动作 a'。一旦选择动作 a，环境就会给列车一个奖励 r，l 作为一个标签判断动作 a 是否安全。两层 Shield 系统结构如图 2.12 所示。

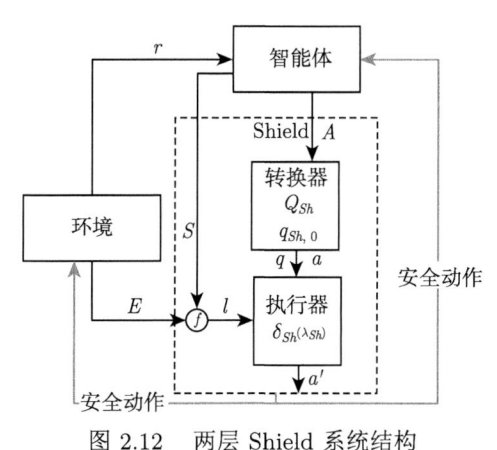

图 2.12 两层 Shield 系统结构

2. 应用条件

下面证明在基于强化学习的列车运行速度曲线优化中，违反安全状态的情况可以被 Shield 防护。

假设列车运行过程中可以获取线路数据。以 CTCS-3 为例，高速列车可从无线闭塞中心（radio block center，RBC）发送的行车许可获取静态限速、坡度信息等线路数据可得到参数 E。为防止列车超速，只使用静态限速构造观测函数 f，即

$$f: S \times E \to L \to l = e_s = v_{l,s} \tag{2.55}$$

其中，函数的输出 $e_s = v_{l,s}$ 是对环境和状态的观察；$v_{l,s}$ 表示阶段 s 的速度限制。

需要注意的是，静态极限速度并不总是相同。这意味着，速度 50m/s 在 1000m 时可能是安全的，而在 10000m 时是不安全的，因此不能直接使用静态限速构建安全状态集。为简化分析，设置 $\mathcal{G} = \{1\}$，安全状态集可表示为

$$\delta(q,(l,a)) = \begin{cases} 1, & q \otimes a < l \\ 0, & q \otimes a > l \end{cases} \tag{2.56}$$

其中，$\otimes$ 表示高速列车采取一个动作并获得一个速度。

考虑一个动作集为 $a = \{\text{MA}, \text{CR}, \text{MB}\}$ 的列车，不考虑列车位置，其变速过程可以抽象为图 2.13，其中 $v_0 < v_1 < \cdots < v_n$。因此，所有的速度转换都显示

在图中，但是无法判断图中的状态是否可接受（即安全状态），可以将转换模型转换为规范模型。由于有观察测函数 l，设置 $L = \{v < 1, 1 \leqslant v \leqslant v_{\text{limit}}, v > v_{\text{limit}}\}$，则变速过程的规范模型可以表述为图 2.14。

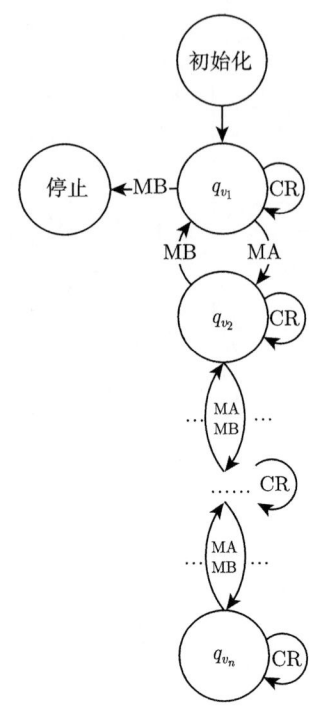

图 2.13 变速过程的抽象

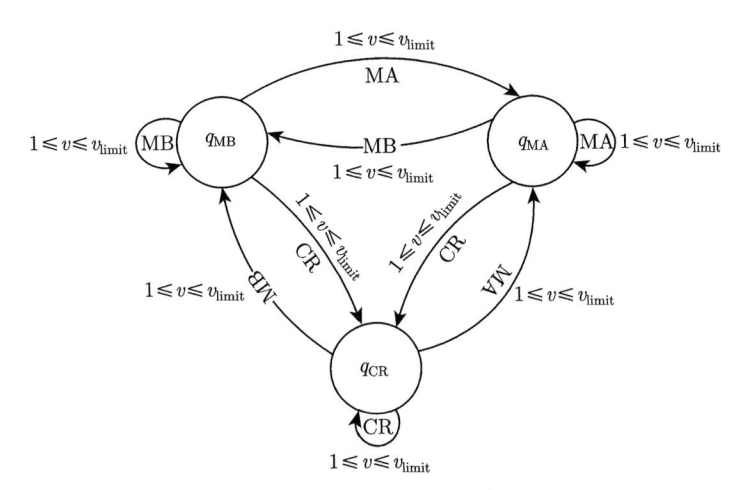

图 2.14 变速过程的规范模型

2.2 基于安全强化学习的列车运行速度曲线优化

引理 2.2 如果列车运行过程可以看作一个标准的 MDP，并且可以获得线路数据，那么操作过程可由 Shield 保护。

证明 已经证明，对于一个标准 MDP，它将有一个 φ^M。考虑列车运行过程是一个标准的 MDP，则只需证明存在一个安全条件 φ^S。列车状态的有限集可以与 MDP 状态相同，即 $Q=(x_i,v_i)$。Σ 可以写为 $\Sigma=\Sigma_I\times\Sigma_O$，其中 Σ_I 是定义的观测函数 f，Σ_O 是 MDP 中的同一个动作集 A，则安全条件 Σ 为

$$\varphi^S=((x_i,v_i),(x_0,v_0),L\times A,\delta,\mathcal{G}) \tag{2.57}$$

□

至此，证明基于强化学习的列车运行过程优化方法可以被 Shield 防护。下面讨论用安全强化学习（safe reinforcement learning，SRL）方法求解轨迹优化问题。

3. 用于速度曲线优化的 Shield-SARSA（S-SARSA）算法

定义 2.1 列车运行过程中的安全是指列车不会突破速度限制。

SARSA 算法用于优化列车运行速度曲线，并且受到 Shield 的保护。作为一种同轨算法，SARSA 以动作函数 Q 取最大值函数 q_* 作为学习目标，与生成列车决策序列轨迹的行动策略无关。基于 Bellman 方程的 SARSA 算法值函数的更新公式为

$$Q(s,a)\leftarrow Q(s,a)+\alpha(r_*+\gamma Q(s_*,a_*)-Q(s,a)) \tag{2.58}$$

其中，r_* 为转换到下一状态的奖励值；α 为学习率；γ 为折扣因子；s_* 为下一时刻的状态；a_* 为获取下一时刻最大 Q 值的动作；$Q(s,a)$ 为当前状态和动作的值函数。

在选择动作时，使用 ε-贪婪策略。对于 SARSA 算法，动作集和奖励函数是两个主要部分。下面定义 SARSA 和 S-SARSA 的动作集和奖励函数。

① SARSA 动作集。原始操作集被定义为式（2.49），使用合外加速度或速度构造动作集。动作集是用合外加速度构造的，但是略有改进。在编程中，用整数 0~5 对工况进行编码，其中 0、1、2、4、5 表示的加速度是固定的。在这五种情况下，考虑梯度和阻力的影响，可以得到加速度。由于不存在陡坡，这些最大牵引/制动加速度都可以在列车实际运行中输出。然后，可以动态计算 CO 条件下用 3 表示的加速度。这是因为在 CO 条件下，除基本阻力和梯度，不存在其他使列车加速或减速的力。一旦用这种方法算出 CO 的加速度，也可以更好地考虑梯度。工况编码如表 2.3 所示，其中 a_t 和 a_b 为最大牵引和制动加速度；a_{CO} 为列

车在 CO 工况下的加速度，即

$$a_{\text{CO}} = g\left[\theta - \frac{(a+bv+cv^2)}{1000}\right] \tag{2.59}$$

其中，g 为引力常数；a、b、c 为戴维斯常数；θ 为斜率角度；v 为列车速度。

表 2.3 工况编码

工况	编码	加速度/(m/s^2)
100% MA	0	a_t
50% MA	1	50%a_t
CR	2	0
CO	3	a_{CO}
50% MB	4	50%a_b
100%MB	5	a_b

在学习过程中，加速度均取绝对值。动作集定义为

$$A = \{0,1,2,3,4,5\} \tag{2.60}$$

② SARSA 能耗最小化奖励函数。简单地定义奖励函数 R，即

$$R = -J \tag{2.61}$$

当 R 以这种方式定义时，a_* 被认为是最节能的。考虑式（2.50）中的时间性能，并且学习过程是一个多阶段决策过程，因此时间性能可以分配到每个阶段，也可以在最后一个阶段计算。这意味着，每个阶段的 r 可以重写为不同的形式，即

$$r'_i = -j_i = -\varsigma_1 j_{i,E} - \varsigma_2 j_{i,T} - \varsigma_3 j_{i,C} \tag{2.62}$$

$$r''_i = \begin{cases} -\varsigma_1 j_{i,E} - \varsigma_3 j_{i,C}, & i < n \\ -\varsigma_1 j_{i,E} - \varsigma_2 j_{i,T} - \varsigma_3 j_{i,C}, & i = n \end{cases} \tag{2.63}$$

当式（2.62）用作每一步的奖励函数时，式（2.52）中每一步的 n 为 i。

③ S-SARSA 的基本操作集问题是，一旦原始动作被 Shield 标记为不安全，如何选择安全的动作。因此，提出一种重新选择的方法来选择安全动作。重新选择操作流程如图 2.15 所示。

在重新选择的方法中，首先确定不安全动作是由全局探索选择，还是局部利用选择。如果通过探索选择不安全动作，则将所选操作从操作集中删除，并从删除的操作集中选择另一个动作。然后，重复该过程，直到选择安全操作。如果不安全的动作是由局部利用选择，则使用相同的方式重新选择该动作。不同的是，在这个重新选择过程中使用开发策略。

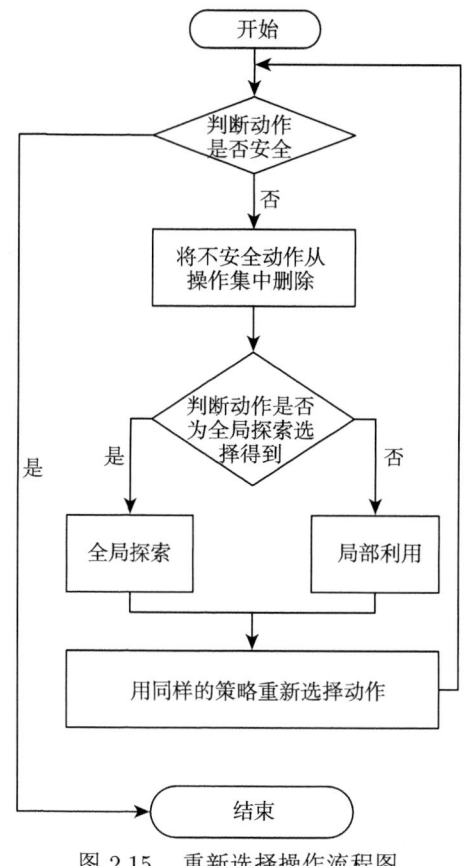

2.2 基于安全强化学习的列车运行速度曲线优化

图 2.15 重新选择操作流程图

④ SARSA 的奖励函数。如果动作顺序不同，在同一位置选择的动作可能会产生不同的结果。这种情况通常发生在减速过程中，动作顺序不同导致的非安全状态示意图如图 2.16 所示。

首先，考虑具有相同初始状态的两个动作序列，即 {CR-CR-CR} 和 {MA-MA-CR}。在同一位置选择三个动作，并且 $v_3 > v_1$。对于 {CR-CR-CR}，第三个动作 CR 是由某种策略选择的，并且是不安全的。Shield 将第三个 CR 改为 CO，并且在这个顺序中 CO 是安全的，如图 2.16（a）所示，一旦原来的序列变为 {MA-MA-CR}，用同样的策略选择第三个动作 CR 仍然是不安全的。然而，如果在第三个位置，按此顺序将动作序列 CR 替换为动作序列 CO，它可能仍然不安全，并且 Shield 必须输出 MB，如图 2.16（b）所示。这个例子旨在指出，在同一地点的同一行动并不总是安全或不安全的。如果将奖励添加到重新选择的动作中，可能增加学习过程中选择不安全动作的概率。因为不能保证安全动作在不同的动作序列中总是安全的，所以不会向 $Q(s_i, a_i')$ 添加奖励。

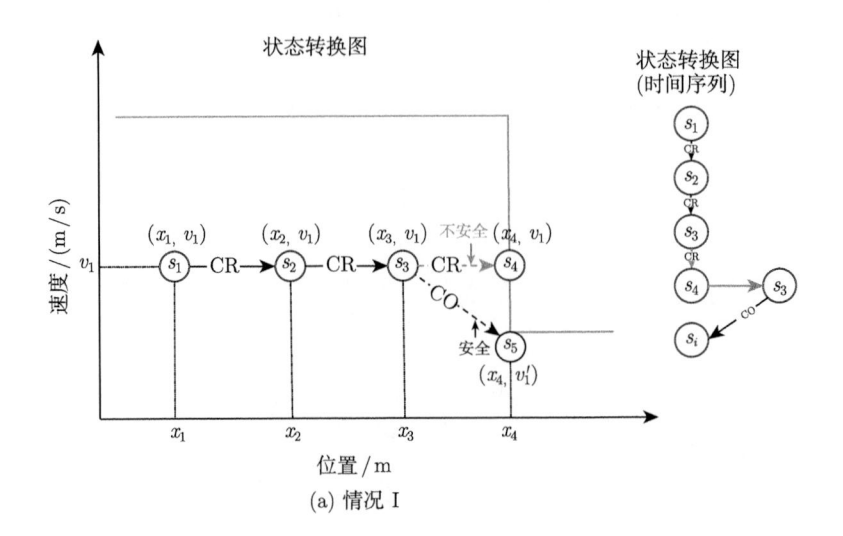

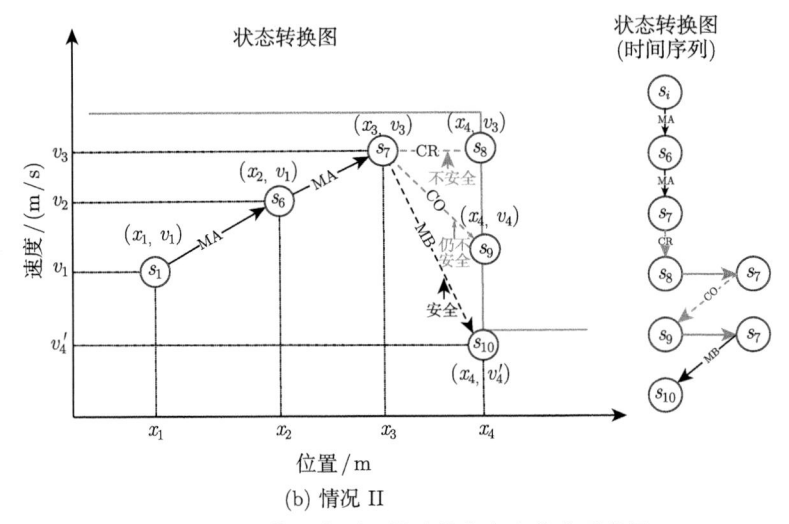

图 2.16 动作顺序不同导致的非安全状态示意图

其次，考虑向 $Q(s_i, a_i')$ 添加惩罚。由于惩罚是一种广泛使用的软约束，可以防止访问某些不期望的状态，将超速惩罚指示符 J_O 添加到式（2.50）中，可表示为

$$J = \varsigma_1 J_E + \varsigma_2 J_T + \varsigma_3 J_C + \varsigma_4 J_O \tag{2.64}$$

其中，ς_4 为超速重量系数。

$$J_O = \sum_{i=1}^{n} j_{O,i} = \begin{cases} (v_i - v_{l,s})^2, & v_i > v_{l,s} \\ 0, & v_i \leqslant v_{l,s} \end{cases}$$

2.2 基于安全强化学习的列车运行速度曲线优化

因此，每个阶段的 r 有两种形式，即

$$r_i''' = -j_i = -\varsigma_1 j_{i,E} - \varsigma_2 j_{i,T} - \varsigma_3 j_{i,C} - \varsigma_4 j_{i,O} \tag{2.65}$$

$$r_i'''' = \begin{cases} -\varsigma_1 j_{i,E} - \varsigma_3 j_{i,C} - \varsigma_4 j_{i,O}, & i < n \\ -\varsigma_1 j_{i,E} - \varsigma_2 j_{i,T} - \varsigma_3 j_{i,C} - \varsigma_4 j_{i,O}, & i = n \end{cases} \tag{2.66}$$

至此，有四个不同的奖励函数。

4. 仿真结果

四种不同的奖励函数和算法可以通过八种组合获得。

表 2.4 显示了八种组合经 1000、5000、10000 次迭代，运行 10 次得到的平均不安全行为计数结果。ⓐ，ⓒ，ⓔ，ⓖ 和 ⓑ，ⓓ，ⓕ，ⓗ 的运行结果如图 2.17 和图 2.18 所示。这两组条形图可根据最后阶段是否增加时间惩罚来区分。参数 x 用于表示一次事件中的不安全行为计数。x 轴的单位是每次训练中不安全行为计数，y 轴的单位为训练次数计数。

表 2.4 不安全动作计数（运行 10 次平均值）

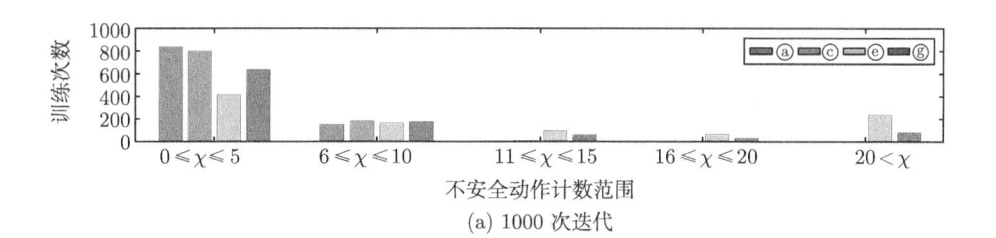

迭代次数	不安全动作计数	ⓐ	ⓔ	ⓑ	ⓕ	ⓒ	ⓖ	ⓓ	ⓗ
1000 次	$0 \leqslant \chi \leqslant 5$	838.1	418.9	962.5	603.7	799.5	637.8	951.5	863
	$6 \leqslant \chi \leqslant 10$	152.8	168.7	35.8	98.3	186.9	177.9	46.2	65.7
	$11 \leqslant \chi \leqslant 15$	8.4	99.9	1.1	56.3	12.9	62.8	1.5	24.7
	$16 \leqslant \chi \leqslant 20$	0.7	71.6	0.5	41.7	0.7	36.3	0.8	16.7
	$20 < \chi$	0	240.9	0.1	200	0	85.2	0	29.9
5000 次	$0 \leqslant \chi \leqslant 5$	4163	1921.2	4769.5	3035.6	3915.1	3101.3	4692.4	4259.8
	$6 \leqslant \chi \leqslant 10$	790.7	858.3	226	496.8	1013.3	878.4	296.6	331.8
	$11 \leqslant \chi \leqslant 15$	45.2	553.9	3.9	351.4	70.6	363.9	10.4	150.6
	$16 \leqslant \chi \leqslant 20$	1.1	391.5	0.6	284.3	1	204.6	0.6	95.6
	$20 < \chi$	0	1275.1	0	831.9	0	451.8	0	162.2
10000 次	$0 \leqslant \chi \leqslant 5$	8263.2	3794.3	9559.8	6038.3	7757.2	6221.4	9437.6	8558.9
	$6 \leqslant \chi \leqslant 10$	1637.5	1716.7	434.4	996.9	2078.8	1730	547.9	620.1
	$11 \leqslant \chi \leqslant 15$	98.3	1119.3	5.2	707.1	161.1	728.9	13.8	300.5
	$16 \leqslant \chi \leqslant 20$	1	791.5	0.6	574.1	2.9	416.6	0.7	187.5
	$20 < \chi$	0	2578.2	0	1683.6	0	903.1	0	333

(a) 1000 次迭代

图 2.17　ⓐ,ⓒ,ⓔ,ⓖ运行结果

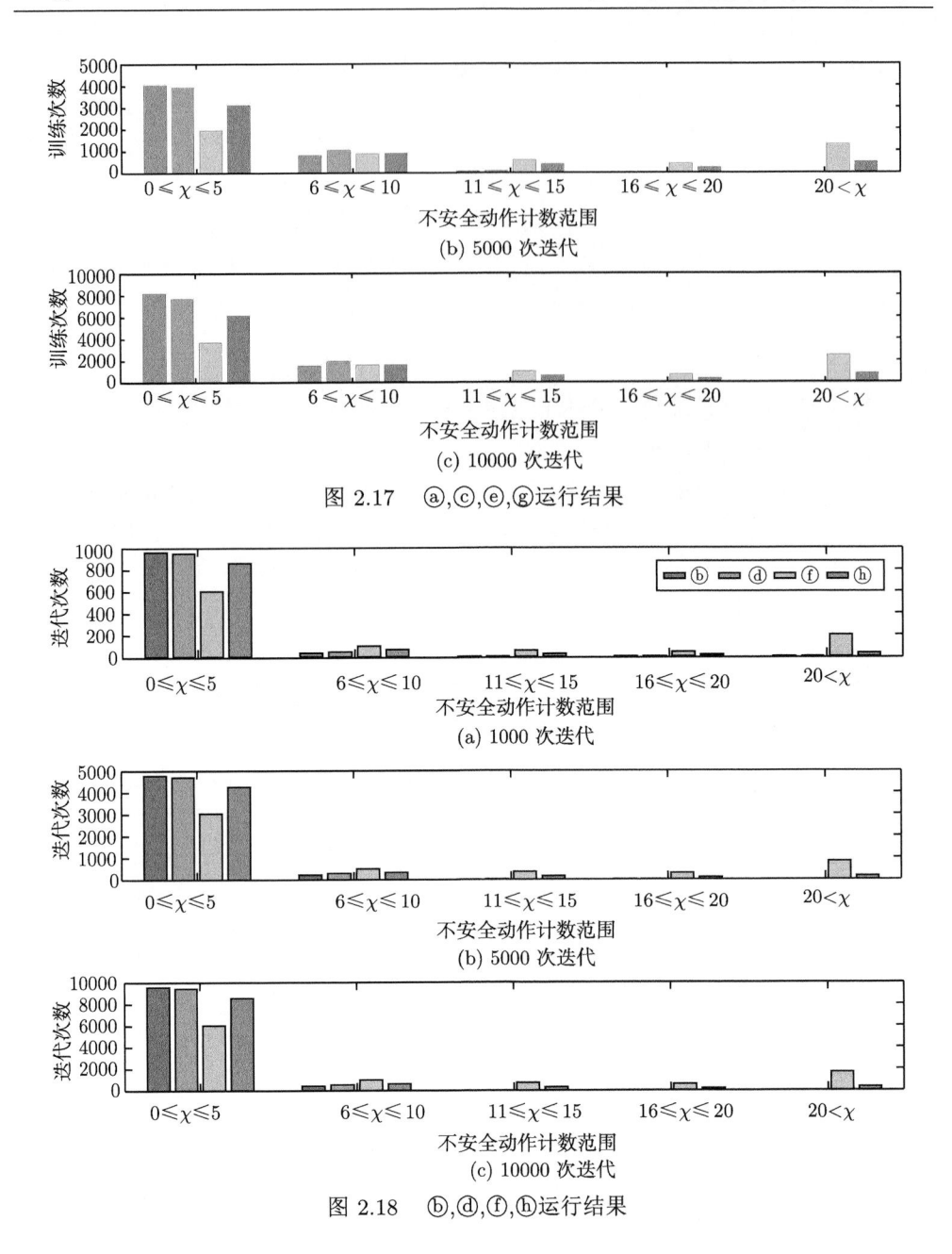

图 2.18　ⓑ,ⓓ,ⓕ,ⓗ运行结果

2.3　高速列车精确停车鲁棒自触发预测控制

高速列车精确停车控制是 ATO 的一项核心功能，其目标是保证列车能够在预定位置安全、精确停车，同时保证停车过程中乘客的舒适度。随着站台屏蔽门

2.3 高速列车精确停车鲁棒自触发预测控制

在高速铁路系统中的应用（如京张高速铁路站台屏蔽门），高速列车需要满足更高的停车精度。

2.3.1 高速列车精确停车预测控制模型

高速列车精确停车控制问题可表述为，在制动系统模型和约束条件下，控制列车跟踪推荐速度曲线实现精确停车，使停车精度在 ±50cm 以内，并保证停车过程中的舒适度。

1. 基于状态空间的预测控制

列车停车控制过程的动态模型可以表示为

$$\begin{aligned} \dot{a}_c(t) &= -\frac{1}{\tau}a_c(t) + \frac{c}{\tau}u(t-T_d) \\ \dot{v}(t) &= a_c(t) - a_r(t) \\ \dot{s}(t) &= v(t) \end{aligned} \tag{2.67}$$

其中，$v(t)$ 和 $\dot{s}(t)$ 分别表示列车实际速度和位置。

将上述单输入多输出系统的状态空间模型进行离散化，并写成控制增量 Δu 的形式，可以显式描述控制输出的变化，即

$$\begin{aligned} x(k+1) &= Ax(k) + b\Delta u(k-l) + w(k) \\ y(k) &= Cx(k) \end{aligned} \tag{2.68}$$

其中，$x(k) = \begin{bmatrix} a_c(k) \\ u(k-l) \\ v(k) \\ s(k) \end{bmatrix}$；$b = \begin{bmatrix} c\frac{1}{\tau}\int_0^T e^{-\frac{1}{\tau}t}dt \\ 1 \\ 0 \\ 0 \end{bmatrix}$，$T$ 为采样时间；$w(k) = \begin{bmatrix} 0 \\ 0 \\ -Ta_r(k) \\ 0 \end{bmatrix}$；$A = \begin{bmatrix} e^{-\frac{1}{\tau}T} & \frac{c}{\tau}\int_0^T e^{-\frac{1}{\tau}t}dt & 0 & 0 \\ 0 & 1 & 0 & 0 \\ T & 0 & 1 & 0 \\ 0 & 0 & T & 1 \end{bmatrix}$；$C = \begin{bmatrix} 0 & 0 & 1 & 0 \\ 0 & 0 & 0 & 1 \end{bmatrix}$；$\Delta u(k) = u(k) - u(k-1)$；$l = \frac{T_d}{T}$ 是离散状态空间方程中的时延项；$w(k)$ 为阻力干扰项。

冲击率（加速度的变化率）和加速度是影响舒适度的重要因素，抑制加速度的变化能从减少冲击率的角度提高舒适度；制动加速度与控制输出呈线性关系，因此抑制 $u(k)$ 的变化可以改善舒适度；将 $\Delta u(k)$ 显式表示可以更好地处理控制量的频繁切换。

坡道阻力等线路参数均为已知量，基本阻力可以根据惰行数据进行辨识，进而将 $w(k)$ 作为前馈项进行处理，得到线性化模型，即

$$\begin{aligned} x(k+1) &= Ax(k) + b\Delta u(k-l) \\ y(k) &= Cx(k) \end{aligned} \tag{2.69}$$

定义 k 时刻的预测值为 $x_{i|k} = x(k+l+i)$、$\Delta u_{i|k} = \Delta u(k+i)$、$u_{i|k} = u(k+i)$，预测时域和控制时域均取为 N，预测控制问题为在每一步求解线性约束二次型优化问题 $\mathcal{P}_N(\Delta u)$，即

$$\min_{\Delta u} J(k) = \sum_{i=0}^{N-1} \left(\left\| x_{i|k} - x_{s_{i|k}} \right\|_Q^2 + \left\| \Delta u_{i|k} \right\|_R^2 \right) + \left\| x_{N|k} - x_{s_{N|k}} \right\|_P^2 \tag{2.70}$$

其中，$x_{s_{i|k}}$ 为推荐速度曲线的状态；对称矩阵 Q 为状态跟踪项的权重；R 为控制增量的权重；$\left\| x_{N|k} - x_{s_{N|k}} \right\|_P^2$ 为终端代价函数；选取适当的 R 可以抑制控制增量的变化；$\left\| x_{i|k} - x_{s_{i|k}} \right\|_Q^2$ 表示对状态跟踪；为表示对推荐速度曲线速度和位置的跟踪，可取 $Q = \mathrm{diag}(0,0,q_1,q_2)$。

$\mathcal{P}_N(\Delta u)$ 的约束为

$$\begin{aligned} &x_{0|k} = x_k \\ &x_{i+1|k} = Ax_{i|k} + b\Delta u_{i|k}, \quad i \in N_{[0,N-1]} \\ &x_{i|k} - x_{s_{i|k}} \in \mathcal{X}, \quad i \in N_{[0,N-1]} \\ &x_{N|k} - x_{s_{N|k}} \in \mathcal{X}_f \end{aligned} \tag{2.71}$$

其中，x_k 为 k 时刻的实际值；$\mathcal{X}$ 为跟踪误差的可行集，可由预测状态 $x_{i|k}$ 的可行集结合 $x_{s_{i|k}}$ 得到；$N_{[0,N-1]}$ 为从 0 到 $N-1$ 的整数；$\mathcal{X}_f$ 为终端不变集。

$\mathcal{P}_N(\Delta u)$ 为二次型性能指标、线性约束的凸优化问题。求解 $\mathcal{P}_N(\Delta u)$ 可得最优控制增量向量 $\Delta U_k^* = \left[\Delta u_{0|k}^*, \Delta u_{1|k}^*, \cdots, \Delta u_{N-1|k}^* \right]$，将 $\Delta u_{0|k}^*$ 用于实际控制，当列车到达下一时刻后，使用新的运行状态求解优化问题 $\mathcal{P}_N(\Delta u)$，进行滚动时域优化。

在时延已知的情况下，最优解 ΔU_k^* 只与状态 $x_{0|k} = x(k+l)$ 有关，这体现出模型预测控制（model predictive control，MPC）方法在处理纯滞后对象的优点。它可把纯滞后自然考虑在内而无须增加附加的控制结构，而其控制效果相当于对无滞后部分的控制附加一个输出延迟。

2. 精确停车鲁棒预测控制器设计

问题 $\mathcal{P}_N(\Delta u)$ 为外部阻力完全已知情况下的预测控制。由于没有考虑阻力干扰存在的情况下列车状态是否仍然满足约束 $\mathcal{X}$ 和 $\mathcal{X}_f$，因此不能保证 MPC 的可行性和稳定性。此外，在实际停车过程中，外部阻力干扰不可能完全已知。我们将

2.3 高速列车精确停车鲁棒自触发预测控制

外部阻力作为有界外部干扰 $w \in \mathcal{W}$，设计基于 Tube 模型预测控制（记为 Tube MPC）的列车停车控制方法。

Tube MPC 在每一步的优化问题中假设 N 步以后采用反馈控制策略，并以此计算终端集和终端代价函数，以及预测干扰的影响，即

$$\Delta u = K(x - x_s) \tag{2.72}$$

其中，$K \in \mathbb{R}^n$，且能保证 $A_{cl} := A + bK$ 为 Hurwitz 矩阵。

在停车控制过程中，初始位置和速度分别为 s_0 和 v_0、推荐加速度为 a_0、推荐速度曲线满足 $x_{s_{k+1}} = Ax_{s_k}$。此时，状态跟踪误差为

$$x_{k+1} - x_{s_{k+1}} = A_{cl}(x_k - x_{s_k}) + w \tag{2.73}$$

考虑干扰的条件，式（2.71）中的约束变为

$$\begin{aligned}
&x_{0|k} = x_k \\
&x_{i+1|k} = Ax_{i|k} + b\Delta u_{i|k}, \quad i \in \mathbb{N}_{[0,N-1]} \\
&x_{i|k} - x_{s_{i|k}} \in \mathcal{X}_i, \quad i \in \mathbb{N}_{[0,N-1]} \\
&x_{N|k} - x_{s_{N|k}} \in \tilde{\mathcal{X}}_f
\end{aligned} \tag{2.74}$$

其中，$\mathcal{X}_i := \mathcal{X} \ominus \mathcal{R}_i$，$\mathcal{R}_i := \bigoplus_{j=0}^{i} A_{cl}^j \mathcal{W}$，$\ominus$ 表示 Pontryagin 集差，$\oplus$ 表示 Minkowski 集和，$\bigoplus_{j=0}^{i}$ 表示从 $j=0$ 到 $j=i$ 的 Minkowski 集合；$\tilde{\mathcal{X}}_f := \Sigma \ominus \mathcal{R}_N$。

干扰不变集为

$$\mathcal{Z} := \mathcal{R}_\infty := \bigoplus_{j=0}^{\infty} A_{cl}^j \mathcal{W} \tag{2.75}$$

对于停车控制问题，在反馈控制率下，$\mathcal{Z}$ 为凸胞集，因此可经过有限次计算得到合适的外部估计。

由此可知

$$A_{cl}\mathcal{Z} \oplus \mathcal{W} \subseteq \mathcal{Z}$$

$\mathcal{Z}$ 为最小干扰不变集，即鲁棒不变集 Σ 应满足

$$\mathcal{Z} \subseteq \Sigma \subseteq \Sigma_0 \tag{2.76}$$

其中，Σ_0 为最大跟踪误差容许集；Σ 为保证 N 步之后递推可行性的鲁棒不变集。

目标函数仍为式（2.70），考虑时延、初始状态均为已知量，则 $J(k)$ 为 Δu 的函数，记 N 步控制增量 ΔU 的可行集为

$$\Delta \mathcal{U}_F := \{\Delta U \in \mathbb{R}^N | 式（2.74）\} \tag{2.77}$$

据此，假设 N 步预测后系统采取反馈控制率 $\Delta u = K(x - x_s)$，则 $k+1$ 时刻的一组可行控制策略为

$$\Delta U_{k+1} = \left[\Delta u^*_{1|k}, \cdots, \Delta u^*_{N-1|k}, K\left(x_{N|k} - x_{s_{N|k}}\right)\right]$$

ΔU_{k+1} 的可行性可由式（2.74）保证。此时，对应的性能指标为

$$\begin{aligned}J(k+1) =& \sum_{i=0}^{N-2}\left(\left\|x^*_{i+1|k} - x_{s_{i+1|k}}\right\|_Q^2 + \left\|\Delta u^*_{i+1|k}\right\|_R^2\right) \\&+ \left\|x^*_{N|k} - x_{s_{N|k}}\right\|_Q^2 + \left\|K(x^*_{N|k} - x_{s_{N|k}})\right\|_R^2 \\&+ \left\|(A+bK)(x^*_{N|k} - x_{s_{N|k}})\right\|_P^2 \\=& J^*(k) - \left\|x^*_{0|k} - x_{s_{0|k}}\right\|_Q^2 - \left\|\Delta u^*_{0|k}\right\|_R^2 \\&+ \left\|x^*_{N|k} - x_{s_{N|k}}\right\|_{Q+K^{\mathrm{T}}RK+(A+bK)^{\mathrm{T}}P(A+bK)-P}^2\end{aligned} \qquad(2.78)$$

因此，要使 $J(k+1) < J^*(k)$ 只需

$$Q + K^{\mathrm{T}}RK + (A+bK)^{\mathrm{T}}P(A+bK) - P \leqslant 0 \qquad(2.79)$$

引入 Schur 补定理（引理 2.3）[96]，用于后续的证明。

引理 2.3 对给定的对称矩阵 $S = \begin{bmatrix} S_{11} & S_{12} \\ S_{21} & S_{22} \end{bmatrix}$，其中 S_{11} 是 $r \times r$ 维的，以下三个条件是等价的。

① $S < 0$。
② $S_{11} < 0$，$S_{12} - S_{12}^{\mathrm{T}}S_{11}^{-1}S_{12} < 0$。
③ $S_{12} < 0$，$S_{11} - S_{12}^{\mathrm{T}}S_{22}^{-1}S_{12}^{\mathrm{T}} < 0$。

应用 Schur 补定理，可得求解 P 的线性矩阵不等式，即

$$\begin{bmatrix} P - A_{cl}^{\mathrm{T}}PA_{cl} & Q^{\frac{1}{2}} & \left(R^{\frac{1}{2}}K\right)^{\mathrm{T}} \\ Q^{\frac{1}{2}} & I & \\ R^{\frac{1}{2}}K & & 1 \end{bmatrix} \geqslant 0 \qquad(2.80)$$

$k+1$ 时刻性能指标的最优值 $J^*(k+1) < J(k+1)$，进一步有 $J^*(k+1) < J^*(k)$。由此可得，最优值函数 $J^*(k)$ 正定且单调递减，以 $J^*(k)$ 为 Lyapunov 函数得到的预测控制器是渐近稳定的。在无限时域下，鲁棒模型预测控制（robust model predictive control，RMPC）实际跟踪误差的鲁棒不变集为 $\mathcal{Z}$。

2.3.2 精确停车鲁棒自触发预测控制

列车精确停车预测控制在滚动时域优化的每一步都要基于当前运行状态求解线性二次型优化问题，这对列车的采样、通信能力等提出极高的要求。每次求解获得新的控制量还会使控制输出频繁切换，影响舒适度。自触发控制能够自主确

2.3 高速列车精确停车鲁棒自触发预测控制

定当前控制输出和下次控制输出变化的时间。这是进一步降低控制输出频繁变化，提升舒适度的有效方法。

本部分在基于 Tube 的 RMPC 中引入自触发机制，得到高速列车精确停车鲁棒自触发模型预测控制（robust self-triggered model predictive control，RSMPC）方法。

1. 鲁棒自触发模型预测控制器设计

由式（2.78）可得性能指标的变化，即

$$J^*(k) - J^*(k+1) \geqslant \left\| x^*_{0|k} - x_{s_{0|k}} \right\|_Q^2 + \left\| \Delta u^*_{0|k} \right\|_R^2$$

进一步可表示为

$$J^*(k) - J^*(k+M) \geqslant \sum_{k=0}^{M-1} \left(\left\| x^*_{0|k} - x_{s_{0|k}} \right\|_Q^2 + \left\| \Delta u^*_{0|k} \right\|_R^2 \right) \quad (2.81)$$

进而可得精确停车预测控制器的次优性，并且性能指标存在次优性上界。同时，随着时域的不断前移，次优上界随着滚动优化的过程不断减小。

式（2.81）可进一步表示为

$$\beta(J^*(k) - J^*(k+M)) \geqslant \sum_{k=0}^{M-1} \left(\left\| x_{0|k} - x_{s_{0|k}} \right\|_Q^2 + \left\| \Delta u_{0|k} \right\|_R^2 \right) \quad (2.82)$$

其中，$\beta \geqslant 1$ 为系统次优性和自触发控制计算次数的平衡参数。

在自触发预测控制的框架下，只需在采样时间 $\{t_l | l \in N\} \subseteq N$ 获取列车运行状态，并计算 $[t_l, t_{l+1})$ 的控制输出，在区间内控制输出保持不变，即

$$u_t = \bar{u}_l, \quad t \in N_{[t_l, t_{l+1})} \quad (2.83)$$

其中，$N_{[t_l,t_{l+1})}$ 为从 t_l 到 $t_{l+1} - 1$ 的整数。

式（2.83）可写成控制增量的形式，即

$$\begin{aligned} \Delta u_{t_l} &= \Delta \bar{u}_l, \\ \Delta u_t &= 0, \quad t \in N_{[t_{l+1}, t_{l+1})} \end{aligned} \quad (2.84)$$

对所有的 $l \in N$，在每个时间 t_l，自触发预测控制的目标是计算控制增量 Δu_{t_l} 和距更新时间 t_{l+1} 的间隔 $M \in N_{[1,N)}$，使得在保证控制效果次优性式（2.82）的基础上，M 取尽量大，减少控制输出的频繁切换。在时刻 $t_l, t_l + 1, \cdots, t_{l+1} - 1$，控制器采用同样的控制量 $\bar{u}_l$，所以在时刻 $t_l + 1, \cdots, t_{l+1} - 1$，系统不需要进行采样和计算。

在 k 时刻求解优化问题，考虑 $k+N$ 时刻以后采用反馈控制策略，则 RSMPC 每一步的优化问题 $\mathcal{P}_N^M(\Delta u)$ 可写为

$$\begin{aligned}\min_{\Delta u} & J^M(k) \\ = & \frac{1}{\beta}\left(\left\|\Delta u_{0|k}\right\|_R^2 + \sum_{i=0}^{M-1}\left\|x_{i|k}-x_{s_{i|k}}\right\|_Q^2\right) \\ & + \sum_{i=M}^{M+N-1}\left(\left\|x_{i|k}-x_{s_{i|k}}\right\|_Q^2 + \left\|\Delta u_{i|k}\right\|_R^2\right) \\ & + \left\|x_{M+N|k}-x_{s_{M+N|k}}\right\|_P^2 \end{aligned} \tag{2.85}$$

其中，$M \in N_{[1,N-1]}$ 为控制输出不变的步数。

在 $i < M$ 内没有反馈环节，为开环预测。定义 RSMPC 的 k 步干扰集为

$$\mathcal{R}_i^M \stackrel{\text{def}}{=} \begin{cases} \bigoplus_{j=0}^{i-1} A^j \mathcal{W}, & i \in N_{[0,M]} \\ A_{cl}^{i-M}\left(\bigoplus_{j=0}^{M-1} A^j \mathcal{W}\right) \oplus \left(\bigoplus_{j=0}^{i-M-1} A_{cl}^i \mathcal{W}\right), & i \in N_{\geqslant M+1} \end{cases} \tag{2.86}$$

其中，$N_{\geqslant M+1}$ 为大于 $M+1$ 的整数。

为保证预测控制的递推可行性，$\mathcal{P}_N^M(\Delta u)$ 的约束为

$$\begin{aligned} & x_{0|k} = x_k \\ & x_{i+1|k} = Ax_{i|k} + b\Delta u_{i|k}, \quad i \in N_{[0,M+N-1]} \\ & x_{i|k} - x_{s_{i|k}} \in \mathcal{X}_i^M, \quad i \in N_{[0,M+N-1]} \\ & x_{N|k} - x_{s_{N|k}} \in \tilde{\mathcal{X}}_f^M \end{aligned} \tag{2.87}$$

其中，$\mathcal{X}_i^M \stackrel{\text{def}}{=} \mathcal{X} \ominus \mathcal{R}_i^M$；$\tilde{\mathcal{X}}_f^M \stackrel{\text{def}}{=} \Sigma \ominus \mathcal{R}_{M+N}^M$，$\Sigma$ 同时满足式 (2.76) 和式 (2.88)，即

$$\mathcal{R}_{M+N}^M \subseteq \Sigma \subseteq \Sigma_0 \tag{2.88}$$

目标函数 $J^M(k)$ 为 Δu 的函数，记 M 步 RSMPC 问题中，N 步预测控制增量 ΔU 的可行集为

$$\Delta \mathcal{U}_F^M \stackrel{\text{def}}{=} \{\Delta U \in R^N | \text{式 (2.87)}\} \tag{2.89}$$

列车精确停车鲁棒自触发预测控制问题可以描述为

$$\begin{aligned} & M^*(x_k) = \max\{M \in N_{[0,N-1]} | \Delta \mathcal{U}_F^M \neq \emptyset, \Delta \mathcal{U}_F^1 \neq \emptyset, J^{M*}(k) \leqslant J^{1*}(k)\} \\ & \Delta U = \underset{\Delta U \in \Delta \mathcal{U}_F^M}{\arg\min} J^M(k) \end{aligned} \tag{2.90}$$

2.3 高速列车精确停车鲁棒自触发预测控制

其中，$J^{M*}(k) = \min\limits_{\Delta U \in \Delta U_F^M} J^M(k)$；$J^{1*}(k) = \min\limits_{\Delta U \in \Delta U_F^1} J^1(k)$。

当 $\beta = 1, M = 1$ 时，RSMPC 问题退化为原 RMPC 问题。可以选择适当的 β 使系统在保证控制效果的前提下，尽量减少控制量的切换次数，提升舒适度。

2. 鲁棒自触发预测控制器的稳定性

原 Tube MPC 问题 N 步预测控制的递推可行性由式（2.74）保证，这与 $M = 1$ 时的 RSMPC 问题对应。由此可知，保证 RSMPC 递推可行性的解存在。根据式（2.82），可得

$$\sum_{t=t_l}^{t_{l+1}-1} \left(\|x_t - x_{s_t}\|_Q^2 + \|\Delta u_t\|_R^2 \right) \leqslant \beta \left(J^*(t_l) - J^*(t_{l+1}) \right) \tag{2.91}$$

即

$$\sum_{t=t_0}^{t_1-1} \left(\|x_t - x_{s_t}\|_Q^2 + \|\Delta u_t\|_R^2 \right) \leqslant \beta \left(J^*(t_0) - J^*(t_1) \right)$$
$$\sum_{t=t_1}^{t_2-1} \left(\|x_t - x_{s_t}\|_Q^2 + \|\Delta u_t\|_R^2 \right) \leqslant \beta \left(J^*(t_1) - J^*(t_2) \right) \tag{2.92}$$
$$\vdots$$

以 $t = \infty$ 表示停车控制完成，此时预测状态的代价函数 $J^*(\infty)$ 趋于零，上式累加后可表示为

$$\sum_{t=t_0}^{\infty} \left(\|x_t - x_{s_t}\|_Q^2 + \|\Delta u_t\|_R^2 \right) \leqslant \beta J^*(t_0) \tag{2.93}$$

其中，$J^*(t_0)$ 为有限数。

同时，存在 $\gamma > 0$，式（2.93）可表示为

$$\sum_{t=t_0}^{\infty} \left(\|x_t - x_{s_t}\|_Q^2 + \|\Delta u_t\|_R^2 \right) \geqslant \gamma \sum_{t=0}^{\infty} \|x_t - x_{s_t}\| \tag{2.94}$$

据此可知，RSMPC 性能指标在满足约束的条件下存在有限的上界和下界，预测状态稳定 $\lim\limits_{t \to \infty} x_t = x_{s_t}$。

若最后一次优化的控制量全部用于实际控制，列车实际状态可保持在鲁棒不变集 Σ 内。

高速列车精确停车 RSMPC 方法的步骤如下。

① 确定列车制动系统相关参数，输出参数 A、b，确定 K，使得 A_{cl} 为 Hurwitz 矩阵；选择合适的 Q、R，由式（2.87）计算引入 RSMPC 后的约束，初始化 $k = 0$、$i = 0$、$t_i = k$。

②采集列车当前的速度、位置等状态 x_k。

③求解式（2.90），可以得到 $\Delta u_{t_i} = \Delta \bar{u}_k$ 和 $M^*(x_k)$。

④将 $\Delta \bar{u}_k$ 用于列车实际控制。由 $M^*(x_k)$ 确定列车下一时刻的采样和计算时间，$k = k + M^*(x_k)$，$i = i + 1$，$t_i = k$。

⑤若 $k < k_{\max}$，转到②；否则，终止算法。

3. 方法验证

基于高速列车实际运行数据对列车精确停车控制方法的有效性进行仿真验证，ATO 的精确停车窗为 ± 50cm。仿真参数设置如表 2.5 所示。

表 2.5 仿真参数设置

参数	取值
最大制动加速度/(m/s^2)	-1.07
列车重量/t	490
基本阻力/(N/kN)	$5.4 + 0.0098v + 0.00163v^2$
采样间隔 T/s	0.2
制动模型时延 T_d/s	1.0
制动模型时间常数 τ/s	0.4
制动起始点速度/(m/s)	20
制动起始点位置/m	0
停车点位置/m	400
限速/(m/s)	20
参考制动加速度/(m/s^2)	-0.5

坡度（‰）设置为

$$g(s) = \begin{cases} 12, & 0 \leqslant s < 150 \\ 28, & 150 \leqslant s < 300 \\ -6, & 300 \leqslant s \leqslant 400 \end{cases} \tag{2.95}$$

其中，s 为列车位置。

为验证方法的有效性，我们将 PID 算法、阻力完全已知的理想 MPC 算法、基于 Tube 的 RMPC 算法、RSMPC 算法的仿真结果进行对比。

调整 PID 参数使控制器能达到规定的停车精度。PID 列车停车控制的速度-位置曲线如图 2.19 所示。为更好地体现控制输出变化情况，控制输出百分率在右侧纵坐标表示。PID 控制的停车误差为 28.98cm。

在 MPC 中将阻力干扰作为已知项进行前馈处理，MPC 列车停车控制的速度-位置曲线如图 2.20 所示。理想 MPC 的停车精度为 5.95cm，但此时将阻力作为已知项进行前馈，在实际应用中很难实现。为验证不同预测时域下 RMPC 和 RSMPC 的控制性能，分别选取预测时域 $N = 5$ 和 $N = 10$ 进行停车控制，并

2.3 高速列车精确停车鲁棒自触发预测控制

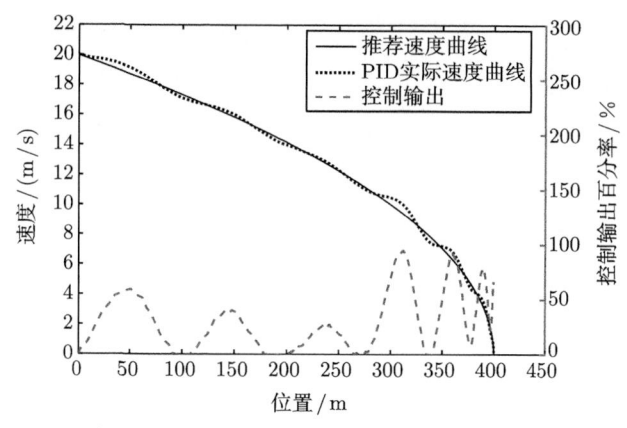

图 2.19 PID 列车停车控制的速度-位置曲线

得到仿真结果对应制动控制命令输出百分率 $u(k)$, 图 2.21 给出 $N=5$ 情况下的 RMPC 列车停车控制的速度-位置曲线, 图 2.22 给出 $N=10$ 情况下的 RMPC 列车停车控制的速度-位置曲线。

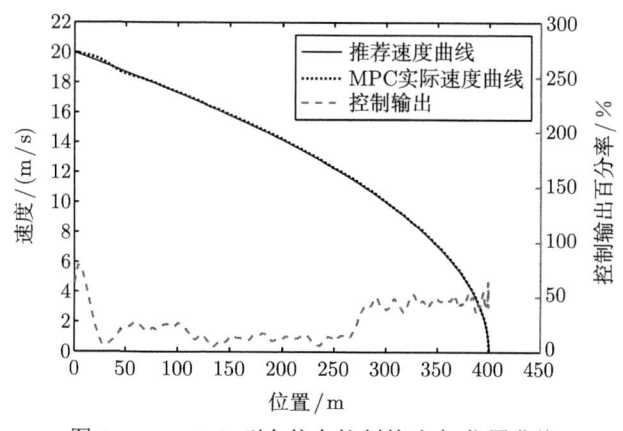

图 2.20 MPC 列车停车控制的速度-位置曲线

由图 2.20 ~ 图 2.22 可知, 相较于 PID 控制, 预测控制通过对 Δu 的惩罚和预测时域的设置会明显降低控制输出的变化幅度, 提高舒适度。同时, MPC 在控制过程中引入对未来状态的预测, 跟踪效果更好。

图 2.23 给出 RMPC 在预测时域 $N=5$ 和 $N=10$ 下的速度跟踪误差。仿真结果表明, 预测控制可以实现较高的跟踪精度。随着预测时域的增加, 优化过程中考虑的预测信息变多, 控制器对外界环境未知变化的反应变快, 由此造成的速度跟踪误差也很快变小。然而, 随着预测时域和控制时域的增加, 滚动时域优化过程中未知参数也越多, 计算时间会明显增长。因此, 使用 RMPC 进行停车控

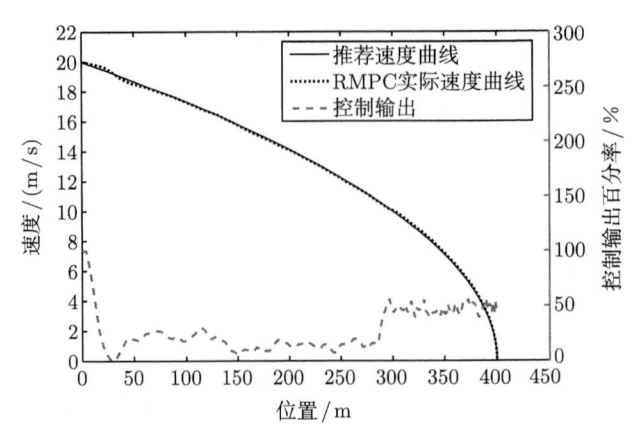

图 2.21　RMPC 列车停车控制的速度-位置曲线 ($N = 5$)

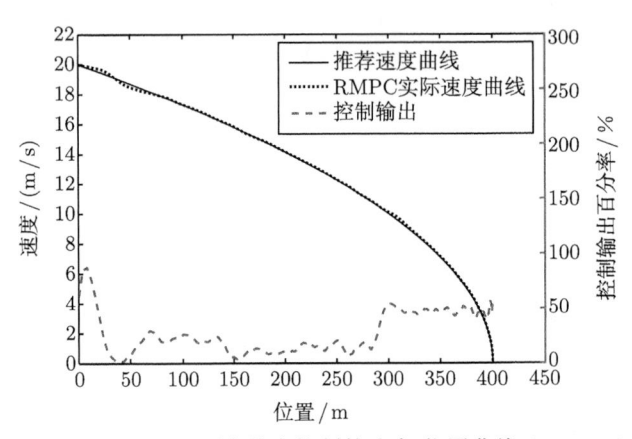

图 2.22　RMPC 列车停车控制的速度-位置曲线 ($N = 10$)

制时,应综合考虑控制精度和求解速度的关系。

  图 2.21 和图 2.22 表明,RMPC 在列车停车控制过程,尤其是在变坡点处控制输出变化幅度较大。这会影响乘客舒适度,自触发预测控制可以改善此问题。图 2.24 和图 2.25 给出预测时域 $N = 5$ 和 $N = 10$ 下的 RSMPC 列车停车控制的速度-位置曲线。可以看出,RSMPC 下控制量输出的切换次数明显减少。同时,在自触发控制框架下,算法不需要在每个采样时间都采集列车运行状态和求解优化问题,因此可以降低控制算法对系统采样和通信能力的要求,提高实用性。如图 2.26 所示,预测时域越长,RSMPC 控制切换频率越低,但是这也会使跟踪误差变大,设计算法时应综合考虑这些影响。

2.3 高速列车精确停车鲁棒自触发预测控制

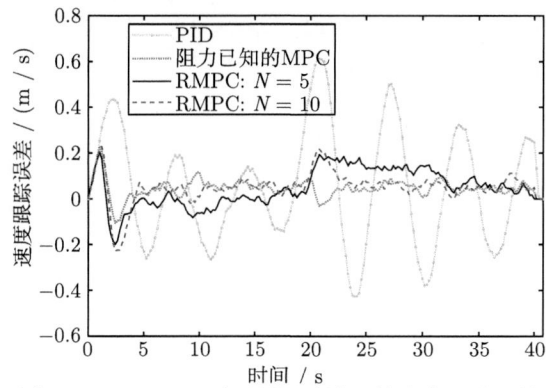

图 2.23 RMPC 不同预测时域下的速度跟踪误差

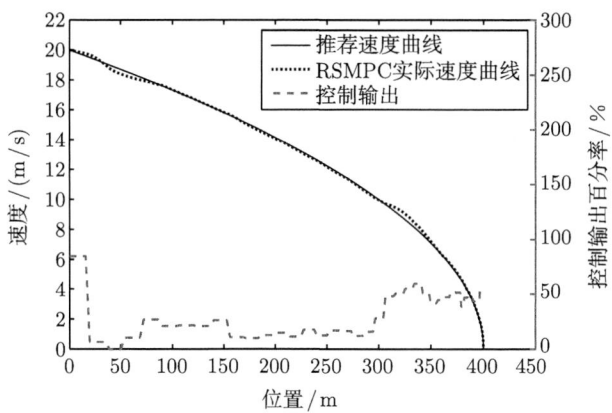

图 2.24 RSMPC 列车停车控制的速度-位置曲线 ($N=5$)

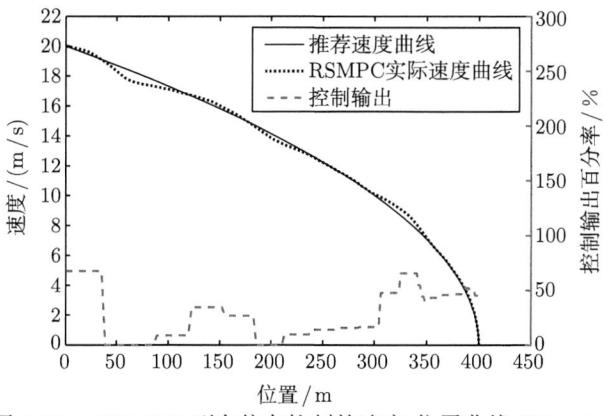

图 2.25 RSMPC 列车停车控制的速度-位置曲线 ($N=10$)

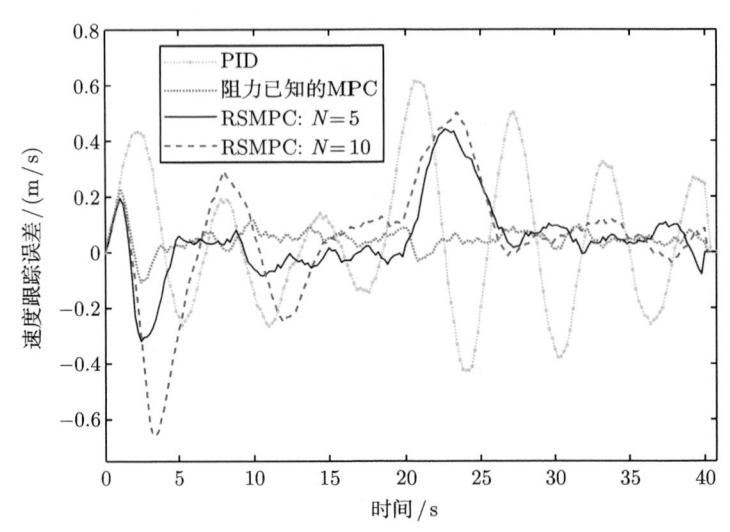

图 2.26　RSMPC 不同预测时域下的速度跟踪误差

对于高速列车，要求的停车精度是 ±50cm。图 2.27 所示为不同预测时域下 RMPC 和 RSMPC 的停车精度。仿真结果表明，RMPC 的停车误差随着预测时域的增加呈降低趋势，但是由于列车运行环境复杂，运行过程中会受到多种不确定性干扰。这使预测时域继续增加，停车精度误差不再明显提高。对于 RSMPC，自触发机制使控制输出的变化频率降低，这也对跟踪精度造成一定的影响。在预测时域 $3 \leqslant N \leqslant 15$ 时，仍能保证达到要求的停车精度，停车误差在 50cm 以内。

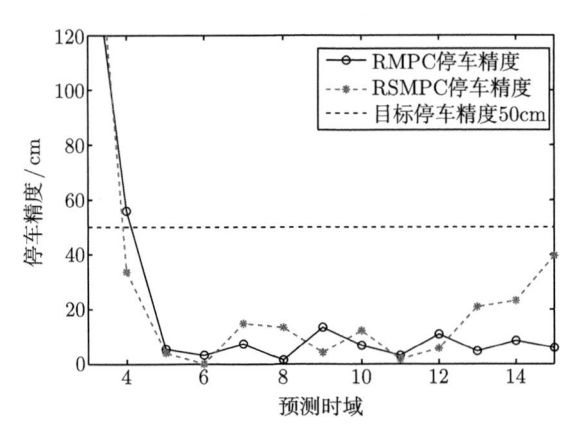

图 2.27　不同预测时域下 RMPC 和 RSMPC 的停车精度

RMPC 和 RSMPC 在列车精确停车控制问题上可以实现要求的停车精度。自触发机制可以降低控制输出的切换次数，系统无须在每个采样时间都获取列车实时的位置和速度，并输出控制量。这会降低对系统采样和通信能力的要求，也会使速度跟踪误差变大，停车精度降低。同时，高性能的 ATO 系统也是该方法有效应用的基础。

高速列车运行环境复杂，停车过程中外部阻力等不确定性干扰较大。将阻力作为干扰项，使用鲁棒模型预测控制处理未知阻力干扰下的停车控制问题，鲁棒控制的引入不增加额外的在线计算量，并达到要求的停车精度。进一步，结合高速列车自动停车控制过程的特点和需求，采用自触发模型预测控制方法有效减少控制输出的切换次数，在保证停车精度的同时提高控制质量。列车停车控制的滚动优化过程被转化成为线性约束二次规划问题。该问题的高效求解方法可以为算法的工程应用提供基础。同时，自触发机制下不需要在每个采样时间都求解优化问题，因此可以降低对系统采样和通信的要求，提高算法的工程实用性。

2.4 基于模型预测控制的列车运行安全防护

列车运行安全防护是列车自动防护系统的核心，主要功能是根据前方障碍物信息计算列车安全速度防护曲线，即 ATP 速度防护曲线。列车运行速度只有始终小于该限制速度才能保证列车安全行驶，否则会触发紧急制动。

列车编队在高速铁路运行控制调度一体化下运行时，针对编队内部单个列车的运行安全防护，提出一种相对坐标系下安全限制速度的计算方法。该方法为列车编队内部列车安全的防护提供了一种思路。考虑编队列车遇到线路限速、临时限速等需要进行减速运行的场景，因列车的制动性能不一致、系统时滞等特性，安全风险较匀速运行或加速过程大大增加。以基于相对坐标系的安全制动模型为编队列车的安全制动模型，给出一种基于模型预测控制的安全减速控制方法，通过控制列车适当减速，使编队中的成员仍然保持与领航列车的状态趋同，同时满足相应的期望间隔，降低编队中列车触碰安全制动曲线的风险，提升列车编队的运行质量。

2.4.1 基于相对坐标的列车运行速度防护模型

现有的列车运行速度防护模型通常基于移动闭塞的安全防护控制原理。该原理以地面为参考系，后行列车监控目标点为前行列车的尾部位置，前方列车位置信息经无线通信系统传输至线路区间运行的后续列车。列车车载设备根据列车制动模型，可以直接由列车距前方目标点距离、线路参数（坡度、线路限速等），以及列车制动性能参数，生成距前方目标点距离与当前列车允许速度的速度-距离防护曲线，并以此曲线实时监控列车运行速度，保证行车安全。随着列车向前运动，列车的目标点也随之变化，列车实时计算到目标点的速度-距离曲线。当列车实际速度大于最大允许速度时，系统发出警报，要求列车减速，如果在规定时间内未将速度降到允许速度以下，系统会实施紧急制动以保证行车安全。

车头时距的缩短会导致缺少足够的绝对距离，难以保障列车可以减速制动至安全停车。若编队所有列车都以相同的速度运行，编队内部列车行驶的状态是"安全"，列车之间不会发生碰撞。因此，考虑列车之间的相对位置，提出一种相对坐标下的安全限制速差（limit speed difference，LSD）方法。为计算安全限制速差，定义相对制动性能。相对制动性能是指领航列车或前方列车实施最大制动力时，跟随列车相对于前一列车所能保证的制动性能。具体来说，假设队列中第一列列车的制动速率为 B_1，此时第二列列车的制动速率为 $B_2 = B_1 + \Delta A_{21}(t)$，第三列列车的制动速率为 $B_3 = B_2 + \Delta A_{32}(t)$。后续列车依此类推。列车相对制动性能表如表 2.6 所示。

表 2.6 列车相对制动性能表

列车编号	制动性能	相对制动性能	作用
1	B_1	—	B_1 用于计算危险点前的安全限制速度，它基于现有的列车运行控制系统，如移动闭塞系统
2	$B_2 = B_1 + \Delta A_{21}(t)$	$\Delta A_{21}(t)$	$\Delta A_{21}(t)$ 用于计算编队中第二列列车相对于领航列车的安全限制速差，它基于相对坐标系模型
3	$B_3 = B_2 + \Delta A_{32}(t)$	$\Delta A_{32}(t)$	$\Delta A_{32}(t)$ 用于计算编队中第三列列车相对于领航列车的安全限制速差，它基于相对坐标系模型

为便于讨论，将一些需要的符号定义在表 2.7 中。表中，列车 j 指跟随列车，列车 i 指领航列车。

表 2.7 符号注释表

符号	描述
$\Delta S_{ij}(t)/\text{m}$	t 时刻列车 j 相对于列车 i 的位置
$\Delta V_{ij}(t)/(\text{m/s})$	t 时刻列车 j 相对于列车 i 的速度
$\Delta A_{ij}(t)/(\text{m/s}^2)$	t 时刻列车 j 与列车 i 之间的相对加速度
$\Delta V_{ij}^{\text{limit}}(t)/(\text{m/s})$	t 时刻列车 j 与列车 i 之间的限制相对速度
$\Delta V_{ij}^{\text{safe}}(t)/(\text{m/s})$	t 时刻列车 j 与列车 i 之间的安全相对速度
$V_e/(\text{m/s})$	测速系统的最大测量误差
$d\Delta S_{ij}/\text{m}$	系统工况转换过程中列车 i 和列车 j 相对距离的变化值
$T_{ij}^{\text{react}}(t)/\text{s}$	t 时刻列车 j 相对列车 i 的系统响应时间
$T_{ij}^{\text{coast}}(t)/\text{s}$	t 时刻列车 j 相对列车 i 的惰行时间
$\Delta A_{ij}^{\text{react}}/(\text{m/s}^2)$	系统响应期间列车 j 相对列车 i 的相对加速度
$\Delta A_{ij}^{\text{coast}}/(\text{m/s}^2)$	惰行期间列车 j 相对列车 i 的相对加速度
$\Delta B_{ij}^{\max}(t)/(\text{m/s}^2)$	t 时刻列车 j 相对列车 i 可以产生的最大相对制动加速度
$\Delta A_{ij}^{\max}(t)/(\text{m/s}^2)$	t 时刻列车 j 相对列车 i 可以产生的最大相对加速度

编队内列车的速度防护利用基于相对坐标系的速度距离曲线进行分析，如图 2.28 所示。基于后车可以产生的最大制动率 $\Delta B_{ij}^{\max}(t)$，获得在此相对坐标系下相对速度和相对位置的基本关系曲线，即

$$d\Delta v_{ij}^{\text{limit}}(t) = \sqrt{2\Delta B_{ij}^{\max}(t) d\Delta S_{ij}^{\text{limit}}(t)} \qquad (2.96)$$

2.4 基于模型预测控制的列车运行安全防护

理论上，此相对速度在相对距离上是不能超越的，否则在此相对距离内无法实现相对速度降为 0，即相对安全的状态。暂不考虑前车同时制动导致相对制动率无法达到后车产生最大制动率情况。

此外，牵引制动系统需要一定的时间完成工况转化，期间存在两种典型的过渡状态。首先是保持相对加速工况的状态，响应时间为 $T_{ij}^{\text{react}}(t)$，期间列车的相对加速度为 $\Delta A_{ij}^{\text{react}}$，此相对加速度可以取最大相对加速度为 $\Delta A_{ij}^{\max}(t)$。然后是动力失效保持滑行工况的状态，惰行时间为 $T_{ij}^{\text{coast}}(t)$，期间列车的相对加速度为 $\Delta A_{ij}^{\text{coast}}$，此相对加速度可以用最大相对加速度 $\Delta A_{ij}^{\max}$ 替代。相对位置的计算表达式为

$$d\Delta S_{ij} = T_{ij}^{\text{react}}(t) \cdot \Delta V_{ij}(t) + \Delta A_{ij}^{\text{react}} \cdot \frac{1}{2} T_{ij}^{\text{react}}(t)^2 \\ + T_{ij}^{\text{coast}}(t) \cdot (\Delta A_{ij}^{\text{react}} \cdot T_{ij}^{\text{react}} + \Delta V_{ij}(t)) + \frac{1}{2} \Delta A_{ij}^{\text{coast}} \cdot T_{ij}^{\text{coast}}(t)^2 \quad (2.97)$$

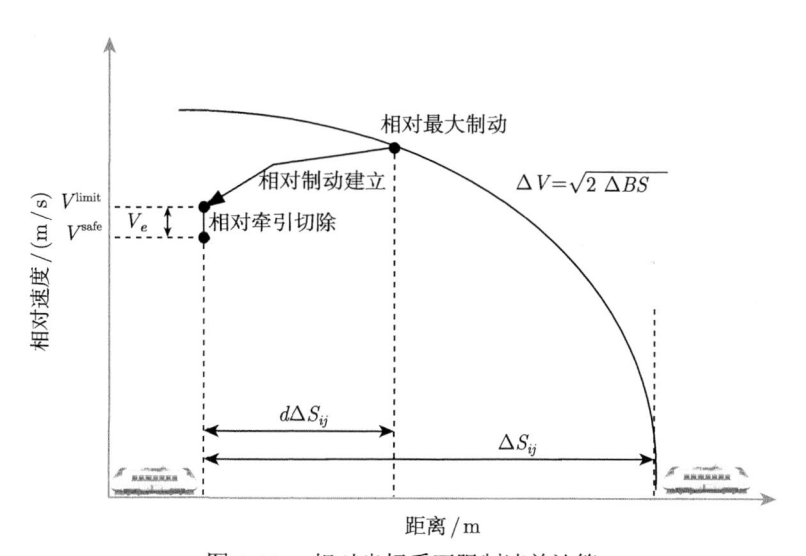

图 2.28 相对坐标系下限制速差计算

根据列车 i 和列车 j 在时刻 t 的相对位置，以及上述相对位置的变化，可以计算得到相对速度限制位置，即

$$d\Delta S_{ij}^{\text{limit}}(t) = \Delta S_{ij}(t) - d\Delta S_{ij} \quad (2.98)$$

由此可以计算相对速度限制位置的相对限制速度，即

$$d\Delta v_{ij}^{\text{limit}}(t) = \sqrt{2\Delta B_{ij}^{\max}(t) d\Delta S_{ij}^{\text{limit}}(t)} \quad (2.99)$$

基于相对限制速度，考虑过渡状态的速度变化，可以反推当前相对位置的相对限制速度，即

$$\Delta V_{ij}^{\text{limit}}(t) = d\Delta v_{ij}^{\text{limit}}(t) - T_{ij}^{\text{react}}(t)\Delta A_{ij}^{\text{react}} - T_{ij}^{\text{coast}}(t)\Delta A_{ij}^{\text{coast}} \tag{2.100}$$

设 $\Delta V_{ij}^{\text{safe}}(t)$ 为 t 时刻列车 j 和列车 i 之间的安全限制速差，为进一步保证安全，消除测速误差的影响，t 时刻列车 j 和列车 i 之间的安全限制速差应为

$$\Delta V_{ij}^{\text{safe}}(t) = \Delta V_{ij}^{\text{limit}}(t) - 2V_e \tag{2.101}$$

若前方列车速度已知，则通过安全限制速差和前方列车速度，可以换算为经典安全防护下的绝对安全限制速度，即

$$V_{ij}^{\text{safe}}(t) = \Delta V_{ij}^{\text{safe}}(t) - V_j(t) \tag{2.102}$$

其中，$V_{ij}^{\text{safe}}(t)$ 为 t 时刻列车 i 的安全限制速度；$V_j(t)$ 为 t 时刻列车 j 的运行速度。

基于相对坐标的限制速差为列车编队提供一种新的限制速度类型。设置这个限速是为了满足列车编队内部列车行驶安全性的需求。它与其他限速共同构成编队内部列车的安全限速。基于相对坐标添加 LSD 后，列车超速防护的基本原理变为

$$V_L = \min\{V_{LR}, V_{L1}, V_{L2}, \cdots, V_{Li}, \cdots\} \tag{2.103}$$

其中，V_L 为列车的综合安全限制速度；V_{LR} 为列车基于相对坐标系下的限制速度；V_{Li} 为列车其他 (如线路、车辆等) 安全限制速度。

以两列列车组成编队的基本场景为例。列车编队超速防护原理如图 2.29 所示。由此可知，列车 B_2 的限制速度为 $V_L = \min\{V_{L1}, V_{L2}, V_{LR}, V_{LA}\} = V_{LA}$，其中 V_{L1} 为列车构造速度；V_{L2} 为线路限制速度；V_{LR} 为相对坐标下的限制速度；V_{LA} 为考虑前方队列尾部危险点的限制速度。V_{B1} 为列车 B_1 的当前速度。

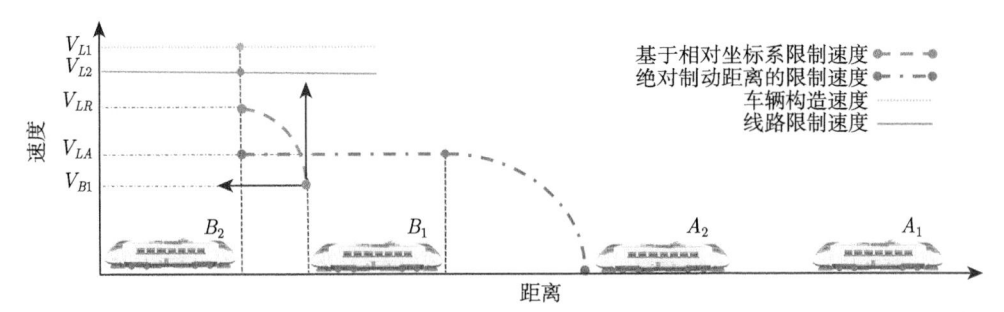

图 2.29 列车编队超速防护原理

列车运行超速防护控制是保障行车安全的重要技术手段。经典列车运行超速防护的安全制动模型是基于绝对坐标系的，以"列车全部静止是安全状态"为安全原则，为列车动态分配线路空间资源，在速度维度划定危险边界。考虑编队运行时"编队内列车间相对静止是安全状态"，本节提出一种基于相对坐标系的安全制动模型。该模型为编队列车速度波动划定危险边界，为"编队运行时列车速度偏差不超过什么范围是安全的"这一基本问题提供一种解决思路。基于安全制动模型，可计算编队内列车的安全限制速差。该速差可转换为绝对坐标系中的安全限制速度，与实际系统中基于安全限制速度的高速列车安全防护机制相衔接。在列车编队运行时，列车编队被视为一列列车，编队间采用传统安全防护方法；编队内采用改进的安全制动模型，为列车编队运行提供完善的安全保障。

2.4.2 基于模型预测控制的列车安全减速控制

列车编队示意图如图 2.30所示。假定包含 N 列列车，其中下标为 0 的列车代表编队中的领航列车，其余为编队内部的跟随列车。基于列车编队运行的理念，编队列车整体控制运行的最终目标是实际追踪间隔与期望追踪间隔趋于一致，编队内的列车速度趋于一致，即

$$\begin{aligned} &\lim_{t \to \infty} (s_{i-1}(t) - s_i(t) - d_{i,d}(t)) = 0 \\ &\lim_{t \to \infty} (v_{i-1}(t) - v_i(t)) = 0 \end{aligned}, \quad i = 1, 2, \cdots, N \qquad (2.104)$$

其中，$s_i(t)$ 为列车 i 在 t 时刻的当前位置；$v_i(t)$ 为列车 i 在 t 时刻的当前速度；$d_{i,d}(t)$ 为列车 i 与前方列车 $i-1$ 在 t 时刻的期望追踪距离，由追踪间隔策略决定。

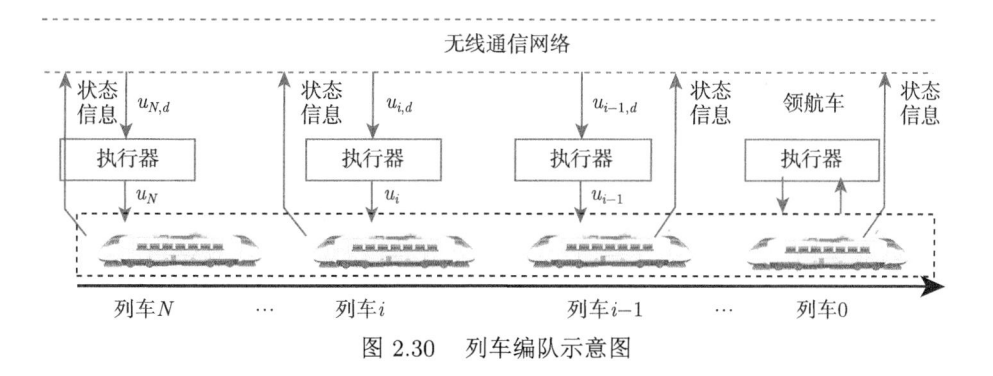

图 2.30 列车编队示意图

在正常运行条件下，列车编队保持恒定速度稳定运行，当前方遇到临时限速区段或者线路限速区段，需要从高速减速到满足限速要求的速度。编队内部列车之间的追踪间隔大多打破传统经典安全制动模型的防护距离，列车减速时彼此之间碰撞的风险也随之增加。针对编队列车安全减速控制问题，本节基于分布式模

型预测架构设计相应的控制器。如图 2.31 所示,两相邻列车通过无线网络通信传输共享速度、位置、加速度等状态信息,控制器根据自车的状态信息和前车的状态信息解优化控制问题,得到自车的优化控制律。在下一个采样时刻点,重复获取状态信息和下发控制律,直至整个编队达到稳定的运行状态。

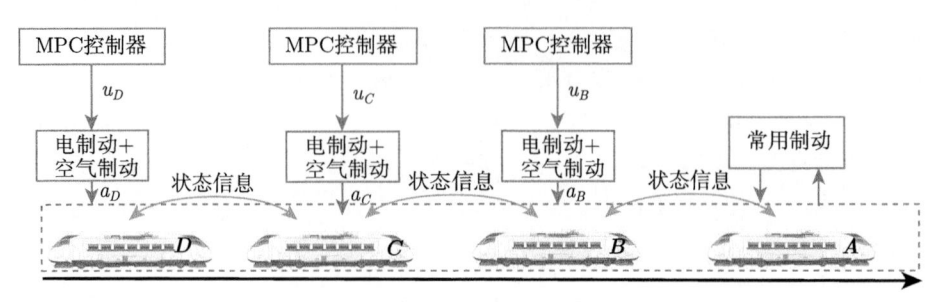

图 2.31 分布式 MPC 控制器架构

1. 预测模型及约束条件

单个列车的动力学模型为

$$\dot{x}(t) = A(t)x(t) + B(t)u(t) + W(t) \tag{2.105}$$

其中,$x(t) = [s(t) \ v(t) \ u(t)]^{\mathrm{T}}$,分别代表列车的位置、速度、加速度状态信息。

$$A(t) = \begin{bmatrix} 0 & 1 & 0 \\ 0 & 0 & 1 \\ 0 & 0 & -\dfrac{1}{\tau} \end{bmatrix}, \quad B(t) = \begin{bmatrix} 0 & 0 & \dfrac{1}{\tau} \end{bmatrix}^{\mathrm{T}}, \quad W(t) = [0 \ -(g(t) + w(t))]^{\mathrm{T}} \tag{2.106}$$

在运行过程中,列车需要满足一定的安全约束条件。首先,列车在线路上运行要满足的线路限制速度要求和运行速度的物理要求为

$$0 \leqslant v_i(t) \leqslant v_{\mathrm{limit}}(s_i(t)) \tag{2.107}$$

其中,$v_{\mathrm{limit}}(s_i(t))$ 为列车 i 在时刻 t 处位置的线路限速值。

列车的牵引制动加速度要满足列车的实际牵引制动性能,即

$$U_{\mathrm{min}} \leqslant u_i(t) \leqslant U_{\mathrm{max}} \tag{2.108}$$

其中,U_{min} 和 U_{max} 为列车制动最大加速度和列车牵引最大加速度。

编队领航列车要满足与前行列车、前行编队绝对制动距离的限制速度要求,本节考虑前行方向无列车或者列车编队,暂不考虑领航列车的限制速度。编队内部

2.4 基于模型预测控制的列车运行安全防护

列车之间的距离要保证大于静止时所需的安全间隔，即

$$s_i(t) - s_{i-1}(t) - l_i - s_m \geqslant 0 \tag{2.109}$$

其中，l_i 为列车 i 的车长；s_m 为列车静止时需要的安全裕量。

此外，编队列车运行过程中需要满足安全制动模型产生的安全限速约束。本节的限速约束采用上面计算得出的安全限制速差，即

$$v_i(t) - v_{i-1}(t) \leqslant \Delta V_{\text{safe}}(t) \tag{2.110}$$

其中，$\Delta V_{\text{safe}}(t)$ 为相对坐标系下安全制动模型计算得出的安全限制速差。

追踪间隔采用固定时间间隔策略。列车之间的期望间隔为

$$s_{i,d}(t) = hv_i(t) + s_m \tag{2.111}$$

其中，$s_{i,d}(t)$ 为编队达到平衡状态时列车与前车保持的期望距离；s_m 为安全裕量。

为方便分析，定义以下状态变量，即

$$\begin{aligned} \Delta s_i(t) &= s_{i-1}(t) - s_i(t) - l_i - s_{i,d}(t) \\ \Delta v_i(t) &= v_{i-1}(t) - v_i(t) \end{aligned} \tag{2.112}$$

其中，$\Delta s_i(t)$ 为列车 i 在时刻 t 与前车的跟随偏差距离；$\Delta v_i(t)$ 为列车 i 在时刻 t 与前车的偏差速度。

2. 分布式模型预测控制器的设计

列车编队减速控制的目标是在保证安全的前提下，使编队内的所有列车达到速度趋同，车车间隔等于理想期望间隔的状态。控制器设计的第一个控制目标可以表示为在最小化模型预测时域内，跟随列车与前车的跟随距离偏差之和，即

$$J_1(k) = \sum_{k=1}^{M} \Delta s_i(k)^2 \tag{2.113}$$

其中，M 为预测步长，一般大于等于控制步长。

第二个控制目标是使编队内的列车运行速度趋同，即最小化模型预测时域内跟随列车与前车的速度误差之和，即

$$J_2(k) = \sum_{k=1}^{M} \Delta v_i(k)^2 \tag{2.114}$$

此外，为保证在整个编队降速过程中不出现急加速和急减速的情况，增加旅客乘坐的舒适性，使列车在控制中更加平缓地到达稳定状态，在控制目标中加入

控制序列的变化量，这可以表达为最小化模型预测时域内，跟随列车的控制律变化，即

$$J_3(k) = \sum_{k=1}^{M}(u_i(k) - u_i(k-1))^2 \tag{2.115}$$

在控制过程中，优化目标可能存在一定的冲突，即在优化目标时，追踪间隔误差需要列车加速使误差减小，而速度误差需要列车减速使误差减小。在优化问题设计时，需要平衡优化目标彼此之间的关系，利用 α、β、γ 表示对追踪间隔误差优化目标、跟踪速度优化目标、控制平缓性优化目标在整体控制器设计时所占用的权重。综合目标优化公式可以表示为

$$\min_{U_k} J(k) = \sum_{k=1}^{M} \alpha J_1(k) + \beta J_2(k) + \gamma J_3(k) \tag{2.116}$$

据此，编队列车减速控制场景的优化问题可以描述为

$$\min_{U_k} J(k) = \sum_{k=1}^{M} \alpha J_1(k+j|k) + \beta J_2(k+j|k) + \gamma J_3(k+j|k) \tag{2.117}$$

s.t.

$$\begin{cases} s_i(k+j+1|k) = s_i(k+j|k) + v_i(k+j|k)\Delta t \\ v_i(k+j+1|k) = v_i(k+j|k) + (a_i(k+j|k) - w_i(k) - g_i(k))\Delta t \\ a_i(k+j+1|k) = a_i(k+j|k) + \dfrac{1}{\tau_i}(u_i(k+j|k) - a_i(k+j|k))\Delta t \end{cases} \tag{2.118}$$

$$0 \leqslant v_i(k+j|k) \leqslant v_{\lim}(s_i(k)) \tag{2.119}$$

$$U_{\min} \leqslant u_i(k+j|k) \leqslant U_{\max} \tag{2.120}$$

$$v_i(k+j|k) - v_{i-1}(k) \leqslant \Delta V_{\text{safe}}(k) \tag{2.121}$$

$$s_i(k+j|k) - s_{i-1}(k+j|k) - l_i - s_m \geqslant 0, \quad j = 0, 1, \cdots, M-1 \tag{2.122}$$

其中，M 为控制器的控制步长，与预测步长相等。

跟随列车通过车车通信的方式从前车获取前车状态的预测信息 $s_{i-1}(k+j|k)$、$v_{i-1}(k+j|k)$。需要注意的是，为简化优化问题，本节做出相应的线性化处理。在当前时刻 k，从预测时刻 $k+1$ 一直到预测时刻 $k+M$，速度 $v_i(k)$ 在用于计算基本阻力时保持恒定值（即 $w_i(k+M|k) = \cdots = w_i(k+1|k) = w_i(k)$）。速度 $v_{i-1}(k)$ 在用于计算安全限制速差时保持恒定值（即 $\Delta V_{\text{safe}}(k+M|k) = \cdots = \Delta V_{\text{safe}}(k+1|k) = \Delta V_{\text{safe}}(k)$），前车的坡道附加阻力在预测期间也假定是恒定的（即 $g_i(k+M|k) = \cdots = g_i(k+1|k) = g_i(k)$）。因为在较短的预测时间内，基本阻

2.4 基于模型预测控制的列车运行安全防护

力和坡道附加阻力的变化可以忽略不计。另外，考虑列车在平直轨道运行，暂不考虑曲线附加阻力和隧道附加阻力。

经过上述线性化处理，优化问题可以转换为具有几个线性约束的二次规划（quadratic programming，QP）问题。假定优化问题得出的最优解控制序列为

$$U_k = [u_i(k|k), u_i(k+1|k), \cdots, u_i(k+M-1|k)] \tag{2.123}$$

仅第一列的控制序列 $u_i(k|k)$ 被施加用来控制列车运行。在下一采样时刻，设置 $k = k+1$，并重复此优化过程，完成滚动时域优化控制。

基于以上分析，基于模型预测控制的编队列车安全减速控制步骤如下。

①初始化编队列车的状态和仿真系统参数，令 $t = 0$。

②在每一个采样时刻，采集列车的速度等状态信息作为优化问题的初始状态，得到跟随列车的控制序列 U_k。

③将控制序列 U_k 中，首个元素控制律作为实际跟随车辆的控制律，领航列车保持规定制动率减速，更新实际的列车速度等状态信息。

④ 判断仿真是否结束，若是，结束算法；否则，转②。

3. 仿真分析

仿真场景设置为编队列车的减速控制场景。仿真分析编队列车从编队速度 60m/s 降为 50m/s 的过程。初始场景设定为一组包含 4 列列车的编队在平直轨道运行（不考虑隧道附加阻力和曲线附加阻力），并且已经达到稳定状态（即列车之间的实际间隔等于期望间隔 $d_i(t) = hv_i(t) + s_m$）。编队跟踪策略采用固定时间间隔追踪策略。队列中每列列车的初始速度为 $v_0 = 60\text{m/s}$。

为计算相对限制速差，编队从领航列车至编队尾车，最大制动率依次增加为 $u_1^{\min} = -1.0$、$u_2^{\min} = -1.05$、$u_3^{\min} = -1.1$、$u_4^{\min} = -1.15$。编队中的领航列车 1s 后以 0.5m/s^2 的制动率开始减速，直至速度降为 50m/s，领航列车的加速度为

$$u_1(t) = \begin{cases} -0.5 + w_1(t), & 1 \leqslant t < 21 \\ 0 + w_1(t), & 0 < t < 1, t \geqslant 20 \end{cases} \tag{2.124}$$

其中，$u_1(t)$ 为领航列车的控制输入；$w_1(t)$ 为领航列车所受基本阻力的大小。

后续跟随列车的控制律由解优化问题得出。考虑整个过程是减速场景，为避免跟随列车过多的加速和减速，以及更快速地得到优化问题的数值解，我们对后续跟随列车的控制输入做一定的约束，即 $-0.75 \leqslant u \leqslant 0.15$。

设计目标比重参数 $\alpha = 1$、$\beta = 1$、$\gamma = 0.01$，分别表示追踪速度误差、追踪间隔误差、舒适性指标的评价函数权重。仿真结果如图 2.32 所示。

图 2.32 编队列车减速控制仿真结果图（$\alpha=1$、$\beta=1$、$\gamma=0.01$）

(a) 减速控制场景下的距离-时间图
(b) 速度-时间图
(c) 限制速度-位置图
(d) 加速度-时间图
(e) 追踪误差时间图
(f) 速度误差时间图

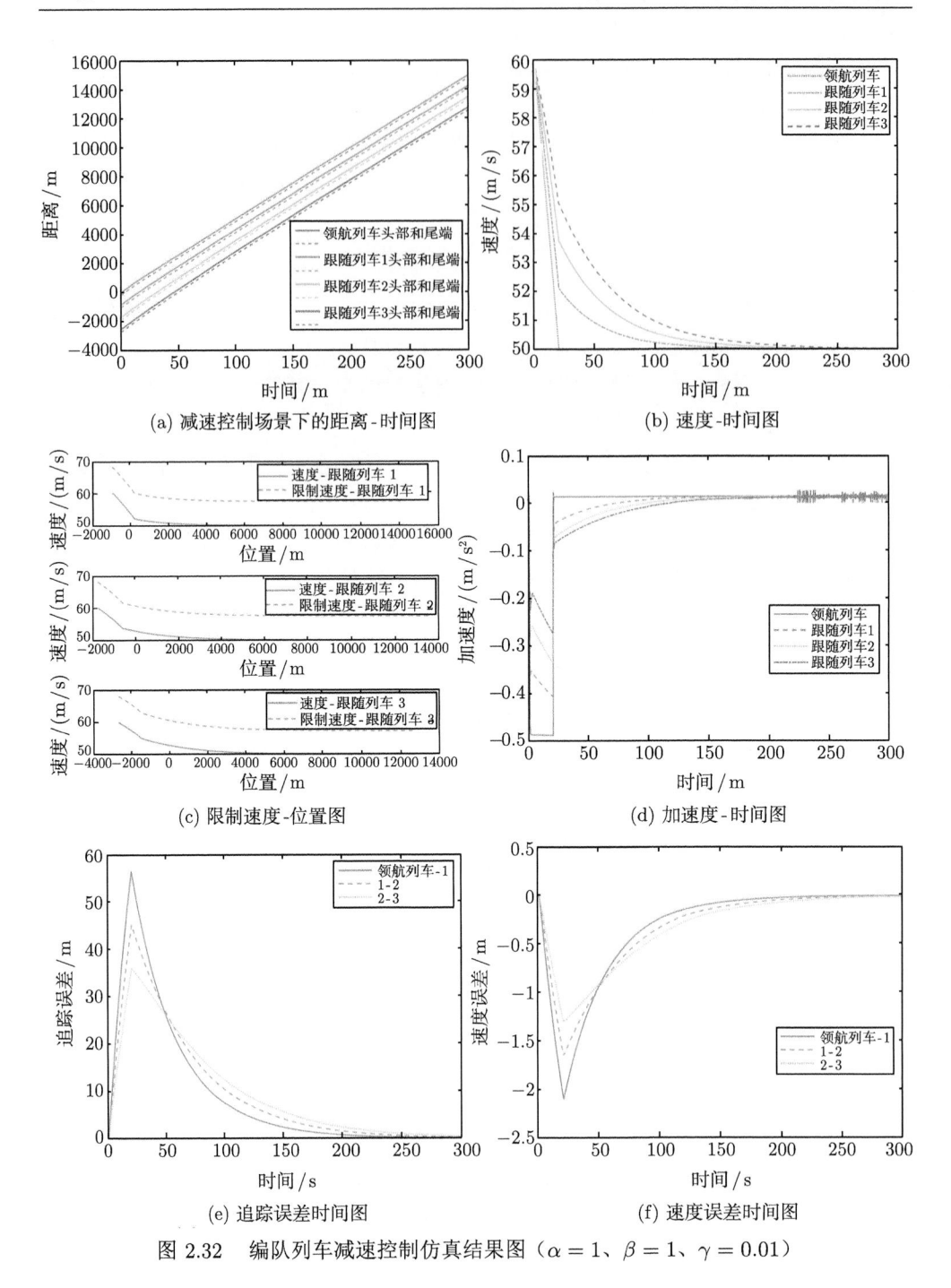

从追踪间隔-时间图可以看出，编队列车在初始状态保持 650m 期望追踪间隔

2.4 基于模型预测控制的列车运行安全防护

运行,在领航列车减速后,后续跟随列车随着头车的减速而减速。由于采用固定时间追踪间隔,随着速度的变化,期望的追踪间隔也在变化。在大约 250s 左右,编队列车实际的追踪间隔趋于稳定。从追踪间隔误差图和速度误差图可以看出,编队列车的间隔和速度误差在开始减速 200s 左右逐渐达到稳定的状态,即追踪间隔趋于期望的追踪间隔,速度逐渐趋于一致的状态。从限制速度-位置图可以看出,跟随列车的速度一直小于其对应的安全限制速度,表明其运行状态一直处于安全的运行状态。数值仿真结果显示,模型预测控制算法能够满足编队列车安全减速场景的需求,验证所提控制算法的有效性。

下面首先设计仿真,讨论追踪间隔误差比重参数对控制器的影响,分别设置 $\alpha=1$、$\beta=1$、$\gamma=0.01$;$\alpha=1$、$\beta=0.5$、$\gamma=0.01$;$\alpha=1$、$\beta=0.1$、$\gamma=0.01$ 三组控制器参数。图 2.33 展示了编队控制中比较关注的追踪误差和速度误差受控制器系数 β 的影响。

(a) $\alpha=1$、$\beta=1$、$\gamma=0.01$ 下追踪误差–时间图

(b) $\alpha=1$、$\beta=1$、$\gamma=0.01$ 下速度误差–时间图

(c) $\alpha=1$、$\beta=0.5$、$\gamma=0.01$ 下追踪误差–时间图

(d) $\alpha=1$、$\beta=0.5$、$\gamma=0.01$ 下速度误差–时间图

(e) $\alpha=1$、$\beta=0.1$、$\gamma=0.01$ 下追踪误差–时间图

(f) $\alpha=1$、$\beta=0.1$、$\gamma=0.01$ 下速度误差–时间图

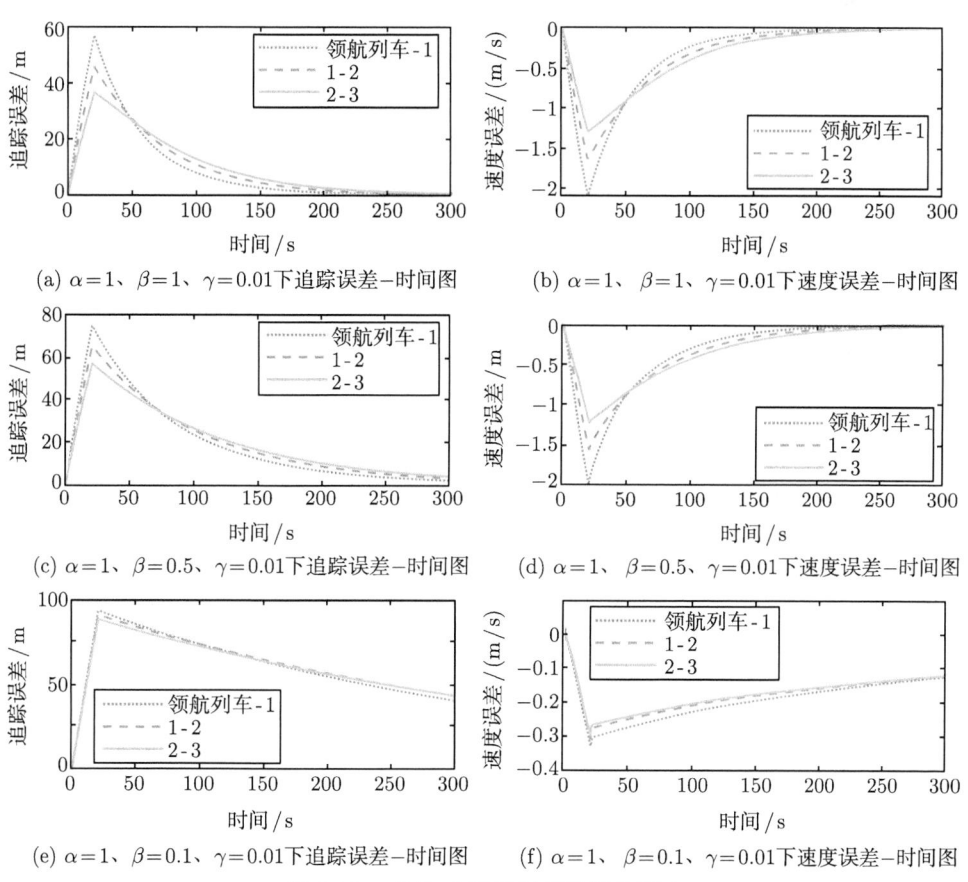

图 2.33 参数 β 对控制器效果的影响

如图 2.33 所示，在控制器参数，也就是追踪间隔误差比重参数减小的过程中，编队列车的追踪间隔误差峰值在不断增大。同时，追踪间隔误差从峰值到趋于 0 的过程需要的时间（称为追踪间隔误差的响应时间）也在不断增大。与之相反，在控制器参数减小的过程中，速度误差的峰值和速度误差从峰值到趋于 0 的过程中所需要的时间（称为速度误差的响应时间）在不断减小。值得注意的是，随着追踪间隔误差比重参数和速度误差比重参数两者差异较大时，追踪间隔误差和速度误差均不能在较短的时间内趋于 0。所以，在控制器参数的选择过程中，需要根据系统的需求和实际控制系统能够达到的效果进行平衡。

同样，为讨论速度误差比重参数对控制器的效果影响，分别设置 $\alpha=1$、$\beta=1$、$\gamma=0.01$，$\alpha=0.5$、$\beta=1$、$\gamma=0.01$，$\alpha=0.1$、$\beta=1$、$\gamma=0.01$ 三组控制器参数。

参数 α 对控制器效果的影响如图 2.34 所示。可以看出，随着控制器参数 α 的减小，编队列车的追踪间隔误差峰值在不断减小，追踪间隔误差的响应时间也在不断减小。速度误差的峰值在不断增大，但是速度误差的响应时间变化不大，甚

(a) $\alpha=1$、$\beta=1$、$\gamma=0.01$ 下追踪误差–时间图

(b) $\alpha=1$、$\beta=1$、$\gamma=0.01$ 下速度误差–时间图

(c) $\alpha=0.5$、$\beta=1$、$\gamma=0.01$ 下追踪误差–时间图

(d) $\alpha=0.5$、$\beta=1$、$\gamma=0.01$ 下速度误差–时间图

(e) $\alpha=0.1$、$\beta=1$、$\gamma=0.01$ 下追踪误差–时间图

(f) $\alpha=0.1$、$\beta=1$、$\gamma=0.01$ 下速度误差–时间图

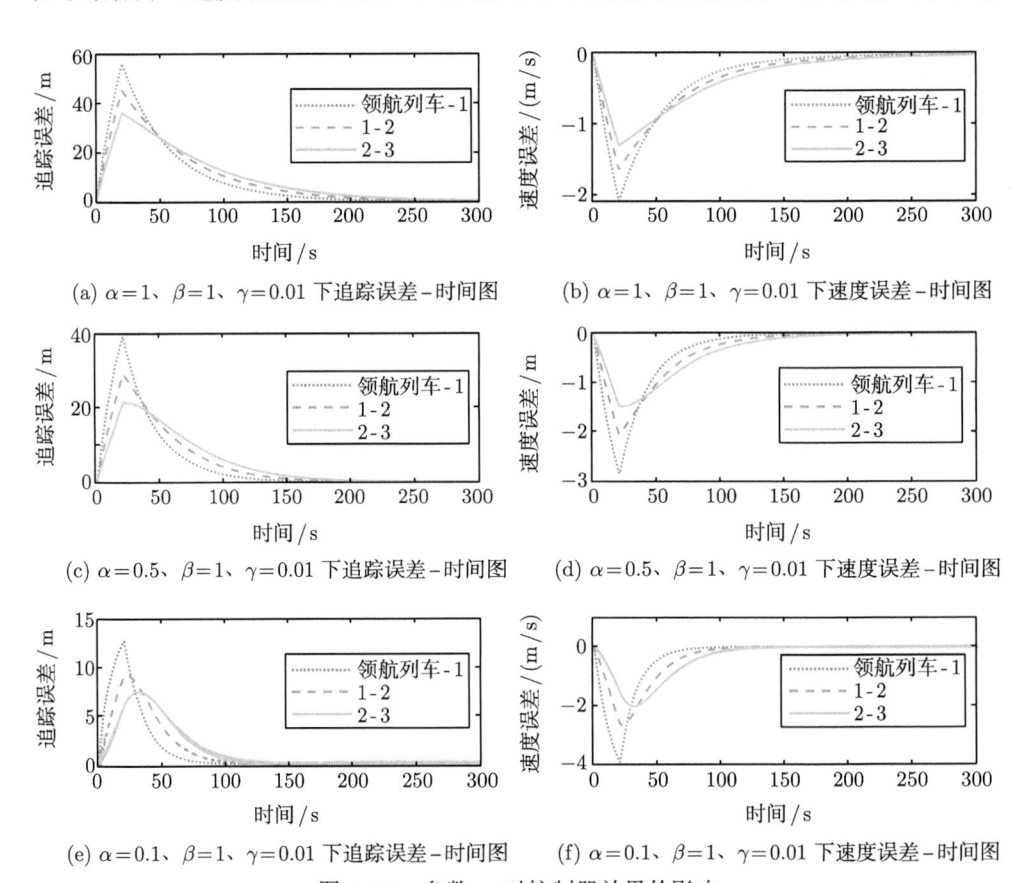

图 2.34 参数 α 对控制器效果的影响

2.4 基于模型预测控制的列车运行安全防护

至还有所减小。当追踪间隔误差比重参数 β 和速度误差比重参数 α 两者差异较大时，追踪间隔误差 Δs 和速度误差 Δv 仍然在较短的时间内趋向于 0，但是追踪间隔误差的曲线较抖动，表明追踪间隔误差波动的范围增大。

最后，我们讨论舒适度比重参数对控制器的效果影响，分别设置 $\alpha=1$、$\beta=1$、$\gamma=0.01$，$\alpha=1$、$\beta=1$、$\gamma=0.05$，$\alpha=1$、$\beta=1$、$\gamma=0.1$ 三组控制器参数。图 2.35 展示出不同舒适度比重参数选取对控制器效果的影响。

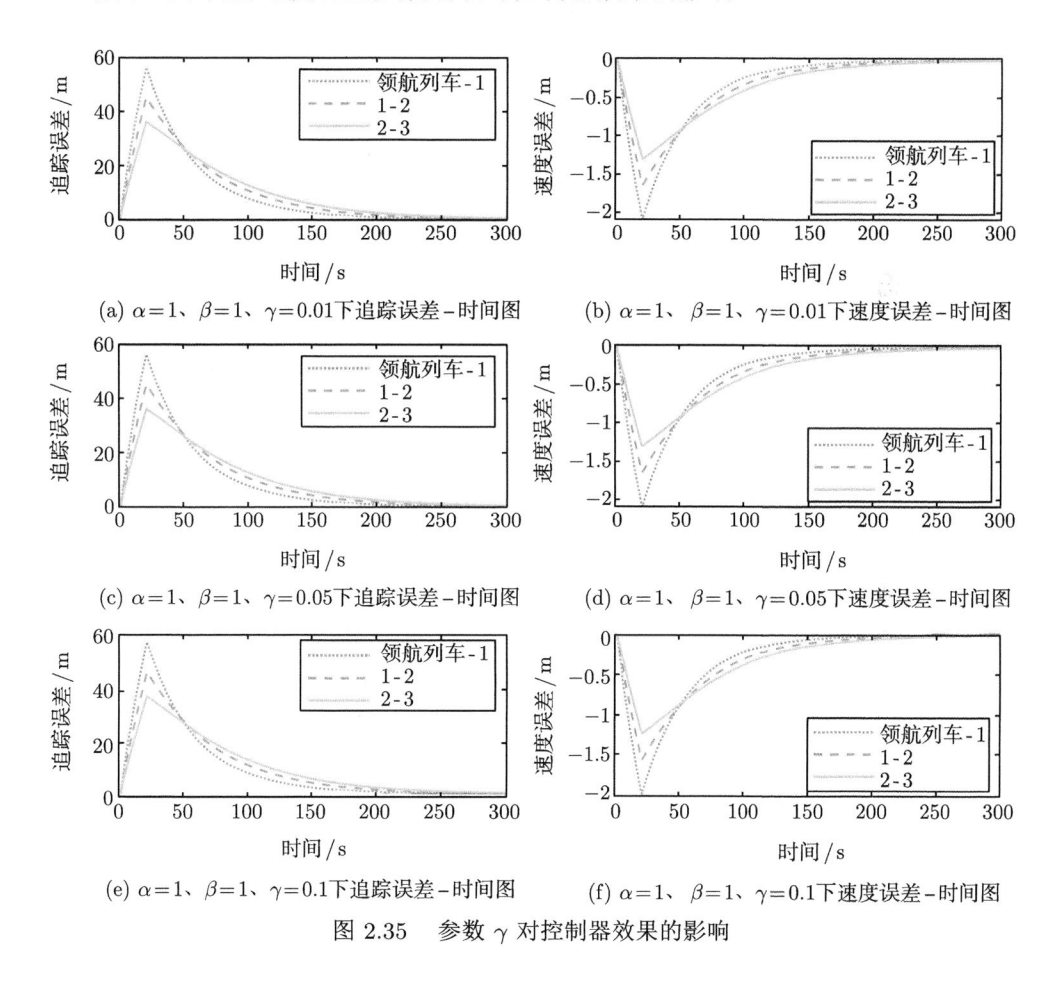

(a) $\alpha=1$、$\beta=1$、$\gamma=0.01$ 下追踪误差–时间图

(b) $\alpha=1$、$\beta=1$、$\gamma=0.01$ 下速度误差–时间图

(c) $\alpha=1$、$\beta=1$、$\gamma=0.05$ 下追踪误差–时间图

(d) $\alpha=1$、$\beta=1$、$\gamma=0.05$ 下速度误差–时间图

(e) $\alpha=1$、$\beta=1$、$\gamma=0.1$ 下追踪误差–时间图

(f) $\alpha=1$、$\beta=1$、$\gamma=0.1$ 下速度误差–时间图

图 2.35 参数 γ 对控制器效果的影响

从图 2.35 可以看出，随着控制器参数的减小，编队列车的追踪间隔误差峰值、追踪间隔误差的响应时间、速度误差的峰值和速度误差的响应时间基本变化不大。从图 2.36 可以看出，因为舒适度参数主要是对控制律起到一定的影响，随着控制器参数的减小，系统加速度波动越来越小。由此可见，在优化目标设计中，并非相关优化指标在总的目标函数中占比越大，对应到实际中的控制效果就越好。

(a) $\alpha=1$、$\beta=1$、$\gamma=0.01$

(b) $\alpha=1$、$\beta=1$、$\gamma=0.05$

(c) $\alpha=1$、$\beta=1$、$\gamma=0.1$

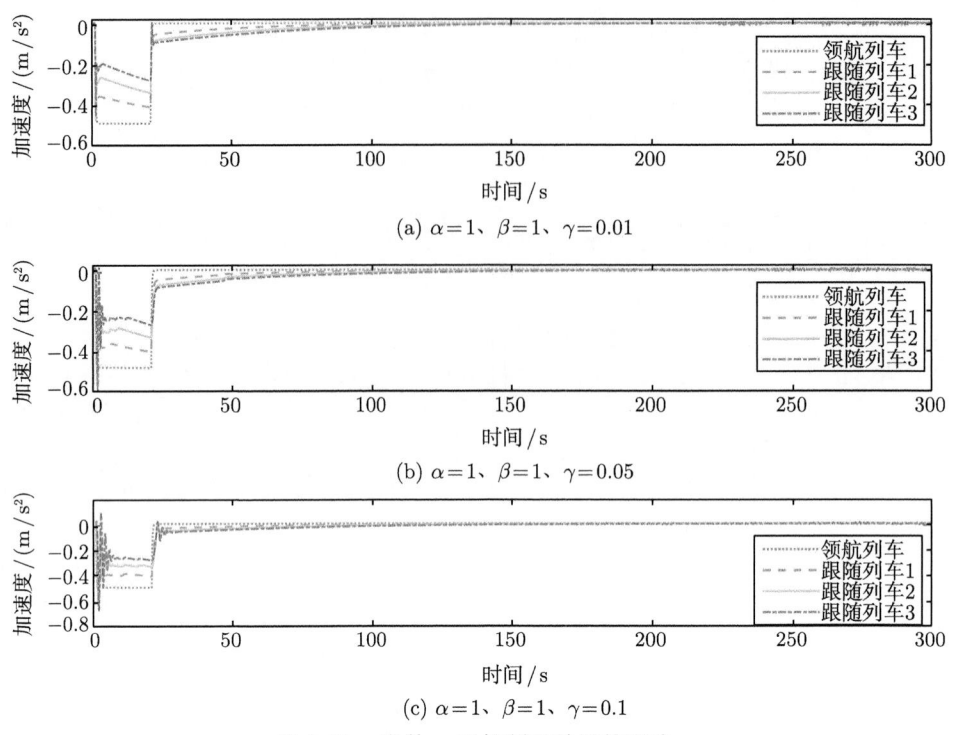

图 2.36　参数 γ 对控制器效果的影响

第 3 章 高速列车协同运行控制

高速列车协同运行可缩短列车追踪间隔，进一步提升线路利用率和运行效率是高速铁路系统自主化、智能化必然的发展方向。在列车协同模式下，可利用大数据、车车通信、云计算、人工智能、自主控制等技术，实现列车运行数据的直接交互，自主协调列车运行速度，动态调整列车行车间隔。其优点是使高速铁路运行控制系统具有信息自主感知、列车自主决策、多车自主编队的自主协同能力，能够有效提升高速铁路系统的运营效率。本章重点介绍高速列车协同运行控制模型、标量学习控制、神经网络自主控制和强化学习最优控制等内容。

3.1 高速列车协同运行控制原理

3.1.1 高速列车协同运行模型

高速列车协同运行控制是下一代列车运行控制系统的工况模式。在传统信号系统中增加适用于车车直接或间接通信的功能子系统，能够打破现有列车运行控制系统列车间的信息壁垒。在现有的列车运行控制系统中，行车许可（movement authority，MA）的计算原理如图 3.1（a）所示。目前，列车协同运行控制方法已成为缩短列车间追踪间隔、提高线路利用率，以及充分利用现有系统的行车与安全冗余的重要方法。其主要控车步骤如下。

① 将超速防护开放至与前行列车相同，形成面向协同运行的边界，其中超速防护开放至与前车相同的过程如图 3.1（b）所示。

② 后车以大于前车的速度运行，与前车行车间隔缩短至协同运行区域，其中加速至协同运行区域的过程如图 3.1（c）所示。

③ 后车运行至与前车的协同运行间隔，启动协同运行控制，其中稳定协同运行的过程如图 3.1（d）所示。

在协同运行控制系统中，第 i 列列车的运动动力学为

$$\begin{cases} \dot{p}_i(t) = v_i(t) \\ m_i \dot{v}_i(t) = \overline{F}_i(t) - f_1(v_i(t)) - f_2(v_i(t), p_i(t), t) \end{cases} \tag{3.1}$$

其中，m_i 为列车 i 的质量；$v_i(t)$ 为列车 i 的实时速度；$p_i(t)$ 为列车 i 的实时位置；$\overline{F}_i(t)$ 为列车 i 上的牵引/制动力；$f_2(v_i(t), p_i(t), t)$ 为额外运行阻力；$f_1(v_i(t))$ 为基本运行阻力，$f_1(v_i(t))$ 一般定义为 $a_i(t) + b_i(t)v_i(t) + c_i(t)v_i^2(t)$。

由于列车运行过程中参数的不确定性与时变性，我们考虑参数 a_i、b_i、c_i 含不确定定常项和未知时变项，即 $a_i(t) = a_i^* + \Delta a_i(t)$、$b_i(t) = b_i^* + \Delta b_i(t)$、$c_i(t) = c_i^* + \Delta c_i(t)$，其中 a_i^*、b_i^*、c_i^* 为未知常数，$\Delta a_i(t)$、$\Delta b_i(t)$、$\Delta c_i(t)$ 表征运行阻力的时变特性。

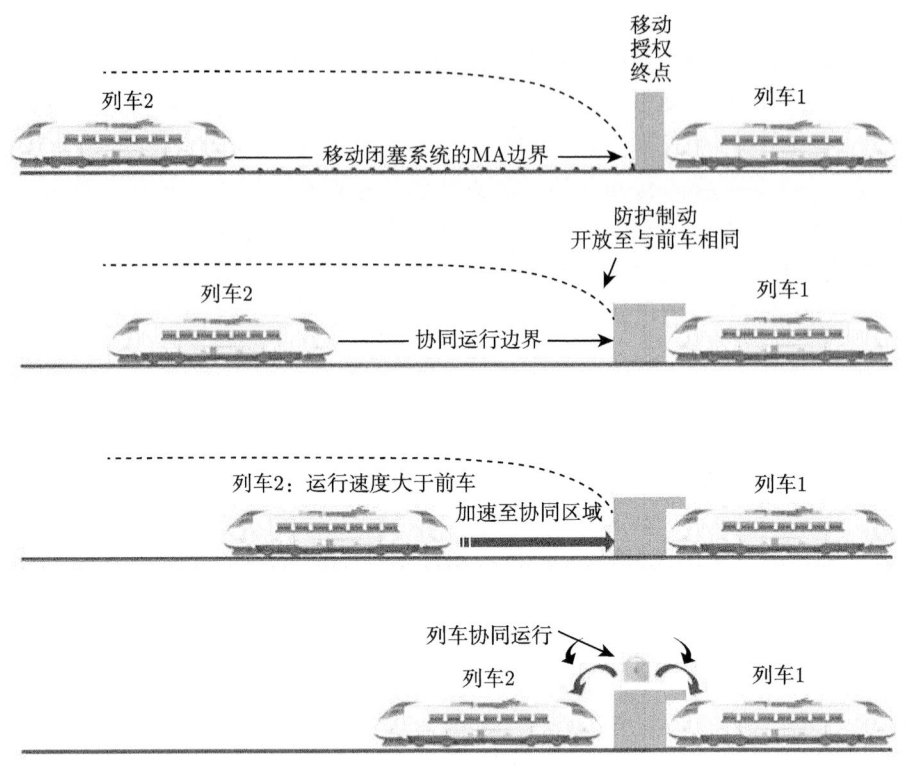

图 3.1　高速列车协同运行控制过程示意图

为处理定常参数和时变参数，式（3.1）可改写为

$$\begin{cases} \dot{p}_i(t) = v_i(t) \\ \dot{v}_i(t) = u_i(t) - f_1^*(v_i) - f_2^*(v_i, p_i, t) \end{cases} \tag{3.2}$$

其中，$u_i(t) \stackrel{\text{def}}{=} \overline{F}_i(t)/m_i$ 为列车 i 的加速度，也是待设计的控制输入；$f_1^*(v_i) = b_i^* v_i + c_i^* v_i^2$；$f_2^*(v_i, p_i, t) = a_i(t) + \Delta b_i(t) v_i + \Delta c_i(t) v_i^2 + f_2(v_i, p_i, t)$。

高速列车协同运行控制的目标是，首先对于多列车中的领头列车，即式（3.1）中 $i = 1$，保证实际列车速度和位置跟踪到目标列车速度距离曲线，并且在选取合适的设计参数后，跟踪误差可以调节至任意小。其次对于后行的列车，即式（3.1）中 $i = 2, \cdots, n$，将列车维持在前行列车后的最小安全位置处。该最小安全位置要

3.1 高速列车协同运行控制原理

考虑车长 L_{i-1}、制动距离 L_s、冗余安全距离 L_e，以及移动闭塞模式下的定位误差冗余距离 d_1 和 d_2 等。

定义列车 i 与前行列车 $i-1$ 的行车间隔误差变量为

$$e_i = (p_{i-1} - p_i) + (L_s + L_e + d_1 + d_2 + L_{i-1}) \tag{3.3}$$

其中，p_i 和 L_i 分别为列车 i 的车头位置信息和车长。

为实现协同运行列车位置与速度变量的并行调整，定义滤波误差 $n_i = \dot{e}_i + \alpha_i e_i$，其中 α_i 为正的常数。

定义 3.1 若对于任意的 $\delta > 0$，当误差 e_i 满足 $e_i(0) < \gamma$ 时，有 $\sup_i |e_i(\cdot)| < \delta$，其中 γ 为常数，则称一组协同下的多列车是队列稳定的。

等式 $n_i = \dot{e}_i + \alpha_i e_i$ 的解析解为

$$e_i(t) = \frac{n_i}{\alpha_i} + \exp(-\alpha_i t) e_i(0) - \frac{n_i}{\alpha_i} \exp(-\alpha_i (t - t_0))$$

显然，当 t 趋于无穷时，e_i 和 n_i 的关系表征为 $e_i = n_i / \alpha_i$。因为 α_i 为正的常数，所以 e_i 和 n_i 的收敛性是等价的。根据 n_i 的定义可知，$\dot{e}_i$ 随 n_i 趋于零而趋于零。n_i 微分后的形式为

$$\dot{n}_i = \ddot{e}_i + \alpha_i \dot{e}_i = (\ddot{p}_{i-1} - \ddot{p}_i) + \alpha_i \dot{e}_i \tag{3.4}$$

显然，式（3.4）仅是列车 i 的开环动力学，不能刻画多列车的队列稳定性。因此，引入线性加权误差耦合列车 i 和列车 $i+1$ 的状态信息，即

$$N_i = \beta_i n_i - n_{i+1} \tag{3.5}$$

其中，β_i 为正的常数。

由于 n_{n+1} 不存在，因此可设 $n_{n+1} = 0$。对于 $i = 1, 2, \cdots, n$，由式（3.5）可知，N_i 的渐近收敛性或最终有界性与 n_i 是等价的。定义 $\mathcal{N}_1 \stackrel{\text{def}}{=} [n_1, n_2, \cdots, n_n]^{\mathrm{T}}$ 和 $\mathcal{N}_2 \stackrel{\text{def}}{=} [N_1, N_2, \cdots, N_n]^{\mathrm{T}}$，因此 $\mathcal{N}_1$ 和 $\mathcal{N}_2$ 的关系可以表征为 $\mathcal{N}_2 = \mathcal{B} \mathcal{N}_1$，其中

$$\mathcal{B} = \begin{bmatrix} \beta_1 & -1 & 0 & \cdots & 0 \\ 0 & \beta_2 & -1 & \cdots & 0 \\ \vdots & \vdots & \vdots & & \vdots \\ 0 & 0 & 0 & \cdots & -1 \\ 0 & 0 & 0 & \cdots & \beta_n \end{bmatrix}$$

由于 $\beta_i > 0, i = 1, 2, \cdots, n$ 为设计参数，因此 $\mathcal{B}$ 是非奇异矩阵。

这里给出如下假设和引理。

假设 3.1　描述运行阻力的戴维斯方程中的运行阻力系数时变部分是有界的，即 $|\Delta a_i(t)| \leqslant a_i^+$、$|\Delta b_i(t)| \leqslant b_i^+$、$|\Delta c_i(t)| \leqslant c_i^+$，其中 a_i^+、b_i^+、c_i^+ 为未知常数。

假设 3.2　描述额外运行阻力及外部扰动项 $f_e(v_i(t), p_i(t), t)$ 是有界的，即 $|f_e(v_i(t), p_i(t), t)| \leqslant f_{e,i}^+$，其中 $f_{e,i}^+$ 为未知常数。

引理 3.1（RBF 神经网络函数逼近[97]）　任意未知光滑函数 $F(Z)$ 可被 RBF 神经网络的形式逼近，即 $F(X) = W^{\mathrm{T}}S(X)$，其中 $X \subset R^A$ 为神经网络的输入向量，A 为输入向量的维数；$W = [w_1, w_2, \cdots, w_l]^{\mathrm{T}}$ 为可调参数向量，l 为神经元（即隐含层单元）的个数；$S(X) = [s_1(X), s_2(X), \cdots, s_l(X)]^{\mathrm{T}}$ 为基函数向量，$s_i(X)$ 为高斯函数，即 $s_i(X) = \exp\left(\dfrac{-(X-\mu_i)^{\mathrm{T}}(X-\mu_i)}{\eta_i^2}\right)$，$\mu_i$ 和 η_i 分别为高斯函数的宽度和中心，$i = 1, 2, \cdots, l$。通过设置足够多隐含层的神经元数，RBF 神经网络能够在紧致集 $\Omega_X \subset R^A$ 上以任意精度逼近未知函数 $F(X)$，即

$$F(X) = W^{*\mathrm{T}}S(X) + \varepsilon(X)$$

其中，$\varepsilon(X)$ 为有界逼近误差，即存在一个小正常数 ε_n，使 $|\varepsilon(X)| \leqslant \varepsilon_n$；$W^*$ 为使逼近误差 $\varepsilon(X)$ 最小的最优权值，即

$$W^* \overset{\text{def}}{=} \arg\min_{W \in R^l}\left\{\sup_{X \in \Omega_X} |F(X) - W^{\mathrm{T}}S(X)|\right\}$$

引理 3.2[98]　对于任意给定的连续函数 $f(x)$，$x \in R^n$，$f(0) = 0$，应用连续函数分离和 RBF 神经网络逼近技术，$f(x)$ 能够重构为

$$f(x) = S(x)Wx + \epsilon \tag{3.6}$$

其中，x 为系统参数；$S(x) = [s_1(x), s_2(x), \cdots, s_l(x)]$ 为高斯基函数向量，$s_i(x) = \dfrac{1}{\sqrt{2\pi}a_i}\exp\left(-\dfrac{(x-\mu_i)^{\mathrm{T}}(x-\mu_i)}{2a_i^2}\right)$，$\mu_i$ 和 a_i 分别代表高斯函数的中心和宽度 $i = 1, 2, \cdots, l$；W 为权值矩阵，$W = [w_{ij}]$，$j = 1, 2, \cdots, n$。

引理 3.3（Backstepping 设计[99]）　考虑如下非线性系统，即

$$\dot{x}_1 = f(x_1) + g(x_1)x_2 \tag{3.7a}$$

$$\dot{x}_2 = u \tag{3.7b}$$

其中，x_1 和 x_2 为状态变量；f 和 g 为定义在包含 $x_1 = 0$ 和 $f(0) = 0$ 的定义域的光滑函数。

不失一般性，假设 $x_1 = 0$ 和 $x_2 = 0$ 是系统的平衡点，若存在 Lyapunov 函数 $V(x_1)$，满足 $\dfrac{\partial V}{\partial x_1}(f(x_1) + g(x_1)\phi(x_1)) \leqslant -W(x_1)$，$x_1 \in D$，其中 $W(x_1)$ 是正

定函数；存在合适的状态反馈控制率 $x_2 = \phi(x_1)$，$\phi(0) = 0$ 镇定式（3.7a），则原点可以达到稳定。因此，在 Lyapunov 函数被设计为 $V(x_1) + \dfrac{(x_2 - \phi(x_1))^2}{2}$，以及设计状态反馈控制律被设计为

$$u = \frac{\partial \phi}{\partial x_1}((x_1) + g(x_1)x_2) - \frac{\partial V}{\partial x_1}g(x_1) - k(x_2 - \phi(x_1)) \tag{3.8}$$

的情况下，系统的平衡点可以达到稳定。此外，若式（3.8）和 Lyapunov 函数的选取在全局意义下成立，并且 $V(x_1)$ 是径向无界函数，那么系统的平衡点是全局渐近稳定的。

3.1.2 列车协同运行反馈控制

协同运行加权误差变量 N_i（$i = 1, 2, \cdots, n$）的开环动力学方程为

$$\begin{aligned}
\dot{N}_i &= \beta_i \dot{n}_i - \dot{n}_{i+1} \\
&= \beta_i(\ddot{p}_{i-1} - \ddot{p}_i + \alpha_i \dot{e}_i) - (\ddot{p}_i - \ddot{p}_{i+1} + \alpha_{i+1}\dot{e}_{i+1}) \\
&= -(\beta_i + 1)(u_i - b_i^* \dot{p}_i - c_i^* \dot{p}_i^2 - D_i) + F_i
\end{aligned} \tag{3.9}$$

其中，$F_i = \beta_i \ddot{p}_{i-1} + \ddot{p}_{i+1} + \alpha_i \beta_i \dot{e}_i - \alpha_{i+1}\dot{e}_{i+1}$；$D_i = f_2^*(u_i, p_i, t)$，假设有 $|D_i| \leqslant D_i^*$ 成立，D_i^* 为正常数。

设计的列车 i 的状态反馈自适应控制律为

$$u_i = \frac{k_1}{\beta_i + 1}N_i + \frac{1}{\beta_i + 1}F_i + \hat{b}_i \dot{p}_i + \hat{c}_i \dot{p}_i^2 + \tanh(\lambda_i N_i)\hat{D}_i \tag{3.10}$$

其中，$k_1 > 0$ 为设计参数；$\hat{b}_i$、$\hat{c}_i$ 和 $\hat{D}_i$ 分别为未知参数 b_i、c_i 和 D_i^+ 的估计值，也是设计的参数自适应律，即

$$\hat{b}_i = \epsilon_b \left[(\beta_i + 1)N_i \dot{p}_i - \sigma_1 \hat{b}_i\right] \tag{3.11a}$$

$$\hat{c}_i = \epsilon_c \left[(\beta_i + 1)N_i \dot{p}_i^2 - \sigma_2 \hat{c}_i\right] \tag{3.11b}$$

$$\hat{D}_i = \epsilon_D \left[(\beta_i + 1)N_i \tanh(\lambda_i N_i) - \sigma_3 \hat{D}_i\right] \tag{3.11c}$$

其中，ϵ_b、ϵ_c、ϵ_D、σ_1、σ_2 和 σ_3 均为正的常数；σ_1、σ_2 和 σ_3 为用于 σ 修正的常数。

对于队尾列车 n，在无后行列车的条件下，设计的自适应控制律为

$$u_n = \frac{k_1}{\beta_n}N_n + \frac{1}{\beta_n}F_n + \hat{b}_n \dot{p}_n + \hat{c}_n \dot{p}_n^2 + \tanh(\lambda_n N_n)\hat{D}_n \tag{3.12}$$

其中，$F_n = \beta_n(\ddot{p}_{n-1} + \alpha_n \dot{e}_n)$；$\hat{b}_n$、$\hat{c}_n$ 和 $\hat{D}_n$ 分别为未知参数 b_n、c_n 和 D_n^+ 的估计值，也是设计的参数自适应律，即

$$\dot{\hat{b}}_n = \epsilon_b \left(\beta_n N_n \dot{p}_n - \sigma_1 \hat{b}_n \right) \tag{3.13a}$$

$$\dot{\hat{c}}_n = \epsilon_c \left(\beta_n N_n \dot{p}_n^2 - \sigma_2 \hat{c}_n \right) \tag{3.13b}$$

$$\dot{\hat{D}}_n = \epsilon_D \left(\beta_n N_n \tanh(\lambda_n N_n) - \sigma_3 \hat{D}_n \right) \tag{3.13c}$$

引理 3.4（Lyapunov 稳定性判别定理 [99]） 考虑如下非自治系统，即
$$\dot{x} = f(t, x) \tag{3.14}$$
其中，f 为时域分段连续函数，同时对 x 满足局部 Lipschitz 条件，$x \in [0, \infty) \times D$，$D \subset \mathrm{R}$ 是包含原点 $x = 0$ 的定义域。

假设原点 $x = 0$ 是平衡点，如果对于任意的 $t \geqslant 0$ 和 $x \in D$，存在连续可微函数 $V: [0, \infty) \times D \to R$ 使
$$W_1(x) \leqslant V(t, x) \leqslant W_2(x) \tag{3.15}$$
$$\frac{\partial V}{\partial t} + \frac{\partial V}{\partial x} f(t, x) \leqslant 0 \tag{3.16}$$
其中，$W_1(x)$ 和 $W_2(x)$ 为定义在 D 上的连续正定函数，那么系统的原点 $x = 0$ 是一致稳定的。

引理 3.5（Young's 不等式 [100]） 假设 a、b、c 和 d 是正实数，并且 $\dfrac{1}{c} + \dfrac{1}{d} = 1$，那么
$$ab \leqslant \frac{a^c}{c} + \frac{b^d}{d} \tag{3.17}$$
当且仅当 $a^c = b^d$ 时等号成立。

引理 3.6 [97] 对于任意的 $\ell_1 > 0$ 和 $\ell_2 \in \mathrm{R}$，不等式始终成立，即
$$0 \leqslant |\ell_2| - \ell_2 \tanh\left(\frac{\ell_2}{\ell_1}\right) \leqslant 0.2785 \ell_1 \tag{3.18}$$

引理 3.7 [101] 定义 $V(t)$ 为连续函数，$V(t) \in \mathrm{R}^+$ 并且初始值 $V(0)$ 是有界的，若下式成立，则 $V(t)$ 是有界的，即
$$\dot{V}(t) \leqslant -h_1 V(t) + h_2 \tag{3.19}$$
其中，$h_1 > 0$；h_2 为常数。

定理 3.1（跟踪性能和闭环信号有界性） 考虑协同运行的多个高速列车动力学系统式 (3.2)，若列车 i ($i = 1, 2, \cdots, n$) 的状态反馈控制律被设计为式 (3.10)（列车 n 的状态反馈控制律被设计为式 (3.12)），列车 i 的参数自适应律被设计为式 (3.11)（列车 n 的参数自适应律被设计为式 (3.13)），则所有的闭环信号最终一致有界。同时，线性加权误差 N_i 和参数估计误差 $\tilde{g}_i$ 最终收敛至紧致集 Ω_{Ni} 和 Ω_{gi}，$g \in \{b, c, D\}$，它们分别定义为
$$\Omega_{Ni} \stackrel{\text{def}}{=} \left\{ N_i \in \mathrm{R} \,\Big|\, |N_i| \leqslant \sqrt{2V_i(0) + \frac{2\mu_i}{\mu_1}} \right\} \tag{3.20a}$$

3.1 高速列车协同运行控制原理

$$\Omega_{gi} \stackrel{\text{def}}{=} \left\{ \tilde{g}_i \in \mathrm{R} \,\middle|\, |\tilde{g}_i| \leqslant \sqrt{2\epsilon_g V_i(0) + \frac{2\epsilon_g \mu_i}{\mu_1}} \right\} \quad (3.20\text{b})$$

其中

$$\mu_i \stackrel{\text{def}}{=} \frac{1}{2}\left(\sigma_1 b_i^2 + \sigma_2 c_i^2 + \sigma_3 D_i^{+2}\right) + \frac{0.2785(\beta_i+1)D_i^+}{\lambda_i}$$

$$\mu_1 \stackrel{\text{def}}{=} \frac{\min\{2k_1, \sigma_1, \sigma_2, \sigma_3\}}{\max\{1, 1/\epsilon_b, 1/\epsilon_c, 1/\epsilon_D\}}.$$

证明 根据式 (3.9)、式 (3.10) 和式 (3.12),列车 i ($i = 1, 2, \cdots, n-1$) 和列车 n 的闭环动力学方程分别为

$$\dot{N}_i = -k_1 N_i - (\beta_i + 1)\left(\tilde{b}_i \dot{p}_i + \tilde{c}_i \dot{p}_i^2 - D_i + \tanh(\lambda_i N_i)\hat{D}_i\right) \quad (3.21\text{a})$$

$$\dot{N}_n = -k_1 N_n - \beta_n \left(\tilde{b}_n \dot{p}_n + \tilde{c}_n \dot{p}_n^2 - D_n + \tanh(\lambda_n N_n)\hat{D}_n\right) \quad (3.21\text{b})$$

其中,$(\tilde{\cdot}) \stackrel{\text{def}}{=} (\hat{\cdot}) - (\cdot)$ 为相应变量的估计误差。

选取如下 Lyapunov 函数,即

$$V_{c1} = \sum_{i=1}^{n} V_i \quad (3.22\text{a})$$

$$V_i = \frac{1}{2}N_i^2 + \frac{1}{2\epsilon_b}\tilde{b}_i^2 + \frac{1}{2\epsilon_c}\tilde{c}_i^2 + \frac{1}{2\epsilon_D}\tilde{D}_i^2 \quad (3.22\text{b})$$

因此

$$\begin{aligned}
\dot{V}_i =& -k_1 N_i^2 + \frac{1}{\epsilon_b}\tilde{b}_i \dot{\tilde{b}}_i + \frac{1}{\epsilon_c}\tilde{c}_i \dot{\tilde{c}}_i + \frac{1}{\epsilon_D}\tilde{D}_i \dot{\tilde{D}}_i \\
& - (\beta_i+1)N_i \left(\tilde{b}_i \dot{p}_i + \tilde{c}_i \dot{p}_i^2 - D_i + \tanh(\lambda_i N_i)\hat{D}_i\right) \\
=& -k_1 N_i^2 - (\beta_i+1)N_i \left(\tanh(\lambda_i N_i)D_i^+ - D_i\right) \\
& - \sigma_1 \tilde{b}_i \hat{b}_i - \sigma_2 \tilde{c}_i \hat{c}_i - \sigma_3 \tilde{D}_i \hat{D}_i \\
\leqslant& -k_1 N_i^2 + (\beta_i+1)D_i^+ \left(|N_i| - N_i \tanh(\lambda_i N_i)\right) \\
& - \sigma_1 \tilde{b}_i \hat{b}_i - \sigma_2 \tilde{c}_i \hat{c}_i - \sigma_3 \tilde{D}_i \hat{D}_i
\end{aligned} \quad (3.23)$$

根据引理 3.5 和引理 3.6 可知,$-\tilde{q}\hat{q} = -\tilde{q}(\tilde{q}+q) \leqslant -\frac{1}{2}\tilde{q}^2 + \frac{1}{2}q^2, q \in \{b_i, c_i, D_i\}$,$(\beta_i+1)D_i^+ (|N_i| - N_i \tanh(\lambda_i N_i)) \leqslant 0.2785(\beta_i+1)D_i^+/\lambda_i$,则

$$\begin{aligned}
\dot{V}_i \leqslant & -k_1 N_i^2 - \frac{1}{2}\left(\sigma_1 \tilde{b}_i^2 + \sigma_2 \tilde{c}_i^2 + \sigma_3 \tilde{D}_i^2\right) + \frac{1}{2}\left(\sigma_1 b_i^2 + \sigma_2 c_i^2 + \sigma_3 D_i^{+2}\right) \\
& + \frac{0.2785(\beta_i+1)D_i^+}{\lambda_i}
\end{aligned}$$

$$\leqslant -\mu_1 V_i + \mu_i \tag{3.24}$$

其中，$\mu_1 \stackrel{\text{def}}{=} \dfrac{\min\{2k_1, \sigma_1, \sigma_2, \sigma_3\}}{\max\{1, 1/\epsilon_b, 1/\epsilon_c, 1/\epsilon_D\}}$；$\mu_i \stackrel{\text{def}}{=} \dfrac{1}{2}(\sigma_1 b_i^2 + \sigma_2 c_i^2 + \sigma_3 D_i^{+2}) + \dfrac{0.2785(\beta_i+1)D_i^+}{\lambda_i}$。

由引理 3.7 可知，V_i 是最终有界的。同时，当 t 趋于无穷时，$V_i \leqslant V_i(0) + \dfrac{\mu_i}{\mu_1}$，其中 $V_i(0)$ 是 V_i 的初始值。根据 V_i 的定义，线性加权误差 N_i 以及参数估计误差 $\tilde{b}_i$、$\tilde{c}_i$、$\tilde{D}_i$ 最终收敛至如下紧致集，即

$$\frac{1}{2}N_i^2 \leqslant V_i(0) + \frac{\mu_i}{\mu_1} \Rightarrow |N_i| \leqslant \sqrt{2V_i(0) + \frac{2\mu_i}{\mu_1}} \tag{3.25a}$$

$$\frac{1}{2\epsilon_g}\tilde{g}_i^2 \leqslant V_i(0) + \frac{\mu_i}{\mu_1} \Rightarrow |\tilde{g}_i| \leqslant \sqrt{2\epsilon_g V_i(0) + \frac{2\epsilon_g \mu_i}{\mu_1}} \tag{3.25b}$$

其中，$g \in \{b, c, D\}$。 □

定理 3.2（列车协同队列稳定性） 自适应控制律式（3.10）和式（3.12），以及参数自适应律式（3.11）和式（3.13）能够保证有限时间内多列车协同队列的稳定性。

证明 根据全局 Lyapunov 函数 V_{c1} 的导数，可得

$$\dot{V}_{c1} \leqslant -\mu_1 \sum_{i=1}^n V_1 + \sum_{i=1}^n \mu_i = -\mu_1 V_{c1} + \sum_{i=1}^n \mu_i \tag{3.26}$$

根据式（3.22a）和式（3.26），可得

$$0 \leqslant V_{c1} \leqslant \frac{\sum_{i=1}^n \mu_i}{\mu_1} + \exp\left(-\mu_1\left(V_{c1}(0) - \frac{\sum_{i=1}^n \mu_i}{\mu_1}\right)\right)$$

因此，对于 $i = 1, 2, \cdots, n$，有

$$|N_i| \leqslant \sqrt{\frac{2\sum_{i=1}^n \mu_i}{\mu_1} + 2\exp\left(-\mu_1\left(V_{c1}(0) - \frac{\sum_{i=1}^n \mu_i}{\mu_1}\right)\right)} \tag{3.27}$$

于是，存在一个时刻 T，对于任意 $t > T$，有

$$|N_i| \leqslant \sqrt{\frac{2\sum_{i=1}^n \mu_i}{\mu_1} + 2V_{c1}(0)} \tag{3.28}$$

3.1 高速列车协同运行控制原理

即经过有限时间 T 之后，队列稳定。于是，N_i、n_i 和 e_i 有界性的一致性特性能够保证多列车队列的稳定性。 □

为验证状态反馈协同控制方法的有效性，我们将定理 3.1 的结果应用到 5 列列车的协同仿真实验中。对于第一辆运行列车，期望速度与距离曲线如图 3.2 所示。期望追踪间隔距离设置为 150m（该数值在实际中可根据运行条件设置为任意值）。对于 $i = 1, 2, \cdots, 5$，列车 i 的初始速度与加速度均设置为 0；初始位置分别设置为 0m、150m、300m、450m、600m；列车运行的阻力系数 a_i 设置为 $a_1 = 0.85$、$a_2 = 0.8$、$a_3 = 0.9$、$a_4 = 0.7$、$a_5 = 0.75$；b_i 设置为 $b_1 = 0.004$、$b_2 = 0.002$、$b_3 = 0.003$、$b_4 = 0.0025$、$b_5 = 0.0035$；c_i 设置为 $c_1 = 1.6 \times 10^{-4}$、$c_2 = 2 \times 10^{-4}$、$c_3 = 1.8 \times 10^{-4}$、$c_4 = 4 \times 10^{-4}$、$c_5 = 2.5 \times 10^{-4}$。各列车运行过程中的外部扰动如图 3.3 所示。控制参数设置为 $\alpha_i = 4$、$\beta_i = 1$、$\epsilon_b = \epsilon_c = \epsilon_D = 10^{-7}$、$\lambda_i = 15$、$k_1 = k_2 = 25$、$\sigma_{i1} = 0.001$、$\sigma_{i2} = 0.01$、$\sigma_{i3} = 0.001$，$\hat{b}_i$、$\hat{c}_i$ 和 $\hat{D}_i$ 的初始值分别设置为 0.8、0.001 和 0.0001。

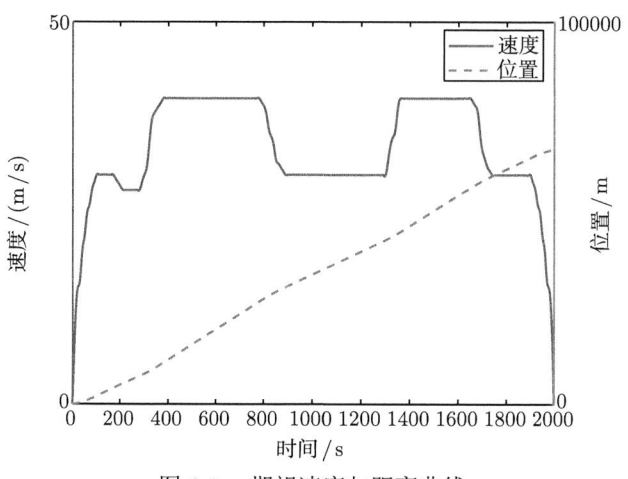

图 3.2 期望速度与距离曲线

基于定理 3.1 的仿真结果如图 3.4 ~ 图 3.7 所示。其中，图 3.4 为列车协同误差 e_i 的曲线，图 3.5 为协同列车对目标速度的跟踪误差曲线，图 3.6 为协同列车对目标加速度的跟踪误差曲线，图 3.7 为协同列车的时间-位置曲线。由图 3.4 ~ 图 3.7 可知，多列车间的跟踪间隔误差不向后传播，即 $e_5 < e_4 < e_3 < e_2 < e_1$，同时跟踪间隔误差能够收敛至很小的数值，说明系统的收敛性能良好。

容易看出，定理 3.1 给出的控制策略需要受控列车的邻接列车信息，即前行和跟随列车的实时位置、速度和加速度信息。为减轻检测状态变量信息带来的传感器负担，现有的研究工作多采用一种基于观测器技术的控制方法。该控制方法

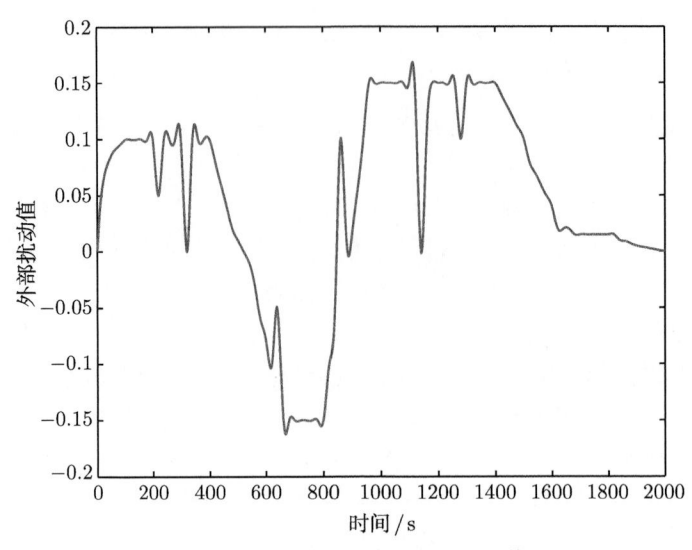

图 3.3　各列车运行过程中的外部扰动

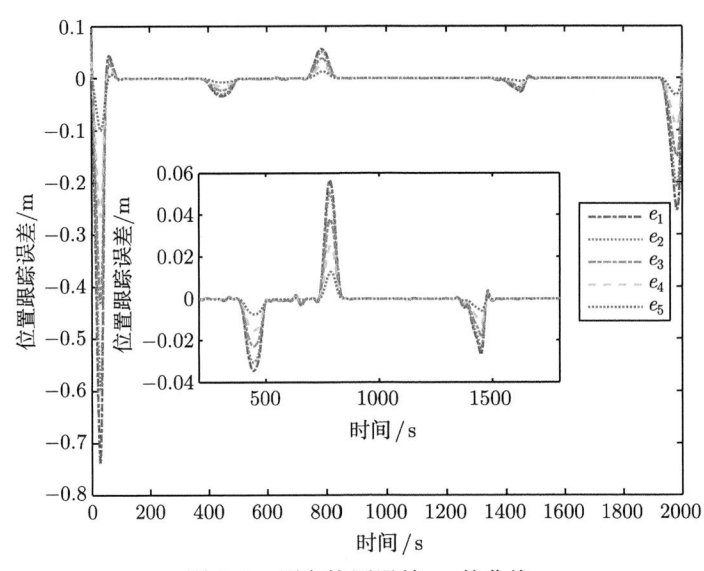

图 3.4　列车协同误差 e_i 的曲线

能够利用少量的系统状态，保证良好的系统性能。对应于本节的目标，我们给出的控制方法仅需要邻接列车的位置信息。基于构造的状态观测器，首先假设加速度和速度信息能够以小的观测误差被观测出来，即对 $i=1,2,\cdots,n$，下式成立，即

$$|\tilde{v}_i| = |\tilde{\dot{p}}_i| = |\hat{v}_i - v_i| \leqslant \chi_{i1} \tag{3.29a}$$

3.1 高速列车协同运行控制原理

$$|\tilde{a}_i| = |\tilde{\dot{p}}_i| = |\hat{a}_i - a_i| \leqslant \chi_{i2} \tag{3.29b}$$

其中，$(\hat{\cdot})$ 为变量 $(\cdot)$ 的观测值；$(\tilde{\cdot})$ 为观测误差；χ_{i1} 和 χ_{i2} 为表征观测误差界值的正常数。

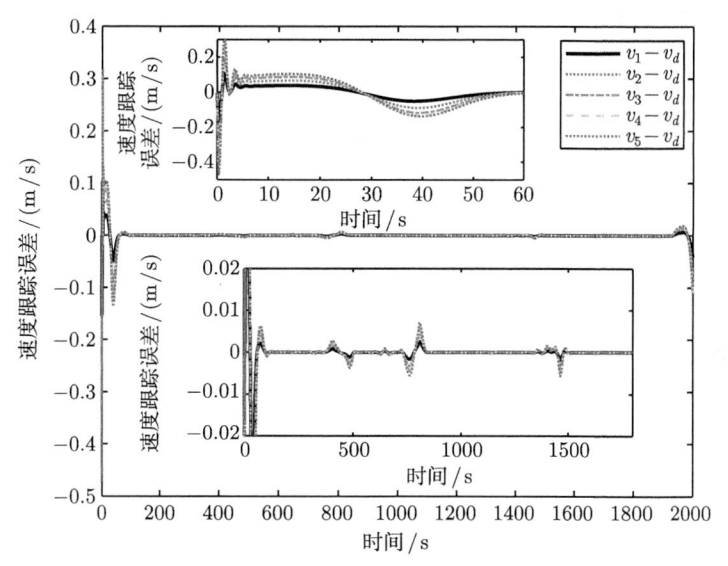

图 3.5 协同列车对目标速度的跟踪误差曲线

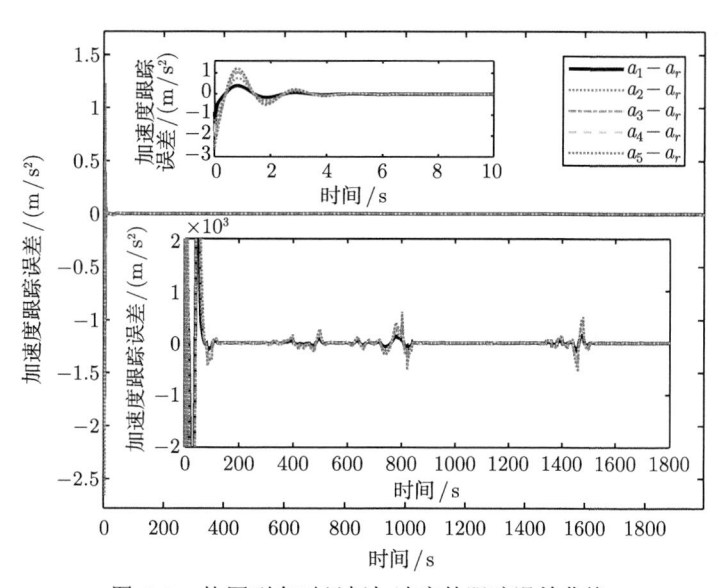

图 3.6 协同列车对目标加速度的跟踪误差曲线

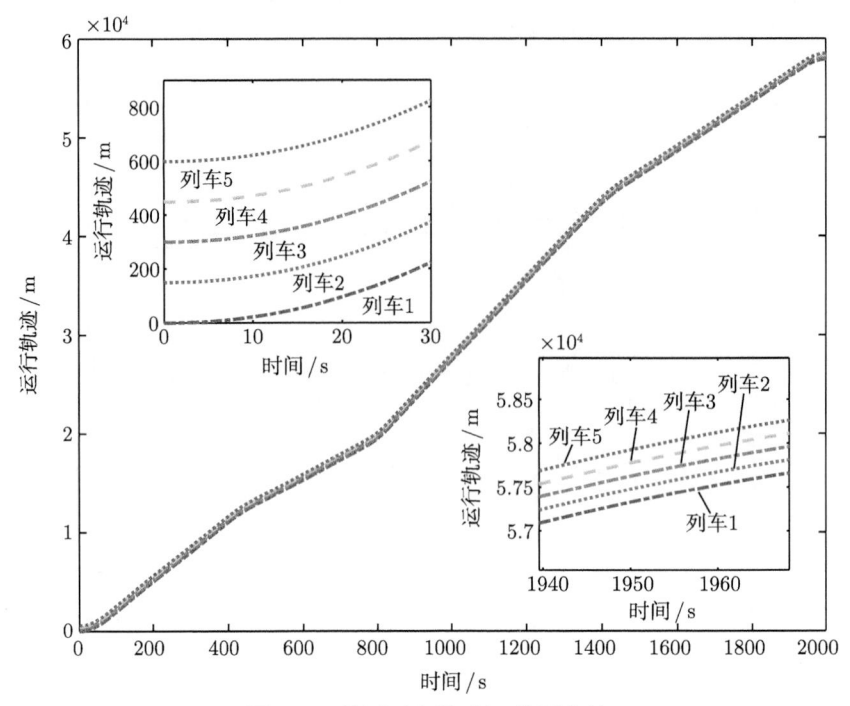

图 3.7 协同列车的时间-位置曲线

由于能够利用的信息仅有位置信息，因此我们重新定义以下符号变量，即

$$\hat{n}_i = \dot{\hat{e}}_i + \alpha_i e_i \tag{3.30a}$$

$$\hat{N}_i = \beta_i \hat{n}_i - \hat{n}_{i+1} \tag{3.30b}$$

$$\hat{F}_i = \beta_i \dot{\hat{p}}_{i-1} + \dot{\hat{p}}_{i+1} + \alpha_i \beta_i \hat{e}_i - \alpha_{i+1} \hat{e}_{i+1}, \quad i = 1, 2, \cdots, n-1 \tag{3.30c}$$

$$\hat{n}_n = \dot{\hat{e}}_n + \alpha_n e_n \tag{3.30d}$$

$$\hat{N}_n = \beta_n \hat{n}_n \tag{3.30e}$$

$$\hat{F}_n = \beta_n (\dot{\hat{p}}_{n-1} + \alpha_n \hat{e}_n) \tag{3.30f}$$

对列车 i 设计的控制器和对列车 n 设计的控制器可表示为

$$u_i = \frac{k_2 + 0.5}{\beta_i + 1} \hat{N}_i + \frac{1}{\beta_i + 1} \hat{F}_i + \hat{b}_i \dot{\hat{p}}_i + \hat{c}_i \dot{\hat{p}}_i^2 + \tanh(\lambda_i \hat{N}_i) \hat{D}_i, \quad i = 1, 2, \cdots, n-1 \tag{3.31a}$$

$$u_n = \frac{k_2 + 0.5}{\beta_n} \hat{N}_n + \frac{1}{\beta_n} \hat{F}_n + \hat{b}_n \dot{\hat{p}}_n + \hat{c}_n \dot{\hat{p}}_n^2 + \tanh(\lambda_n \hat{N}_n) \hat{D}_n \tag{3.31b}$$

其中，$k_2 > 0$ 为设计参数。

3.1 高速列车协同运行控制原理

与式（3.31a）和式（3.31b）匹配的参数自适应律分别设计为

$$\dot{\hat{b}}_i = \epsilon_{ib} \left[(\beta_i + 1)\hat{N}_i \dot{\hat{p}}_i - \sigma_{i1}|\hat{N}_i|\hat{b}_i \right] \tag{3.32a}$$

$$\dot{\hat{c}}_i = \epsilon_{ic} \left[(\beta_i + 1)\hat{N}_i \dot{\hat{p}}_i^2 - \sigma_{i2}|\hat{N}_i|\hat{c}_i \right] \tag{3.32b}$$

$$\dot{\hat{D}}_i = \epsilon_{iD} \left[(\beta_i + 1)\hat{N}_i \tanh(\lambda_i \hat{N}_i) - \sigma_{i3}|\hat{N}_i|\hat{D}_i \right] \tag{3.32c}$$

$$\dot{\hat{b}}_n = \epsilon_{nb} \left(\beta_n \hat{N}_n \dot{\hat{p}}_n - \sigma_{n1}|\hat{N}_n|\hat{b}_n \right) \tag{3.32d}$$

$$\dot{\hat{c}}_n = \epsilon_{nc} \left(\beta_n \hat{N}_n \dot{\hat{p}}_n^2 - \sigma_{n2}|\hat{N}_n|\hat{c}_n \right) \tag{3.32e}$$

$$\dot{\hat{D}}_n = \epsilon_{nD} \left(\beta_n \hat{N}_n \tanh(\lambda_n \hat{N}_n) - \sigma_{n3}|\hat{N}_n|\hat{D}_n \right) \tag{3.32f}$$

定理 3.3（输出反馈有界性与队列稳定性） 考虑协同运行的多列车动力学系统式 (3.2)，如果列车 i 的控制律设计为式 (3.31a)（列车 n 的控制律被设计为式 (3.31b)），与式 (3.31a) 和式 (3.31b) 匹配的参数自适应律分别被设计为式 (3.32)，那么所有闭环信号最终一致有界。同时，线性加权误差 N_i 最终收敛到的紧致集 Ω_{Ni} 为

$$\Omega_{Ni} \stackrel{\text{def}}{=} \left\{ N_i \in \mathrm{R} \middle| |N_i| \leqslant \sqrt{2V_i(0) + \frac{\phi_i^2}{2k_2}} \right\}, \quad i = 1, 2, \cdots, n-1 \tag{3.33}$$

因此，在有限时间内，列车协同的队列稳定性能够被保证。

在输出反馈条件下，仿真结果中使用的高阶滑模观测器为

$$\begin{cases} \dot{\hat{p}}_i = w_{i1} \\ w_{i1} = -\gamma_{i1}|\hat{p}_i - p_i|^{\frac{2}{3}}\mathrm{sign}(\hat{p}_1 - p_i) + \hat{v}_i \\ \dot{\hat{v}}_i = w_{i2} \\ w_{i2} = -\gamma_{i2}|\hat{v}_i - w_{i1}|^{\frac{1}{2}}\mathrm{sign}(\hat{v}_i - w_{i1}) + \hat{a}_i \\ \dot{\hat{a}}_i = -\gamma_{i3}\mathrm{sign}(\hat{a}_i - w_{i2}) \end{cases} \tag{3.34}$$

其中，$\gamma_{11} = 8$、$\gamma_{12} = 6$、$\gamma_{13} = 4$、$\gamma_{i1} = 8$、$\gamma_{i2} = 5$、$\gamma_{i3} = 3$，$i = 2, 3, 4, 5$。

输出反馈自适应控制仿真结果如图 3.8 所示。图 3.8（a）为多列车的跟踪间隔误差曲线，图 3.8（b）为多列车对于目标速度的跟踪误差曲线，图 3.8（c）为多列车对于目标加速度的跟踪误差曲线，图 3.8（d）为多列车的时间-位置曲线，可以观察到，多列车间的跟踪间隔误差不向后传播，即 $e_5 < e_4 < e_3 < e_2 < e_1$，同时跟踪间隔误差能够收敛至很小的数值，说明系统的收敛性能良好。协同列车的输出反馈观测性能如图 3.9 所示。这说明，观测器的观测性能良好。

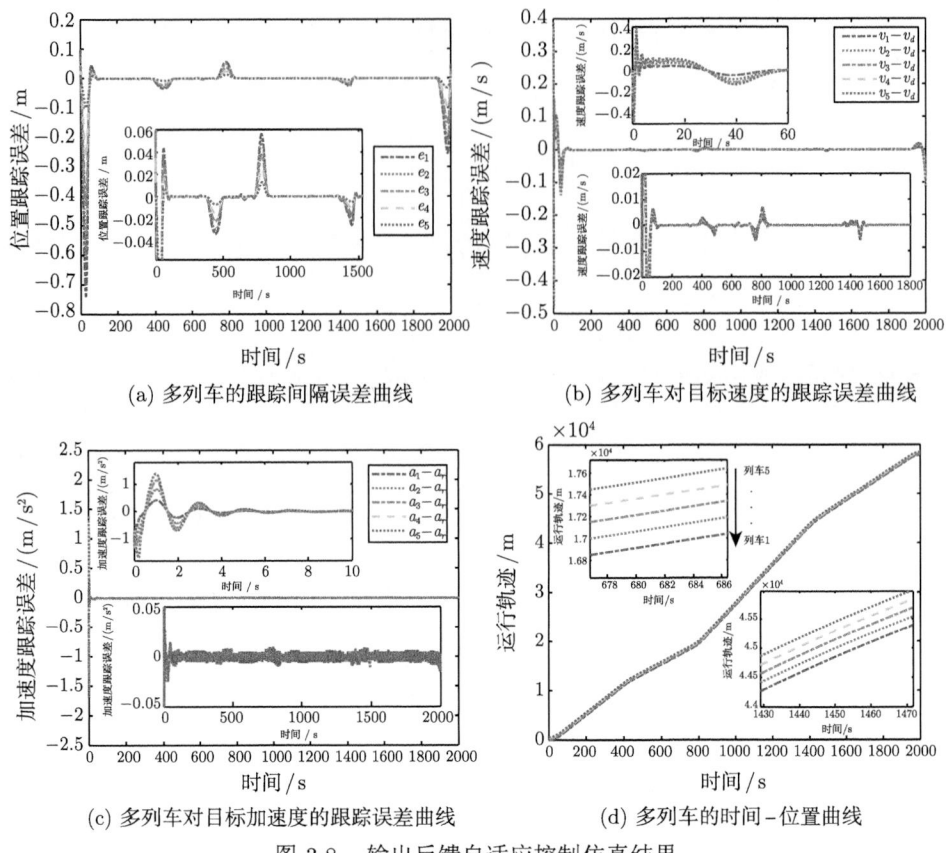

(a) 多列车的跟踪间隔误差曲线

(b) 多列车对目标速度的跟踪误差曲线

(c) 多列车对目标加速度的跟踪误差曲线

(d) 多列车的时间-位置曲线

图 3.8 输出反馈自适应控制仿真结果

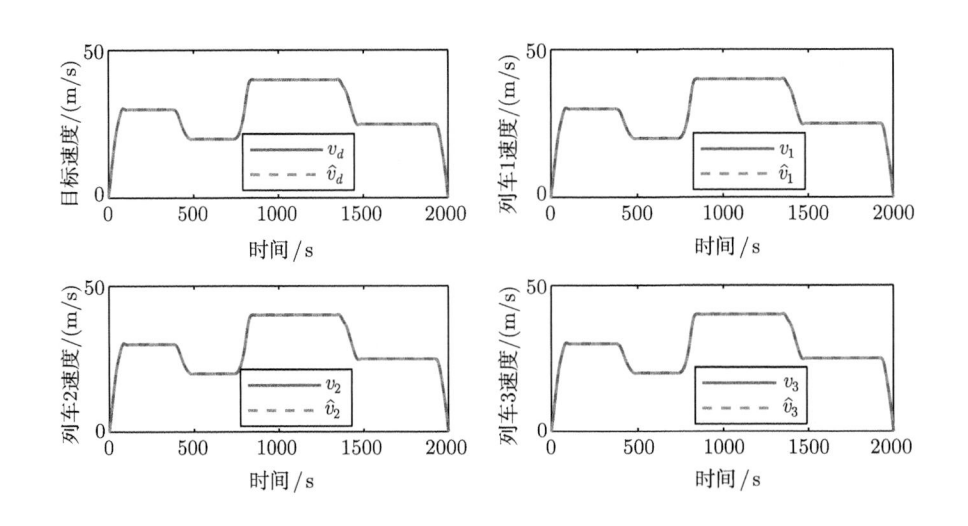

(a) 协同列车速度及其观测值

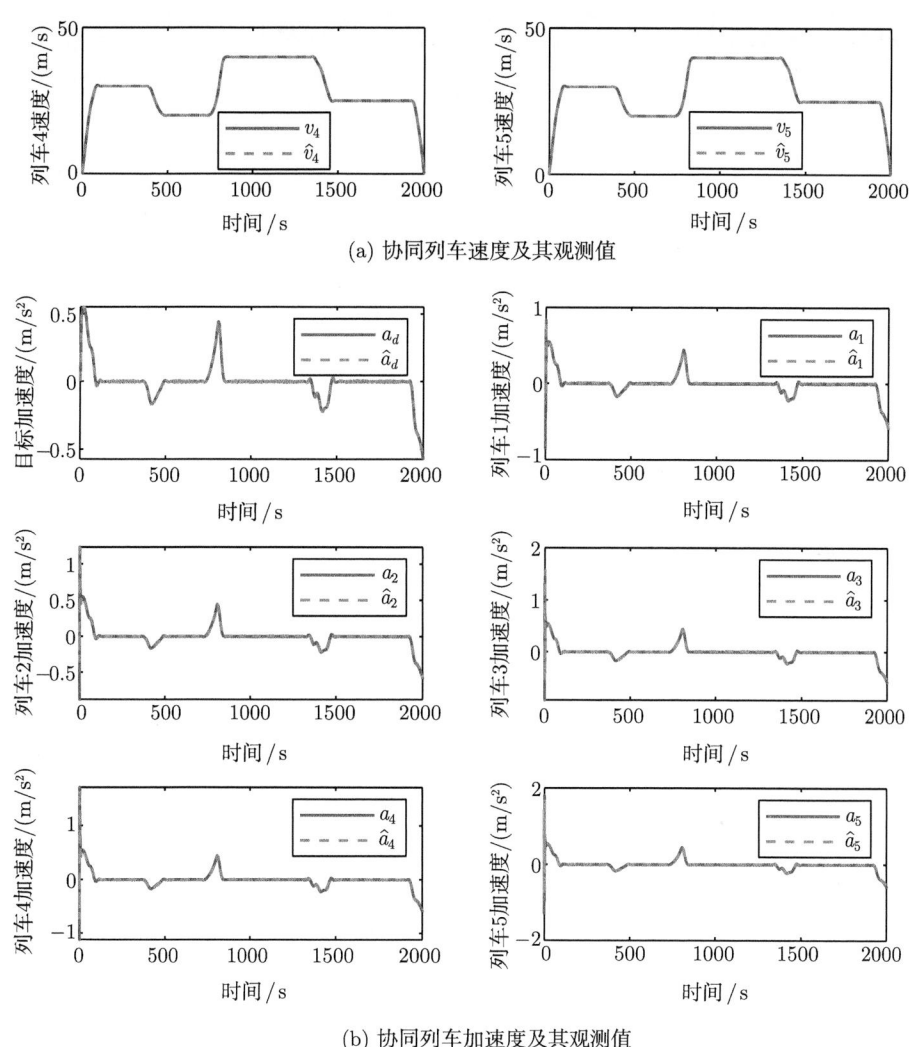

(b) 协同列车加速度及其观测值

图 3.9 协同列车的输出反馈观测性能

3.2 高速列车标量学习协同运行控制

为保证运行数据的实时处理与运用，高速列车车载控制单元对算法的时间复杂度有较高的要求。车载控制单元计算资源有限，亟须提出一种降低复杂度的控制方案。基于此，本节介绍前行-跟随和邻接-通信两种信息拓扑结构下的低复杂度控制方法。两种信息拓扑结构如图 3.10 所示。与自适应控制方法相比，一方面，本节采用的方法可以进一步简化控制算法的结构复杂度和时间复杂度；另一方面，本节介绍的基于标量学习的协同运行控制算法只需一个标量参数在线自适应调整，能够简化算法结构的同时，保证算法的实时性和适用性。

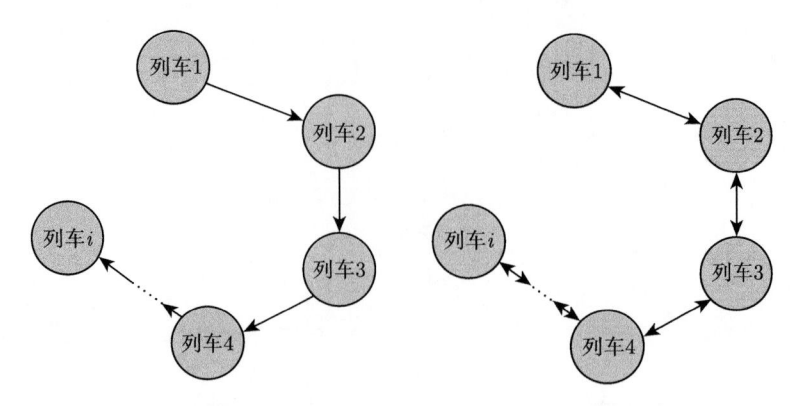

(a) 前行–跟随信息拓扑结构　　(b) 邻接–通信信息拓扑结构

图 3.10　两种信息拓扑结构

3.2.1　前行-跟随的标量学习协同运行控制

在前行-跟随信息拓扑结构下，每辆受控列车能够获得前方列车的相关信息而不能获得后方列车信息。定义列车 1 的跟踪误差信号系为

$$\begin{cases} e_{p,1} = p_1 - p_{1,r} \\ e_{v,1} = v_1 - r_1 - v_{1,r} \end{cases} \tag{3.35}$$

其中，r_1 为待设计的虚拟控制律；$p_{1,r}$ 和 $v_{1,r}$ 为列车运行曲线中获得的期望位置和速度值信息。

对 $e_{p,1} = p_1 - p_{1,r}$ 两侧微分，有

$$\dot{e}_{p,1} = \dot{p}_1 - \dot{p}_{1,r} = v_1 - v_{1,r} = e_{v,1} + r_1 \tag{3.36}$$

设计虚拟控制律为 $r_1 = -\alpha_{1,1} e_{p,1}$，其中 $\alpha_{1,1} > 0$ 为设计参数。为避免对虚拟控制律进行微分操作，可以用一阶滤波器得到信号 φ_1，即

$$\epsilon_1 \dot{\varphi}_1 + \varphi_1 = r_1, \quad \varphi_1(0) = r_1(0) \tag{3.37}$$

其中，$\epsilon_1 > 0$ 为一个较小的时间常数。

对 $e_{v,1} = v_1 - r_1 - v_{1,r}$ 两侧进行微分，有

$$\begin{aligned} \dot{e}_{v,1} &= \dot{v}_1 - \dot{r}_1 - \dot{v}_{1,r} \\ &= u_1 - f_1^*(v_1) - f_2^*(v_1, p_1, t) - \dot{r}_1 - \dot{v}_{1,r} \\ &\leqslant u_1 + \mu_1(1 + |v_1| + v_1^2) - \dot{r}_1 - \dot{v}_{1,r} \end{aligned} \tag{3.38}$$

其中，$\mu_1 \overset{\text{def}}{=} \max\left\{a_1^* + a_1^+ + f_{e,1}^+, b_1^* + b_1^+, c_1^* + c_1^+\right\}$ 是未知常数。

设计标量学习控制律 u_1 为

$$u_1 = -\alpha_{1,2}e_{v,1} - \hat{\mu}_1 \mathcal{L}^2(v_1)e_{v,1} + \dot{\varphi}_1 + \dot{v}_{1,r} \tag{3.39}$$

其中，$\alpha_{1,2} > 0$ 为设计参数；$\mathcal{L}(v_1) \overset{\text{def}}{=} 1 + |v_1| + v_1^2$；$\hat{\mu}_1$ 为未知常数 $\dfrac{\mu_1^2}{4\kappa_1^2}$ 的估计值，$\kappa_1 > 0$。

$\hat{\mu}_1$ 的自适应律可设计为

$$\dot{\hat{\mu}}_1 = \eta_1 \mathcal{L}^2(v_1)e_{v,1}^2 - \sigma_1 \hat{\mu}_1 \tag{3.40}$$

其中，$\eta_1 > 0$ 为自适应系数；$\sigma_1 > 0$ 为执行 σ 修正的数值较小的常数。

后行列车的标量学习控制律设计可通过如下步骤完成。定义列车 i 与先行列车 $i-1$ 的跟踪误差为

$$\begin{cases} e_{p,i} = p_i - p_{i-1} - L_d \\ e_{v,i} = v_i - r_i - v_{i-1} \end{cases}, \quad i = 2, 3, \cdots, n \tag{3.41}$$

其中，L_d 为安全行车的目标间隔；r_i 为虚拟控制律。

对 $e_{p,i} = p_i - p_{i-1}$ 两侧进行微分，可得

$$\dot{e}_{p,i} = \dot{p}_i - \dot{p}_{i-1} = v_i - v_{i-1} = e_{v,i} + r_i \tag{3.42}$$

设计虚拟控制律 $r_i = -\alpha_{i,1}e_{p,i}$，其中 $\alpha_{i,1}$ 为正的定常设计参数。

将 r_i 输入如下一阶滤波器可以获得变量 φ_i，即

$$\epsilon_i \dot{\varphi}_i + \varphi_i = r_i, \quad \varphi_i(0) = r_i(0) \tag{3.43}$$

其中，$\epsilon_i > 0$ 为时间常数。

对 $e_{v,i} = v_i - r_i - v_{i-1}$ 两侧微分，可得

$$\begin{aligned}\dot{e}_{v,i} =& u_i - f_1^*(v_i) - f_2^*(v_i, p_i, t) - \dot{r}_i - \dot{v}_{i-1} \\ \leqslant & u_i + \mu_i(1 + |v_i| + v_i^2) - \dot{r}_i - \dot{v}_{i-1} \end{aligned} \tag{3.44}$$

其中，$\mu_i \overset{\text{def}}{=} \max\left\{a_i^* + a_i^+ + f_{e,i}^+, b_i^* + b_i^+, c_i^* + c_i^+\right\}$。

设计如下标量学习控制律 u_i，即

$$u_i = -\alpha_{i,2}e_{v,1} - \hat{\mu}_i \mathcal{L}^2(v_i)e_{v,i} + \dot{\varphi}_i + \dot{v}_{i-1} \tag{3.45}$$

其中，$\alpha_{i,2} > 0$ 为设计参数；$\mathcal{L}(v_i) \stackrel{\text{def}}{=} 1 + |v_i| + v_i^2$；$\hat{\mu}_i$ 为未知常数 $\dfrac{\mu_i^2}{4\kappa_i^2}$ 的估计值，$\kappa_i > 0$。

$\hat{\mu}_i$ 的自适应律可设计为

$$\dot{\hat{\mu}}_i = \eta_i \mathcal{L}^2(v_i) e_{v,i}^2 - \sigma_i \hat{\mu}_i \tag{3.46}$$

其中，$\eta_i > 0$ 和 $\sigma_i > 0$ 为待设计的参数。

引理 3.8（LaSalle 不变集定理[102]） 如果存在 $\Omega \subset D$，对 $\dot{x} = f(x)$ 是正不变的紧致集，同时 $V : D \to \mathrm{R}$ 是连续可微函数，并且在 Ω 域满足 $\dot{V}(x) \leqslant 0$。定义 E 为 ω 内满足 $\dot{V}(x) = 0$ 的所有点的集合，定义 M 为 E 最大的不变集，那么随着 $t \to \infty$，起始点在 Ω 内的所有解趋于 M 集。

定理 3.4 考虑前行-跟随信息拓扑结构下协同运行的列车，如果假设 3.1 和假设 3.2 成立，根据式（3.39）和式（3.45），闭环系统信号最终有界且跟踪误差能够通过调节参数收敛至任意小。

证明 定义参数估计误差 $\tilde{\mu}_i \stackrel{\text{def}}{=} \hat{\mu}_i - \dfrac{\mu_i^2}{4\kappa_i^2}$，其中 $\kappa_i > 0$，$i = 1, 2, \cdots, n$。在新的参数 $e_{p,i}$、$e_{v,i}$、$\tilde{\mu}_i$、r_i、φ_i 下，闭环系统动力学为

$$\begin{cases} \dot{e}_{p,i} = -\alpha_{i,1} e_{p,i} + e_{v,i} \\ \dot{e}_{v,i} = -\alpha_{i,2} e_{v,i} - \hat{\mu}_i \mathcal{L}^2(v_i) e_{v,i} - f_1^*(v_i) - f_2^*(v_i, p_i, t) + \dot{\varphi}_i - \dot{r}_i \\ r_i = \epsilon_i \dot{\varphi}_i + \varphi_i, \quad \varphi_i(0) = r_i(0) \\ \dot{\hat{\mu}}_i = \eta_i \mathcal{L}^2(v_i) e_{v,i}^2 - \sigma_i \hat{\mu}_i \end{cases} \tag{3.47}$$

定义滤波误差 $e_i \stackrel{\text{def}}{=} \varphi_i - r_i$，对 e_i 求导可得

$$\dot{e}_i = \dot{\varphi}_i - \dot{r}_i = -\dfrac{e_i}{\epsilon_i} + B_i(r_i) \tag{3.48}$$

其中，$B_1(r_1) = \alpha_{1,1}(v_1 - v_{1,r})$，$B_i(r_i) = \alpha_{i,1}(v_i - v_{i-1})$，$i = 2, 3, \cdots, n$。

在实际情境中，易知扰动 $B_i(r_i)$ $(i = 1, 2, \cdots, n)$ 是有界的，即存在 B_i^+，使得 $|B_i(r_i)| \leqslant B_i^+$。

选取正定的 Lyapunov 函数，即

$$V = \dfrac{1}{2} \sum_{i=1}^{n} \left(e_{p,i}^2 + e_{v,i}^2 + \dfrac{\tilde{\mu}_i^2}{\eta_i} + e_i^2 \right) \tag{3.49}$$

对式（3.49）求导，可得

$$\dot{V} = \sum_{i=1}^{n} \left(e_{p,i} \dot{e}_{p,i} + e_{v,i} \dot{e}_{v,i} + \dfrac{\tilde{\mu}_i \dot{\tilde{\mu}}_i}{\eta_i} + e_i \dot{e}_i \right)$$

3.2 高速列车标量学习协同运行控制

$$= \sum_{i=1}^{n} \left(-\alpha_{i,1}e_{p,i}^2 + e_{v,i}e_{p,i} - \alpha_{i,2}e_{v,i}^2\right)$$

$$+ \sum_{i=1}^{n} \left[-\hat{\mu}_i \mathcal{L}^2(v_i)e_{v,i}^2 - e_{v,i}\left(f_1^*(\cdot) + f_2^*(\cdot)\right)\right]$$

$$+ \sum_{i=1}^{n} \left[e_{v,i}(\dot{\varphi}_i - \dot{r}_i) + \tilde{\mu}_i \mathcal{L}^2(v_i)e_{v,i}^2\right]$$

$$+ \sum_{i=1}^{n} \left(-\frac{\sigma_i}{\eta_i}\tilde{\mu}_i\hat{\mu}_i - \frac{e_i^2}{\epsilon_i} + e_i B_i\right)$$

$$= \sum_{i=1}^{n} \left(-\alpha_{i,1}e_{p,i}^2 + e_{v,i}e_{p,i} - \alpha_{i,2}e_{v,i}^2\right)$$

$$+ \sum_{i=1}^{n} \left[-\hat{\mu}_i \mathcal{L}^2(v_i)e_{v,i}^2 - e_{v,i}\left(f_1^*(\cdot) + f_2^*(\cdot)\right)\right]$$

$$+ \sum_{i=1}^{n} \left(-e_{v,i}\frac{e_i}{\epsilon_i} + e_{v,i}B_i(r_i) + \tilde{\mu}_i \mathcal{L}^2(v_i)e_{v,i}^2\right)$$

$$+ \sum_{i=1}^{n} \left(-\frac{\sigma_i}{\eta_i}\tilde{\mu}_i\hat{\mu}_i - \frac{e_i^2}{\epsilon_i} + e_i B_i\right) \tag{3.50}$$

根据 Young's 不等式, 有

$$e_{v,i}e_{p,i} \leqslant \frac{1}{2}e_{v,i}^2 + \frac{1}{2}e_{p,i}^2 \tag{3.51a}$$

$$-e_{v,i}\left(f_1^*(\cdot) + f_2^*(\cdot)\right) \leqslant |e_{v,i}|\mu_i \mathcal{L}(v_i)$$

$$\leqslant \frac{\mu_i^2}{4\kappa_i^2}\mathcal{L}^2(v_i)e_{v,i}^2 + \kappa_i^2 \tag{3.51b}$$

$$-e_{v,i}\frac{e_i}{\epsilon_i} \leqslant \frac{1}{2\epsilon_i}e_{v,i}^2 + \frac{1}{2\epsilon_i}e_i^2 \tag{3.51c}$$

$$e_{v,i}B_i \leqslant |e_{v,i}B_i| \tag{3.51d}$$

$$e_i B_i \leqslant |e_i B_i| \tag{3.51e}$$

$$-\frac{\sigma_i}{\eta_i}\hat{\mu}_i\tilde{\mu}_i \leqslant -\frac{\sigma_i}{2\eta_i}\tilde{\mu}_i^2 + \frac{\sigma_i}{2\eta_i}\mu_i^2 \tag{3.51f}$$

则

$$\dot{V} \leqslant \sum_{i=1}^{n} \left(-\alpha_{i,1}e_{p,i}^2 + \frac{1}{2}e_{p,i}^2 - \alpha_{i,2}e_{v,i}^2 + \frac{\epsilon_i+1}{2\epsilon_i}e_{v,i}^2 + \kappa_i^2\right)$$

$$+ \sum_{i=1}^{n} \left(|e_{v,i}B_i| - \frac{1}{2\epsilon_i}e_i^2 + |e_i B_i| - \frac{\sigma_i}{2\eta_i}\tilde{\mu}_i^2 + \frac{\sigma_i}{2\eta_i}\mu_i^2\right) \tag{3.52}$$

选取如下设计参数，即

$$\alpha_{i,1} = \frac{1}{2} + k_0 \tag{3.53a}$$

$$k_0 = \min_{i=1,2,\cdots,n} \left\{ \frac{\sigma_i}{2} \right\} \tag{3.53b}$$

则

$$\dot{V} \leqslant \sum_{i=1}^{n} \left(-k_0 e_{p,i}^2 - \alpha_{i,2} e_{v,i}^2 + \frac{\epsilon_i + 1}{2\epsilon_i} e_{v,i}^2 + |e_{v,i} B_i| \right)$$
$$+ \sum_{i=1}^{n} \left(-\frac{1}{2\epsilon_i} e_i^2 + |e_i B_i| - k_0 \frac{\tilde{\mu}_i^2}{\eta_i} + \gamma_i \right) \tag{3.54}$$

其中，$\gamma_i \stackrel{\text{def}}{=} \dfrac{\sigma_i}{2\eta_i} \mu_i^2 + \kappa_i^2$。

易知下式成立，即

$$|e_i B_i| \leqslant \frac{e_i^2 B_i^2}{2\varepsilon} + \frac{\varepsilon}{2} \tag{3.55}$$

其中，ε 为任意正常数。

选取设计参数 ϵ_i，使其满足 $\dfrac{1}{2\epsilon_i} = \dfrac{B_i^{+2}}{2\varepsilon} + k_0$，则

$$\dot{V} \leqslant \sum_{i=1}^{n} \left(-k_0 e_{p,i}^2 - \alpha_{i,2} e_{v,i}^2 + \frac{\epsilon_i + 1}{2\epsilon_i} e_{v,i}^2 + |e_{v,i} B_i| + \frac{\varepsilon}{2} \right)$$
$$+ \sum_{i=1}^{n} \left[-\left(\frac{B_i^{+2}}{2\varepsilon} + k_0 \right) e_i^2 + \frac{e_i^2 B_i^2}{2\varepsilon} - k_0 \frac{\tilde{\mu}_i^2}{\eta_i} + \gamma_i \right]$$
$$= \sum_{i=1}^{n} \left(-k_0 e_{p,i}^2 - \alpha_{i,2} e_{v,i}^2 + \frac{\epsilon_i + 1}{2\epsilon_i} e_{v,i}^2 + |e_{v,i} B_i| + \gamma_i \right)$$
$$+ \sum_{i=1}^{n} \left[-k_0 e_i^2 - \left(1 - \frac{B_i^2}{B_i^{+2}} \right) \frac{e_i^2 B_i^{+2}}{2\varepsilon} - k_0 \frac{\tilde{\mu}_i^2}{\eta_i} + \frac{\varepsilon}{2} \right] \tag{3.56}$$

由于 $|B_i| \leqslant B_i^+$，易知 $1 - \dfrac{B_i^2}{B_i^{+2}}$ 是半正定的，$-\left(1 - \dfrac{B_i^2}{B_i^{+2}}\right) \dfrac{e_i^2 B_i^{+2}}{2\varepsilon} \leqslant 0$，则

$$\dot{V} \leqslant \sum_{i=1}^{n} \left(-k_0 e_{p,i}^2 - \alpha_{i,2} e_{v,i}^2 + \frac{\epsilon_i + 1}{2\epsilon_i} e_{v,i}^2 + |e_{v,i} B_i| \right)$$
$$+ \sum_{i=1}^{n} \left(-k_0 e_i^2 - k_0 \frac{\tilde{\mu}_i^2}{\eta_i} + \gamma_i + \frac{\varepsilon}{2} \right)$$

3.2 高速列车标量学习协同运行控制

选取

$$\alpha_{i,2} = \frac{\epsilon_i + 1}{2\epsilon_i} + \frac{B_i^{+2}}{2\varepsilon} + k_0 \tag{3.57}$$

则

$$\begin{aligned}
\dot{V} &\leqslant \sum_{i=1}^n \left(-k_0 e_{p,i}^2 - k_0 e_{v,i}^2 - \frac{B_i^{+2}}{2\varepsilon} e_{v,i}^2 + \frac{e_{v,i}^2 B_i^2}{2\varepsilon} \right) \\
&\quad + \sum_{i=1}^n \left(-k_0 e_i^2 - k_0 \frac{\tilde{\mu}_i^2}{\eta_i} + \gamma_i + \varepsilon \right) \\
&= \sum_{i=1}^n \left[-k_0 e_{p,i}^2 - k_0 e_{v,i}^2 - \left(1 - \frac{B_i^2}{B_i^{+2}}\right) \frac{B_i^{+2} z_{v,i}^2}{2\varepsilon} \right] \\
&\quad + \sum_{i=1}^n \left(-k_0 e_i^2 - k_0 \frac{\tilde{\mu}_i^2}{\eta_i} + \gamma_i + \varepsilon \right) \\
&\leqslant \sum_{i=1}^n \left(-k_0 e_{p,i}^2 - k_0 e_{v,i}^2 - k_0 e_i^2 - k_0 \frac{\tilde{\mu}_i^2}{\eta_i} + \gamma_i + \varepsilon \right) \\
&= -2k_0 V + \gamma^* \tag{3.58}
\end{aligned}$$

其中，$\gamma^* \stackrel{\text{def}}{=} \sum\limits_{i=1}^n (\gamma_i) + n\varepsilon$。

选取满足 $k_0 > \gamma^*/2\mu$ 的设计参数 k_0，则在 $V = \mu$ 上 $\dot{V} < 0$，即 $V \leqslant \mu$ 是不变集。该结论可以保证对于任意 $t \geqslant 0$ 和 $V(0) \leqslant \mu$，$V(t) \leqslant \mu$ 始终成立。$V(0)$ 的定义为

$$V(0) = \frac{1}{2} \sum_{i=1}^n \left(e_{p,i}^2(0) + e_{v,i}^2(0) + \frac{\tilde{\mu}_i^2(0)}{\eta_i} + e_i^2(0) \right) \tag{3.59}$$

由于列车运行的速度通常以 0 为初始值，并且我们能够准确获得列车的初始位置，即 $e_{p,i}(0) = e_{v,i}(0) = 0$，因此 $e_i(0) = 0$。式（3.59）变为

$$V(0) = \frac{1}{2} \sum_{i=1}^n \left(\frac{\tilde{\mu}_i^2(0)}{\eta_i} \right) \tag{3.60}$$

显然，$V(0)$ 是 η_i 的递减函数，即初始估计误差 $\tilde{\mu}_i(0)$ 的影响在选取足够大的 η_i 时会收敛到任意小。

根据 V 的定义和式（3.58），可知

$$0 \leqslant V(t) \leqslant \frac{\gamma^*}{2k_0} + \left(\frac{1}{2} \sum_{i=1}^n \frac{\tilde{\mu}_i^2(0)}{\eta_i} - \frac{\gamma^*}{2k_0} \right) \exp(-2k_0 t) \tag{3.61}$$

由式（3.58）可知，$V(t)$ 的暂态值收敛于 $\frac{\gamma^*}{2k_0} + \frac{1}{2}\sum_{i=1}^{n}\frac{\tilde{\mu}_i^2(0)}{\eta_i}$，存在一个时刻 T，对于任意 $t > T$，$V(t)$ 最终收敛于 $\frac{\gamma^*}{2k_0}$。根据 V 的定义可知，$z_{p,i}$ 和 $z_{v,i}$ 分别暂态和最终收敛于 $\sqrt{\frac{\gamma^*}{k_0} + \sum_{i=1}^{n}\frac{\tilde{\mu}_i^2(0)}{\eta_i}}$ 和 $\sqrt{\frac{\gamma^*}{k_0}}$。定理剩余证明部分与定理 3.1 类似，不再赘述。 □

为验证控制算法的有效性，我们将所设计方法应用到 4 列列车的协同控制仿真实验中。对于第一辆车，其期望的运行速度-距离曲线仍为图 3.2 中的速度-距离曲线，期望追踪间隔距离设置为 500m，4 列车的运行阻力分别设置为 $0.3+0.004v_1+0.00016v_1^2$、$0.2+0.0025v_2+0.0002v_2^2$、$0.4+0.0025v_3+0.0001v_3^2$、$0.32+0.0025v_4+0.0002v_4^2$；外部扰动分别设置为 $0.15\sin(0.2t)$、$0.1\sin(0.3t)$、$0.15\sin(0.1t)$、$0.18\sin(0.35t)$；速度的初始值分别设置为 $v_1(0)=0$、$v_2(0)=0$、$v_3(0)=0$、$v_4(0)=0$；位置的初始值分别设置为 $p_1(0)=0$、$p_2(0)=500$、$p_3(0)=1000$、$p_4(0)=1500$；参数估计误差的初始值分别设置为 $\hat{\mu}_1(0)=0.5$、$\hat{\mu}_2(0)=0.8$、$\hat{\mu}_3(0)=0.6$、$\hat{\mu}_4(0)=0.4$。其余控制参数分别选取为 $\alpha_{i,1}=5$、$\alpha_{i,2}=20$、$\epsilon_i=0.005$、$\eta_i=10^{-4}$、$\sigma_i=0.6$，$i=1,2,\cdots,4$。

基于定理 3.4 得到的仿真结果如图 3.11 所示。4 列车位置跟踪误差的收敛曲线如图 3.11（a）所示，其中 $e_{p,1}=p_1-p_{1,r}$、$e_{p,2}=p_2-p_1-L_d$、$e_{p,3}=p_3-p_2-L_d$ 和 $e_{p,4}=p_4-p_3-L_d$。由图可见，跟踪误差能够收敛至很小的数值。4 列车速度和加速度的跟踪误差曲线分别如图 3.11（b）和图 3.11（c）所示，可见其快速收敛的特性。估计参数的曲线、φ_i 与 r_i 的误差曲线和控制输入曲线分别如图 3.11（d）～图 3.11（f）所示。仿真结果表明了闭环系统的信号有界性。

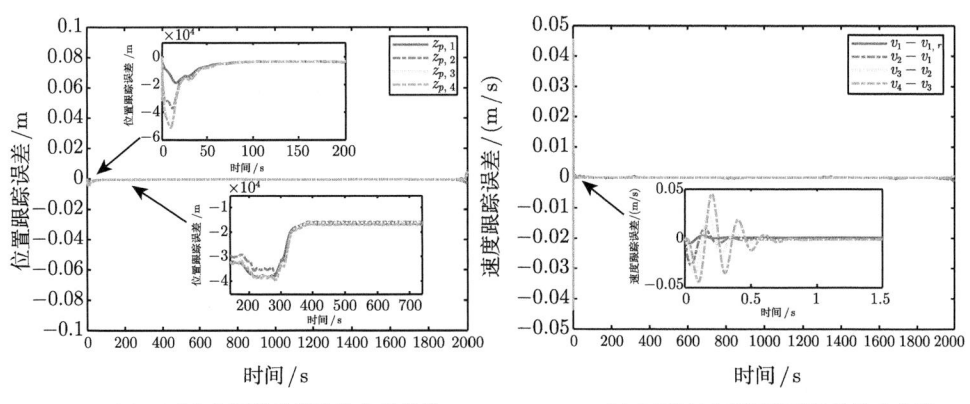

(a) 四列车位置跟踪误差的收敛曲线

(b) 四列车速度跟踪误差的收敛曲线

(c) 四列车加速度跟踪误差的收敛曲线

(d) 估计参数的曲线

(e) φ_i 与 r_i 的误差曲线

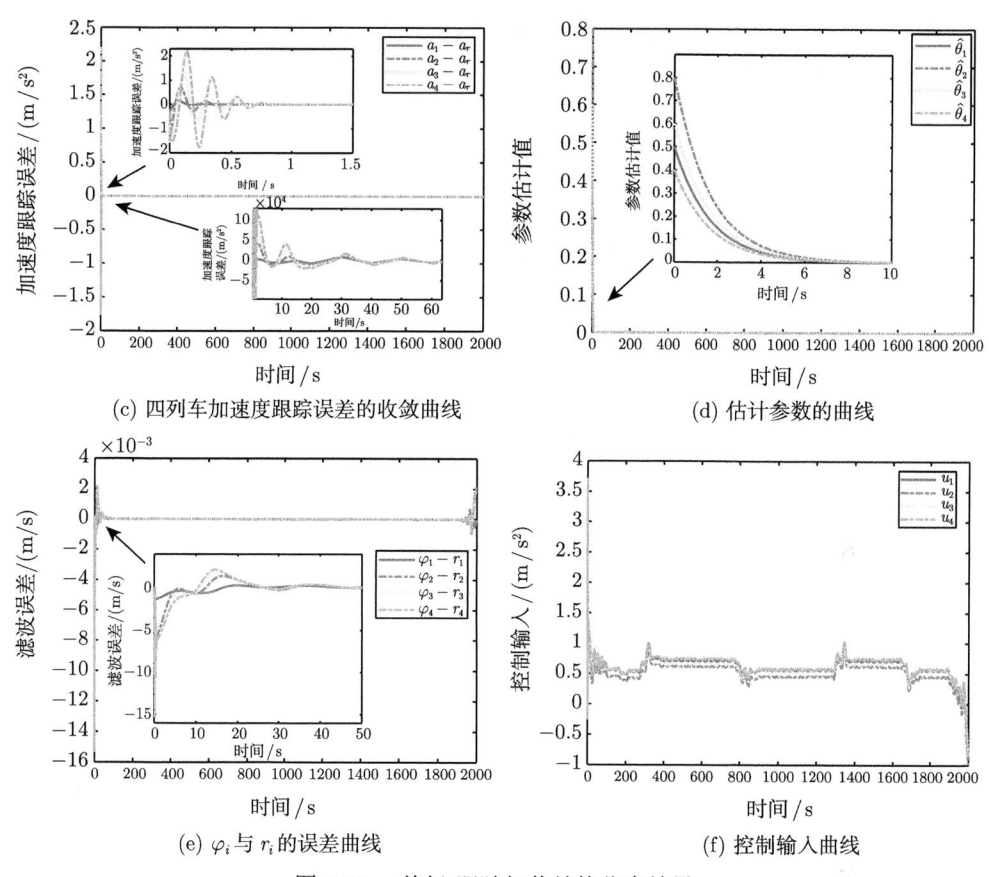

(f) 控制输入曲线

图 3.11　前行-跟随拓扑结构仿真结果

3.2.2　邻接-通信的标量学习协同运行控制

在邻接-通信信息拓扑结构下，每辆受控列车能够同时获得前方和后方列车的相关信息。为建立该拓扑结构模型，做如下坐标变换，即

$$\begin{cases} E_{p,i} = \beta_i e_{p,i} - e_{p,i+1} \\ E_{v,i} = \beta_i \dot{e}_{p,i} - R_i - \dot{e}_{p,i+1} \\ E_{p,n} = \beta_n e_{p,n} \\ E_{v,n} = \beta_n \dot{e}_{p,n} - R_n \end{cases}, \quad i = 1, 2, \cdots, n \tag{3.62}$$

其中，R_i 为列车 i 的待设计虚拟控制律；$\beta_i > 0$ 为待设计的参数。

定义 $E = [E_{p,1}, \cdots, E_{p,n}]^\mathrm{T}$、$e = [e_{p,1}, \cdots, e_{p,n}]^\mathrm{T}$，则 E 和 e 的关系可以表征为 $E = Be$，其中

$$B = \begin{bmatrix} \beta_1 & -1 & 0 & \cdots & 0 \\ 0 & \beta_2 & -1 & \cdots & 0 \\ \vdots & \vdots & \vdots & & \vdots \\ 0 & 0 & 0 & \cdots & -1 \\ 0 & 0 & 0 & \cdots & \beta_n \end{bmatrix}$$

由于 $\beta_i > 0$, B 为非奇异矩阵, 因此 $E_{p,i}$ 的有界性和收敛性与 $e_{p,i}$ 是等价的。$E_{p,i}$ 对时间的导数为

$$\dot{E}_{p,i} = \beta_i \dot{e}_{p,i} - \dot{e}_{p,i+1} = E_{v,i} + R_i \tag{3.63}$$

选择如下虚拟控制律 R_i, 并让其通过一阶滤波器生成辅助信号 $\bar{\varphi}_i$, 即

$$R_i = -\bar{\alpha}_{i,1} E_{p,i} \tag{3.64a}$$

$$\bar{\epsilon}_i \dot{\bar{\varphi}}_i + \bar{\varphi}_i = R_i, \quad \bar{\varphi}_i(0) = R_i(0) \tag{3.64b}$$

其中, $\bar{\alpha}_i$ 和 $\bar{\epsilon}_i$ 为正的设计参数。

$E_{v,i}$ 对时间的导数为

$$\begin{aligned} \dot{E}_{v,i} &= \beta_i \ddot{e}_{p,i} - \dot{R}_i - \ddot{e}_{p,i+1} \\ &= \beta_i (\dot{v}_i - \dot{v}_{i-1}) - \dot{R}_i - (\dot{v}_{i+1} - \dot{v}_i) \\ &= (\beta_i + 1)\dot{v}_i - \dot{R}_i - (\beta_i \dot{v}_{i-1} + \dot{v}_{i+1}) \\ &= (\beta_i + 1)\left(u_i - f_1^*(v_i) - f_2^*(v_i, p_i, t)\right) - \dot{R}_i - (\beta_i \dot{v}_{i-1} + \dot{v}_{i+1}) \\ &\leqslant (\beta_i + 1) u_i + \bar{\mu}_i \mathcal{L}(v_i) - \dot{R}_i - (\beta_i \dot{v}_{i-1} + \dot{v}_{i+1}) \end{aligned} \tag{3.65}$$

其中, $\bar{\mu}_i \stackrel{\text{def}}{=} (\beta_i + 1) \max\left\{a_i^* + a_i^+ + f_{e,i}^+, b_i^* + b_i^+, c_i^* + c_i^+\right\}$ 为未知常数。

设计列车 i 的标量学习控制输入 u_i 为

$$u_i = -(\beta_i + 1)^{-1} \bar{\alpha}_{i,2} E_{v,i} - \hat{\bar{\mu}}_i \mathcal{L}^2(v_i) E_{v,i} + \dot{\bar{\varphi}}_i + (\beta_i \dot{v}_{i-1} + \dot{v}_{i+1}) \tag{3.66}$$

其中, $\bar{\alpha}_{i,2} > 0$ 为设计的参数; $\hat{\bar{\mu}}_i$ 为 $\dfrac{\bar{\mu}_i}{4\bar{\kappa}_i}$ 的估计值, $\kappa_i > 0$, 其自适应律为

$$\dot{\hat{\bar{\mu}}}_i = \bar{\eta}_i \mathcal{L}^2(v_i) E_{v,i}^2 - \bar{\sigma}_i \hat{\bar{\mu}}_i \tag{3.67}$$

3.2 高速列车标量学习协同运行控制

其中，$\bar{\eta}_i$ 和 $\bar{\sigma}_i$ 为待设计正参数。

特别地，列车 n 没有跟随列车，其标量学习控制器设计为

$$R_n = -\bar{\alpha}_{n,1} E_{p,n} \tag{3.68a}$$

$$R_n = \bar{\epsilon}_n \dot{\bar{\varphi}}_n + \bar{\varphi}_n, \quad \bar{\varphi}_n(0) = R_n(0) \tag{3.68b}$$

$$u_n = -\beta_n^{-1}\bar{\alpha}_{n,2} E_{v,n} - \hat{\bar{\mu}}_n \mathcal{L}^2(v_i) E_{v,i} + \dot{\bar{\varphi}}_n + \beta_n \dot{v}_{n-1} \tag{3.68c}$$

$$\dot{\hat{\bar{\mu}}}_n = \bar{\eta}_n \mathcal{L}^2(v_n) E_{v,n}^2 - \bar{\sigma}_n \hat{\bar{\mu}}_n \tag{3.68d}$$

其中，符号定义同式（3.64）～式（3.67），不同之处在于下标 n 用来表示列车 n。

定理 3.5 考虑邻接-通信信息拓扑结构下协同运行的列车，如果假设 3.1 和假设 3.2 成立，根据设计的标量学习协同运行控制式（3.66）和式（3.68c），闭环系统信号最终有界且跟踪误差能够通过调节参数收敛至任意小。

证明 在坐标 $E_{p,i}$、$E_{v,i}$、$\tilde{\mu}_i$、R_i 和 $\bar{\varphi}_i$ 下，系统闭环动力学方程为

$$\begin{cases} \dot{E}_{p,i} = -\bar{\alpha}_{i,1} E_{p,i} + E_{v,i} \\ \dot{E}_{v,i} = -\bar{\alpha}_{i,2} E_{v,i} - \hat{\bar{\mu}}_i \mathcal{L}^2(v_i) E_{v,i} - f_1^*(v_i) - f_2^*(v_i, p_i, t) + \dot{\bar{\varphi}}_i - \dot{R}_i \\ R_i = \bar{\epsilon}_i \dot{\bar{\varphi}}_i + \bar{\varphi}_i, \quad \bar{\varphi}_i(0) = R_i(0) \\ \dot{\hat{\bar{\mu}}}_i = \bar{\eta}_i \mathcal{L}^2(v_i) E_{v,i}^2 - \bar{\sigma}_i \hat{\bar{\mu}}_i \end{cases} \tag{3.69}$$

显然，式（3.69）与式（3.47）具有相同的结构，可选取如下设计参数，即

$$\bar{\alpha}_{i,1} = \frac{1}{2} + \bar{k}_0 \tag{3.70a}$$

$$\bar{k}_0 = \min_{i=1,2,\cdots,n} \left\{ \frac{\bar{\sigma}_i}{2} \right\} \tag{3.70b}$$

$$\bar{\alpha}_{i,2} = \frac{\bar{\epsilon}_i + 1}{2\bar{\epsilon}_i} + \frac{\bar{B}_i^{+2}}{2\bar{\varepsilon}} + \bar{k}_0 \tag{3.70c}$$

定理证明剩余部分与定理 3.4 相同。 □

本节仿真环境与 3.2.1 节相同。控制参数分别选取为 $\alpha_{i,1} = 15$、$\alpha_{i,2} = 58$、$\beta_i = 1$、$\bar{\epsilon}_i = 0.005$、$\bar{\eta}_i = 10^{-5}$、$\bar{\sigma}_i = 0.6$，$i = 1, 2, 3, 4$。

基于定理 3.5 得到的仿真结果如图 3.12 所示。4 列车位置跟踪误差的收敛曲线如图 3.12（a）所示，其中 $z_{p,1} = p_1 - p_{1,r}$、$z_{p,2} = p_2 - p_1 - L_d$、$z_{p,3} = p_3 - p_2 - L_d$ 和 $z_{p,4} = p_4 - p_3 - L_d$，可见跟踪误差能够收敛至很小的数值。4 列车速度和加速度的跟踪误差收敛曲线如图 3.12（b）和图 3.12（c）所示。可知，列车运行系统速度与加速度误差的快速收敛特性。估计参数的曲线、φ_i 与 r_i 的误差曲线和控制输入的曲线分别如图 3.12（d）～图 3.12（f）所示。这表明，闭环系统信号的有界性。

(a) 四列车位置跟踪误差的收敛曲线

(b) 四列车速度跟踪误差的收敛曲线

(c) 四列车加速度跟踪误差的收敛曲线

(d) 估计参数的曲线

(e) φ_i 与 r_i 的误差曲线

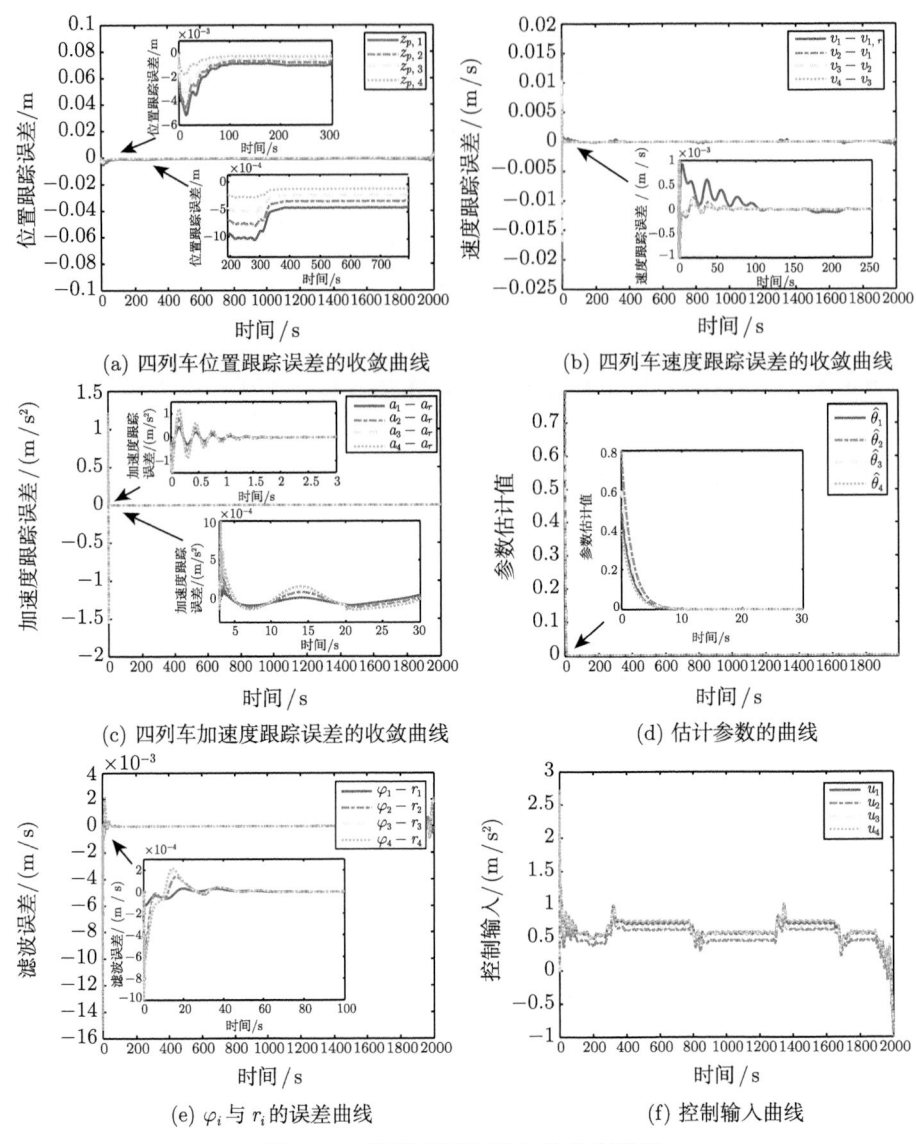

(f) 控制输入曲线

图 3.12　邻接-通信拓扑结构仿真结果

3.3　不确定动态的协同运行神经网络自主控制

高速列车的运行过程常伴随着未知定常阻力、时变坡度阻力、隧道阻力、弯道阻力等多种不确定阻力动态。由于列车动力学的非线性特性，协同运行的控制中存在更为复杂、快变、不确定的高阶动态，因此亟须借助神经网络自主控制的人工智能方法对此类高阶动态进行在线实时处理。基于此，本节介绍全状态反馈和高阶滑模观测输出反馈的神经网络自主控制方法。

3.3.1 全状态反馈下协同运行的神经网络自主控制

在外部阻力作用下，协同运行的第 i 列车（$i = 1, 2, \cdots, n$）的动力学模型为 $\ddot{p}_i = u_i - a_i - b_i \dot{p}_i - c_i \dot{p}_i^2 - w_i(p_i, \dot{p}_i)$，其中 p_i、$\dot{p}_i$ 和 $\ddot{p}_i$ 分别代表第 i 列车的位置、速度和加速度，u_i 为待设计的控制输入，a_i、b_i 和 c_i 为戴维斯阻力系数，$w_i(p_i, \dot{p}_i)$ 为坡度阻力、隧道阻力、弯道阻力等构成的外部阻力总和。

定义协同误差 $e_i = p_{i-1} - p_i + L_d$，其中 L_d 为安全行车的目标间隔。定义滤波误差 $n_i = \dot{e}_i + \alpha_i e_i$。易知，$n_i$ 和 e_i 具有相同的收敛特性。定义加权协同误差 $N_i = \beta_i n_i - n_{i+1}$，其中 β_i 为正常数。对其两侧进行求导，可得

$$\begin{aligned} \dot{N}_i &= \beta_i \dot{n}_i - \dot{n}_{i+1} \\ &= \beta_i (\ddot{p}_{i-1} - \ddot{p}_i + \alpha_i \dot{e}_i) - (\ddot{p}_i - \ddot{p}_{i+1} + \alpha_{i+1} \dot{e}_{i+1}) \\ &= -(\beta_i + 1)(u_i - A_i) + G_i, \quad i = 1, 2, \cdots, n-1 \end{aligned} \quad (3.71)$$

其中，$A_i = a_i + b_i \dot{p}_i + c_i \dot{p}_i^2 + w_i(p_i, \dot{p}_i)$；$G_i = \beta_i \ddot{p}_{i-1} + \ddot{p}_{i+1} + \alpha_i \beta_i \dot{e}_i - \alpha_{i+1} \dot{e}_{i+1}$。

由于 n_{n+1} 的定义不存在，式（3.71）中 $i = n$ 的情况变为

$$\dot{N}_n = -\beta_n (u_n - A_n) + G_n, \quad G_n = \beta_n \ddot{p}_{n-1} + \alpha_n \beta_n \dot{e}_n \quad (3.72)$$

由于神经网络的平行学习能力，A_i 函数可以用神经网络重构为

$$A_i = W_i^{*\mathrm{T}} S(Z) + \varepsilon_i(Z) \quad (3.73)$$

其中，$W_i^{*\mathrm{T}}$ 为达到最优逼近性能的最优有界未知权值向量；$S(Z)$ 为基函数向量；Z 为神经网络的输入；$\varepsilon_i(Z)$ 为有界的逼近误差，满足 $|\varepsilon_i(Z)| \leqslant \varepsilon_i^*$，$\varepsilon_i^*$ 是未知的较小的正常数。

对协同运行队列的列车 i（$i = 1, 2, \cdots, n-1$），设计的全状态反馈下的神经网络自主控制算法为

$$u_i = \left(\frac{k_{i1}}{\beta_i + 1} + \frac{1}{2} \right) N_i + \frac{1}{\beta_i + 1} G_i + \hat{W}_i^{\mathrm{T}} S(Z) \quad (3.74)$$

其中，k_{i1} 为正定常参数；$\hat{W}_i$ 为神经网络权值 W_i^* 的在线估计值，并由如下参数自适应律更新，即

$$\dot{\hat{W}}_i = \varrho_{i1} \left[(\beta_i + 1) N_i S(Z) - \sigma_{i1} \hat{W}_i \right] \quad (3.75)$$

相应地，对列车 n 设计的神经网络自主控制算法和神经网络参数自适应律为

$$u_n = \left(\frac{k_{i1}}{\beta_n} + \frac{1}{2} \right) N_n + \frac{1}{\beta_n} G_n + \hat{W}_n^{\mathrm{T}} S(Z) \quad (3.76\mathrm{a})$$

$$\dot{\hat{W}}_n = \varrho_{n1}\left(\beta_n N_n S(Z) - \sigma_{i1}\hat{W}_n\right) \tag{3.76b}$$

定理 3.6（单列车局部稳定性） 如果协同运行模式下单个列车运行的初始条件满足

$$N_i^2(0) + \tilde{W}_i^{\mathrm{T}}(0)\varrho_{i1}^{-1}\tilde{W}_i(0) \leqslant 2p_i$$

其中，p_i 为正的常数。

根据对列车 i（$i=1,2,\cdots,n-1$）设计的神经网络自主控制律式（3.74）和式（3.75），以及对列车 n 提出的自适应律式（3.76），选取合适的控制参数 ϕ_{i1}，使得 $\phi_{i1} > \phi_{i2}/p_i$，可保证闭环系统中的信号保持最终一致有界。最终线性权值误差 N_i 和神经网络最优权值估计误差的收敛域分别为 $|N_i|_\infty \leqslant \sqrt{\dfrac{2\phi_{i2}}{\phi_{i1}}}$ 和 $\|\tilde{W}_i\|_\infty \leqslant \sqrt{\dfrac{2\phi_{i2}}{\|\varrho_{i1}^{-1}\|\phi_{i1}}}$；线性加权误差 N_i 和神经网络最优权值估计误差 $\tilde{W}_i$ 的暂态收敛域分别为 $|N_i(t)| \leqslant \sqrt{\dfrac{2\phi_{i2}}{\phi_{i1}} + 2V_i(0)}$ 和 $\|\tilde{W}_i(t)\| \leqslant \sqrt{\dfrac{2}{\|\varrho_{i1}^{-1}\|}\left(\dfrac{\phi_{i2}}{\phi_{i1}} + V_i(0)\right)}$，其中 $V_i(0) = \dfrac{1}{2}N_i^2(0) + \dfrac{1}{2}\tilde{W}_i^{\mathrm{T}}(0)\varrho_{i1}^{-1}\tilde{W}_i(0)$，$\phi_{i1} \stackrel{\text{def}}{=} \dfrac{\min\{k_{i1},(1/2)\sigma_{i1}\}}{\max\{1/2,\|\varrho_{i1}^{-1}\|/2\}}$，$\phi_{i2} \stackrel{\text{def}}{=} \dfrac{\beta_i+1}{2}\varepsilon_i^{*2} + \dfrac{\sigma_{i1}}{2}\|W_i^*\|^2$，$N_i(0)$ 和 $\tilde{W}_i(0)$ 为对应误差变量的初始值。

证明 在协同运行模式下，受控列车 i（$i=1,2,\cdots,n-1$）和列车 n 的闭环动力学模型方程分别为

$$\dot{N}_i = -\left(k_{i1} + \dfrac{\beta_i+1}{2}\right)N_i - (\beta_i+1)\left(\tilde{W}_i^{\mathrm{T}}S(Z) - \varepsilon_i(Z)\right) \tag{3.77a}$$

$$\dot{N}_n = -\left(k_{i1} + \dfrac{\beta_n}{2}\right)N_n - \beta_n\left(\tilde{W}_n^{\mathrm{T}}S(Z) - \varepsilon_n(Z)\right) \tag{3.77b}$$

其中，$\tilde{W}_i = \hat{W}_i - W_i^*$ 为神经网络最优权值估计误差。

选取如下 Lyapunov 函数，即

$$V_i = \dfrac{1}{2}N_i^2 + \dfrac{1}{2}\tilde{W}_i^{\mathrm{T}}\varrho_{i1}^{-1}\tilde{W}_i \tag{3.78}$$

根据式（3.77），V_i 对时间的导数为

$$\begin{aligned}\dot{V}_i =& -\left(k_{i1} + \dfrac{\beta_i+1}{2}\right)N_i^2 + \tilde{W}_i^{\mathrm{T}}(\beta_i+1)N_i S(Z) \\ & -(\beta_i+1)N_i\left(\tilde{W}_i^{\mathrm{T}}S(Z) - \varepsilon_i(Z)\right) - \sigma_{i1}\tilde{W}_i^{\mathrm{T}}\hat{W}_i \\ \leqslant & -k_{i1}N_i^2 - \dfrac{1}{2}\sigma_{i1}\tilde{W}_i^{\mathrm{T}}\tilde{W}_i + \dfrac{\beta_i+1}{2}\varepsilon_i^{*2} + \dfrac{\sigma_{i1}}{2}\|W_i^*\|^2\end{aligned}$$

3.3 不确定动态的协同运行神经网络自主控制

整理可得

$$\dot{V}_i \leqslant -\phi_{i1}V_i + \phi_{i2}$$

其中，$\phi_{i1} \stackrel{\text{def}}{=} \dfrac{\min\{k_{i1},(1/2)\sigma_{i1}\}}{\max\{1/2,\|\varrho_{i1}^{-1}\|/2\}}$；$\phi_{i2} \stackrel{\text{def}}{=} \dfrac{\beta_i+1}{2}\varepsilon_i^{*2} + \dfrac{\sigma_{i1}}{2}\|W_i^*\|^2$。

选取合适的设计参数，使不等式 $\phi_{i1} > \phi_{i2}/p_i$ 成立，则有 $\dot{V}_i \leqslant 0$ 在 $V_i = p_i$ 恒成立。根据不变集定理，$V_i \leqslant p_i$ 是一个不变集，即若 $V_i(0) \leqslant p_i$，则对所有的 $t \geqslant 0$，有 $V_i(t) \leqslant p_i$ 恒成立。

由 $\dot{V}_i \leqslant -\phi_{i1}V_i + \phi_{i2}$，可得

$$0 \leqslant V_i \leqslant \frac{\phi_{i2}}{\phi_{i1}} + \exp(-\phi_{i1}t)\left(V_i(0) - \frac{\phi_{i2}}{\phi_{i1}}\right) \tag{3.79}$$

其中

$$V_i(0) = \frac{1}{2}N_i^2(0) + \frac{1}{2}\tilde{W}_i^{\mathrm{T}}(0)\varrho_{i1}^{-1}\tilde{W}_i(0) \tag{3.80}$$

基于式（3.79）和 V_i 的定义，存在一个时刻 T，对于任意的 $t > T$，线性加权误差 N_i 和神经网络最优权值估计误差 $\tilde{W}_i$ 最终收敛的区域为

$$|N_i| \leqslant \sqrt{\frac{2\phi_{i2}}{\phi_{i1}}}, \quad \|\tilde{W}_i\| \leqslant \sqrt{\frac{2\phi_{i2}}{\|\varrho_{i1}^{-1}\|\phi_{i1}}}$$

同时，基于式（3.79）和 V_i 的定义，线性加权误差 N_i 和最优神经网络权值估计误差 $\tilde{W}_i$ 的暂态收敛区域分别为

$$|N_i| \leqslant \sqrt{\frac{2\phi_{i2}}{\phi_{i1}} + 2V_i(0)} \tag{3.81a}$$

$$\|\tilde{W}_i\| \leqslant \sqrt{\frac{2}{\|\varrho_{i1}^{-1}\|}\left(\frac{\phi_{i2}}{\phi_{i1}} + V_i(0)\right)} \tag{3.81b}$$

对于队列中最后一个列车 n，除变量 $\phi_{n2} \stackrel{\text{def}}{=} \dfrac{\beta_n}{2}\varepsilon_n^{*2} + \dfrac{\sigma_1}{2}\|W_n^*\|^2$ 的定义区别，推导过程和 $i = 1, 2, \cdots, n-1$ 的情形类似，这里不再赘述。

基于以上分析，我们知道线性加权误差 N_i 可通过设计参数调节收敛域的大小。同时，可以通过选取合适的参数 ϱ_{i1}，对最优神经网络权值的初始估计误差 $\tilde{W}_i(0)$ 带来的影响进行抑制。进一步，由于最优权值 W_i^* 的有界性，我们能够保证 $\hat{W}_i$ 的有界性。同时，G_i 的有界性能够保证 u_i 中的所有信号都有界，即 u_i 有界，因此闭环信号能够实现最终一致有界。 □

定理 3.7（列车协同队列稳定性） 对于协同运行的高速铁路列车队列，如果选取合适的控制系统参数，使 $\phi_1^* > \phi_2^*/\sum_{i=1}^{n} p_i$，其中，$\phi_1^* \stackrel{\text{def}}{=} \min\{\phi_{i1}, \cdots, \phi_{n1}\}$，$\phi_2^* \stackrel{\text{def}}{=} \sum_{i=1}^{n} \phi_{i2}$，那么设计的神经网络自主控制律式（3.74）和式（3.76）能够确保多列车行车间隔 N_i 和估计误差 $\tilde{W}_i$ $(i=1,2,\cdots,n)$ 最终收敛的区域为

$$|N_i|_\infty \leqslant \sqrt{\frac{2\phi_2^*}{\phi_1^*}}, \quad \|\tilde{W}_i\|_\infty \leqslant \sqrt{\frac{2\phi_2^*}{\|\varrho_{i1}^{-1}\|\phi_1^*}}$$

暂态收敛的区域为

$$|N_i(t)| \leqslant \sqrt{\frac{2\phi_2^*}{\phi_1^*} + \sum_{i=1}^{n}(2V_i(0))}$$

$$\|\tilde{W}_i(t)\| \leqslant \sqrt{\frac{2}{\|\varrho_{i1}^{-1}\|}\left(\frac{\phi_2^*}{\phi_1^*} + \sum_{i=1}^{n} V_i(0)\right)}$$

证明 选取全局 Lyapunov 函数，即

$$V_{g1} = \sum_{i=1}^{n} V_i \tag{3.82}$$

其对时间的导数为

$$\dot{V}_{g1} \leqslant -\sum_{i=1}^{n}(\phi_{i1} V_i) + \sum_{i=1}^{n} \phi_{i2}$$

$$\leqslant -\phi_1^* V_{g1} + \phi_2^* \tag{3.83}$$

选取合适的设计参数，使 $\phi_1^* > \phi_2^*/\sum_{i=1}^{n} p_i$ 成立。因此，$\dot{V}_{g1} \leqslant 0$ 在 $V_{g1} = \sum_{i=1}^{n} p_i$ 成立。基于不变集定理，$V_{g1}(0) \leqslant \sum_{i=1}^{n} p_i$。对任意的 $t \geqslant 0$，$V_{g1}(t) \leqslant \sum_{i=1}^{n} p_i$ 恒成立，其中 $V_{g1}(0) = \frac{1}{2}\sum_{i=1}^{n}\left(N_i^2(0) + \tilde{W}_i^T(0) \varrho_{i1}^{-1} \tilde{W}_i(0)\right)$。

基于式（3.83），可得

$$0 \leqslant V_{g1} \leqslant \frac{\phi_2^*}{\phi_1^*} + \exp(-\phi_1^* t)\left(V_{g1}(0) - \frac{\phi_2^*}{\phi_1^*}\right)$$

与定理 3.6 的证明类似，线性加权误差 N_i 最终和暂态收敛域在定理 3.7 中给出，这里不再赘述。 □

3.3.2 高阶滑模观测协同运行的神经网络自主控制

为简化车载控制系统结构，减少车载传感器的种类，我们设计一种在无速度和加速度传感器情形下的基于观测器的神经网络函数逼近的自适应协同智能控制方法。基于式（3.34）中的高阶滑模观测器，假设列车 i（$i = 1, 2, \cdots, n-1$）的速度和加速度信息能够以较小的误差进行观测，即

$$|\tilde{v}_i| = |\tilde{\dot{p}}_i| = |\hat{v}_i - v_i| \leqslant \tau_{i1} \qquad (3.84\text{a})$$

$$|\tilde{a}_i| = |\tilde{\ddot{p}}_i| = |\hat{a}_i - a_i| \leqslant \tau_{i2} \qquad (3.84\text{b})$$

其中，$(\hat{\cdot})$ 代表 $(\cdot)$ 的观测值；$(\tilde{\cdot})$ 代表相应的观测误差；τ_{i1} 和 τ_{i2} 为小的正常数。

在此条件下，只有速度观测值 $\hat{v}_i$ 和加速度观测值 $\hat{a}_i$ 为可得信息。为方便后续的控制设计，重新定义如下变量记号，即

$$\begin{aligned}
\hat{n}_i &= \dot{\hat{e}}_i + \alpha_i e_i, \quad \hat{N}_i = \beta_i \hat{n}_i - \hat{n}_{i+1} \\
\hat{G}_i &= \beta_i \ddot{\hat{p}}_{i-1} + \ddot{\hat{p}}_{i+1} + \alpha_i \beta_i \dot{\hat{e}}_i - \alpha_{i+1} \dot{\hat{e}}_{i+1} \\
\hat{n}_n &= \dot{\hat{e}}_n + \alpha_n e_n, \quad \hat{N}_n = \beta_n \hat{n}_n, \quad \hat{G}_n = \beta_n(\ddot{\hat{p}}_{n-1} + \alpha_n \dot{\hat{e}}_n)
\end{aligned} \qquad (3.85)$$

其中，α_i、β_i（$i = 1, 2, \cdots, n-1$）、α_n 和 β_n 为设计的正常数参数。

在这些新定义变量的基础上，对列车 i（$i = 1, 2, \cdots, n-1$）设计的基于高阶滑模观测器的神经网络自主控制律为

$$u_i = \left(\frac{k_{i2}}{\beta_i + 1} + \frac{\beta_i + 1}{2} \right) \hat{N}_i + \frac{1}{\beta_i + 1} \hat{G}_i + \hat{W}_i^{\mathrm{T}} S(Z) \qquad (3.86)$$

其中，k_{i2} 为设计的正定常数参数；$\hat{W}_i$ 为 W_i^* 的估计值。

$\hat{W}_i$ 的自适应律设计为

$$\dot{\hat{W}}_i = \varrho_{i2} \left[(\beta_i + 1)\hat{N}_i S(Z) - \sigma_{i2}|\hat{N}_i|\hat{W}_i \right] \qquad (3.87)$$

类似地，列车 n 的高阶滑模观测神经网络自主控制律与自适应律可分别设计为

$$u_n = \left(\frac{k_{i2}}{\beta_n} + \frac{\beta_n}{2} \right) \hat{N}_n + \frac{1}{\beta_n} \hat{G}_n + \hat{W}_n^{\mathrm{T}} S(Z) \qquad (3.88\text{a})$$

$$\dot{\hat{W}}_n = \varrho_{n2} \left(\beta_i \hat{N}_n S(Z) - \sigma_{i2}|\hat{N}_n|\hat{W}_n \right) \qquad (3.88\text{b})$$

定理 3.8（单列车局部稳定性） 如果协同运行模式下单个列车运行的初始条件满足

$$N_i^2(0) \leqslant 2q_i$$

其中，q_i 为正的常数。

根据对列车 i 设计神经网络自主控制律式（3.86）和参数更新律式（3.87），以及对列车 n 设计自主控制律式（3.88），选取合适控制参数使不等式 $k_{i2} > \phi_{i3}^2/(4q_i)$ 成立，可保证闭环系统信号为一致最终有界的；估计误差 $\tilde{W}_i$ 的收敛域为 $\|\tilde{W}_i\| \leqslant \dfrac{(\beta_i+1)S^+}{\sigma_{i2}} + W_i^*$；线性加权误差 N_i 的最终收敛域为 $|N_i|_\infty \leqslant \sqrt{\dfrac{\phi_{i3}^2}{4k_{i2}}}$；线性加权误差 N_i 的暂态收敛域为 $|N_i(t)| \leqslant \sqrt{\dfrac{\phi_{i3}^2}{4k_{i2}} + N_i^2(0)}$，其中 ϕ_{i3} 为 $(k_{i2}+1/2)(\beta_i\tau_{i1}+\tau_{(i+1)1})$、$\beta_i(\tau_{(i-1)2}+\alpha_i(\tau_{(i-1)1}+\tau_{i1}))$、$\tau_{(i+1)2}$、$\alpha_i(\tau_{i1}+\tau_{(i+1)1})$、$(\beta_i+1)^2 S^{+2}/\sigma_{i2}$ 和 $(\beta_i+1)(\|W_i^*\|S^+ + \varepsilon_i^*)$ 的总和；$N_i(0)$ 为 $N_i(t)$ 的初始值。

证明 选取 Lyapunov 函数 $V_{iw} = \dfrac{1}{2\varrho_{i2}}\hat{W}_i^{\mathrm{T}}\hat{W}_i$，计算 V_{iw} 的导数，可得

$$\dot{V}_{iw} = \hat{W}_i^{\mathrm{T}}\left[(\beta_i+1)\hat{N}_i S(Z) - \sigma_{i2}|\hat{N}_i|\hat{W}_i\right]$$
$$\leqslant -\|\hat{W}_i\|\|\hat{N}_i\|\left[\sigma_{i2}\|\hat{W}_i\| - (\beta_i+1)S^+\right]$$

其中，S^+ 为高斯基函数 $S(Z)$ 的上界，即 $\|S(Z)\| \leqslant S^+$。

如果 $\|\hat{W}_i\| > (\beta_i+1)S^+/\sigma_{i2}$，那么 $\dot{V}_{iw}$ 一定是半正定的。基于 Lyapunov 稳定性定理，$\hat{W}_i$ 被限制在 $\|\hat{W}_i\| \leqslant (\beta_i+1)S^+/\sigma_{i2}$。因此，估计误差 $\tilde{W}_i$ 一定被限制在 $\|\tilde{W}_i\| \leqslant (\beta_i+1)S^+/\sigma_{i2} + W_i^*$。

结合开环动力学模型式（3.98）、控制器式（3.86）及其自适应律式（3.87），闭环动力学模型方程为

$$\dot{N}_i = -\left(k_{i2}+\dfrac{1}{2}\right)\hat{N}_i - \tilde{G}_i - (\beta_i+1)\left(\tilde{W}_i^{\mathrm{T}}S(Z) - \varepsilon_i(Z)\right) \tag{3.89a}$$

$$\dot{N}_n = -\left(k_{i2}+\dfrac{1}{2}\right)\hat{N}_n - \tilde{G}_n - \beta_n\left(\tilde{W}_n^{\mathrm{T}}S(Z) - \varepsilon_n(Z)\right) \tag{3.89b}$$

对 $i = 1,2,\cdots,n-1$ 的情况，选取 Lyapunov 函数，即

$$V_i = \dfrac{1}{2}N_i^2 \tag{3.90}$$

其对时间的导数为

$$\dot{V}_i = -\left(k_{i2}+\dfrac{1}{2}\right)N_i\hat{N}_i - N_i\tilde{G}_i - (\beta_i+1)N_i\left(\tilde{W}_i^{\mathrm{T}}S(Z) - \varepsilon_i(Z)\right)$$
$$= -\left(k_{i2}+\dfrac{1}{2}\right)N_i^2 - N_i\left[\left(k_{i2}+\dfrac{1}{2}\right)\tilde{N}_i + \tilde{G}_i\right]$$
$$\quad + N_i\left[(\beta_i+1)\left(\tilde{W}_i^{\mathrm{T}}S(Z) - \varepsilon_i(Z)\right)\right] \tag{3.91}$$

3.3 不确定动态的协同运行神经网络自主控制

易知

$$\tilde{N}_i = \beta_i(\hat{\dot{e}}_i - \dot{e}_i) - (\hat{\dot{e}}_{i+1} - \dot{e}_{i+1}) \leqslant \beta_i \tau_{i1} + \tau_{(i+1)1} \quad (3.92a)$$

$$\tilde{G}_i \leqslant \beta_i \left[\tau_{(i-1)2} + \alpha_i(\tau_{(i-1)1} + \tau_{i1})\right] + \tau_{(i+1)2} + \alpha_i(\tau_{i1} + \tau_{(i+1)1}) \quad (3.92b)$$

恒成立，因此式（3.91）变为

$$\begin{aligned}\dot{V}_i &\leqslant -\left(k_{i2} + \frac{1}{2}\right)N_i^2 + |N_i|\phi_{i3} \\ &\leqslant -k_{i2}N_i^2 + \frac{1}{2}\phi_{i3}^2 \\ &= -2k_{i2}V_i + \frac{1}{2}\phi_{i3}^2\end{aligned} \quad (3.93)$$

其中，ϕ_{i3} 为 $(k_{i2}+1/2)(\beta_i\tau_{i1}+\tau_{(i+1)1})$、$\beta_i\left[\tau_{(i-1)2}+\alpha_i(\tau_{(i-1)1}+\tau_{i1})\right]$、$\tau_{(i+1)2}$、$\alpha_i(\tau_{i1}+\tau_{(i+1)1})$、$(\beta_i+1)^2 S^{+2}/\sigma_{i2}$、$(\beta_i+1)\left(\|W_i^*\|S^+ + \varepsilon_i^*\right)$ 的总和。

选取满足 $k_{i2} > \phi_{i3}^2/(4q_i)$ 的控制参数，可知 $\dot{V}_i \leqslant 0$ 在 $V_i = q_i$ 恒成立；$V_i \leqslant q_i$ 是一个不变集。若 $V_i(0) \leqslant q_i$，则对任意的 $t \geqslant 0$，$V_i(t) \leqslant q_i$ 恒成立。

由式（3.93），可得

$$0 \leqslant V_i \leqslant \frac{\phi_{i3}^2}{4k_{i2}} + \exp(-2k_{i2}t)\left(V_i(0) - \frac{\phi_{i3}^2}{4k_{i2}}\right)$$

其中

$$V_i(0) = \frac{1}{2}N_i^2(0)$$

其中，加权误差 N_i 的最终和暂态线性收敛域可见定理 3.8。

对于 $i=n$，用 β_n 代替 β_i+1，可基于定理 3.6 做类似推导，这里不再赘述。 □

定理 3.9（列车协同队列稳定性） 选取控制参数满足 $\varphi_1^* > \varphi_2^*/\sum_{i=1}^{n}q_i$，其中 $\varphi_1^* \stackrel{\text{def}}{=} 2\min\{k_{12},\cdots,k_{n2}\}$，$\varphi_2^* \stackrel{\text{def}}{=} \frac{1}{2}\sum_{i=1}^{n}\phi_{i3}^2$。基于高阶滑模观测器的神经网络自主控制律式（3.86）和式（3.88）保证行车间隔误差的收敛性。因此，$N_i(i=1,2,\cdots,n)$ 的最终收敛域为

$$|N_i|_\infty \leqslant \sqrt{\frac{2\varphi_2^*}{\varphi_1^*}}$$

暂态收敛域为

$$|N_i(t)| \leqslant \sqrt{\frac{2\varphi_2^*}{\varphi_1^*} + \sum_{i=1}^{n}(N_i^2(0))}$$

其中，φ_1^* 和 φ_2^* 的定义可见式（3.95）；$N_i(0)$ 为 $N_i(t)$ 的初始值。

证明 选取全局 Lyapunov 函数，即

$$V_{g2} = \sum_{i=1}^{n} V_i \tag{3.94}$$

对式（3.94）求导，可得

$$\begin{aligned}\dot{V}_{g2} &\leqslant -\sum_{i=1}^{n}(2k_{i2}V_i) + \frac{1}{2}\sum_{i=1}^{n}\phi_{i3}^2 \\ &\leqslant -\varphi_1^* V_{g2} + \varphi_2^*\end{aligned} \tag{3.95}$$

选取使 $\varphi_1^* > \varphi_2^*/\sum_{i=1}^{n} q_i$ 成立的控制参数，那么 $\dot{V}_{g2} \leqslant 0$ 在 $V_{g2} = \sum_{i=1}^{n} q_i$ 上成立。基于不变集定理，若 $V_{g2}(0) \leqslant \sum_{i=1}^{n} q_i$ 成立，则对于任意的 $t \geqslant 0$，$V_{g2}(t) \leqslant \sum_{i=1}^{n} q_i$ 恒成立，其中 $V_{g2}(0) = \frac{1}{2}\sum_{i=1}^{n}(N_i^2(0))$。

由式（3.95）可知

$$0 \leqslant V_{g2} \leqslant \frac{\varphi_2^*}{\varphi_1^*} + \exp(-\varphi_1^* t)\left(\frac{1}{2}\sum_{i=1}^{n} N_i^2(0) - \frac{\varphi_2^*}{\varphi_1^*}\right)$$

其中，线性加权误差 N_i 的最终和暂态受限界的定义可见定理 3.9。 □

为验证所设计方法的有效性，将其用于 5 列列车的协同运行仿真。领队列车的目标速度距离曲线如图 3.13（a）所示。列车运行受到的外部扰动 w_i 如图 3.13（b）所示。目标是控制列车 i（$i = 2, 3, 4, 5$）在其领队列车的 $150 \times (i-1)$m 处运行。在该仿真实验中，戴维斯阻力系数分别设置为 $a_1 = 0.85$、$a_2 = 0.8$、$a_3 = 0.9$、

(a) 领队列车的目标速度距离曲线

(b) 列车运行受到的外部扰动 w_i

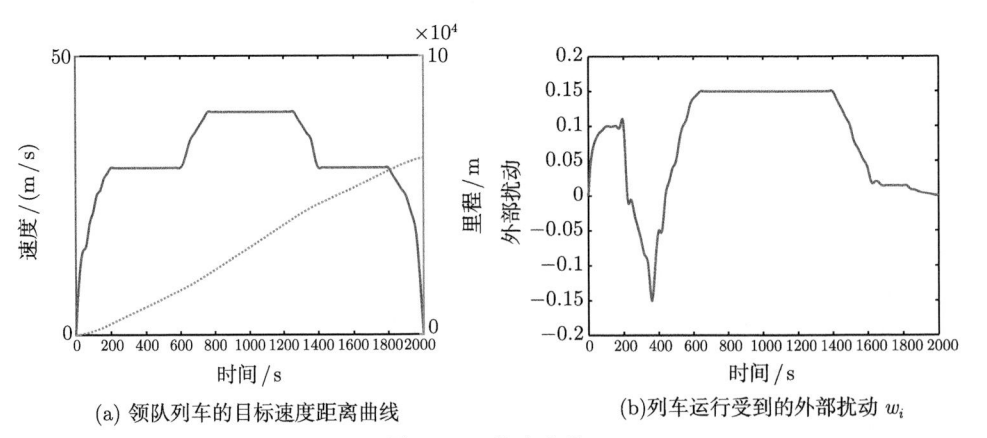

图 3.13 仿真参数

3.3 不确定动态的协同运行神经网络自主控制

$a_4 = 0.7$、$a_5 = 0.75$；$b_1 = 0.004$、$b_2 = 0.002$、$b_3 = 0.003$、$b_4 = 0.0025$、$b_5 = 0.0035$；$c_1 = 1.6 \times 10^{-4}$、$c_2 = 2 \times 10^{-4}$、$c_3 = 1.8 \times 10^{-4}$、$c_4 = 4 \times 10^{-4}$、$c_5 = 2.5 \times 10^{-4}$。速度和加速度初始状态设置为 0。列车 i（$i = 1, 2, \cdots, 5$）的初始位置设置在领队列车之后的 $150 \times (i-1)$m 处。

(a) 全状态反馈协同间隔误差

(b) 全状态反馈协同速度跟踪误差

(c) 全状态反馈协同列车的位置时间曲线

(d) 观测反馈协同间隔误差

(e) 观测反馈协同速度控制误差

(f) 观测反馈协同列车的位置时间曲线

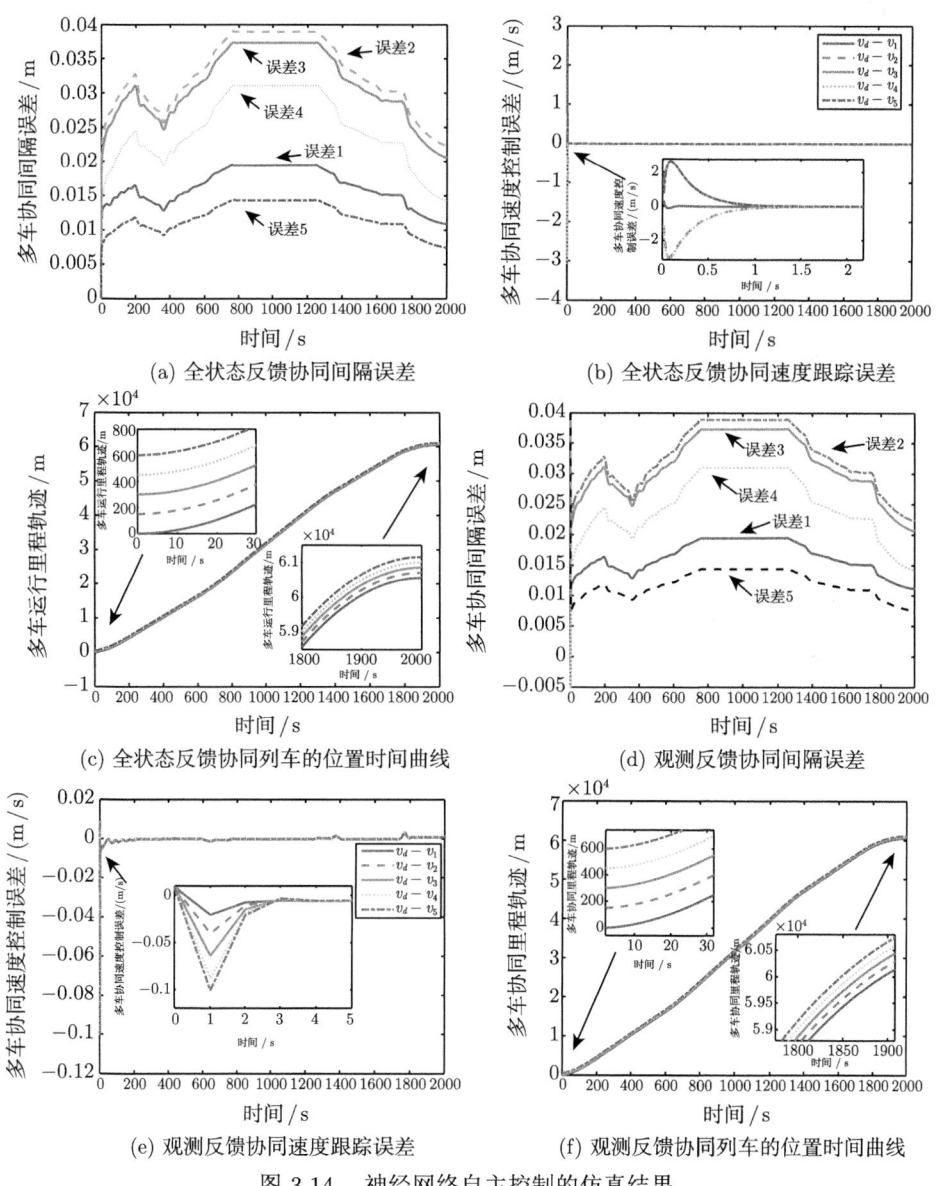

图 3.14　神经网络自主控制的仿真结果

图 3.14 为神经网络自主控制的仿真结果。选取控制参数 $k_{i1} = k_{i2} = 25$、

$\alpha_i = 4$、$\beta_i = 2$ 和 $\sigma_1 = \sigma_2 = 0.001$。神经网络包含 21 个节点；神经元的中心均匀分布在 $[-2, 2]$ 区间；高斯函数的宽度为 1；$\varrho_{i1} = \varrho_{i2} = I$；神经网络权值的初始值设置为 0。定理 3.6 中神经网络的输入向量选取为 $Z_i = [v_i - v_d, \ p_i - p_d]^{\mathrm{T}}$，定理 3.8 中神经网络的输入向量选取为 $Z_i = [\hat{v}_i - v_d, \ p_i - p_d]^{\mathrm{T}}$，高阶滑模观测器的参数选取为 $\mu_{i1} = 12$、$\mu_{i2} = 8$、$\mu_{i3} = 3$、$\mu_{i4} = 1$。图 3.15 为观测器的收敛动态过程。该仿真实验验证了所设计方法的有效性。

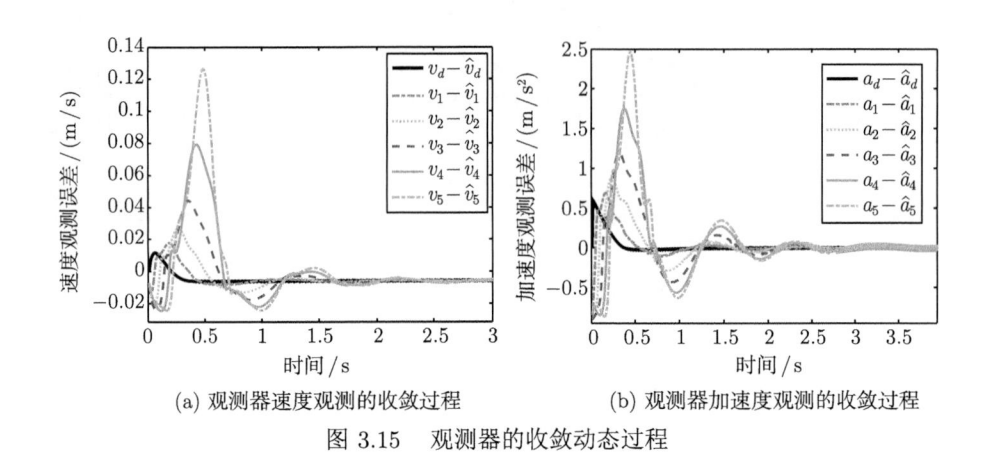

(a) 观测器速度观测的收敛过程

(b) 观测器加速度观测的收敛过程

图 3.15　观测器的收敛动态过程

3.4　强化学习下高速列车协同运行最优控制

列车协同运行控制是集成安全间隔、超速防护、降低能耗等多个目标于一体的复杂系统。传统的自适应与神经网络自主控制等方法均无法保证多目标函数的最优性。强化学习驱动的最优控制通过在线处理复杂动力学与多目标函数的高阶耦合动态，成为减小高速列车协同运行跟踪误差的有效手段。本节主要介绍强化学习下的高速列车协同运行最优控制方法。

3.4.1　协同运行控制的多目标函数与强化学习准则

为实现协同运行的控制目标，将式（3.1）的列车动力学改写为

$$\begin{cases} \dot{p}(t) = v(t) \\ \dot{v}(t) = u(t) + f_r(v(t)) + f_s(j) \end{cases} \tag{3.96}$$

其中，$u(t)$ 为列车的加速度，也是待设计的控制输入；$f_r(v(t)) = A + Bv(t) + Cv^2(t)$，$A$、$B$ 和 C 为戴维斯阻力系数；$f_s(j) = gj/\sqrt{1000^2 + j}$，$j$ 表示铁路线路的坡度。

3.4 强化学习下高速列车协同运行最优控制

引入如下定义,即

$$f_r(v(t)) = \begin{cases} A + Bv(t) + Cv^2(t), & t \notin \sigma(t) \\ Bv(t) + Cv^2(t), & t \in \sigma(t) \end{cases} \quad (3.97)$$

其中,$\sigma(t)$ 为列车启动和停止前的适当时间窗。

与式(3.96)类似,第 i ($i = 1, 2, \cdots, n$) 个协同列车的动力学为

$$\begin{cases} \dot{p}_i(t) = v_i(t) \\ \dot{v}_i(t) = u_i(t) + f_i(v_i, j_i) \\ f_i(v_i, j_i) = f_r(v_i(t)) + f_s(j_i) \end{cases} \quad (3.98)$$

引理 3.9 考虑 $\dot{V}(t) \leqslant -\xi V(t) + \tau$,其中 $\xi > 0$ 和 $\tau > 0$ 是两个常数。下式总是成立,即

$$V(t) \leqslant \exp(-\xi t) V(0) + \frac{\tau}{\xi} (1 - \exp(-\xi t)) \quad (3.99)$$

定义式(3.98)的跟踪误差为

$$\begin{cases} e_{p,i}(t) = p_i(t) - p_{r,i}(t) \\ e_{v,i}(t) = v_i(t) - v_{r,i}(t) - \alpha_i(t) \end{cases}, \quad i = 1, 2, \cdots, n \quad (3.100)$$

其中,$\alpha_i(t)$ 为虚拟控制输入;$p_{r,i}(t)$ 和 $v_{r,i}(t)$ 分别为列车 i 的参考位置和参考速度。

假设 3.3 对于任意的 i,$p_{r,i}(t)$ 和 $v_{r,i}(t)$ 都是 C^1 时间导数有界的函数。

在反步法的框架下,通过以下两个步骤设计基于强化学习的优化控制器。

① 协同运行 $e_{p,i}(t)$ 的多目标性能指标函数定义为

$$I_{i1}(e_{p,i}) = \int_t^\infty c(e_{p,i}, \alpha_i(e_{p,i})) \, \mathrm{d}s \quad (3.101)$$

其中,$c(e_{p,i}, \alpha_i(e_{p,i})) = e_{p,i}^2 + \alpha_i^2(e_{p,i})$ 为成本函数。

根据式(3.101)得到的最优性能指标 $I_{i1}^*(e_{p,i})$ 为

$$I_{i1}^*(e_{p,i}) = \int_t^\infty c(e_{p,i}, \alpha_i^*(e_{p,i})) \, \mathrm{d}s = \min_{\alpha_i \in \phi(\Omega_{i1})} \left\{ \int_t^\infty c(e_{p,i}, \alpha_i(e_{p,i})) \, \mathrm{d}s \right\} \quad (3.102)$$

其中,$\phi(\Omega_{i1})$ 为包含必要参数的适当集合;$\alpha_i^*(e_{p,i})$ 为理想最优控制器。

对式(3.102)等号两侧对时间求导,可得

$$H_{i1}(I_{i1}^*, \alpha_i^*, e_{p,i}) = c(e_{p,i}, \alpha_i^*) + \frac{\mathrm{d} I_{i1}^*(e_{p,i})}{\mathrm{d} e_{p,i}} \dot{e}_{p,i} = 0 \quad (3.103)$$

通过求解 $\dfrac{\partial H_{i1}}{\partial \alpha_i^*} = 0$，可得以下最优控制器，即

$$\alpha_i^* = -\frac{1}{2}\frac{\mathrm{d}I_{i1}^*(e_{p,i})}{\mathrm{d}e_{p,i}} \tag{3.104}$$

该理想的求解过程不适合实际系统，因此我们基于神经网络的强化学习（reinforcement learning，RL）在线逼近最优控制器。

首先，将 $\mathrm{d}I_{i1}^*(e_{p,i})/\mathrm{d}e_{p,i}$ 重构为

$$\frac{\mathrm{d}I_{i1}^*(e_{p,i})}{\mathrm{d}e_{p,i}} = 2\beta_{i1}e_{p,i} + I_{i1}^o(e_{p,i}) \tag{3.105}$$

其中，$I_{i1}^o(e_{p,i}) \stackrel{\text{def}}{=} -2\beta_{i1}e_{p,i} + \mathrm{d}I_{i1}^*(e_{p,i})/\mathrm{d}e_{p,i} \in R$，$\beta_{i1}$ 是一个正常数。

将式（3.105）代入式（3.104）可得

$$\alpha_i^* = -\beta_{i1}e_{p,i} - \frac{1}{2}I_{i1}^o(e_{p,i}) \tag{3.106}$$

其中，$I_{i1}^o(e_{p,i})$ 为计算最优控制器 α_i^* 的未知项，可重构为

$$I_{i1}^o(e_{p,i}) = W_{i1}^{*\mathrm{T}}S_{i1}(e_{p,i}) + \varepsilon_{i1}(e_{p,i}) \tag{3.107}$$

其中，$W_{i1}^* \in R^{Q_{i1}\times 1}$ 为理想权矩阵；$S_{i1}(e_{p,i}) \in R^{Q_{i1}\times 1}$ 为高斯核函数向量；$\varepsilon_{i1}(e_{p,i})$ 为最小逼近误差。

然后，将式（3.107）代入式（3.106）和式（3.22），可得

$$\frac{\mathrm{d}I_{i1}^*(e_{p,i})}{\mathrm{d}e_{p,i}} = 2\beta_{i1}e_{p,i} + W_{i1}^{*\mathrm{T}}S_{i1}(e_{p,i}) + \varepsilon_{i1}(e_{p,i}) \tag{3.108a}$$

$$\alpha_i^* = -\beta_{i1}e_{p,i} - \frac{1}{2}W_{i1}^{*\mathrm{T}}S_{i1}(e_{p,i}) - \frac{1}{2}\varepsilon_{i1}(e_{p,i}) \tag{3.108b}$$

最后，通过基于 RL 的 Actor-Critic 算法的框架估计最优神经网络的权重矩阵 $W_{i1}^{*\mathrm{T}}$。

一方面，根据式（3.108a），Actor-Critic 算法中的 Critic 部分估计 $\mathrm{d}I_{i1}^*(e_{p,i})/\mathrm{d}e_{p,i}$，即

$$\frac{\mathrm{d}\hat{I}_{i1}^*(e_{p,i})}{\mathrm{d}e_{p,i}} = 2\beta_{i1}e_{p,i} + \hat{W}_{c,i1}^{\mathrm{T}}S_{i1}(e_{p,i}) \tag{3.109}$$

其中，$\mathrm{d}\hat{I}_{i1}^*(e_{p,i})/\mathrm{d}e_{p,i}$ 为 $\mathrm{d}I_{i1}^*(e_{p,i})/\mathrm{d}e_{p,i}$ 的估计值。

Critic 部分的权重矩阵表示为 $\hat{W}_{c,i1}^{\mathrm{T}} \in R^{Q_{i1}\times 1}$。$\hat{W}_{c,i1}^{\mathrm{T}}$ 的更新规则可设计为

$$\dot{\hat{W}}_{c,i1} = -\gamma_{c,i1}S_{i1}(e_{p,i})S_{i1}^{\mathrm{T}}(e_{p,i})\hat{W}_{c,i1} - \frac{1}{2}S_{i1}(e_{p,i})e_{p,i} \tag{3.110}$$

3.4 强化学习下高速列车协同运行最优控制

其中，对于 Critic 部分，$\hat{W}_{c,i1}$ 表示 W_{i1}^* 的估计值，并且 $\gamma_{c,i1} > 0$ 是相应的设计参数。

另一方面，根据式 (3.108b)，Actor-Critic 算法中的 Actor 部分用来估计 α_i^*，即

$$\hat{\alpha}_i^* = -\beta_{i1}e_{p,i} - \frac{1}{2}\hat{W}_{a,i1}^{\mathrm{T}}S_{i1}(e_{p,i}) \tag{3.111}$$

其中，$\hat{\alpha}_i^*$ 为 α_i^* 的估计值。

Actor 部分的权重矩阵表示为 $\hat{W}_{a,i1}^{\mathrm{T}} \in R^{Q_{i1}\times 1}$。$\hat{W}_{a,i1}^{\mathrm{T}}$ 的更新规则可设计为

$$\dot{\hat{W}}_{a,i1} = -\gamma_{a,i1}S_{i1}(e_{p,i})S_{i1}^{\mathrm{T}}(e_{p,i})\left(\hat{W}_{a,i1} - \hat{W}_{c,i1}\right) \tag{3.112}$$

其中，对于 Actor 部分，$\hat{W}_{a,i1}$ 表示 W_{i1}^* 的估计值，并且 $\gamma_{a,i1} > 0$ 是相应的设计参数。

准则 3.1 控制参数 β_{i1}、$\gamma_{a,i1}$、$\gamma_{c,i1}$ 需要满足不等式 $\beta_{i1} > 1$、$\gamma_{c,i1} > \gamma_{a,i1}$、$\gamma_{a,i1} > \frac{1}{2}$。

证明 定义估计误差变量 $\tilde{W}_{c,i1} = \hat{W}_{c,i1} - W_{i1}^*$ 和 $\tilde{W}_{a,i1} = \hat{W}_{a,i1} - W_{i1}^*$。选择径向无界且正定的 Lyapunov 函数，即

$$V_{i1} = \frac{1}{2}e_{p,i}^2 + \frac{1}{2}\tilde{W}_{c,i1}^{\mathrm{T}}\tilde{W}_{c,i1} + \frac{1}{2}\tilde{W}_{a,i1}^{\mathrm{T}}\tilde{W}_{a,i1} \tag{3.113}$$

其导数为

$$\dot{V}_{i1} = e_{p,i}(\hat{\alpha}_i^* + e_{v,i}) + \tilde{W}_{c,i1}^{\mathrm{T}}\dot{\hat{W}}_{c,i1} + \tilde{W}_{a,i1}^{\mathrm{T}}\dot{\hat{W}}_{a,i1} \tag{3.114}$$

从基于 RL 的 Actor-Critic 框架来看，$\hat{W}_{a,i1}$ 和 $\hat{W}_{c,i1}$ 都是理想权重矩阵 W_{i1}^* 的估计值，由此可得

$$-\frac{1}{2}e_{p,i}\hat{W}_{a,i1}^{\mathrm{T}}S_{i1}(e_{p,i}) - \frac{1}{2}\tilde{W}_{c,i1}^{\mathrm{T}}S_{i1}(e_{p,i})e_{p,i}$$
$$= -\frac{1}{2}e_{p,i}\tilde{W}_{a,i1}^{\mathrm{T}}S_{i1}(e_{p,i}) - \frac{1}{2}e_{p,i}\hat{W}_{c,i1}^{\mathrm{T}}S_{i1}(e_{p,i}) \tag{3.115}$$

$$\hat{W}_{a,i1} - \hat{W}_{c,i1} = \tilde{W}_{a,i1} - \tilde{W}_{c,i1} \tag{3.116}$$

将式 (3.110)、式 (3.112)、式 (3.115)、式 (3.116) 代入式 (3.114)，可得

$$\begin{aligned}\dot{V}_{i1} = &\, e_{p,i}e_{v,i} - \beta_{i1}e_{p,i}^2 - \frac{1}{2}e_{p,i}\tilde{W}_{a,i1}^{\mathrm{T}}S_{i1}(e_{p,i}) \\ & - \gamma_{c,i1}\tilde{W}_{c,i1}^{\mathrm{T}}S_{i1}(e_{p,i})S_{i1}^{\mathrm{T}}(e_{p,i})\hat{W}_{c,i1} \\ & - \gamma_{a,i1}\tilde{W}_{a,i1}^{\mathrm{T}}S_{i1}(e_{p,i})S_{i1}^{\mathrm{T}}(e_{p,i})\tilde{W}_{a,i1} \\ & + \gamma_{a,i1}\tilde{W}_{a,i1}^{\mathrm{T}}S_{i1}(e_{p,i})S_{i1}^{\mathrm{T}}(e_{p,i})\tilde{W}_{c,i1} - \frac{1}{2}e_{p,i}\hat{W}_{c,i1}^{\mathrm{T}}S_{i1}(e_{p,i})\end{aligned} \tag{3.117}$$

根据引理 3.5，可知

$$e_{p,i}(t)e_{v,i} \leqslant \frac{1}{2}e_{p,i}^2 + \frac{1}{2}e_{v,i}^2 \tag{3.118}$$

$$-\frac{1}{2}e_{p,i}\tilde{W}_{a,i1}^{\mathrm{T}}S_{i1}(e_{p,i}) \leqslant \frac{1}{4}e_{p,i}^2 + \frac{1}{4}\tilde{W}_{a,i1}^{\mathrm{T}}S_{i1}(e_{p,i})S_{i1}^{\mathrm{T}}(e_{p,i})\tilde{W}_{a,i1} \tag{3.119}$$

$$-\frac{1}{2}e_{p,i}\hat{W}_{c,i1}^{\mathrm{T}}S_{i1}(e_{p,i}) \leqslant \frac{1}{4}e_{p,i}^2 + \frac{1}{4}\hat{W}_{c,i1}^{\mathrm{T}}S_{i1}(e_{p,i})S_{i1}^{\mathrm{T}}(e_{p,i})\hat{W}_{c,i1} \tag{3.120}$$

根据 $\tilde{W}_{c,i1} = \hat{W}_{c,i1} - W_{i1}^*$，有

$$\begin{aligned}&\tilde{W}_{c,i1}^{\mathrm{T}}S_{i1}(e_{p,i})S_{i1}^{\mathrm{T}}(e_{p,i})\hat{W}_{c,i1}\\&= \frac{1}{2}\tilde{W}_{c,i1}^{\mathrm{T}}S_{i1}(e_{p,i})S_{i1}^{\mathrm{T}}(e_{p,i})\tilde{W}_{c,i1} + \frac{1}{2}\hat{W}_{c,i1}^{\mathrm{T}}S_{i1}(e_{p,i})S_{i1}^{\mathrm{T}}(e_{p,i})\hat{W}_{c,i1}\\&\quad - \frac{1}{2}W_{i1}^{*\mathrm{T}}S_{i1}(e_{p,i})S_{i1}^{\mathrm{T}}(e_{p,i})W_{i1}^*\end{aligned} \tag{3.121}$$

根据式 (3.118) ~ 式 (3.120)，式 (3.121) 变换为

$$\begin{aligned}\dot{V}_{i1} \leqslant & -\left(\gamma_{a,i1} - \frac{1}{4}\right)\tilde{W}_{a,i1}^{\mathrm{T}}S_{i1}(e_{p,i})S_{i1}^{\mathrm{T}}(e_{p,i})\tilde{W}_{a,i1}\\& -\left(\frac{\gamma_{c,i1}}{2} - \frac{1}{4}\right)\hat{W}_{c,i1}^{\mathrm{T}}(t)S_{i1}(e_{p,i})S_{i1}^{\mathrm{T}}(e_{p,i})\hat{W}_{c,i1}\\& - \frac{\gamma_{c,i1}}{2}\tilde{W}_{c,i1}^{\mathrm{T}}S_{i1}(e_{p,i})S_{i1}^{\mathrm{T}}(e_{p,i})\tilde{W}_{c,i1}\\& + \gamma_{a,i1}\tilde{W}_{a,i1}^{\mathrm{T}}S_{i1}(e_{p,i})S_{i1}^{\mathrm{T}}(e_{p,i})\tilde{W}_{c,i1} - (\beta_{i1} - 1)e_{p,i}^2 + E_{i1} + \frac{1}{2}e_{v,i}^2\end{aligned} \tag{3.122}$$

其中，$E_{i1} = (\gamma_{c,i1}/2)\left\|W_{i1}^{*\mathrm{T}}S_{i1}(e_{p,i})\right\|^2$。

基于高斯函数的固有性质，$S_{i1}(e_{p,i})$ 总是有界的，因此 E_{i1} 是有界的，并且存在常数 $\lambda_{i1} > 0$，使得 $|E_{i1}| \leqslant \lambda_{i1}$。

与式 (3.118) 类似，可得

$$\begin{aligned}&\gamma_{a,i1}\tilde{W}_{a,i1}^{\mathrm{T}}S_{i1}(e_{p,i})S_{i1}^{\mathrm{T}}(e_{p,i})\tilde{W}_{c,i1}\\&\leqslant \frac{\gamma_{a,i1}}{2}\tilde{W}_{a,i1}^{\mathrm{T}}S_{i1}(e_{p,i})S_{i1}^{\mathrm{T}}(e_{p,i})\tilde{W}_{a,i1} + \frac{\gamma_{a,i1}}{2}\tilde{W}_{c,i1}^{\mathrm{T}}S_{i1}(e_{p,i})S_{i1}^{\mathrm{T}}(e_{p,i})\tilde{W}_{c,i1}\end{aligned} \tag{3.123}$$

将式 (3.123) 代入式 (3.122)，可得

$$\dot{V}_{i1} \leqslant -\left(\frac{\gamma_{c,i1}}{2} - \frac{\gamma_{a,i1}}{2}\right)\eta_{i1}\tilde{W}_{c,i1}^{\mathrm{T}}\tilde{W}_{c,i1} - (\beta_{i1} - 1)e_{p,i}^2$$

3.4 强化学习下高速列车协同运行最优控制

$$-\left(\frac{\gamma_{a,i1}}{2}-\frac{1}{4}\right)\eta_{i1}\tilde{W}_{a,i1}^{\mathrm{T}}\tilde{W}_{a,i1}+\lambda_{i1}+\frac{1}{2}e_{v,i}^{2} \quad (3.124)$$

其中，η_{i1} 为 $S_{i1}(e_{p,i})S_{i1}^{\mathrm{T}}(e_{p,i})$ 的最小特征值。

定义 $\xi_{i1} = \min\left\{(\gamma_{c,i1}-\gamma_{a,i1})\eta_{i1},\left(\gamma_{a,i1}-\frac{1}{2}\right)\eta_{i1},2\beta_{i1}-2\right\}$，根据准则 3.1，式（3.124）变为

$$\dot{V}_{i1}(t) \leqslant -\xi_{i1}V_{i1}(t)+\lambda_{i1}+\frac{1}{2}e_{v,i}^{2}(t) \quad (3.125)$$

同时，这也说明准则 3.1 对保证式（3.125）的负定性是必要的。 □

②对式（3.100）两边微分，可得

$$\dot{e}_{v,i}(t) = u_{i}^{*}+f_{i}(v_{i})-\dot{\alpha}_{i}^{*}-\dot{v}_{r,i}(t) \quad (3.126)$$

与步骤①类似，RL 设计中的 Critic 和 Actor 分别估计为 $\mathrm{d}\hat{I}_{i2}^{*}(e_{v,i})/\mathrm{d}e_{v,i} \in \mathrm{R}$ 和 $u_{i}^{*} \in \mathrm{R}$，即

$$\frac{\mathrm{d}\hat{I}_{i2}^{*}(e_{v,i})}{\mathrm{d}e_{v,i}} = 2\beta_{i2}e_{v,i}+\hat{W}_{c,i2}^{\mathrm{T}}S_{i2}(e_{v,i}) \quad (3.127)$$

$$\hat{u}_{i}^{*} = -\beta_{i2}e_{v,i}-\frac{1}{2}\hat{W}_{a,i2}^{\mathrm{T}}S_{i2}(e_{v,i}) \quad (3.128)$$

其中，$\beta_{i2}>0$ 为常数；u_{i}^{*} 为最优实际控制；$\mathrm{d}\hat{I}_{i2}^{*}(e_{v,i})/\mathrm{d}e_{v,i}$ 为 $\mathrm{d}I_{i2}^{*}(e_{v,i})/\mathrm{d}e_{v,i}$ 的估计值；$\hat{u}_{i}^{*}$ 为 u_{i}^{*} 的估计值；$S_{i2}(e_{v,i}) \in R^{Q_{i2}\times 1}$ 为高斯核函数向量。

$\hat{W}_{c,i2}^{\mathrm{T}} \in R^{Q_{i2}\times 1}$ 和 $\hat{W}_{a,i2}^{\mathrm{T}} \in R^{Q_{i2}\times 1}$ 的更新规律设计为

$$\dot{\hat{W}}_{c,i2} = -\gamma_{c,i2}S_{i2}(e_{v,i})S_{i1}^{\mathrm{T}}(e_{v,i})\hat{W}_{c,i2}-\frac{1}{2}S_{i2}(e_{v,i})e_{v,i} \quad (3.129)$$

$$\dot{\hat{W}}_{a,i2} = -\gamma_{a,i2}S_{i2}(e_{v,i})S_{i2}^{\mathrm{T}}(e_{v,i})\left(\hat{W}_{a,i2}-\hat{W}_{c,i2}\right) \quad (3.130)$$

其中，$\hat{W}_{a,i2}$ 和 $\hat{W}_{c,i2}$ 为 Actor 部分和 Critic 部分的估计权重矩阵；$\gamma_{c,i2}>0$ 和 $\gamma_{a,i2}>0$ 为相应的设计参数。

准则 3.2 控制参数 β_{i2}、$\gamma_{a,i2}$ 和 $\gamma_{c,i2}$ 需要满足不等式 $\beta_{i2}>\dfrac{5}{2}$、$\gamma_{c,i2}>\gamma_{a,i2}$ 和 $\gamma_{a,i2}>\dfrac{1}{2}$。

证明 定义估计误差变量 $\tilde{W}_{c,i2} = \hat{W}_{c,i2}-W_{i2}^{*}$ 和 $\tilde{W}_{a,i2} = \hat{W}_{a,i2}-W_{i2}^{*}$，其中 $W_{i2}^{*} \in R^{Q_{i2}}$ 是理想的权重矩阵。

选取径向无界且正定的 Lyapunov 函数为

$$V_{i2} = \frac{1}{2}e_{v,i}^{2}+\frac{1}{2}\tilde{W}_{c,i2}^{\mathrm{T}}\tilde{W}_{c,i2}+\frac{1}{2}\tilde{W}_{a,i2}^{\mathrm{T}}\tilde{W}_{a,i2} \quad (3.131)$$

其导数为
$$\dot{V}_{i2} = e_{v,i}\dot{e}_{v,i} + \tilde{W}_{c,i1}^{\mathrm{T}}\dot{\tilde{W}}_{c,i1} + \tilde{W}_{a,i1}^{\mathrm{T}}\dot{\tilde{W}}_{a,i1} \tag{3.132}$$

与准则 3.1 的证明步骤类似，可得

$$\hat{W}_{a,i2} - \hat{W}_{c,i2} = \tilde{W}_{a,i2} - \tilde{W}_{c,i2} \tag{3.133a}$$

$$\begin{aligned}&\tilde{W}_{c,i2}^{\mathrm{T}} S_{i2}\left(e_{v,i}\right) S_{i2}^{\mathrm{T}}\left(e_{v,i}\right) \hat{W}_{c,i2} \\&= \frac{1}{2}\tilde{W}_{c,i2}^{\mathrm{T}} S_{i2}\left(e_{v,i}\right) S_{i2}^{\mathrm{T}}\left(e_{v,i}\right) \tilde{W}_{c,i2} + \frac{1}{2}\hat{W}_{c,i2}^{\mathrm{T}} S_{i2}\left(e_{v,i}\right) S_{i2}^{\mathrm{T}}\left(e_{v,i}\right) \hat{W}_{c,i2} \\&\quad - \frac{1}{2}W_{i2}^{*\mathrm{T}} S_{i2}\left(e_{v,i}\right) S_{i2}^{\mathrm{T}}\left(e_{v,i}\right) W_{i2}^{*} \end{aligned} \tag{3.133b}$$

根据式（3.122）和 Young's 不等式，可得

$$\begin{aligned}\dot{V}_{i2} \leqslant &- (\beta_{i2} - 2.5)\,e_{v,i}^{2} + \lambda_{i2} - 0.5 e_{v,i}^{2} \\&- \left(\frac{\gamma_{c,i2}}{2} - \frac{\gamma_{a,i2}}{2}\right)\eta_{i2}\tilde{W}_{c,i2}^{\mathrm{T}}(t)\tilde{W}_{c,i2} - \left(\frac{\gamma_{a,i2}}{2} - \frac{1}{4}\right)\eta_{i2}\tilde{W}_{a,i2}^{\mathrm{T}}\tilde{W}_{a,i2}\end{aligned} \tag{3.134}$$

其中，η_{i2} 为 $S_{i2}(e_{v,i}) S_{i2}^{\mathrm{T}}(e_{v,i})$ 的最小特征值，并且存在 $\lambda_{i2} \in \mathbb{R}^{+}$，满足

$$\left| (\gamma_{c,i2}/2)\left\|W_{i2}^{*\mathrm{T}}S_{i2}(e_{v,i})\right\|^{2} + \frac{1}{2}\dot{v}_{r,i}^{2} + \frac{1}{2}\dot{\hat{\alpha}}_{i}^{*2} + \frac{1}{2}f_{i}^{2}(v_{i}) \right| \leqslant \lambda_{i2}$$

令 $\xi_{i2} = \min\left\{2(\beta_{i2} - 2.5), (\gamma_{c,i2} - \gamma_{a,i2})\eta_{i2}, \left(\gamma_{a,i2} - \dfrac{1}{2}\right)\eta_{i2}\right\}$，根据准则 3.2，$\xi_{i2}$ 是正的常数，式（3.134）变换为

$$\dot{V}_{i2}(t) \leqslant -\xi_{i2}V_{i2}(t) + \lambda_{i2} - \frac{1}{2}e_{v,i}^{2}(t) \tag{3.135}$$

同时可知，准则 3.2 是保证式（3.135）负定性的必要条件。对于第 i 列列车，其 Lyapunov 函数 $V_i(t) = V_{i1}(t) + V_{i2}(t)$ 的导数满足

$$\dot{V}_i(t) \leqslant -\xi_{i1}V_{i1}(t) - \xi_{i2}V_{i2}(t) + \lambda_{i1} + \lambda_{i2} \tag{3.136}$$

□

3.4.2 强化学习驱动的多车协同最优控制

定理 3.10 考虑多列高速列车系统建模为式（3.98）。若假设 3.3 成立，则基于 RL 的协同最优控制式（3.111）和式（3.128），相应的 Actor 部分的更新规则式（3.112）和式（3.130），以及 Critic 部分的更新规则式（3.110）和式（3.129），式

(3.100) 中的 $e_{p,i}$ 都能保证暂时收敛于 $\sqrt{2\exp(-\xi t)V(0) + \dfrac{2\lambda}{\xi}(1-\exp(-\xi t))}$；当 $t \to \infty$ 时，$e_{p,i}$ 都能保证最终收敛于 $|e_{p,i}| \leqslant \sqrt{\dfrac{2\lambda}{\xi}}$，$i = 1, 2, \cdots, n$，并且得到的闭环信号都有界。

证明 对于多列高速列车的协同运行系统，选择一个径向无界 Lyapunov 函数 $V(t) = \sum\limits_{i=1}^{n} V_i(t)$，其对时间的导数为

$$\dot{V}(t) \leqslant \sum_{i=1}^{n}(-\xi_{i1}V_{i1}(t) - \xi_{i2}V_{i2}(t) + \lambda_{i1} + \lambda_{i2}) \tag{3.137}$$

其中，n 为列车的列数。

令 $\xi \overset{\text{def}}{=} \min\{\xi_{i1}, \xi_{i2}\}$，$i = 1, 2, \cdots, n$ 和 $\lambda = \sum\limits_{i=1}^{n}(\lambda_{i1} + \lambda_{i2})$，式 (3.137) 变换为

$$\dot{V}(t) \leqslant -\xi V(t) + \lambda \tag{3.138}$$

依据定理 3.10 和 V_{i1} 的定义，可知 $V(t) \leqslant \exp(-\xi t)V(0) + \dfrac{\lambda}{\xi}(1-\exp(-\xi t))$ 和 $\dfrac{1}{2}e_{p,i}^2 \leqslant V(t)$ 均成立。结合假设 3.3，可得定理 3.10 中的结论。 □

为验证多车协同运行最优控制的有效性，设计 3 辆高速列车协同运行的仿真实验。头车的目标轨迹来源于京沪线北京南站至济南西站的 G1 次高速列车的运行数据，如图 3.16 (a) 所示。位置的初始条件为 $p_1(0) = 0$、$p_2(0) = 3000\text{m}$、$p_3(0) = 6000\text{m}$；初始速度的初始条件为 $v_i(0) = 0$，$i = 1, 2, 3$。Actor-Critic 神经网络的神经元数量统一设置为 15；基函数向量 $S_{i1}(e_{p,i})$ 和 $S_{i2}(e_{v,i}) \in R^{15 \times 1}(i = 1, 2, 3)$；高斯核函数的宽度为 1；中心均匀分布在 $[-7, 7]$。控制参数设计为 $\beta_{i1} = \beta_{i2} = 6$、$[\gamma_{c,11}, \gamma_{a,11}, \gamma_{c,12}, \gamma_{a,12}] = [4, 2, 18, 16]$、$[\gamma_{c,21}, \gamma_{a,21}, \gamma_{c,22}, \gamma_{a,22}] = [6, 4, 20, 18]$、$[\gamma_{c,31}, \gamma_{a,31}, \gamma_{c,132}, \gamma_{a,32}] = [7, 5, 21, 17]$。权值矩阵的初始值设计为 $W_{c,i1}(0) = W_{a,i1}(0) = W_{c,i2}(0) = W_{a,i2}(0) = [0.1, \cdots, 0.1] \in R^{15 \times 1}$，$i = 1, 2, 3$。

强化学习最优控制仿真结果如图 3.16 所示。京沪铁路 3 列高速列车的编组运行轨迹如图 3.16 (b) 所示。除头车，每列列车均以前一列列车的运行轨迹为跟踪目标，并保持追踪间隔为 3000m。3 列列车的位置跟踪误差和速度跟踪误差分别如图 3.16 (c) 和图 3.16 (d) 所示，有界信号的输入如图 3.16 (e) 所示，在相同的指标函数下，RL 与 PID 控制性能的比较如图 3.16 (f) 所示。理论分析与仿真结果证明了所设计方法的有效性。

(a) 京沪铁路 G1 次高速列车运行数据

(b) 京沪铁路 3 列列车的编组运行轨迹

(c) 3 列列车位置跟踪误差

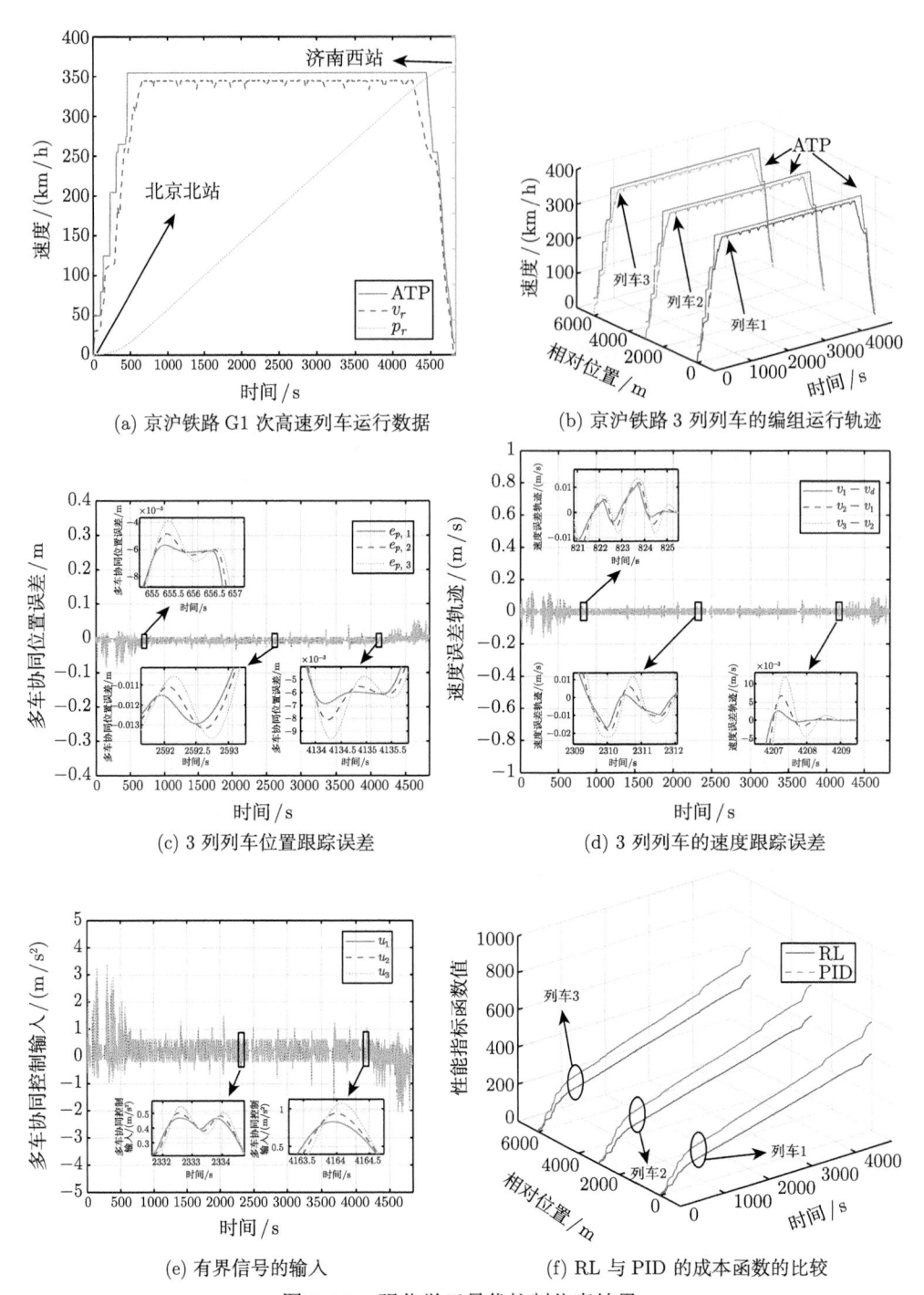

(d) 3 列列车的速度跟踪误差

(e) 有界信号的输入

(f) RL 与 PID 的成本函数的比较

图 3.16　强化学习最优控制仿真结果

第 4 章 多源扰动下高速列车协同运行控制

在高速列车长周期运行过程中，考虑高速铁路交路长、自然环境多变的客观条件，机械故障、通信网络丢包等随机、间歇性扰动等问题为高速列车协同运行控制带来新的挑战。通过对机械故障进行精准诊断、对协同控制网络中的丢包时滞进行数据补偿、在多协同场景采用拓扑切换的随机控制等，形成多源扰动下的高速列车协同运行控制，为实现运行控制与动态调度一体化奠定基础。本章重点介绍多源复合故障的扩张状态观测器、事件触发预设性能协同控制、分布式抗扰控制等。

4.1 多源复合故障的扩张状态观测器

4.1.1 动力分散与多源故障耦合机理模型

高速列车控制系统存在三种常见的故障类型，即执行器故障、列车结构故障和传感器故障。

① 在执行器发生故障的情况下，故障信号与执行器输入信号耦合在一起，其故障分布矩阵与输入矩阵 B_u 相应的列矢量具有相同的方向。不失一般性，假设有故障发生在系统第 i 个控制器，则故障信号数学模型为

$$f(t) = F_i \mu_i(t), \quad F_i = B_{u,i} \tag{4.1}$$

其中，$B_{u,i}$ 表示输入矩阵 B_u 第 i 列矢量；$\mu_i(t)$ 表示时变标量信号。

② 在列车结构发生故障的情况下，由于车钩劳损造成第 i 个车钩处的故障信号，本质上表现为列车车钩刚性系数 k 的变化。其故障信号分布矩阵与系统矩阵 A 的变化方向相同，数学模型为

$$f(t) = F_p x_p(t), \quad F_p = \Delta A_p$$

其中，ΔA_p 表示矩阵 A 第 p 列矢量的变化；$x_p(t)$ 表示状态变量 $x(t)$ 的第 p 个元素。

③ 传感器发生故障的情况下，将测量系统状态的传感器出现故障建模为信号测量方程中的一个加性信号项，即

$$y(t) = Cx(t) + E_s \mu_s(t)$$

其中，C 为相应维数的矩阵；E_s 为列向量，除第 s 个元素不为零，其他元素均为零；$\mu_s(t)$ 表示时变标量信号。

高速列车采用动力分散的牵引制动方式，考虑一辆包含 n 节车厢的列车，将每节车厢看作一个质点并进行动力学分析。考虑每节车厢运行过程中受到机械阻力、空气阻力和阵风干扰，列车运行方向动力学特性可描述为如下多质点动态模型，即

$$\begin{cases} \dot{x}_i = v_i - v_{i+1}, \quad i = 1, 2, \cdots, n-1 \\ m_1 \dot{v}_1 = u_1 - kx_1 - d\dot{x}_1 - (c_0 + c_v v_1)m_1 - c_a \left(\sum_{i=1}^{n} m_i\right) v_1^2 + \varphi_1(t) \\ m_i \dot{v}_i = u_i + kx_{i-1} + d\dot{x}_{i-1} - kx_i - d\dot{x}_i - (c_0 + c_v v_i)m_i + \varphi_i(t), \\ \quad i = 2, 3, \cdots, n-1 \\ m_n \dot{v}_n = u_n + kx_{n-1} + d\dot{x}_{n-1} - (c_0 + c_v v_n)m_n + \varphi_n(t) \end{cases} \quad (4.2)$$

其中，m_i 为车厢 i 的质量；v_i 为车厢 i 的速度；x_i 为车钩 i 的位移；u_i 为车厢 i 受到的牵引力/制动力；$\varphi_i(t)$ 为车厢 i 受到的外界干扰；c_0, c_v, c_a 为戴维斯系数；k 为车钩弹性常数；d 为动态阻尼常数。

考虑列车受到的空气阻力集中在运行方向列车的第 1 节车厢，不失一般性，假定列车巡航速度为 v_r，巡航状态下车钩 i 的位移 $x_i^e = 0$，在巡航速度 v_r 附近对式（4.2）中列车动态方程进行泰勒展开，即

$$\begin{cases} \dot{\hat{x}}_i = \hat{v}_i - \hat{v}_{i+1}, \quad i = 1, 2, \cdots, n-1 \\ m_1 \dot{\hat{v}}_1 = \hat{u}_1 - k\hat{x}_1 - d(\hat{v}_1 - \hat{v}_2) - c_v \hat{v}_1 m_1 \\ \qquad - 2c_a \sum_{i=1}^{n} m_1 v_r \hat{v}_1 - c_a \sum_{i=1}^{n} m_i \hat{v}_i^2 + \varphi_1(t) \\ m_i \dot{\hat{v}}_i = \hat{u}_i + k\hat{x}_{i-1} - k\hat{x}_i + d(\hat{v}_{i-1} - 2\hat{v}_i + \hat{v}_{i+1}) \\ \qquad - c_v \hat{v}_i m_i + \varphi_i(t), \quad i = 2, 3, \cdots, n-1 \\ m_n \dot{\hat{v}}_n = \hat{u}_n + k\hat{x}_{n-1} + d(\hat{v}_{n-1} - \hat{v}_n) - c_v \hat{v}_n m_n + \varphi_n(t) \end{cases} \quad (4.3)$$

其中，$\hat{x}_i = x_i - x_i^e$；$\hat{v}_i = v_i - v_r$；$\hat{u}_i = u_i - (c_0 + c_v v_r)m_i$，$i = 2, 3, \cdots, n-1$；$\hat{u}_1 = u_1 - (c_0 + c_v v_r)m_1 + c_a \sum_{i=1}^{n} m_i v_r^2$。

定义 $x(t) = [\hat{x}_1, \hat{x}_2, \cdots, \hat{x}_{n-1}, \hat{v}_1, \hat{v}_2, \cdots, \hat{v}_n]^T$ 和 $u(t) = [\hat{u}_1, \hat{u}_2, \cdots, \hat{u}_n]^T$，式（4.3）中系统可整理为状态空间模型，即

$$\dot{x}(t) = Ax(t) + B_u u(t) + E_x p(x) + \varphi(t) \quad (4.4)$$

其中，$A = \begin{bmatrix} 0 & A_{12} \\ A_{21} & A_{22} \end{bmatrix}$；$A_{12} = \begin{bmatrix} 1 & -1 & 0 & \cdots & 0 \\ 0 & 1 & -1 & \cdots & 0 \\ \vdots & \vdots & \vdots & & \vdots \\ 0 & \cdots & 0 & 1 & -1 \end{bmatrix}$；

$$A_{21} = \begin{bmatrix} -\dfrac{k}{m_1} & 0 & \cdots & 0 & 0 \\ \dfrac{k}{m_2} & -\dfrac{k}{m_2} & \cdots & 0 & 0 \\ \vdots & \vdots & & \vdots & \vdots \\ 0 & 0 & \cdots & \dfrac{k}{m_{n-1}} & -\dfrac{k}{m_{n-1}} \\ 0 & 0 & \cdots & 0 & \dfrac{k}{m_n} \end{bmatrix};$$

$$A_{22} = \begin{bmatrix} S_1 & \dfrac{d}{m_1} & 0 & \cdots & 0 & 0 & 0 \\ \dfrac{d}{m_2} & S_2 & \dfrac{d}{m_2} & \cdots & 0 & 0 & 0 \\ \vdots & \vdots & \vdots & & \vdots & \vdots & \vdots \\ 0 & 0 & 0 & \cdots & \dfrac{d}{m_{n-1}} & S_{n-1} & \dfrac{d}{m_{n-1}} \\ 0 & 0 & 0 & \cdots & 0 & \dfrac{d}{m_n} & S_n \end{bmatrix};$$

$S_i = \begin{cases} -c_v - \dfrac{d}{m_1} - 2\sum\limits_{i=1}^{n} \dfrac{m_i}{m_1} c_a v_r, & i = 1 \\ -c_v - \dfrac{d}{m_i}, & i = 2, \cdots, n \end{cases}$；$B_u = \begin{bmatrix} 0 & 0 & \cdots & 0 \\ \vdots & \vdots & & \vdots \\ 0 & 0 & \cdots & 0 \\ 1 & 0 & \cdots & 0 \\ 0 & 1 & \cdots & 0 \\ \vdots & \vdots & & \vdots \\ 0 & 0 & \cdots & 1 \end{bmatrix}$ 为 $(2n-1) \times n$

阶矩阵；$E_x = [0, 0, \underbrace{\cdots, 0}_{n-1}, \underbrace{1, 0, \cdots, 0}_{n}]^{\mathrm{T}}$；$p(x) = x_n^2$；$\varphi(t) = Gg(t) + Ed(t)$；
$G = [\underbrace{0, 0, \cdots, 0}_{n-1}, \underbrace{1, 1, \cdots, 1}_{n}]^{\mathrm{T}}$；$g(t)$ 表示阵风干扰事件，其动态特性可以建模为外部干扰系统；$d(t)$ 表示线路坡道阻力、隧道阻力和建模误差等因素组成的有界干扰；E 为与干扰 $d(t)$ 对应的干扰分布矩阵。

列车运行过程中受到的阵风干扰事件可建模为[103]

$$g(t) = \frac{1}{2}A_g\left(1 - \cos\left(2\pi\frac{t-t_s}{t_e-t_s}\right)\right) \quad (4.5)$$

其中，A_g 为阵风幅度；t_s 为开始时间；t_e 为结束时间。

进一步，阵风动态特性可等价表示为

$$\begin{aligned} g(t) &= L_1 w(t) + L_2 \\ \dot{w}(t) &= W w(t) \end{aligned} \quad (4.6)$$

其中，L_1、L_2、W 为相容维数的常数矩阵。

考虑列车动态系统的执行器故障、结构故障和传感器故障等三种故障，建立故障检测滤波器，使其对系统的外界扰动具有强鲁棒性、对复合故障具有强敏感性的同时，能够通过分析滤波器输出残差信号实现复合故障的隔离，判断出现的故障具体类型。假设 $r(t)$ 为故障检测滤波器的残差信号，则设计目标等价于使 $r(t)$ 满足以下条件。

①在零初始条件下，对于正常数 γ，针对非零干扰 $n(t) := \begin{bmatrix} g(t)^{\mathrm{T}}, d(t)^{\mathrm{T}} \end{bmatrix}^{\mathrm{T}}$ 使下式成立，即

$$\int_0^\infty r(\tau)^{\mathrm{T}} r(\tau) \mathrm{d}\tau < \gamma^2 \int_0^\infty n^{\mathrm{T}}(\tau) n(\tau) \mathrm{d}\tau \quad (4.7)$$

其中，$g(t) \in L_2$；$d(t) \in L_2$。

②滤波器输出残差信号 $r(t)$ 针对不同种类故障具有对角方向性，即残差矢量各元素只对相应种类的故障具有敏感性。

4.1.2　复合故障的未知输入观测器与检测滤波器

首先，假设列车动态系统中未发生传感器故障，基于式（4.4）中列车状态误差系统并结合式（4.2）~式（4.6），则存在故障信号的列车误差动态模型为

$$\begin{cases} \dot{\chi}(t) = \tilde{A}\chi(t) + \tilde{B}_u u(t) + \tilde{E}_x p(x) + \tilde{E}_d + \tilde{E}d(t) + \sum_{i=1}^{N}\tilde{F}_i \mu_i(t) \\ y(t) = \tilde{C}\chi(t) \end{cases} \quad (4.8)$$

其中，$\chi(t) := \begin{bmatrix} x(t)^{\mathrm{T}}, w(t)^{\mathrm{T}} \end{bmatrix}^{\mathrm{T}}$；$\tilde{C} := \begin{bmatrix} C, 0 \end{bmatrix}$；$\tilde{A} := \begin{bmatrix} A & GL_1 \\ 0 & W \end{bmatrix}$；$\tilde{B}_u := \begin{bmatrix} B_u \\ 0 \end{bmatrix}$；$\tilde{E}_x := \begin{bmatrix} E_x \\ 0 \end{bmatrix}$；$\tilde{E}_d := \begin{bmatrix} GL_2 \\ 0 \end{bmatrix}$；$\tilde{E} := \begin{bmatrix} E \\ 0 \end{bmatrix}$；$\tilde{F}_i := \begin{bmatrix} F_i \\ 0 \end{bmatrix}$。

4.1 多源复合故障的扩张状态观测器

针对式（4.8）中的增广系统，定义未知输入观测器的故障检测滤波器，即

$$\begin{cases} \dot{z}(t) = Fz(t) + T\tilde{B}_u u(t) + Ky(t) + T\tilde{E}_d \\ \hat{\chi}(t) = z(t) + Hy(t) \\ r(t) = G(\tilde{C}\hat{\chi}(t) - y(t)) \end{cases} \quad (4.9)$$

其中，F、T、K、H、G 为待定参数矩阵。

定理 4.1 对于式（4.8）中增广系统和式（4.9）中故障检测滤波器，如果存在矩阵 H 使得以下方程成立，即

$$\begin{aligned} (H\tilde{C} - I)\tilde{E}_1 &= 0 \\ (H\tilde{C} - I)\tilde{F}_i &\neq 0, \quad i = 1, 2, \cdots, N \end{aligned} \quad (4.10)$$

则未知干扰项 $\tilde{E}d(t)$ 可以划分为干扰项 $\tilde{E}_1 d_1(t)$ 和干扰项 $\tilde{E}_2 d_2(t)$ 两部分，$\tilde{E}_1 d_1(t)$ 可以从残差信号 $r(t)$ 中完全解耦，矩阵 $\tilde{E}_1$ 由矩阵 $\tilde{E}$ 中使式（4.10）成立的所有列矢量组成。

证明 定义 $e(t) = \chi(t) - \hat{\chi}(t)$，则状态估计误差 $e(t)$ 满足

$$\begin{aligned} \dot{e}(t) =& (A_1 - K_1\tilde{C})e(t) - \left[F - (A_1 - K_1\tilde{C})\right]z(t) - \left[K_2 - (A_1 - K_1\tilde{C})H\right]y(t) \\ & - (H\tilde{C} - I)\bar{E}\tilde{d}(t) - (H\tilde{C} - I)\tilde{E}_2 d_2(t) - \left[T - (I - H\tilde{C})\right](B_u u(t) + \tilde{E}_d) \\ & + (I - H\tilde{C})\sum_{i=0}^{N}\tilde{F}_i \mu_i(t) \end{aligned} \quad (4.11)$$

其中，$\bar{E} := \left[\tilde{E}_x, \tilde{E}_1\right]$；$\tilde{d}(t) := \left[p(x)^{\mathrm{T}}, d_1(t)^{\mathrm{T}}\right]^{\mathrm{T}}$；$K := K_1 + K_2$；$A_1 := (I - H\tilde{C})\tilde{A}$；$\tilde{E} := \left[\tilde{E}_1, \tilde{E}_2\right]$；$d(t) := \left[d_1(t)^{\mathrm{T}}, d_2(t)^{\mathrm{T}}\right]^{\mathrm{T}}$。

选择参数矩阵 T、F、H 和 K_2 满足

$$T = I - H\tilde{C}, \quad (H\tilde{C} - I)\bar{E} = 0, \quad F = A_1 - K_1\tilde{C}, \quad K_2 = FH \quad (4.12)$$

则式（4.11）可简化为

$$\dot{e}(t) = (A_1 - K_1\tilde{C})e(t) + \widehat{E}_2 d_2(t) + \sum_{i=1}^{N}\widehat{F}_i \mu_i \quad (4.13)$$

其中，$\widehat{E}_2 := T\tilde{E}_2$；$\widehat{F}_i := T\tilde{F}_i$。 □

假设 4.1 对于式（4.2）中系统测量方程，其输出矩阵 C 满足 $\mathrm{rank}\left(C[E_x, \tilde{E}_1]\right) = \mathrm{rank}\left([E_x, \tilde{E}_1]\right)$，其中 $\mathrm{rank}(\cdot)$ 表示相应矩阵变量的秩。

根据式（4.1），结合矩阵 $\tilde{C}$ 与矩阵 $\bar{E}$ 的具体定义形式，明显可知

$$\operatorname{rank}\left(\tilde{C}\bar{E}\right) = \operatorname{rank}\left(\bar{E}\right)$$

因此，参数矩阵 H 可选定为如下形式 [104]，即

$$H = \bar{E}[(\tilde{C}\bar{E})^{\mathrm{T}}(\tilde{C}\bar{E})]^{-1}(\tilde{C}\bar{E})^{\mathrm{T}} \tag{4.14}$$

使 $(H\tilde{C} - I)\bar{E} = 0$ 成立。

对式（4.8）中系统考虑的不同种类故障，通过定义与特定故障信号相对应的检测子空间实现故障检测与隔离识别。为了实现式（4.8）中系统故障的彼此隔离，根据故障方向矢量 F_i 定义的检测子空间 T_i 应满足以下假设。

假设 4.2 检测子空间 $T_1, T_2, \cdots, T_N$ 满足

$$(A_1 - K_1\tilde{C})T_i \subseteq T_i, \quad F_i \subseteq T_i$$

$$\tilde{C}T_i \cap \sum_{\substack{j=1 \\ j \neq i}}^{N} \tilde{C}T_j = \emptyset$$

进一步，对式（4.8）中出现的 N 种故障，根据其故障方向矢量 $\tilde{F}_i$ 定义对应的检测子空间集 $T_1, T_2, \cdots, T_N$，其中 T_i 是矢量集 T_i 扩张成的子空间，定义为 [105]

$$\begin{aligned} T_i &= \left[\nu_{is}, \cdots, \nu_{i1}, \widehat{F}_i, A_1\widehat{F}_i, \cdots, A_1^{k_i}\widehat{F}_i\right] \\ (A_1 + \widehat{F}_iK)\nu_{ik} &= z_{ik}\nu_{ik}, \quad \tilde{C}\nu_{ik} = 0 \end{aligned} \tag{4.15}$$

其中，k_i 为满足 $\tilde{C}A_1^{k_i}\widehat{F}_i \neq 0$ 的最小整数；$\tilde{C}A_1^{k_i}\widehat{F}_i \neq 0$ 为与其相对应的不变零点和不变零方向。

特别地，考虑系统矩阵 $\tilde{C}$、A_1 的特殊形式，容易证明对于任意 $i = 1, 2, \cdots, N$，系统 $(\tilde{C}, A_1, \widehat{F}_i)$ 均不存在不变零点，因此有

$$T_i = \left[\widehat{F}_i, A_1\widehat{F}_i, \cdots, A_1^{k_i}\widehat{F}_i\right]$$

定义 T_i 扩张成的检测子空间 T_i 满足假设 4.2，则存在

$$(A_1 - K_1\tilde{C})A_1^{k_i}\widehat{F}_i = T_i\left[\alpha_0, \alpha_1, \cdots, \alpha_{k_i}\right]^{\mathrm{T}} = T_i\zeta_i$$

定义 $\Sigma = \left[\tilde{C}A_1^{k_1}\widehat{F}_1, \tilde{C}A_1^{k_2}\widehat{F}_2, \cdots, \tilde{C}A_1^{k_N}\widehat{F}_N\right]$、$\bar{T}_i, = \left[\widehat{F}_i, A_1\widehat{F}_i, \cdots, A_1^{k_i-1}\widehat{F}_i\right]$、$\Sigma_c = \Sigma^+\tilde{C}$，$\Sigma^+ = (\Sigma^{\mathrm{T}}\Sigma)^{-1}\Sigma^{\mathrm{T}}$，其中 $\hat{T}$ 为检测子空间集合 $T_1 \cup T_2 \cup \cdots \cup T_N$ 的补子空间，与其相对应的矢量集 $\hat{T}$ 满足

$$\bar{T}_1 \oplus \bar{T}_2 \oplus \cdots \oplus \bar{T}_N \oplus \hat{T} = \ker(\Sigma_c)$$

4.1 多源复合故障的扩张状态观测器

其中，ker(·) 表示相应矩阵的克罗内克积。

可以证明，$T_1 \cup T_2 \cup \cdots \cup T_N \cup \hat{T} = \mathbf{R}^n$ [106]，如果 $T_1, T_2, \cdots, T_N$ 能够扩张为整个 n 维空间，则 $\hat{T}$ 不存在。定义正交矩阵 U、V 为[106] $V = \begin{bmatrix} T_1, T_2, \cdots, T_N, \hat{T} \end{bmatrix}$、$U = \begin{bmatrix} U_1^{\mathrm{T}}, U_2^{\mathrm{T}}, \cdots, U_N^{\mathrm{T}}, \hat{U}^{\mathrm{T}} \end{bmatrix}^{\mathrm{T}}$，其中 U、V 满足 $UV = I$。

利用矩阵 U、V 对 $(A_1 - K_1\tilde{C})$ 进行相似变换，可得

$$U(A_1 - K_1\tilde{C})V = \begin{bmatrix} \mu_1 & 0 & \cdots & 0 & U_1(A_1 - K_1\tilde{C})\hat{T} \\ 0 & \mu_2 & \cdots & 0 & U_2(A_1 - K_1\tilde{C})\hat{T} \\ \vdots & \vdots & & \vdots & \vdots \\ 0 & 0 & \cdots & \mu_N & U_N(A_1 - K_1\tilde{C})\hat{T} \\ 0 & 0 & \cdots & 0 & \hat{U}(A_1 - K_1\tilde{C})\hat{T} \end{bmatrix}$$

由于矩阵的相似变换不改变其特征值，因此矩阵 $A_1 - K_1\tilde{C}$ 的特征值为 μ_i, $i = 1, 2, \cdots, N$ 和 $\hat{U}(A_1 - K_1\tilde{C})\hat{T}$ 特征值的集合，μ_i 可化为

$$\mu_i = U_i(A_1 - K_1\tilde{C})T_i = \begin{bmatrix} 0 & 0 & \cdots & 0 & \alpha_0 \\ 1 & 0 & \cdots & 0 & \alpha_1 \\ 0 & 1 & \cdots & 0 & \alpha_2 \\ \vdots & \vdots & & \vdots & \vdots \\ 0 & 0 & \cdots & 1 & \alpha_{k_i} \end{bmatrix}$$

矩阵 μ_i 的特征方程为

$$|\lambda I - \mu_i| = \lambda^{k_i+1} - \alpha_{k_i}\lambda^{k_i} - \cdots - \alpha_1\lambda - \alpha_0 = 0 \tag{4.16}$$

定义 $\Lambda_i = \{\lambda_{i1}, \lambda_{i2}, \cdots, \lambda_{ik_i}\}$ 为与 $\widehat{F}_i$ 相对应的由一组不同自共轭复数组成的集合，其中 $\dim(\Lambda_i) = k_i$，$\dim(\cdot)$ 表示相应矩阵的维数。设定集合 Λ_i 中的元素为矩阵 μ_i 的特征值，将其代入式（4.16），可得

$$\begin{bmatrix} \lambda_{i1}^{k_i} & \lambda_{i1}^{k_i-1} & \cdots & \lambda_{i1} & 1 \\ \lambda_{i2}^{k_i} & \lambda_{i2}^{k_i-1} & \cdots & \lambda_{i2} & 1 \\ \vdots & \vdots & & \vdots & \vdots \\ \lambda_{ik_i}^{k_i} & \lambda_{ik_i}^{k_i-1} & \cdots & \lambda_{ik_i} & 1 \end{bmatrix} \begin{bmatrix} \alpha_{k_i} \\ \alpha_{k_i-1} \\ \vdots \\ \alpha_1 \\ \alpha_0 \end{bmatrix} = \begin{bmatrix} \lambda_{i1}^{k_i+1} \\ \lambda_{i2}^{k_i+1} \\ \vdots \\ \lambda_{ik_i}^{k_i+1} \end{bmatrix} \tag{4.17}$$

进而可得未知参数矢量 ζ_i。值得说明的是，ζ_i 仅与集合 Λ_i 中元素的具体取值有关。

因此

$$(A_1 - K_1\tilde{C})\left[A_1^{k_1}\widehat{F}_1, A_1^{k_2}\widehat{F}_2, \cdots, A_1^{k_N}\widehat{F}_N\right]$$
$$= \left[T_1, T_2, \cdots, T_N\right]\begin{bmatrix} \zeta_1 & 0 & \cdots & 0 \\ 0 & \zeta_2 & \cdots & 0 \\ \vdots & \vdots & & \vdots \\ 0 & 0 & \cdots & \zeta_N \end{bmatrix} \tag{4.18}$$

所以

$$K_1 = \Xi\Sigma^+ + X_1\left(I - \Sigma\Sigma^+\right) \tag{4.19}$$

其中，X_1 为维数兼容的任意矩阵；$\Xi = \left[A_1^{k_1+1}\widehat{F}_1, A_1^{k_2+1}\widehat{F}_2, \cdots, A_1^{k_N+1}\widehat{F}_N\right] -$
$\left[T_1, T_2, \cdots, T_N\right]\begin{bmatrix} \zeta_1 & 0 & \cdots & 0 \\ 0 & \zeta_2 & \cdots & 0 \\ \vdots & \vdots & & \vdots \\ 0 & 0 & \cdots & \zeta_N \end{bmatrix}$。

为了保证残差信号以对角形式对故障信号的响应，可选择投影矩阵 G 为

$$G = \Pi\Sigma^+ + X_2\left(I - \Sigma\Sigma^+\right) \tag{4.20}$$

因此，可得以下形式残差信号，即

$$r(t) = \left[\Pi\Sigma^+\tilde{C} + X_2\left(I - \Sigma\Sigma^+\right)\tilde{C}\right]e(t) \tag{4.21}$$

其中，Π 为任意恒定对角矩阵；X_2 可选择为任意兼容维数恒定矩阵。

由式（4.19）可知，参数矩阵 K_1 仍留有设计自由度，因此可以通过选择合适的参数矩阵 X_1 来保证残差信号 $r(t)$ 对干扰 $d_2(t)$ 的强鲁棒性。

假设 4.3 假设干扰 $d(t)$ 存在于一个有限频率集 μ_d 中，其中 μ_d 定义为

$$\mu_d = \{\omega|\epsilon(\omega - \varpi_l)(\omega - \varpi_h) \leqslant 0\}, \quad \epsilon \in \{1, -1\} \tag{4.22}$$

为了分析滤波器的干扰抑制特性，不失一般性，令 $\sum_{i=1}^{N}\widehat{F}_i\mu_i = 0$，式（4.13）中系统变为

$$\begin{cases} \dot{e}(t) = (A_1 - K_1\tilde{C})e(t) + \widehat{E}_2 d_2(t) \\ r(t) = G\tilde{C}e(t) \end{cases} \tag{4.23}$$

定理 4.2 对于渐进稳定信号 $e(t)$，如果其属于式（4.22）中定义的频域区间 μ_d，则存在对称矩阵 P_d 和对称矩阵 $Q_d > 0$，满足

$$\int_0^\infty \eta^*(\tau)\left(\Phi \otimes P_d + \Psi \otimes Q_d\right)\eta(\tau)\mathrm{d}\tau \geqslant 0 \tag{4.24}$$

4.1 多源复合故障的扩张状态观测器

其中，$\eta(\tau) = \begin{bmatrix} \dot{e}(t) \\ e(t) \end{bmatrix}$；$\varPhi = \begin{bmatrix} 0 & 1 \\ 1 & 0 \end{bmatrix}$；$\varPsi$ 如表 4.1 所示。

表 4.1 不同频率区段参数矩阵 $\varPsi$ 取值[107]

参数	低频区段	中频区段	高频区段
ω	$\omega \leqslant \varpi_l$	$\varpi_l < \omega < \varpi_h$	$\omega \geqslant \varpi_h$
$\varPsi$	$\begin{bmatrix} -1 & 0 \\ 0 & \varpi_l^2 \end{bmatrix}$	$\begin{bmatrix} -1 & \mathrm{j}\dfrac{\omega_l + \omega_h}{2} \\ -\mathrm{j}\dfrac{\omega_l + \omega_h}{2} & -\omega_l \omega_h \end{bmatrix}$	$\begin{bmatrix} 1 & 0 \\ 0 & -\varpi_h^2 \end{bmatrix}$

证明 不失一般性，假设 $\eta(t)$ 属于中频区间信号，其频率 ω 满足 $\varpi_l \leqslant \omega \leqslant \varpi_h$。由表 4.1可知，$\varPsi = \begin{bmatrix} -1 & \mathrm{j}\dfrac{\omega_l + \omega_h}{2} \\ -\mathrm{j}\dfrac{\omega_l + \omega_h}{2} & -\omega_l \omega_h \end{bmatrix}$，因此

$$\int_0^\infty \eta^*(\tau)(\varPhi \otimes P_d + \varPsi \otimes Q_d)\eta(\tau)\mathrm{d}\tau$$

$$= \int_0^\infty (\dot{e}^*(\tau)P_d e(\tau) + e^*(\tau)P_d \dot{e}(\tau))\mathrm{d}\tau$$

$$+ \int_0^\infty (-\dot{e}^*(\tau)Q_d \dot{e}(\tau) - \varpi_l \varpi_h e^*(\tau)Q_d e(\tau))\mathrm{d}\tau$$

$$+ \int_0^\infty \left(\mathrm{j}\frac{\varpi_l + \varpi_h}{2}\dot{e}(\tau)^* Q_d e(\tau) - \mathrm{j}\frac{\varpi_l + \varpi_h}{2}e(\tau)^* Q_d \dot{e}(\tau)\right)\mathrm{d}\tau$$

$$= \frac{1}{2\pi}\int_0^\infty [-(\omega - \varpi_h)(\omega - \varpi_l)e^*(\omega)Q_d e(\omega)]\mathrm{d}\omega$$

$$\geqslant 0$$

同样，容易证明对于式（4.24）中低频区段和高频区段同样成立。 □

定理 4.3 对于给定常数 $\gamma > 0$ 和 $\varpi_h > \varpi_l > 0$，如果存在对称矩阵 P_d、$Q_d > 0$、$P > 0$ 和矩阵 $\hat{X}_1$ X_2 使得下式成立，即

$$He\left(M - \hat{X}_1 \varGamma\right) < 0 \tag{4.25}$$

$$\begin{bmatrix} N_{1,1} & N_{1,2} \\ * & N_{2,2} \end{bmatrix} < 0 \tag{4.26}$$

其中，$N_{1,1} = \begin{bmatrix} -2P & P_d + M - \hat{X}_1 \varGamma \\ * & He(M - \hat{X}_1 \varGamma) \end{bmatrix} + \varPsi \otimes Q_d$；$N_{1,2} = \begin{bmatrix} P\widehat{E}_2 & 0 \\ P\widehat{E}_2 & (\varPi \varSigma^+ \tilde{C} + X_2 \varGamma)^{\mathrm{T}} \end{bmatrix}$；

$$N_{2,2} = \begin{bmatrix} -\gamma^2 I & 0 \\ * & -I \end{bmatrix}; \quad M := P(A_1 - \Xi\Sigma^+\tilde{C}); \quad \Gamma := (I - \Sigma\Sigma^+)\tilde{C}; \quad X_1 = P^{-1}\hat{X}_1;$$

Ψ 为表 4.1 中所示的矩阵参数。

在式 (4.22) 定义的频域区间 μ_d 上,式 (4.23) 中系统渐进稳定且满足式 (4.7)。

证明 定义 Lyapunov 函数为

$$V(t) = e^{\mathrm{T}}(t)Pe(t)$$

其中,对称矩阵 $P > 0$。

沿着式 (4.23) 中系统状态轨迹求 $V(t)$ 的时间导数可得

$$\dot{V}(t) = e^{\mathrm{T}}(t)\left[(A_1 - K_1\tilde{C})^{\mathrm{T}}P + P(A_1 - K_1\tilde{C})\right]e(t) = e^{\mathrm{T}}(t)He(M - \hat{X}_1\Gamma)e(t)$$

由式 (4.25) 可知,$\dot{V}(t) < 0$,因此式 (4.23) 渐进稳定。

定义 $\hat{A} := A_1 - K_1\tilde{C}$, $\hat{C} := G\tilde{C}$, $\xi(t) = \begin{bmatrix} e(t)^{\mathrm{T}}, d_2(t)^{\mathrm{T}} \end{bmatrix}^{\mathrm{T}}$, $F_d = \begin{bmatrix} \hat{A} & \hat{E}_2 \\ I & 0 \\ 0 & I \end{bmatrix}$,

$\hat{F}_d = \begin{bmatrix} \hat{A} & \hat{E}_2 \\ I & 0 \end{bmatrix}$, $N_{F_d} = \begin{bmatrix} -I, \hat{A}, \hat{E}_2 \end{bmatrix}$,根据式 (4.19) 和式 (4.21),由 Schur 引理可知,式 (4.26) 等价于

$$\begin{bmatrix} 0 & P + P_d & 0 \\ * & \hat{C}^{\mathrm{T}}\hat{C} & 0 \\ * & * & -\gamma^2 I \end{bmatrix} + \begin{bmatrix} \Psi \otimes Q_d & 0 \\ * & 0 \end{bmatrix} + He(U_d N_{F_d}) < 0 \quad (4.27)$$

其中,$U_d = \begin{bmatrix} P, P, 0 \end{bmatrix}^{\mathrm{T}}$。

利用 Finsler 引理,式 (4.27) 等价于

$$\xi(t)^{\mathrm{T}} F_d^{\mathrm{T}} \left(\begin{bmatrix} 0 & P + P_d & 0 \\ * & \hat{C}^{\mathrm{T}}\hat{C} & 0 \\ * & * & -\gamma^2 I \end{bmatrix} + \begin{bmatrix} \Psi \otimes Q_d & 0 \\ * & 0 \end{bmatrix} \right) F_d \xi(t) < 0 \quad (4.28)$$

注意到,$\hat{F}_d \xi(t) = \begin{bmatrix} \dot{e}(t)^{\mathrm{T}}, e(t)^{\mathrm{T}} \end{bmatrix}^{\mathrm{T}}$,利用定理 4.2,零初始条件下对属于频域区间 μ_d 上的干扰信号,满足

$$\int_0^\infty \left(r(\tau)^{\mathrm{T}} r(\tau) - \gamma^2 d_2(\tau)^{\mathrm{T}} d_2(\tau) \right) \mathrm{d}\tau$$

$$\leqslant \int_0^\infty \left(r(\tau)^{\mathrm{T}} r(\tau) - \gamma^2 d_2(\tau)^{\mathrm{T}} d_2(\tau) \right) \mathrm{d}\tau$$

4.1 多源复合故障的扩张状态观测器

$$+ \int_0^\infty \left[\dot{V}(\tau) + \eta^{\mathrm{T}}(\tau)(\Phi \otimes P_d + \Psi \otimes Q_d)\eta(\tau) \right] \mathrm{d}\tau$$

$$= \int_0^\infty \xi(\tau)^{\mathrm{T}} F_d^{\mathrm{T}} \left(\begin{bmatrix} 0 & P+P_d & 0 \\ * & \widehat{C}^{\mathrm{T}}\widehat{C} & 0 \\ * & * & -\gamma^2 I \end{bmatrix} + \begin{bmatrix} \Psi \otimes Q_d & 0 \\ * & 0 \end{bmatrix} \right) F_d \xi(\tau) \mathrm{d}\tau \quad (4.29)$$

因此，由式（4.28）可得

$$\int_0^\infty r(\tau)^{\mathrm{T}} r(\tau) \mathrm{d}\tau < \gamma^2 \int_0^\infty d_2(\tau)^{\mathrm{T}} d_2(\tau) \mathrm{d}\tau$$

$$\leqslant \gamma^2 \int_0^\infty d(\tau)^{\mathrm{T}} d(\tau) \mathrm{d}\tau$$

$$\leqslant \gamma^2 \int_0^\infty n(\tau)^{\mathrm{T}} n(\tau) \mathrm{d}\tau$$

$\square$

假设 4.4 设 μ_f 为故障信号所属频域区间，有以下条件成立，即

$$\mu_f \cap \mu_d = \emptyset$$

考虑存在传感器故障的列车动态系统，即

$$\begin{cases} \dot{x}(t) = Ax(t) + B_u u(t) + E_x p(x) + Gg(t) + Ed(t) \\ y(t) = Cx(t) + E_s \mu_s \end{cases} \quad (4.30)$$

其中，$E_s \mu_s$ 表示传感器故障。

令 $F_s := [F_s^1, F_s^2]$、$w_s(t) := [\dot{\mu}_s(t), \mu_s(t)]^{\mathrm{T}}$、$E_s = CF_s^1$、$F_s^2 = AF_s^1$，定义 $e(t) = \chi(t) - \hat{\chi}(t) + \tilde{F}_s^1 \mu_s(t)$，则根据式（4.9）定义

$$\dot{e}(t) = \dot{\chi}(t) - \dot{\hat{\chi}}(t) + \tilde{F}_s^1 \dot{\mu}_s(t) \quad (4.31)$$

将式（4.9）和式（4.30）代入式（4.31），结合式（4.12），可得

$$\dot{e}(t) = Fe - T\tilde{A}\tilde{F}_s^1 \mu_s - T\tilde{F}_s^1 \dot{\mu}_s + T\tilde{E}_2 d_2(t)$$

$$\hat{r}(t) = G\tilde{C} \left(\chi(t) - \hat{\chi}(t) + \tilde{F}_s^1 \mu_s(t) \right) = G\tilde{C}e(t)$$

由此可知，故障检测滤波器设计过程中传感器信号 $E_s \mu_s$ 可以等价转化为类执行器信号 F_s。具体模型为

$$\begin{cases} \dot{x}(t) = Ax(t) + B_u u(t) + E_x p(x) + \varphi(t) + F_s w_s(t) \\ y(t) = Cx(t) \\ F_s := [F_s^1, F_s^2], \quad w_s(t) := [\dot{\mu}_s(t), \mu_s(t)]^{\mathrm{T}}, \quad E_s = CF_s^1, \quad F_s^2 = AF_s^1 \end{cases} \quad (4.32)$$

给定干扰信号所在频域区间 μ_d，式（4.9）中故障检测滤波器参数矩阵 H、T、F、K、G 可根据算法 4.1 得出。

算法 4.1（参数矩阵 H、T、F、K 和 G 计算步骤）

① 利用式（4.32）中转换关系将传感器故障 $E_s\mu_s$ 等价转换为类执行器故障 $F_s\mu_s$。

② 根据定理 4.1 的结论，将未知干扰事件项 $\tilde{E}d(t)$ 划分为 $\tilde{E}_1 d_1(t)$ 和 $\tilde{E}_2 d_2(t)$ 两类干扰事件。

③ 将步骤② 所得干扰事件分布矢量矩阵 $\bar{E}$ 和矩阵 $\tilde{C}$ 代入式（4.14），可得矩阵 $H = \bar{E}(\tilde{C}\bar{E})^+$ 和矩阵 $T = I - H\tilde{C}$，其中 $\bar{E} := \begin{bmatrix} \tilde{E}_x, \tilde{E}_1 \end{bmatrix}$；矩阵 $(\tilde{C}\bar{E})^+$ 表示矩阵 $\tilde{C}\bar{E}$ 的 Moore-Penrose 伪逆。

④ 针对每一类故障分布矢量矩阵 $\tilde{F}_i$，$i = 1, 2, \cdots, N$，根据式（4.15）计算并定义其故障检测子空间 T_i。

⑤ 对于每一个事件检测子空间 T_i，对应地定义一个由一组不同自共轭复数组成的集合 Λ_i，其中 $\dim(\Lambda_i) = k_i$；将集合 Λ_i 中的元素作为与 T_i 对应的特征值，根据式（4.17）和式（4.18）计算可得 $K_1 = \Xi\Sigma^+ + X_1(I - \Sigma\Sigma^+)$，$G = \Pi\Sigma^+ + X_2(I - \Sigma\Sigma^+)$，其中 Π 为待定常值对角矩阵；X_1 和 X_2 为待定维数相容参数矩阵。

⑥ 将步骤⑤ 所得参数矩阵 K_1 和 G 代入式（4.23），根据定理 4.3 可得 $X_1 = P^{-1}\hat{X}_1$ 和 X_2。

⑦ 利用步骤①～⑥所得参数矩阵可计算得到参数矩阵 F、K 和 G，即

$$F = (I - H\tilde{C})\tilde{A} - \Xi\Sigma^+\tilde{C} + P^{-1}\hat{X}_1(I - \Sigma\Sigma^+)\tilde{C}$$
$$K = FH + \Xi\Sigma^+ P^{-1}\hat{X}_1(I - \Sigma\Sigma^+)$$
$$G = \Pi\Sigma^+ + X_2(I - \Sigma\Sigma^+)$$

不失一般性，定义残差评价函数 $J_r(t)$ 为

$$J_r(t) = \|r(t)\|_{\text{rms}} = \sqrt{\frac{1}{t}\int_0^t r(\tau)^{\text{T}} r(\tau)\mathrm{d}\tau}$$

其中，rms 表示相应变量的均方根。

特别地，检测阈值和故障检测逻辑规则设置为

$$J_t = \sup_{f(t)=0\ d(t)\in L_2} J_r(t) + \epsilon_d$$

$$J_r(t) > J_t \Rightarrow 提示故障$$

$$J_r(t) < J_t \Rightarrow 无故障$$

4.1 多源复合故障的扩张状态观测器

其中，ϵ_d 为指定足够小的常数。

考虑包含多节车厢的列车动态系统参数（表 4.2），阻尼系数 d 设定为 600 Ns/m，系统测量输出矩阵 C 选取为单位矩阵 I_9，即列车运行状态信息可以连续测量获得。不失一般性，系统初始状态设为 $x(0) = 0.01 \underbrace{[1, 1, \cdots, 1]}_{9}{}^T$，观测器初始状态设为 $z(0) = 0$。列车所受阵风干扰事件 $g(t)$ 设为 $g(t) = \dfrac{1}{2}(1-\cos(5t))$，未知复合干扰事件 $d(t) \in L_2$ 属于高频区间 μ_d，即 $d(\omega) \in \{d(\omega)|\omega \geqslant \varpi_h = 2\pi \times 10 \text{ rad/s}\}$。特别地，其分布矢量矩阵 E 设定为

$$E = \begin{bmatrix} \tilde{E}_1 & \tilde{E}_2 \end{bmatrix} = \begin{bmatrix} 0 & 0 & 0 & 1 & 0 & 0 & 0 & 0 & 0 \\ 0 & 0 & 0 & 1.4 & 1 & 0 & 0 & 0 & 0 \\ 0 & 0 & 2.46 & 0.8 & 0 & 0 & -1.24 & 0 & 1 \end{bmatrix}^T$$

表 4.2 列车参数

参数	数值	参数	数值
m_1, m_5/kg	80×10^3	c_1/(Ns/mkg)	0.00077616
m_2, m_3, m_4/kg	40×10^3	c_2/(Ns^2/m^{2}kg)	1.6×10^{-5}
c_0/(N/kg)	0.01176	k/(N/m)	80×10^3

未知故障事件信号 $d(t) = [d_1(t), d_2(t), d_3(t)]^T$ 选取为

$$\begin{cases} d_1(t) = \cos(20\pi t + x_1(t)) + w_g(t) \\ d_2(t) = \sin(25\pi t + x_2(t)) + w_g(t) \\ d_3(t) = 0.5\cos(20\pi t + x_3(t)) + 0.5\sin(30\pi t + x_2(t)) + w_g(t) \end{cases}$$

其中，$x_1(t)$、$x_2(t)$、$x_3(t)$ 表示干扰事件中包含的相关位置信息；$w_g(t)$ 表示均值为零的不相关白噪声信号，用来模拟复杂外界环境因素和电机电磁干扰事件等因素引起的干扰。

考虑列车运行过程中第 3 节车厢牵引电机发生功率缺失故障、第 4 节车厢与第 5 节车厢车钩弹性系数发生变化和第 1 节车厢速度传感器发生故障等三类故障组成的复合故障，其分布矢量分别为 $F_a = [0, 0, 0, 0, 0, 0, 0.85, 0, 0]^T$、$F_c = [0, 0, 0, 0, 0, 0, 0, 0, 1.2]^T$ 和 $E_s = [0, 0, 0, 0, 1, 0, 0, 0, 0]^T$。特别地，相应的故障信号设定为

$$\mu_a = \begin{cases} 0, & 0 \leqslant t < 10 \\ -1 + 0.2 s_w(t), & 10 \leqslant t < 30 \end{cases}$$

$$\mu_c = \begin{cases} 0, & 0 \leqslant t < 5 \\ -1 + 0.2\sin(0.1x_4(t)x_5(t)), & 5 \leqslant t < 30 \end{cases}$$

$$\mu_s = \begin{cases} 0, & 0 \leqslant t < 7.5 \\ 1 + e^{-t+7.5}, & 7.5 \leqslant t < 30 \end{cases}$$

其中，$s_w(t)$ 表示频率为 0.16Hz 的锯齿波信号。

执行器故障信号 μ_a、车钩故障信号 μ_c 由牵引电机功率缺失，车钩弹性系数由机械劳损变化引起，传感器故障信号 μ_s 由传感器信号漂移引起。

利用式（4.32），传感器故障 E_s 可等价转换为

$$F_s = \begin{bmatrix} 0 & 0 & 0 & 0 & 1 & 0 & 0 & 0 & 0 \\ 1 & 0 & 0 & 0 & -0.0024 & 0 & 0 & 0 & 0 \end{bmatrix}$$

进一步，利用定理 4.1，干扰分布矢量矩阵 E 可划分为 $\tilde{E}_1$ 和 $\tilde{E}_2$ 两部分。参数矩阵 H 和 T 分别为

$$H = \begin{bmatrix} 0_{3\times 3} & 0 & 0 \\ 0 & I_2 & 0 \\ 0 & 0 & 0_{6\times 6} \end{bmatrix}, \quad T = \begin{bmatrix} I_3 & 0 & 0 \\ 0 & 0_{2\times 2} & 0 \\ 0 & 0 & I_6 \end{bmatrix}$$

对于仿真中考虑的三种故障，其相应检测子空间 T_a、T_c 和 T_s 可由相应矢量矩阵张成如下形式，即

$$T_a = \text{span } TF_a, \quad T_c = \text{span } TF_c, \quad T_s = \text{span } TF_s$$

其中，span 表示相应矩阵张成的子空间。

不失一般性，将与检测子空间 T_a、T_c 和 T_s 对应的特征值全部设定为由 -1、-2 和 -3 组成的集合，参数矩阵 Π 选取为 $\text{diag}\{1,2,2\}$，其中 diag 表示相应对角矩阵。结合式（4.19）和式（4.20），对式（4.25）和式（4.26）进行优化，求取指标 γ 的最小值。优化结果显示，参数 γ 最小取值为 0.1，相应的反馈参数矩阵 K_1 和投影矩阵 G 为

$$G = \begin{bmatrix} 1 & 0.0002 & 0 & 0 & -0.0009 & 0.001 & 0 & -0.0001 & 0 \\ 0 & -0.0001 & 0 & -0.0014 & 0 & -0.0014 & 0 & 0.0006 & 2 \\ 0 & -0.0008 & -1.9249 & -0.0002 & 0.0001 & 0.0008 & 2 & 0.0357 & 0 \end{bmatrix}$$

4.1 多源复合故障的扩张状态观测器

$$K_1 = \begin{bmatrix} 1 & -0.0111 & 0.0009 & 0.0019 & 0.3631 & -0.3668 & 0 & 0.0028 & 0 \\ 0 & 0.5633 & -0.1068 & -0.0104 & -0.0164 & -0.1788 & -1 & 0.0806 & 0 \\ 0 & 48.03 & 728.6477 & -64.4631 & 0.2893 & 9.2395 & 1 & -188.9 & 0 \\ 0 & -0.0147 & -0.0401 & 0.6818 & 0.0002 & 0.02 & 0 & -0.5269 & 0 \\ 0 & -0.0117 & 0.0015 & 0.0013 & 0.6938 & -0.0578 & 0 & -0.0014 & 0 \\ 2 & -0.2452 & 0.023 & 0.016 & -0.0684 & 1.102 & 0 & 0.145 & 0 \\ 0 & 48.5343 & 723.885 & -64.428 & 0.2901 & 9.271 & 2.99 & -189.684 & 0 \\ 0 & -0.0187 & 1.8194 & -0.6303 & -0.0007 & 0.1684 & 0 & 1.6900 & 0 \\ 0 & 0.0081 & -0.0292 & 0.2059 & -0.0018 & 0.2161 & 0 & 0.0060 & 2 \\ 0 & -0.0942 & 0.0079 & -0.0447 & -0.0071 & 0.3211 & 0 & 0.3264 & 0 \\ 0 & -0.0961 & 0.0638 & -0.0255 & 0.0058 & -0.6251 & 0 & -0.5179 & 0 \end{bmatrix}$$

为了验证故障检测滤波器设计方法的可行性和有效性，给出与 Chen 等[106]和 Zhou 等[108]方法的对比。最大奇异值随频率变化曲线如图 4.1所示。执行器故障、传感器故障残差曲线和评价函数曲线图如图 4.2所示。执行器故障与车钩故障相对应的残差曲线和对阵风干扰的估计如图 4.3所示。

从图 4.1 中可得到以下结论，本章方法对频域区间 μ_d 上的干扰信号具有更强抑制性的同时对于低频域区间内的故障信号具有更强的敏感性；本章方法对输入信号中高频区间干扰具有更强的抑制性。此外，对于和故障事件信号耦合在一起的干扰信号，本章方法可以利用其频域信息的差异使故障事件检测滤波器对于干扰信号保持强抑制性的同时，不截断故障信号对残差信号的影响。特别地，对于未知故障事件信号完全耦合在一起的干扰信号，故障检测滤波器可以使残差与之解耦，完全消除这部分外界干扰对残差的影响。

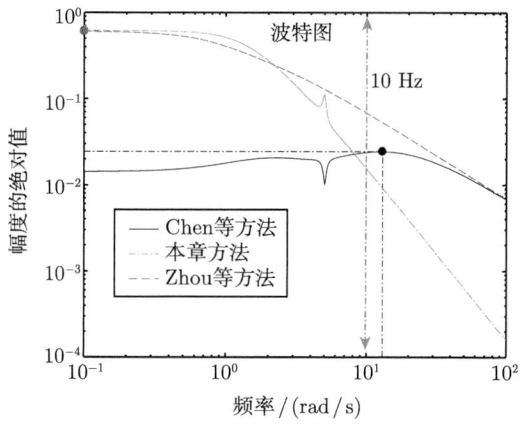

图 4.1 最大奇异值随频率变化曲线

(a) 执行器故障残差曲线和评价函数曲线　　(b) 传感器故障残差曲线和评价函数曲线

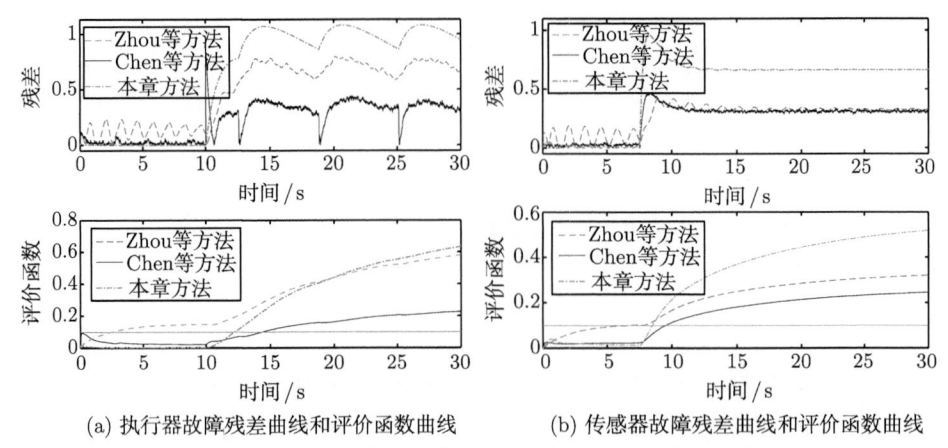

图 4.2　执行器故障、传感器故障残差曲线和评价函数曲线

(a) 耦合器故障残差曲线和评价函数曲线　　(b) 阵风干扰估计值

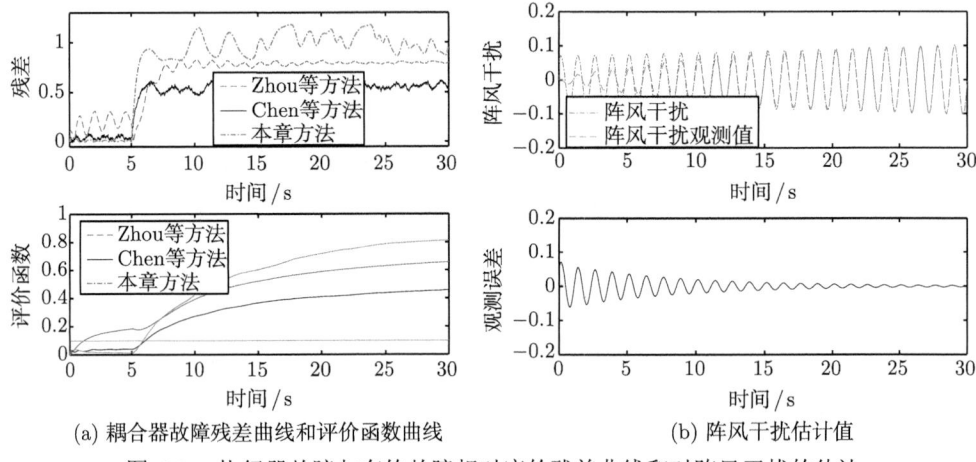

图 4.3　执行器故障与车钩故障相对应的残差曲线和对阵风干扰的估计

通过对比图 4.2（a）、图 4.2（b）、图 4.3（a）中三种方法对于执行器故障、传感器故障、车钩故障的仿真结果，可以发现与图 4.1 中各自频域特性的仿真结果一致。因此，三种方法均能正确检测故障的发生，并且本章方法对于高频区段的干扰信号具有更强的抑制性，对于低频区段的故障信号具有更强的敏感性，能够更快地检测和识别出故障类型。

4.2　事件触发预设性能协同控制

为了实现列车协同运行，每辆列车通过无线通信网络与相邻列车共享其状态信息。然而，列车的信息交换是以离散化数据包的形式进行的，并带有时间戳。传统的基于时间触发机制实时更新控制信号的算法，不适用于列车这种离散信息传输的模式，并且会消耗大量的计算与通信资源。为了减少通信带宽的消耗，将事件触发传输方法引入每列列车控制器与信息传输过程中，仅在触发条件满足时更新控制器并向临接列车传输信息。

引理 4.1 [109] 对于非线性系统 $\dot{\xi} = \phi(\xi(t), t)$，系统状态初始值为 $\xi(0) = \xi^0 \in \Delta$，其中 $\xi: R_+ \times \Delta_\xi$ 且 Δ_ξ 是非空集合。假如系统满足如下假设：$\phi(\xi(t), t)$ 对于变量 ξ 满足利普希茨条件；对于每一个 $\xi \in \Delta_\xi$，$\phi(\xi(t), t)$ 是关于时间 t 的连续函数；对于每一个 $\xi \in \Delta_\xi$，$\phi(\xi(t), t)$ 对于时间 t 满足可积的条件，则系统 $\dot{\xi} = \phi(\xi(t), t)$ 在时间域 $[0, \tau_{\max})$ 内有唯一极大值解 $\xi \in \Delta_\xi$，并且 $\tau_{\max}$ 是小于无穷的正数；如果 $\tau_{\max} < \infty$，则存在某一时刻 $t' \in [0, \tau_{\max})$ 满足对于任意的 $\Delta' \subset \Delta_\xi$，均存在 $\xi(t') \notin \Delta'_\xi$。

4.2.1 连续通信模式下的事件触发预设性能控制

首先，介绍设计连续通信模式下的事件触发预设性能控制策略，建立列车单质点动力学方程，即

$$\begin{cases} \dot{p}_i(t) = v_i(t) \\ \dot{v}_i(t) = u_i(t) - f_i(v_i(t)) \end{cases} \tag{4.33}$$

其中，t 为时间；$p_i(t)$ 为第 i 辆列车位置，$v_i(t)$ 为第 i 辆列车速度；$u_i(t)$ 为列车的控制器输入；$f_i(v_i(t)) = a_i + b_i v_i + c_i v_i^2$ 为列车运行阻力，a_i、b_i、c_i 为戴维斯系数。

定义跟踪误差信号为

$$\begin{cases} e_{p,i} = p_i - p_{i,r} \\ e_{v,i} = v_i - r_i - v_{i,r} \end{cases} \tag{4.34}$$

其中，r_i 为待设计的虚拟控制律；$p_{i,r}$ 为列车运行曲线中获得的期望位置信息；$v_{i,r}$ 为列车运行曲线中获得的期望速度值信息。

通过设计预设性能函数，使跟踪误差 $e_{p,i}$ 和 $e_{v,i}$ 被限制在预先设定的边界内，而边界函数在实际应用中是列车位置和超速防护。这样可以采用控制的手段，主动进行安全防护，防止列车超速引发制动，避免间隔过小存在碰撞。定义如下误差转换，即

$$s_{p,i} = \ln\left(\frac{1+\xi_{p,i}}{1-\xi_{p,i}}\right) \tag{4.35a}$$

$$s_{v,i} = \ln\left(\frac{1+\xi_{v,i}}{1-\xi_{v,i}}\right) \tag{4.35b}$$

其中，$\xi_{p,i} = \dfrac{e_{p,i}}{\rho_{p,i}}$；$\xi_{v,i} = \dfrac{e_{v,i}}{\rho_{v,i}}$，$\rho_{p,i}$ 和 $\rho_{v,i}$ 为预设的边界函数，满足初始条件 $\left|p_i(0) - p_{i,r}(0)\right| < \rho_{p,i}(0)$ 和 $\left|v_i(0) - v_{i,r}(0)\right| < \rho_{v,i}(0)$。

为了进行后续的控制器设计，我们做出如下假设。

假设 4.5 列车运行曲线中获得的期望位置 $p_{i,r}$、速度 $v_{i,r}$、加速度 $a_{i,r}$ 信息是已知的一阶可导函数，具有有界和已知的一阶导数，即 $p_{i,r}$、$v_{i,r}$、$a_{i,r}$ 是一阶可导信号，满足 $\dot{p}_{i,r} = v_{i,r}$ 和 $\dot{v}_{i,r} = a_{i,r}$。

对 $\xi_{p,i}$ 求导可得

$$\dot{\xi}_{p,i} = \frac{\rho_{v,i}\xi_{v,i} - \dot{\rho}_{p,i}\xi_{p,i} + r_i}{\rho_{p,i}} \tag{4.36}$$

其中，设计虚拟控制律 $r_i = -k_{i,1}s_{p,i} - k_{i,2}\sum\limits_{j=1}^{N} a_{ij}(s_{p,i} - s_{p,j})$，$k_{i,1}$ 和 $k_{i,2}$ 为正的定常设计参数，当列车 i 与列车 j 有通信连接时，$a_{ij} = 1$，否则 $a_{ij} = 0$。

对 $\xi_{v,i}$ 求导可得

$$\dot{\xi}_{v,i} = \frac{u_i - f_i - \dot{r}_i - \dot{\rho}_{v,i}\xi_{v,i}}{\rho_{v,i}} \tag{4.37}$$

其中，设计控制律 u_i 为

$$u_i = -k_{i,3}s_{v,i}\left(t_{k_i}^i\right) + \hat{\mu}_i^{\mathrm{T}} W_i(\check{x}_i) \tag{4.38}$$

其中，$k_{i,3}$ 为正设计参数；$s_{v,i}\left(t_{k_i}^i\right)$ 为 $s_{v,i}(t)$ 在 $t = t_{k_i}^i$ 触发时刻的值；$\hat{\mu}_i$ 为函数 $G_i = f_i + \dot{\rho}_{v,i}\xi_{v,i} + a_{di}$ 的估计值；$\check{x}_i = x_i(t_{k_i}^i)$，$x_i = [\xi_{p,i}, \xi_{v,i}, s_{p,i}, s_{v,i}]^{\mathrm{T}}$。

$\hat{\mu}_i$ 的更新是基于事件触发的，其更新律为

$$\dot{\hat{\mu}}_i = 0, \quad t \in \left[t_{k_i}^i, t_{k_i+1}^i\right) \tag{4.39a}$$

$$\hat{\mu}_i^+ = \hat{\mu}_i - \alpha_i \beta_i W_i(x_i) - \sigma_i \hat{\mu}_i, \quad t = t_{k_i}^i \tag{4.39b}$$

其中，α_i 为正设计参数；$\beta_i = \dfrac{\xi_{p,i}}{\xi_{p,i}^2 + \gamma_i}$ 和 γ_i 为正设计参数；$\hat{\mu}_i^+$ 为自适应参数仅在触发时刻更新。

更新时刻由下面的事件触发判断条件决定，即

$$t_{k_i+1}^i = \inf\left\{t > t_{k_i}^i : |\tilde{s}_{v,i}| > q_{i,1}\right\} \tag{4.40}$$

其中，$\tilde{s}_{v,i} = s_{v,i} - \tilde{s}_{v,i}\left(t_{k_i}^i\right)$；$q_{i,1}$ 为待设计的触发阈值。

定理 4.4 考虑协同运行的高速列车，如果假设 4.5 满足且参数满足 $0 < \sigma_i < 1/2$，$\gamma_i > 0$，式（4.38）中分布式事件触发控制器和式（4.39）中自适应更新律，那么模糊参数自适应律估计的误差是有界的。

4.2 事件触发预设性能协同控制

证明 定义模糊参数自适应律估计的误差 $\tilde{\mu}_i = \hat{\mu}_i - \hat{\mu}_i^*$,其中 $\hat{\mu}_i^*$ 表示使估计误差最小的最优权值。为了进行稳定性分析,我们将这个脉冲系统分成两步分析。

情况 1,在时间为 $t \in \left[t_{k_i}^i, t_{k_i+1}^i\right)$ 时,考虑的 Lyapunov 函数为

$$V_f = \frac{1}{2}\sum_{i=1}^{n} \tilde{\mu}_i^{\mathrm{T}} \tilde{\mu}_i \tag{4.41}$$

根据式(4.39),由于在 $t \in \left[t_{k_i}^i, t_{k_i+1}^i\right)$ 模糊自适应律不更新,因此 V_f 的导数为 0,也就是说,$\tilde{\mu}_i$ 在 $t \in \left[t_{k_i}^i, t_{k_i+1}^i\right)$ 有界。

情况 2,当 $t = t_{k_i}^i$,$k \in Z^+$ 时,选择 Lyapunov 函数为

$$\Delta V_e = \frac{1}{2}\sum_{i=1}^{n} \left(\tilde{\mu}_i^{+\mathrm{T}} \tilde{\mu}_i^+ - \tilde{\mu}_i^{\mathrm{T}} \tilde{\mu}_i\right) \tag{4.42}$$

其中,$\tilde{\mu}_i^+ = \mu_i^* - \mu_i^+$。

式(4.42)可计算为

$$\Delta V_e = \frac{1}{2}\sum_{i=1}^{n} \left(2\alpha_i\beta_i\tilde{\mu}_i^{\mathrm{T}} W_i(x_i) - 2\sigma_i \tilde{\mu}_i^{\mathrm{T}} \hat{\mu}_i + \alpha_i^2 \beta_i^2 \mu_i^{*\mathrm{T}} \mu_i^* + \sigma_i^2 \hat{\mu}_i^{\mathrm{T}} \hat{\mu}_i\right)$$

$$+ \frac{1}{2}\sum_{i=1}^{n} \left(2\sigma_i \alpha_i \beta_i \hat{\mu}_i^{\mathrm{T}} W_i(x_i)\right) \tag{4.43}$$

定义 $\Delta\mu_i^+ = \mu_i - \mu_i^+$。根据 $\tilde{\mu}_i^+ = \mu_i^* - \mu_i^+$,可得 $\tilde{\mu}_i^+ = \Delta\mu_i^+ - \tilde{\mu}_i$。则式(4.43)可计算为

$$\Delta V_e = \sum_{i=1}^{n} \left(\alpha_i \overline{W}_i |\beta_i| \|\tilde{\mu}_i\| + \sigma_i \|\tilde{\mu}_i\| \|\mu_i^*\| - \sigma_i \|\tilde{\mu}_i\|^2 + \frac{1}{2}\alpha_i^2 \beta_i^2 \overline{W}_i^2\right)$$

$$+ \sum_{i=1}^{n} \left(\frac{1}{2}\sigma_i^2 \|\mu_i^*\|^2 + \sigma_i^2 \|\tilde{\mu}_i\| \|\mu_i^*\| + \frac{1}{2}\sigma_i^2 \|\tilde{\mu}_i\|^2\right)$$

$$+ \sum_{i=1}^{n} \sigma_i \alpha_i \overline{W}_i |\beta_i| (\|\tilde{\mu}_i\| + \|\mu_i^*\|) \tag{4.44}$$

由于最优权值 μ_i^* 是有界的,存在一个正的常数 $\overline{\mu}_i$ 满足 $\mu_i^* \leqslant \overline{\mu}_i$,因此得到 $\|W_i\| \leqslant \overline{W}_i$,其中 $\overline{W}_i$ 表示一个正常数。根据 Young's 不等式可知

$$\Delta V_1 \leqslant \sum_{i=1}^{n} \left(-\varepsilon_1 \|\tilde{\mu}_i\|^2 + \varepsilon_2 \|\tilde{\mu}_i\| + \varepsilon_3\right) \tag{4.45}$$

其中，$\varepsilon_1 = \sigma_i - (1/2)\sigma_i^2$；$\varepsilon_2 = \alpha_i \overline{W}_i + \sigma_i \overline{\mu}_i + \sigma_i^2 \overline{\mu}_i + \sigma_i \alpha_i \overline{W}_i$；$\varepsilon_3 = (1/2)\alpha_i^2 + (1/2)\sigma_i^2 \overline{\mu}_i^2 \overline{W}_i^2 + \sigma_i \alpha_i \overline{\mu}_i \overline{W}_i$。

选择参数 $\varepsilon_4 = \varepsilon_3 + \varepsilon_2^2/2\varepsilon_1$，可得

$$\Delta V_e \leqslant \sum_{i=1}^{n} \left(-\frac{1}{2}\varepsilon_1 \|\tilde{\mu}_i\|^2 + \varepsilon_4 \right) \tag{4.46}$$

因此，在 $2\|\tilde{\mu}_i\| > \sqrt{2\varepsilon_4/\varepsilon_1}$ 成立的情况下，我们可以得到 $\Delta V_e < 0$，$\tilde{\mu}_i$ 收敛于集合 $\left\{ \tilde{\mu}_i \,\middle|\, \|\tilde{\mu}_i\| \leqslant \max\left(\|\tilde{\mu}_i(0)\|, \sqrt{2\varepsilon_4/\varepsilon_1} \right) \right\}$。□

定理 4.5 基于引理 4.1，式（4.38）中的分布式事件触发控制器，式（4.39）中自适应更新律和式（4.40）中触发条件能够保证协同运行列车的队列稳定性，并且追踪误差始终保持在预设范围之内。同时，事件触发控制器能够保证不会无限次触发。

证明 对新变量 $\xi_{p,i}$ 和 $\xi_{v,i}$ 求导，可得

$$\begin{cases}
\dot{\xi}_{p,i} = \dfrac{\dot{e}_{p,i} - \xi_{p,i}\dot{\rho}_{p,i}}{\rho_{p,i}} \\
\quad = \dfrac{-k_{i,1}s_{p,i} - k_{i,2}\sum\limits_{j=1}^{N} a_{ij}(s_{p,i} - s_{p,j}) + \xi_{v,i}\rho_{v,i} - \xi_{p,i}\dot{\rho}_{p,i}}{\rho_{p,i}} \\
\quad \stackrel{\text{def}}{=} \psi_{p,i}(\xi_{p,i}, t) \\
\dot{\xi}_{v,i} = \dfrac{\dot{e}_{v,i} - \xi_{v,i}\dot{\rho}_{v,i}}{\rho_{v,i}} \\
\quad = \dfrac{-k_{i,3}s_{v,i} + k_{i,3}\tilde{s}_{v,i} - \tilde{G}_i - \dot{r}_i}{\rho_{v,i}} \\
\quad \stackrel{\text{def}}{=} \psi_{v,i}(\xi_{v,i}, t)
\end{cases} \tag{4.47}$$

其中，$\tilde{G}_i = G_i - \hat{\mu}_i^{\mathrm{T}} W_i(\check{x}_i)$。

定义 $\xi_i = [\xi_{p,i}, \xi_{v,i}]$，定义非空开集 $\varDelta = \varDelta_1 \times \varDelta_2 \times \cdots \times \varDelta_n$，其中 $\varDelta_i = (-1,1)$，$i = 1,2,\cdots,n$。从约束边界函数初值选择的前提条件中，可得 $\xi_i(0) \in \varDelta_i = (-1,1)$，并且满足引理 4.1 的三个假设条件，因此式（4.47）在时间域 $[0, \tau_{\max})$ 有唯一极大值解 $\xi_{p,i}, \xi_{v,i} \in (-1,1)$。

对于队列中的每一辆列车，选择 Lyapunov 函数为 $V_1 = \dfrac{1}{4}\sum\limits_{i=1}^{n} s_{p,i}^2$，求导可得

$$\dot{V}_1 = \sum_{i=1}^{n} \frac{-k_{i,1}s_{p,i}^2 - k_{i,2}s_{p,i}\sum\limits_{j=1}^{N} a_{ij}(s_{p,i} - s_{p,j}) + s_{p,i}D_{p,i}}{(1-\xi_{p,i}^2)\rho_{p,i}} \tag{4.48}$$

其中，$D_{p,i} = \xi_{v,i}\rho_{v,i} - \xi_{p,i}\dot{\rho}_{p,i}$。

由极值定理和引理 4.5可得，$D_{p,i} \leqslant D_{p,i}^+$，$D_{p,i}^+$ 是正常数，进而 $\sum\limits_{i=1}^{n} -k_{i,2}s_{p,i}$ $\sum\limits_{j=1}^{N} a_{ij}(s_{p,i} - s_{p,j}) \leqslant -k_{i,2}\lambda_{\min}(L)\|s_p\|^2$，其中 $s_p = \begin{bmatrix} s_{p,1}, s_{p,2}, \cdots, s_{p,n} \end{bmatrix}^\mathrm{T}$。

因此，式（4.48）可变为

$$\dot{V}_1 \leqslant -\sum_{i=1}^{n} \frac{|s_{p,i}|(k_{i,1}|s_{p,i}| - D_{p,i}^+)}{(1-\xi_{p,i}^2)\rho_{p,i}} \tag{4.49}$$

因此，当且仅当 $|s_{p,i}| > \dfrac{D_{p,i}^+}{k_{i,1}}$ 时，$\dot{V}_1$ 才为负，可得

$$|s_{p,i}| \leqslant s_{p,i}^* := \max\left\{|s_{p,i}(0)|, \frac{D_{p,i}^+}{k_{i,1}}\right\}, \quad t \in [0, \tau_{\max}) \tag{4.50}$$

其中，$s_{p,i}(0)$ 为 $s_{p,i}(t)$ 的初值。

类似地，定义 Lyapunov 函数为 $V_2 = \dfrac{1}{4}\sum\limits_{i=1}^{n} s_{v,i}^2$，求导可得

$$\dot{V}_2 = \sum_{i=1}^{n} \frac{-k_{i,3}s_{v,i}^2 + k_{i,3}s_{v,i}\tilde{s}_{v,i} + s_{v,i}\left(\hat{\mu}_i^\mathrm{T} W_i(\check{x}_i) - G_i - a_{di} - \dot{r}_i\right)}{(1-\xi_{v,i}^2)\rho_{v,i}}$$

根据引理 4.1和假设 4.5可得

$$\hat{\mu}_i^\mathrm{T} W_i(\check{x}_i) - G_i = \hat{\mu}_i^\mathrm{T} W_i(\check{x}_i) - \mu_i^{*\mathrm{T}} W_i(x_i) - \delta_i \leqslant \tilde{\mu}_i^\mathrm{T} W_i(\check{x}_i) - \delta_i \tag{4.51}$$

其中，$\delta_i = \mu_i^{*\mathrm{T}}(W_i(\check{x}_i) - W_i(x_i)) + \varepsilon_i$。

根据假设 4.5可得 $|\delta_i| \leqslant \delta_i^+$，其中 δ_i^+ 为正常数。根据定理 4.4和引理 4.5可得

$$\left|\mu_i^\mathrm{T} W_i(\check{x}_i) - G_i - a_{di} - \dot{r}_i\right| \leqslant D_{v,i}^+ \tag{4.52}$$

其中，$D_{v,i}^+$ 为常数。

由式（4.40）中的触发条件可得

$$\dot{V}_2 \leqslant -\sum_{i=1}^{n} \frac{|s_{v,i}|\left[k_{i,3}|s_{v,i}| - (k_{i,3}q_{i,1} + D_{v,i}^+)\right]}{(1-\xi_{v,i}^2)\rho_{v,i}} \tag{4.53}$$

当且仅当 $|s_{v,i}| > \dfrac{q_{i,1}k_{i,3} + D_{v,i}^+}{k_{i,3}}$ 时，$\dot{V}_2$ 才为负，因此

$$|s_{v,i}| \leqslant s_{v,i}^* := \max\left\{|s_{v,i}(0)|, \frac{q_{i,1}k_{i,3} + D_{2,i}^+}{k_{i,3}}\right\}, \quad t \in [0, \tau_{\max}) \tag{4.54}$$

其中，$s_{v,i}(0)$ 为 $s_{v,i}(t)$ 的初值。

因此，根据式（4.50）和式（4.54），对式（4.35）求逆变换，可得

$$-1 < \frac{\exp(-s_{p,i}^*) - 1}{\exp(-s_{p,i}^*) + 1} := \underline{\xi}_{p,i} \leqslant \xi_{p,i} \leqslant \overline{\xi}_{p,i} := \frac{\exp(s_{p,i}^*) - 1}{\exp(s_{p,i}^*) + 1} \leqslant 1 \quad (4.55)$$

$$-1 < \frac{\exp(-s_{v,i}^*) - 1}{\exp(-s_{v,i}^*) + 1} := \underline{\xi}_{v,i} \leqslant \xi_{v,i} \leqslant \overline{\xi}_{p,i} := \frac{\exp(s_{v,i}^*) - 1}{\exp(s_{v,i}^*) + 1} < 1 \quad (4.56)$$

因此，根据引理 4.1可得，对于 $\forall t \in [0, \tau_{\max})$，$\xi_{p,i}, \xi_{v,i} \in \Delta' := \left[\underline{\xi}_{p,i}, \overline{\xi}_{p,i}\right] \times \left[\underline{\xi}_{v,i}, \overline{\xi}_{v,i}\right]$ 成立，容易得到 $\Delta' \subset \Delta := (-1, 1)$。假设 $\tau_{\max} < +\infty$，则存在某一时刻 $t^* \in [0, \tau_{\max})$，使 $\xi_{p,i}(t^*), \xi_{v,i}(t^*) \notin \Delta'$，这与式（4.55）和式（4.56）矛盾，进而得到 $\tau_{\max} = +\infty$。也就是说，对于任意 $t \in [0, +\infty)$，满足 $\xi_{p,i}(t), \xi_{v,i}(t) \in \Delta' \subset \Delta$。

追踪误差满足

$$-\rho_{p,i} < \frac{\exp(-s_{p,i}^*) - 1}{\exp(-s_{p,i}^*) + 1}\rho_{p,i} \leqslant e_{p,i} \leqslant \frac{\exp(s_{p,i}^*) - 1}{\exp(s_{p,i}^*) + 1}\rho_{p,i} < \rho_{p,i} \quad (4.57)$$

$$-\rho_{v,i} < \frac{\exp(-s_{v,i}^*) - 1}{\exp(-s_{v,i}^*) + 1}\rho_{v,i} \leqslant e_{v,i} \leqslant \frac{\exp(s_{v,i}^*) - 1}{\exp(s_{v,i}^*) + 1}\rho_{v,i} < \rho_{v,i} \quad (4.58)$$

根据 $s_{p,i}$、$s_{v,i}$、$e_{p,i}$、$e_{v,i}$ 的有界性，并且它们都会收敛到一个很小的预先设置的范围，可得虚拟控制率 r_i 有界且最终收敛到很小范围内。因此，可以通过调节控制增益，实现列车的追踪间隔和运行速度保持一致。

接下来证明，事件不会连续触发（Zeno 现象不会出现），等价于证明触发间隔 $t_{k_i}^* = t_{k_i+1}^i - t_{k_i}^i$ 存在正上界。

根据式（4.40）的触发条件，对于 $t \in [t_{k_i}^i, t_{k_i+1}^i)$，可得

$$\frac{\mathrm{d}}{\mathrm{d}t}|\tilde{s}_{v,i}| \leqslant |\dot{\tilde{s}}_{v,i}| \leqslant |\dot{s}_{v,i}(t_k^i) - \dot{s}_{v,i}| = |\dot{s}_{v,i}| = \left|\frac{2\dot{\xi}_{v,i}}{1 - \xi_{v,i}^2}\right| \quad (4.59)$$

由于所有闭环信号都是有界的，因此对于 $t \in [0, +\infty)$，$\left|\dfrac{2\dot{\xi}_{v,i}}{1 - \xi_{v,i}^2}\right|$ 存在一个正的上界 $D_{1,i}^+$。由式（4.40）可知，$\tilde{s}_{v,i}(t_k^i) = 0$ 且 $\lim_{t_{k_i}^i \to t_{k_i+1}^i}|\tilde{s}_{v,i}| = q_{i,1}$，可得触发间隔的上界 $t_{k_i}^*$ 满足 $t_{k_i}^* \geqslant \dfrac{q_{i,1}}{D_{1,i}^+} > 0$，也就是说，Zeno 现象不会出现，事件不会连续触发。 □

4.2.2 不连续通信模式下的事件触发预设性能控制

由于列车之间的信息传输基于信息包的不连续形式，基于连续时间的控制算法不再适用。基于此，为了同时减轻车载计算机的计算，以及通信数据的传输负担，我们提出一种基于事件触发的预设性能控制策略。该控制方法能够利用少量的计算次数，保证良好的跟踪性能，并且大大降低车与车之间的信息传输次数。首先，定义新的追踪误差变量为

$$\begin{cases} \check{e}_{p,i} = p_i - p_{i,r} \\ \check{e}_{v,i} = v_i - \check{r}_i - v_{i,r} \end{cases} \quad (4.60)$$

其中，$\check{r}_i$ 为待设计的虚拟控制律。

经过误差转换，新的误差变量为

$$\check{s}_{p,i} = \ln\left(\frac{1+\check{\xi}_{p,i}}{1-\check{\xi}_{p,i}}\right) \quad (4.61\text{a})$$

$$\check{s}_{v,i} = \ln\left(\frac{1+\check{\xi}_{v,i}}{1-\check{\xi}_{v,i}}\right) \quad (4.61\text{b})$$

其中，$\check{\xi}_{p,i} = \check{e}_{p,i}/\check{\rho}_{p,i}$，$\check{\rho}_{p,i} = \rho_{p,i}$；$\check{\xi}_{v,i} = \check{e}_{v,i}/\check{\rho}_{v,i}$，$\check{\rho}_{v,i} = \rho_{v,i}(1-2\mathcal{W}_i)$。

基于事件触发的虚拟控制律和实际控制器设计为

$$\check{r}_i = -k_{i,1}\check{s}_{p,i} - k_{i,2}\sum_{j=1}^{N} a_{ij}\left(\check{s}_{p,i} - \check{s}_{p,j}\left(t_{k_j}^j\right)\right) \quad (4.62)$$

$$\check{u}_i = -k_{i,3}\check{s}_{v,i}\left(t_{k_i}^i\right) + \hat{\mu}_i W_i(\check{x}_i) \quad (4.63)$$

其中，$k_{i,1}$、$k_{i,2}$、$k_{i,3}$ 为正设计参数。

设计事件触发条件为

$$t_{k_i+1}^i = \inf\left\{t > t_{k_i}^i : |\tilde{s}_{p,i}| + |\tilde{s}_{v,i}| > q_{i,2}\right\} \quad (4.64)$$

其中，$\tilde{s}_{p,i} = \check{s}_{p,i}\left(t_{k_i}^i\right) - \check{s}_{p,i}$；$\tilde{s}_{v,i} = \check{s}_{v,i}\left(t_{k_i}^i\right) - s_{v,i}$；$q_{i,2}$ 为正的待设计阈值。

定理 4.6 基于引理 4.1，分布式事件触发控制器式（4.63）和式（4.39）中的自适应更新律和式（4.64）中的触发条件能够保证多列车的队列稳定性，并且追踪误差始终保持在预设范围之内。此外，能够证明事件触发控制器不会无限次触发。

证明 对于队列中的每一辆列车，选择 Lyapunov 函数为 $V_1 = \dfrac{1}{4}\sum_{i=1}^{n}\check{s}_{p,i}^2$，求导可得

$$\dot{V}_1 = \sum_{i=1}^{n} \frac{-k_{i,1}\check{s}_{p,i}^2 - k_{i,2}\check{s}_{p,i}\sum_{j=1}^{N}a_{ij}(\check{s}_{p,i}-\check{s}_{pj}) - k_{i,2}\sum_{j=1}^{N}a_{ij}\tilde{s}_{p,j}}{(1-\check{\xi}_{p,i}^2)\rho_{p,i}}$$

$$+ \sum_{i=1}^{n} \frac{\check{s}_{p,i} \check{D}_{p,i}}{\left(1 - \check{\xi}_{p,i}^{2}\right) \rho_{p,i}} \tag{4.65}$$

其中，$\check{D}_{p,i} = \check{\xi}_{v,i} \rho_{v,i} - \check{\xi}_{p,i} \dot{\rho}_{p,i}$。

定义 $\check{s}_{p} := \left[\check{s}_{p,1}, \check{s}_{p,2}, \cdots, \check{s}_{p,n}\right]$，根据极值定理和引理 4.1可得不等式 $\check{D}_{p,i} \leqslant \check{D}_{p,i}^{+}$ 恒成立，$\check{D}_{p,i}^{+}$ 是正常数，同时，$\sum_{i=1}^{n} -k_{i,2} \check{s}_{p,i} \sum_{j=1}^{N} a_{ij} \left(\check{s}_{p,i} - \check{s}_{p,j}\right) \leqslant -k_{i,2} \lambda_{\min}(L) \|\check{s}_{p}\|^{2}$ 恒成立。因此，式（4.65）可变为

$$\dot{V}_{1} \leqslant -\sum_{i=1}^{n} \frac{|\check{s}_{p,i}| \left[k_{i,1} |\check{s}_{p,i}| - \left(k_{i,2} d_{i} q_{i,2} + \check{D}_{p,i}^{+}\right)\right]}{\left(1 - \check{\xi}_{p,i}^{2}\right) \rho_{p,i}} \tag{4.66}$$

当且仅当 $|s_{p,i}| > \dfrac{k_{i,2} d_{i} q_{i,2} + \check{D}_{p,i}^{+}}{k_{i,1}}$ 时，$\dot{V}_{1}$ 才为负，因此

$$|\check{s}_{p,i}| \leqslant \check{s}_{p,i}^{*} := \max \left\{|\check{s}_{p,i}(0)|, \frac{k_{i,2} d_{i} q_{i,2} + \check{D}_{p,i}^{+}}{k_{i,1}}\right\}, \quad t \in [0, \tau_{\max}) \tag{4.67}$$

其中，$\check{s}_{p,i}(0)$ 为 $\check{s}_{p,i}(t)$ 的初值。

类似地，定义 Lyapunov 函数为 $V_{2} = \dfrac{1}{4} \sum_{i=1}^{n} s_{v,i}^{2}$，求导可得

$$\dot{V}_{2} = \sum_{i=1}^{n} \frac{-k_{i,3} s_{v,i}^{2} + s_{v,i} \left(\hat{\mu}_{i}^{\mathrm{T}} W_{i}(\check{x}_{i}) - \check{G}_{i} - a_{di} - \dot{r}_{i}\right)}{\left(1 - \xi_{v,i}^{2}\right) \rho_{v,i}}$$
$$+ \sum_{i=1}^{n} \frac{k_{i,3} s_{v,i} \left(s_{v,i} - \check{s}_{v,i} - \tilde{s}_{v,i}\right)}{\left(1 - \xi_{v,i}^{2}\right) \rho_{v,i}} \tag{4.68}$$

其中，$\check{G}_{i} = f_{i} + \dot{\rho}_{v,i} \check{\xi}_{v,i} + a_{di}$。

与式（4.52）类似，可以得到 $\left|\mu_{i}^{\mathrm{T}} W_{i}(\check{x}_{i}) - \check{G}_{i} - a_{di} - \dot{r}_{i}\right| \leqslant D_{v,i}^{+}$，$D_{v,i}^{+}$ 为常数。当 $\xi_{v,i} \leqslant \dfrac{1}{2}$ 时，有 $|s_{v,i} - \check{s}_{v,i}| \leqslant 2 \ln 3$；当 $\xi_{v,i} > \dfrac{1}{2}$ 或 $\xi_{v,i} < -\dfrac{1}{2}$ 时，有 $s_{v,i}(s_{v,i} - \check{s}_{v,i}) < 0$，因此可得 $s_{v,i}(s_{v,i} - \check{s}_{v,i}) \leqslant D_{2,i}^{+}$。

由式（4.64）中的触发条件可得

$$\dot{V}_{2} \leqslant -\sum_{i=1}^{n} \frac{|s_{v,i}| \left[k_{i,3} |s_{v,i}| - \left(k_{i,3} q_{i,2} + D_{2,i}^{+} + D_{v,i}^{+}\right)\right]}{\left(1 - \xi_{v,i}^{2}\right) \rho_{v,i}} \tag{4.69}$$

因此，当且仅当 $|s_{v,i}| > \dfrac{k_{i,3} q_{i,2} + D_{2,i}^{+} + D_{v,i}^{+}}{k_{i,3}}$ 时，$\dot{V}_{2}$ 才为负，可得

$$|s_{v,i}| \leqslant s_{v,i}^{*} := \max \left\{|s_{v,i}(0)|, \frac{k_{i,3} q_{i,2} + D_{2,i}^{+} + D_{v,i}^{+}}{k_{i,3}}\right\}, \quad t \in [0, \tau_{\max}) \tag{4.70}$$

4.2 事件触发预设性能协同控制

其中，$s_{v,i}(0)$ 为 $s_{v,i}(t)$ 的初值。

因此，对式（4.35）进行求逆变换，可得

$$-1 < \frac{\exp(-\check{s}_{p,i}^*) - 1}{\exp(-\check{s}_{p,i}^*) + 1} := \underline{\check{\xi}}_{p,i} \leqslant \check{\xi}_{p,i} \leqslant \overline{\check{\xi}}_{p,i} := \frac{\exp(\check{s}_{p,i}^*) - 1}{\exp(\check{s}_{p,i}^*) + 1} \leqslant 1 \quad (4.71)$$

$$-1 < \frac{\exp(-\check{s}_{v,i}^*) - 1}{\exp(-\check{s}_{v,i}^*) + 1} := \underline{\xi}_{v,i} \leqslant \xi_{v,i} \leqslant \overline{\xi}_{p,i} := \frac{\exp(\check{s}_{v,i}^*) - 1}{\exp(\check{s}_{v,i}^*) + 1} < 1 \quad (4.72)$$

根据 $e_{v,i}$ 和 $\check{e}_{v,i}$ 的定义，可得

$$e_{v,i} = \check{e}_{v,i} + (\check{r}_i - r_i) \quad (4.73)$$

$$|\check{r}_i - r_i| \leqslant k_{i,2} d_i q_{i,2} := \overline{e}_{ri} \quad (4.74)$$

根据式（4.72），可得

$$-\varpi_{v,i} - \overline{e}_{ri} < \check{e}_{v,i} < \varpi_{v,i} + \overline{e}_{ri} \quad (4.75)$$

因此，$\check{e}_{v,i}$ 收敛于如下集合，即

$$\check{e}_{v,i}^* \stackrel{\text{def}}{=} \{\check{e}_{v,i} \mid |\check{e}_{v,i}| \leqslant \varpi_{v,i} + \overline{e}_{\alpha i}\} \quad (4.76)$$

接下来证明，事件不会连续触发（Zeno 现象不会出现），等价于证明触发间隔 $t_{k_i}^* = t_{k_i+1}^i - t_{k_i}^i$ 存在正上界。与定理 4.5 类似，根据式（4.64）的触发条件，对于 $t \in [t_{k_i}^i, t_{k_i+1}^i)$，可得

$$\frac{\mathrm{d}}{\mathrm{d}t}|\tilde{s}_{p,i}| \leqslant |\dot{\tilde{s}}_{p,i}| \leqslant |\dot{s}_{p,i}(t_k^i) - \dot{s}_{p,i}| = |\dot{s}_{p,i}| = \left|\frac{2\dot{\xi}_{p,i}}{1 - \xi_{p,i}^2}\right| \quad (4.77)$$

同理

$$\frac{\mathrm{d}}{\mathrm{d}t}|\tilde{s}_{v,i}| \leqslant |\dot{\tilde{s}}_{v,i}| \leqslant |\dot{s}_{v,i}(t_k^i) - \dot{s}_{v,i}| = |\dot{s}_{v,i}| = \left|\frac{2\dot{\xi}_{v,i}}{1 - \xi_{v,i}^2}\right| \quad (4.78)$$

由于所有闭环信号都是有界的，因此对于 $t \in [0, +\infty)$，$|\tilde{s}_{p,i}| + |\tilde{s}_{v,i}|$ 存在一个正的上界 $D_{3,i}^+$。根据式（4.64）可知，$\tilde{s}_{v,i}(t_k^i) = 0$、$\tilde{s}_{v,i}(t_k^i) = 0$，并且 $\lim_{t_{k_i}^i \to t_{k_i+1}^i} |\tilde{s}_{p,i}| + |\tilde{s}_{v,i}| = q_{i,2}$，可得触发间隔的上界 $t_{k_i}^*$ 满足 $t_{k_i}^* \geqslant \frac{q_{i,2}}{D_{3,i}^+} > 0$，也就是说，Zeno 现象不会出现，事件不会连续触发。 □

为了验证事件触发预设性能控制方法的有效性，我们将其应用到 4 辆列车的协同仿真，期望追踪间隔距离设置为 150m（该数值在实际中可根据运行条件设置为任意值）。列车的初始速度单位为 km/h，加速度的单位为 m/s²，均设

置为 0。设列车 i, $i = 1, 2, \cdots, 5$ 的初始位置单位为 m, 分别设置为 0、150、300、450、600。列车运行的阻力系数单位为 N/kN, 分别设置为 $a_i = 0.01176$、$b_i = 0.00077616$、$c_i = 1.6 \times 10^{-5}$。对于所有列车 i, 选取 $k_{i,1} = 0.5$、$k_{i,2} = 0.01$、$k_{i,3} = 0.2$、$\alpha_i = 1$、$\gamma_i = 0.01$。边界函数设置为 $\rho_{p,i} = (\rho_{p,\infty} - \rho_{p,0}) \exp(-\upsilon_p t) + \rho_{p,\infty}$、$\rho_{v,i} = (\rho_{v,\infty} - \rho_{v,0}) \exp(-\upsilon_v t) + \rho_{v,\infty}$、$\rho_{p,\infty} = \rho_{v,\infty} = 0.8$、$\rho_{p,0} = \rho_{v,0} = 1$、$\upsilon_p = \upsilon_v = 0.01$。

事件触发预设性能控制仿真结果如图 4.4 所示。多列车的跟踪误差被约束在预设边界范围内,并且模糊自适应律的更新和列车间信息传输是基于事件的,可以大大减少车载设备的计算复杂度。

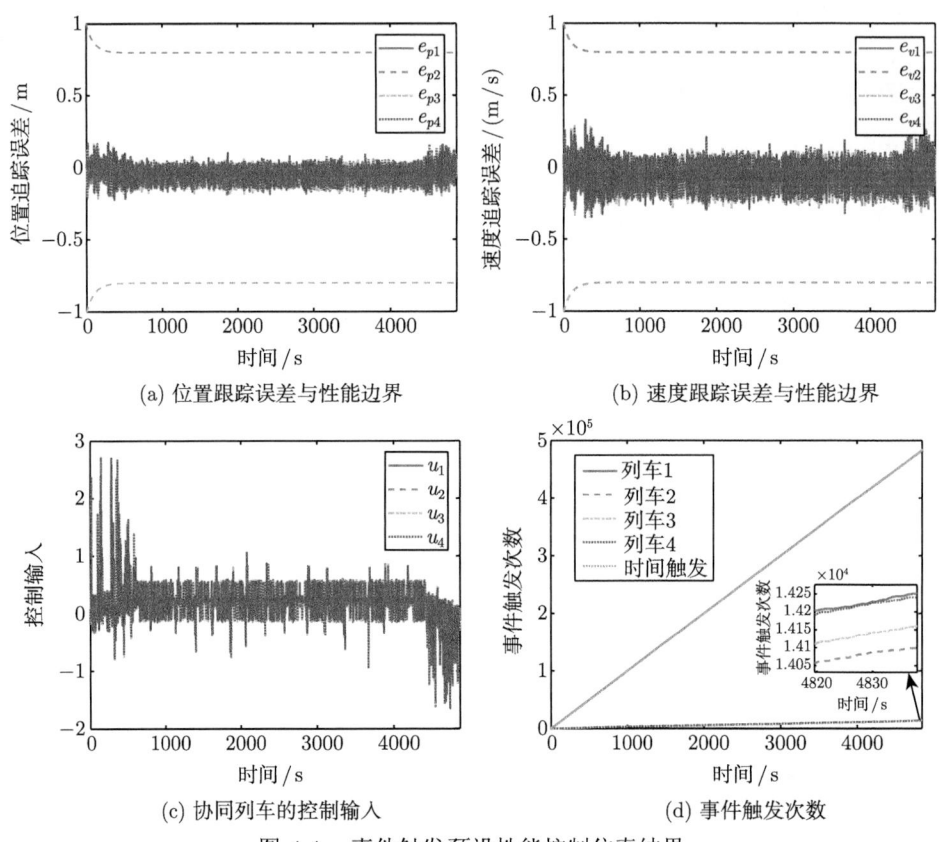

(a) 位置跟踪误差与性能边界

(b) 速度跟踪误差与性能边界

(c) 协同列车的控制输入

(d) 事件触发次数

图 4.4　事件触发预设性能控制仿真结果

4.3 多源扰动下协同运行分布式抗扰控制

4.3.1 协同通信网络时滞时变低增益控制

考虑高速铁路列车协同运行控制系统是由列车自动控制系统控制运行于移动闭塞模式下，列车与地面系统通过 GSM-R 进行信息交互，列车之间利用车-地-车无线结构实现信息交互。多列车协同运行示意图如图 4.5 所示。高速铁路多列车协同运行过程中，定义以下信息交互机制。以列车 i 为例，列车 i 运行过程中与其拓扑-邻接列车进行双向信息交互，即列车 i 可以向其拓扑-邻接列车发送自身运行状态信息，接收拓扑-邻接列车运行信息；多列车至少有一列列车可以从 RBC 接受 MA，生成需要跟踪的连续速度控制模式曲线，保证多列车编队行车安全。不失一般性，利用代数图理论对高速铁路多列车之间通信网络结构建立信息传递拓扑模型。考虑不同列车之间基于现有 CTCS-3 级控制系统通信传输框架，通过列车-地面系统-列车间接实现不同列车之间的运行信息交互。因此，考虑高速铁路多列车通信网络在列车运行过程中拓扑结构保持恒定不变，即固定拓扑。

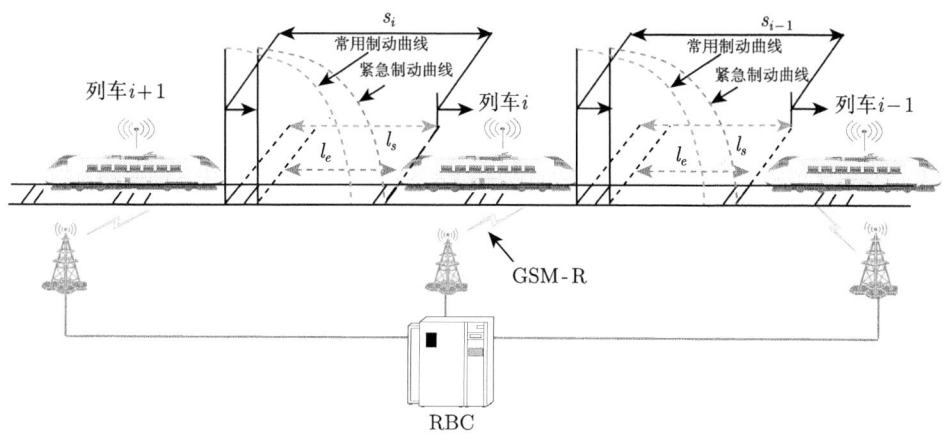

图 4.5 多列车协同运行示意图

考虑由 N 辆列车组成的高速铁路列车协同运行系统，车车间信息传递拓扑结构可描述为加权无向图 $G = (V, E, A)$。其中，节点集 $V = \{v_1, v_2, \cdots, v_N\}$ 中的节点 v_i 表示高速铁路多列车系统中列车 i；$E \subset V \times V$ 为拓扑图中边的集合，图 G 中的边 (v_i, v_j) 表示列车 j 能够获取列车 i 的运行信息；$A = [a_{i,j}]$ 为 $N \times N$ 矩阵，表示与图 G 相对应的邻接矩阵。其中，每个非负元素 $a_{i,j}$ 定义为，如果列车 i 能够获得列车 j 运行信息，则 $a_{i,j} > 0$，反之，$a_{i,j} = 0$。进一步，令 $a_{i,i} = 0$，对邻接矩阵 A，定义拉普拉斯矩阵 $L = [l_{i,j}]$ 为 $N \times N$ 矩阵；当 $i \neq j$

时，$l_{i,j} = -a_{i,j}$，反之，$l_{i,i} = \sum_{j=1}^{N} a_{i,j}$；如果列车 i 与列车 j 之间存在如下形式连续边 $(v_i, v_{i,1}), (v_{i,1}, v_{i,2}), \cdots, (v_{j,1}, v_j)$，则称列车 i 与列车 j 之间存在一条路径。令 N_i 表示列车 i 的拓扑-邻接集，定义为

$$N_i = \{v_j : (v_j, v_i)\} \in E, \quad j = 1, 2, \cdots, N \tag{4.79}$$

假设 4.6 考虑由 N 辆列车组成的列车集，假设任意两辆列车，车 i 与车 j 之间至少存在一条路径。

引理 4.2 考虑加权无向图 G 和对角矩阵 $H = \text{diag}\{h_1, h_2, \cdots, h_N\}$，其中至少存在一个参数 i, $i = 1, 2, \cdots, N$，使得 $h_i > 0$ 成立，则拉普拉斯矩阵 L 的所有特征值均不小于零；当且仅当 G 为连通图，矩阵 $L + H$ 所有特征值均为正数。

考虑由 N 辆列车组成的高速铁路多列车系统，其水平方向动力学模型可建模为

$$\begin{cases} \dfrac{\mathrm{d}p_i(t)}{\mathrm{d}t} = v_i(t) \\ m_i \dfrac{\mathrm{d}v_i(t)}{\mathrm{d}t} = f_i(t) - m_i R(v_i) \\ \dfrac{\mathrm{d}f_i(t)}{\mathrm{d}t} = \dfrac{1}{\iota}(F_i(t) - f_i(t)) \end{cases} \tag{4.80}$$

其中，$p_i(t)$ 为列车 i 的位置；$v_i(t)$ 为列车 i 的速度；m_i 为列车 i 的质量；$f_i(t)$ 为列车 i 获得的牵引力和制动力；F_i 为牵引单元或者制动单元收到的控制命令；ι 为牵引单元/制动单元惯性时滞系数；$m_i R(v_i)$ 为列车 i 运行方向受到的基本阻力，$R(v_i)$ 可由戴维斯方程描述为

$$R(v_i) = c_0 + c_v v_i + c_a v_i^2$$

其中，c_0、c_v、c_a 为已知戴维斯方程系数。

定义 v_0 为高速铁路多列车系统参考巡航速度 $\dot{v}_0 = 0$，并且 $\dot{p}_0 = v_0$。进一步，定义列车 i 的期望跟踪位置为 $p_{r,i} = p_0 - (i-1)l$，$i = 1, 2, \cdots, N$，其中 l 表示列车最小安全追踪间隔。定义列车 i 的实际运行状态与其期望跟踪状态的误差为

$$x_{i,1} = p_i - p_{r,i}$$
$$x_{i,2} = v_i - v_0$$

定义 $z_i = \dfrac{1}{m_i} f_i - \varphi(v_i)$，则式（4.80）可以简化为以下串联结构，即

4.3 多源扰动下协同运行分布式抗扰控制

$$\begin{aligned}\dot{x}_{i,1} &= x_{i,2} \\ \dot{x}_{i,2} &= z_i \\ \dot{z}_i &= \frac{1}{m_i \iota}\{F_i - [1+\iota(c_v+2c_a v_i)]f_i\} + (c_v+2c_a v_i)R(v_i)\end{aligned} \quad (4.81)$$

进一步，定义 $x_i = [x_{i,1}, x_{i,2}, z_i]^{\mathrm{T}}$，并令

$$F_i = m_i \iota u_i + [1+\iota(c_v+2c_a v_i)]f_i - m_i \iota(c_v+2c_a v_i)R(v_i)$$

其中，f_i 可以由式（4.80）计算得出。

式（4.81）中的系统可以整理为紧凑结构，即

$$\dot{x}_i(t) = Ax_i(t) + Bu_i(t) \quad (4.82)$$

其中

$$A = \begin{bmatrix} 0 & 1 & 0 \\ 0 & 0 & 1 \\ 0 & 0 & 0 \end{bmatrix}, \quad B = \begin{bmatrix} 0 \\ 0 \\ 1 \end{bmatrix}$$

为了维持列车间最小安全追踪间隔并实现快速、准确地追踪列车运行曲线,进一步保证列车运行安全、提高列车协同运行效率,每一辆列车都需要获得拓扑-邻接的列车运行信息。然而，由于高速铁路通信系统中数字处理器存在计算时间限制，以及列车运行过程中存在来自内部电子环境和外部不确定自然环境的干扰。列车通过车-地-车结构实现多列车之间信息交互时，不可避免地会出现通信时滞。因此，对高速铁路通信网络存在通信时滞这一实际问题，做如下假设。

假设 4.7 对由 N 辆列车组成的列车集，假设任意两辆列车之间信息传输过程中存在未知恒定时滞 $\tau \in [0, \bar{\tau}]$，其中 $\bar{\tau}$ 为未知时滞上界。

假设 4.8 系统控制策略与列车运行控制系统闭塞制式密切相关，为了减小协同控制问题的复杂性，基于移动闭塞制式研究多列车协同控制问题。

考虑假设 4.7，式（4.82）中列车状态误差动态方程可整理为

$$\dot{x}_i(t) = Ax_i(t) + Bu_i(t-\tau), \quad i = 1, 2, \cdots, N \quad (4.83)$$

不失一般性，假定多列车协同过程从 $t=0$ 开始，式（4.83）中时滞误差动态系统的初始条件定义为 $x_i(\beta) = \phi_i(\beta)$，$\phi_i(\beta) \in [-\tau, 0]$ 为连续函数。

定义连续两辆列车之间的实时追踪间隔 $s_i(t) = p_i(t) - p_{i+1}(t)$，多列车协同的控制目标可表述为，考虑式（4.80）中列车动力学方程，在列车之间信息交互网络存在时滞 τ 的约束下，对每一辆独立列车 i，通过利用其"拓扑-邻接"列车信息，设计多列车协同控制器 $F_i(t)$，使高速铁路多列车系统协同一致运行，即每

一辆列车以相同速度运行，相邻列车间以最小安全距离间隔运行；对于给定列车运行曲线，即速度-距离曲线，列车速度和距离跟踪误差随着跟踪时间的增加无限趋近于零；在所设计的控制器下，多列车协同控制动态系统闭环系统稳定，即闭环信号有界。

进一步，对式（4.83）中列车状态误差动态方程，每一辆列车 i 设计分布式协同控制器 u_i，使以下条件成立，即

$$\lim_{t \to \infty} x_i(t) = 0$$

$$\lim_{t \to \infty} s_i(t) = l$$

为了分析式（4.87）中时变低增益协同控制律的有效性，首先将式（4.83）中系统等价转化为带有偏微分转移项的常微分串；其次利用偏微分方程理论，并基于李亚普诺夫稳定性理论分析闭环系统的特性。

定义 $x = \left[x_1^{\mathrm{T}}, x_2^{\mathrm{T}}, \cdots, x_N^{\mathrm{T}}\right]^{\mathrm{T}}$、$U(t) = \left[u_1(t), u_2(t), \cdots, u_N(t)\right]^{\mathrm{T}}$，利用变量 x 和 $U(t)$，N 辆列车组成的多列车系统误差动态方程可表述为

$$\dot{x}(t) = I_N \otimes Ax(t) + I_N \otimes BU(t-\tau) \tag{4.84}$$

首先，引入如下偏微分转移方程，即

$$\tau u_t(\varphi, t) = u_\varphi(\varphi, t) \tag{4.85}$$

其中，$u(\varphi, t)$ 为式（4.85）中偏微分转移方程在边界条件 $u(1, t) = U(t)$ 下的解。

不失一般性，定义

$$u(\varphi, t) = U\left[t + \tau(\varphi - 1)\right], \quad \varphi \in [0, 1]$$

则 $U(t - \tau)$ 可以表示函数 $u(\varphi, t)$ 在 $\varphi = 0$ 时的边界值。

进一步，式（4.84）中多列车系统误差动态方程可等价变换为

$$\begin{cases} \dot{x}(t) = I_N \otimes Ax(t) + I_N \otimes Bu(0, t) \\ \tau u_t(\varphi, t) = u_\varphi(\varphi, t) \\ u(1, t) = U(t) \end{cases} \tag{4.86}$$

对于式（4.86）中列车状态误差动态方程，建立分布式协同控制律，即

$$u_i(t) = \rho B^{\mathrm{T}} P\left(\gamma(t)\right) \sum_{j \in N_i} a_{i,j}\left(x_j(t) - x_i(t)\right) - b_i x_i(t), \quad i = 1, 2, \cdots, N \tag{4.87}$$

4.3 多源扰动下协同运行分布式抗扰控制

其中，$i=1$ 时，$b_1=1$，其他情况 $b_i=0$；ρ 为待设计已知正常数；$P(\gamma(t))$ 为参数化代数黎卡提方程正定解，即

$$A^{\mathrm{T}}P(\gamma)+P(\gamma)A-P(\gamma)BB^{\mathrm{T}}P(\gamma)=-\gamma P(\gamma)\ \gamma>0 \tag{4.88}$$

其中，时变低增益参数 $\gamma(t)$ 满足

$$\gamma(t)=\frac{h}{\hat{\tau}(t)} \tag{4.89}$$

其中，h 为一足够小的正常数，并且 $\hat{\tau}(t)$ 满足以下条件，即 $\hat{\tau}(t)\in[-\tau,\infty)$ 为二阶可导函数，$\hat{\tau}(t)>0$，$\lim\limits_{t\to\infty}\hat{\tau}(t)=\bar{\tau}$，$\lim\limits_{t\to\infty}\dot{\hat{\tau}}(t)=0$。

定义 $H_g=L+H$，其中 $H=\mathrm{diag}\{b_1,b_2,\cdots,b_N\}$，则 $U(t)$ 可整理为以下形式，即

$$U(t)=\rho H_g\otimes K(\gamma(t))x(t)=-\rho H_g\otimes B^{\mathrm{T}}P(\gamma(t))\,x(t) \tag{4.90}$$

考虑式（4.80）为 N 辆列车组成的高速铁路多列车系统，在不同列车之间信息交互网络存在未知时滞条件下，针对多列车协同控制问题，我们给出以下结论，并对高速铁路多列车闭环控制系统的动态性能进行分析。

引理 4.3 [110] 式（4.90）中时变低增益协同控制律反馈增益 $K(\gamma(t))$ 有界且满足 $K(\gamma(t))\in[-\tau,\infty]$ 为二阶可导函数。

引理 4.4 [111,112] 考虑控制系统 $\dot{x}(t)=Ax(t)+Bu(t)$，其中系统 (A,B) 可控。如果参数 $\gamma>-2\min\{\mathrm{Re}(\lambda(A))\}$，其中 $\mathrm{Re}(\lambda(A))$ 表示矩阵 A 的特征值实部的集合。对于以下参数化代数黎卡提方程，即

$$A^{\mathrm{T}}P(\gamma)+P(\gamma)A-P(\gamma)BB^{\mathrm{T}}P(\gamma)=-\gamma P(\gamma)\ \gamma>0 \tag{4.91}$$

其唯一正定解为 $P(\gamma)$，定义 $A_c(\gamma)=A-BB^{\mathrm{T}}P(\gamma))$，则对 $P(\gamma)$ 有以下特性，即

$$\mathrm{tr}\left(B^{\mathrm{T}}P(\gamma)B\right)=n\gamma+2\mathrm{tr}(A)$$

$$P(\gamma)BB^{\mathrm{T}}P(\gamma)\leqslant(n\gamma+2\mathrm{tr}(A))P(\gamma)$$

$$\frac{\mathrm{d}P(\gamma)}{\mathrm{d}\gamma}>0$$

$$A_c^{\mathrm{T}}(\gamma)P(\gamma)A_c(\gamma)\leqslant w(\gamma)P(\gamma)$$

其中，$w(\gamma)=\dfrac{1}{2}(n\gamma+2\mathrm{tr}(A))[(n+1)\gamma+2\mathrm{tr}(A)]+r\mathrm{tr}(A)-\mathrm{tr}(A^2)$。

定理 4.7 对控制系统 $\dot{x}(t)=Ax(t)+Bu(t)$，如下不等式成立，即

$$\underline{A}^{\mathrm{T}}(I_N\otimes P(\gamma))\underline{A}\leqslant\left[\frac{n(n+1)}{2}+n^2(\rho\bar{\sigma}-1)\right]\rho\bar{\sigma}\gamma^2 I_N\otimes P(\gamma)$$

其中，矩阵 $\underline{A} = (I_N \otimes A) - \varrho(H_g \otimes BB^\mathrm{T} P(\gamma))$；$P(\gamma)$ 是式 (4.88) 中参数化代数黎卡提方程的正定解；$\bar{\sigma}$ 为正定矩阵 H_g 的最大特征值，即 $\bar{\sigma} = \max\{\lambda_i(H_g)\}$，$i = 1, 2, \cdots, N$；$\rho > \underline{\sigma}^{-1}$，$\underline{\sigma}$ 为正定矩阵 H_g 的最小特征值，$\underline{\sigma} = \min\{\lambda_i(H_g)\}$。

证明 令 $K(\gamma) = B^\mathrm{T} P(\gamma)$。应用参数化代数黎卡提方程 $P(\gamma)BB^\mathrm{T}P(\gamma) = A^\mathrm{T} P(\gamma) + P(\gamma) A + \gamma P(\gamma)$，可得

$$\begin{aligned}
\underline{A}^\mathrm{T} (I_N \otimes P(\gamma)) \underline{A} &= \left[(I_N \otimes A^\mathrm{T}) - \varrho(H_g \otimes K^\mathrm{T}(\gamma)^\mathrm{T} B^\mathrm{T}) \right] (I_N \otimes P(\gamma)) \\
&\quad \times \left[(I_N \otimes A) - \varrho(H_g \otimes BK(\gamma)) \right] c \\
&= \left[(I_N \otimes A^\mathrm{T} P(\gamma)) - \varrho(H_g \otimes K^\mathrm{T}(\gamma)^\mathrm{T} B^\mathrm{T} P(\gamma)) \right] \\
&\quad \times \left[(I_N \otimes A) - \varrho(H_g \otimes BK(\gamma)) \right] \\
&= I_N \otimes A^\mathrm{T} P(\gamma) A - \varrho H_g \otimes K^\mathrm{T}(\gamma) B^\mathrm{T} P(\gamma) A \\
&\quad - \varrho H_g \otimes A^\mathrm{T} P(\gamma) BK(\gamma) + \varrho^2 \left(H_g^2 \otimes K^\mathrm{T}(\gamma) B^\mathrm{T} P(\gamma) BK(\gamma) \right) \\
&= (I_N - \varrho H_g) \otimes A^\mathrm{T} P(\gamma) A - \varrho H_g \otimes P(\gamma) A^2 - \gamma \varrho H_g \otimes P(\gamma) A \\
&\quad + \varrho^2 H_g^2 \otimes \left(K^\mathrm{T}(\gamma) B^\mathrm{T} P(\gamma) BK(\gamma) - A^\mathrm{T} P(\gamma) BK(\gamma) \right) \\
&\quad + [\varrho H_g(\varrho H_g - I_N)] \otimes A^\mathrm{T} P(\gamma) BK(\gamma)
\end{aligned}$$

由 $\rho > \underline{\sigma}^{-1}$ 可知，$I_N - \varrho H_g < 0$。因此，可得

$$\begin{aligned}
\underline{A}^\mathrm{T} (I_N \otimes P(\gamma)) \underline{A} &\leqslant - \varrho H_g \otimes P(\gamma) A^2 - \gamma \varrho H_g \otimes P(\gamma) A \\
&\quad + \varrho^2 H_g^2 \otimes (P(\gamma) ABK(\gamma) + \gamma P(\gamma) BK(\gamma)) \\
&\quad + [\varrho H_g(\varrho H_g - I_N)] \otimes A^\mathrm{T} P(\gamma) BK(\gamma) \\
&= - (\varrho H_g \otimes P(\gamma) A) \underline{A} - \gamma \varrho H_g \otimes P(\gamma) A \\
&\quad + [\varrho H_g(\varrho H_g - I_N)] \otimes A^\mathrm{T} P(\gamma) BK(\gamma) \\
&\quad + \gamma \varrho^2 H_g^2 \otimes K(\gamma)^\mathrm{T} K(\gamma) \tag{4.92}
\end{aligned}$$

由于

$$\begin{aligned}
&(I_N \otimes P(\gamma)) \underline{A} \\
&= I_N \otimes (P(\gamma) A - P(\gamma) BK(\gamma)) - (\varrho H_g - I_N) \otimes P(\gamma) BK(\gamma) \\
&= -I_N \otimes \left(A^\mathrm{T} P(\gamma) + \gamma P(\gamma) \right) - (\varrho H_g - I_N) \otimes P(\gamma) BK(\gamma)
\end{aligned}$$

则矩阵 $\underline{A}$ 可以写为

$$\underline{A} = -I_N \otimes \left(P^{-1}(\gamma) A^\mathrm{T} P(\gamma) + \gamma \right) - (\varrho H_g - I_N) \otimes BK(\gamma)$$

因此，代入式（4.92）可得

$$\underline{A}^{\mathrm{T}}(I_N \otimes P(\gamma))\underline{A} \leqslant \varrho H_g \otimes P(\gamma)AP(\gamma)^{-1}A^{\mathrm{T}}P(\gamma)$$
$$+[\varrho H_g(\varrho H_g - I_N)] \otimes [(P(\gamma)A + A^{\mathrm{T}}P(\gamma))BK(\gamma)]$$
$$+\gamma \varrho^2 H_g^2 \otimes K(\gamma)^{\mathrm{T}}K(\gamma)$$
$$= \varrho H_g \otimes P(\gamma)AP(\gamma)^{-1}A^{\mathrm{T}}P(\gamma)$$
$$+[\varrho H_g(\varrho H_g - I_N)] \otimes [(P(\gamma)BB^{\mathrm{T}}P(\gamma) - \gamma P(\gamma))BK(\gamma)]$$
$$+\gamma \varrho^2 H_g^2 \otimes K(\gamma)^{\mathrm{T}}K(\gamma)$$

进而可得

$$\underline{A}^{\mathrm{T}}(I_N \otimes P(\gamma))\underline{A}$$
$$\leqslant \varrho H_g(\varrho H_g - I_N) \otimes \left(\mathrm{tr}(P(\gamma)BB^{\mathrm{T}})K^{\mathrm{T}}(\gamma)K(\gamma) - \gamma K^{\mathrm{T}}(\gamma)K(\gamma)\right)$$
$$+ \varrho H_g \otimes \mathrm{tr}(P(\gamma)AP(\gamma)^{-1}A^{\mathrm{T}})P(\gamma) + \gamma \varrho^2 H_g^2 \otimes K(\gamma)^{\mathrm{T}}K(\gamma)$$
$$\leqslant n^2\gamma^2 [\varrho H_g(\varrho H_g - I_N)] \otimes P(\gamma) + \left(\frac{n^2}{2} + \frac{n}{2}\right)\gamma^2 \varrho H_g \otimes P(\gamma)$$
$$\leqslant \left[\frac{n(n+1)}{2} + n^2(\rho\bar{\sigma} - 1)\right]\rho\bar{\sigma}\gamma^2 I_N \otimes P(\gamma)$$

$\square$

引理 4.5[110] 对式 (4.84)～式 (4.90) 中高速铁路多列车系统误差动态系统，系统初始状态为 $U(\beta) = [\phi_1^{\mathrm{T}}(\beta), \phi_2^{\mathrm{T}}(\beta), \cdots, \phi_N^{\mathrm{T}}(\beta)]^{\mathrm{T}}$，$x(0) = [x_{1,0}^{\mathrm{T}}, x_{2,0}^{\mathrm{T}}, \cdots, x_{N,0}^{\mathrm{T}}]^{\mathrm{T}}$。系统状态 $x(t)$ 和控制信号 $U(t)$ 满足 $x(t) \in [-\tau, \infty)$ 为连续函数，$U(t) \in [-\tau, \infty)$ 为连续函数，以及 $x(t), U(t) \in^1 (0, \infty) \cap (\tau, \infty)$。

针对式（4.89）中的参数 $\hat{\tau}(t)$，相应的函数 $\hat{u}(\varphi, t)$ 定义为

$$\hat{u}(\varphi, t) = U[t + \hat{\tau}(\varphi - 1)]$$

其中，$\hat{u}(x, t)$ 满足以下性质，即

$$\begin{cases} \hat{\tau}\hat{u}_t(\varphi, t) = \left[1 + \dot{\hat{\tau}}(\varphi - 1)\right]\hat{u}_\varphi(\varphi, t) \\ \hat{u}(1, t) = U(t) \end{cases}$$

定义 $\hat{u}(\varphi, t)$ 与 $U(t)$ 的差为 $w(\varphi, t)$，其中 $w(\varphi, t) = \hat{u}(\varphi, t) - U(t) = \hat{u}(\varphi, t) + \rho H_g \otimes B^{\mathrm{T}}P(\gamma(t))x(t)$。

进一步，定义 τ 与 $\hat{\tau}$ 的差为 $\tilde{\tau}$，$u(\varphi, t)$ 与 $\hat{u}(\varphi, t)$ 的差为 $\tilde{u}(x, t)$，即

$$\tilde{\tau} = \tau - \hat{\tau} \tag{4.93}$$

$$\tilde{u}(\varphi,t) = u(\varphi,t) - \hat{u}(\varphi,t) \tag{4.94}$$

由式（4.93）和式（4.94），可以导出 $w(x,t)$ 的偏微分转移方程，即

$$\begin{cases} \hat{\tau} w_t(\varphi,t) = \left[1 + \dot{\hat{\tau}}(\varphi-1)\right] w_\varphi(\varphi,t) + \hat{\tau}\rho H_g \otimes B^{\mathrm{T}} \dfrac{\partial P}{\partial \gamma} \dot{\gamma}(t) x(t) \\ \qquad + \hat{\tau}\rho H_g \otimes B^{\mathrm{T}} P(\gamma(t)) \times \Big(I_N \otimes A \\ \qquad - \rho H_g \otimes BB^{\mathrm{T}} P(\gamma(t)) x(t) \\ \qquad + I_N \otimes B\tilde{u}(0,t) + I_N \otimes Bw(0,t) \Big) \\ w(1,t) = 0 \end{cases} \tag{4.95}$$

根据 $w(\varphi,t)$ 的定义和式 (4.94)，变低增益协同控制律下的闭环系统可整理为

$$\dot{x}(t) = \left(I_N \otimes A - \rho H_g \otimes BB^{\mathrm{T}} P(\gamma(t))\right) x(t) + I_N \otimes B\tilde{u}(0,t) + I_N \otimes Bw(0,t) \tag{4.96}$$

基于式（4.94），$\tilde{u}(\varphi,t)$ 的偏微分转移方程为

$$\begin{cases} \tau \tilde{u}_t(\varphi,t) = \tilde{u}_\varphi(\varphi,t) - \dfrac{\tilde{\tau} + \tau\dot{\hat{\tau}}(\varphi-1)}{\hat{\tau}} w_\varphi(\varphi,t) \\ \tilde{u}(1,t) = 0 \end{cases} \tag{4.97}$$

利用式（4.95），进一步可以导出 $w_\varphi(\varphi,t)$ 的偏微分转移方程满足

$$\begin{cases} \hat{\tau} w_{\varphi t}(\varphi,t) = w_{\varphi\varphi}(\varphi,t) \left[1 + \dot{\hat{\tau}}(\varphi-1)\right] + \dot{\hat{\tau}} w_\varphi(\varphi,t) \\ w_\varphi(1,t) = \hat{\tau}\rho H_g \otimes B^{\mathrm{T}} \dfrac{\partial P}{\partial \gamma} \dot{\gamma}(t) x(t) - \hat{\tau}\rho H_g \otimes B^{\mathrm{T}} P(\gamma(t)) \\ \qquad \times \left(I_N \otimes A - \rho H_g \otimes BB^{\mathrm{T}} P(\gamma(t)) x(t) \right. \\ \qquad \left. + I_N \otimes B\tilde{u}(0,t) + I_N \otimes Bw(0,t) \right) \end{cases} \tag{4.98}$$

为了估计 $w(\varphi,t)$、$x(t)$、$w_\varphi(\varphi,t)$、$w_{\varphi,\varphi}(\varphi,t)$、$A_c(\gamma(t))$、$\tilde{u}(\varphi,t)$ 之间的交叉项，我们给出以下定理。

引理 4.6 [110] 对式（4.86）中高速铁路多列车误差动态系统，有以下性质成立，即

$$\int_0^1 (1+\varphi) \tilde{u}^{\mathrm{T}}(\varphi,t) \tilde{u}_\varphi(\varphi,t) \mathrm{d}\varphi = -\dfrac{1}{2}\left(|\tilde{u}(0,t)|^2 + \|\tilde{u}(t)\|^2\right) \tag{4.99}$$

$$\int_0^1 (1+\varphi) \left[\tilde{\tau} + \tau\dot{\hat{\tau}}(\varphi-1)\right] \tilde{u}^{\mathrm{T}}(\varphi,t) w_\varphi(\varphi,t) \mathrm{d}\varphi$$

4.3 多源扰动下协同运行分布式抗扰控制

$$\leqslant \left(|\tilde{\tau}| + \frac{1}{2}\tau|\dot{\tilde{\tau}}|\right)\left(\frac{\|w_\varphi(t)\|^2}{\epsilon} + \epsilon\|\tilde{u}(t)\|^2\right), \quad \epsilon > 0 \tag{4.100}$$

$$\int_0^1 (1+\varphi)\left[1+\dot{\tilde{\tau}}(\varphi-1)\right]w^{\mathrm{T}}(\varphi,t)w_\varphi(\varphi,t)\mathrm{d}\varphi$$

$$\leqslant \frac{1}{2}\left(|\dot{\tilde{\tau}}|-1\right)|w(0,t)|^2 + \left(|\dot{\tilde{\tau}}|-\frac{1}{2}\right)\|w(t)\|^2 \tag{4.101}$$

$$\int_0^1 (1+\varphi)w_\varphi^{\mathrm{T}}(\varphi,t)w_{\varphi\varphi}(\varphi,t)\left[1+\dot{\tilde{\tau}}(\varphi-1)\right]\mathrm{d}\varphi$$

$$\leqslant |w_\varphi(1,t)|^2 + \frac{1}{2}\left(|\dot{\tilde{\tau}}|-1\right)|w_\varphi(0,t)|^2 + \left(|\dot{\tilde{\tau}}|-\frac{1}{2}\right)\|w_\varphi(t)\|^2 \tag{4.102}$$

性质 4.1 对式 (4.86) 中高速铁路多列车误差动态系统, 有以下性质成立, 即

$$\int_0^1 (1+\varphi)w^{\mathrm{T}}(\varphi,t)\left(\hat{\tau}\rho H_g \otimes B^{\mathrm{T}}\frac{\partial P}{\partial \gamma}\dot{\gamma}(t)\right)x(t)\mathrm{d}\varphi$$

$$\leqslant h^{\frac{3}{2}}\left(\frac{\dot{\tilde{\tau}}}{\hat{\tau}}\right)^2 x^{\mathrm{T}}(t)\left(\rho H_g\right)^2 \otimes \frac{\partial P}{\partial \gamma}BB^{\mathrm{T}}\frac{\partial P}{\partial \gamma}x(t) + h^{\frac{1}{2}}\|w(t)\|^2 \tag{4.103}$$

$$\int_0^1 (1+\varphi)w^{\mathrm{T}}(\varphi,t)\left(\hat{\tau}\rho H_g \otimes B^{\mathrm{T}}P(\gamma(t))\right)A_c(\gamma(t))x(t)\mathrm{d}\varphi$$

$$\leqslant \aleph(\rho,n)\hat{\tau}\gamma^2(t)x^{\mathrm{T}}(t)I_N \otimes P(\gamma(t))x(t) + \left(\rho^2\bar{\sigma}^2 n\right)\hat{\tau}\gamma(t)\|w(t)\|^2 \tag{4.104}$$

$$\int_0^1 (1+\varphi)w^{\mathrm{T}}(\varphi,t)\left(\hat{\tau}\rho H_g \otimes B^{\mathrm{T}}P(\gamma(t))B\right)(\tilde{u}(0,t)+w(0,t))\mathrm{d}\varphi$$

$$\leqslant \left(\rho^2\bar{\sigma}^2 n\right)\hat{\tau}\gamma(t)\|w(t)\|^2 + 2n\hat{\tau}\gamma(t)\left(|\tilde{u}(0,t)|^2 + |w(0,t)|^2\right) \tag{4.105}$$

$$|w_\varphi(1,t)|^2 \leqslant 2n\rho^2\bar{\sigma}^2\hat{\tau}^2\dot{\gamma}^2(t)x^{\mathrm{T}}(t)\left(I_N \otimes \frac{\partial P}{\partial \gamma}\right)x(t)$$

$$+ 6n\rho^2\bar{\sigma}^2\hat{\tau}^2\aleph(\rho,n)\gamma^3(t)x^{\mathrm{T}}(t)\left(I_N \otimes P(\gamma(t))\right)x(t)$$

$$+ 6\rho^2\bar{\sigma}^2\hat{\tau}^2 n^2\gamma^2(t)\left(|\tilde{u}(0,t)|^2 + |\tilde{w}(0,t)|^2\right) \tag{4.106}$$

其中, $\aleph(\rho,n) := \frac{1}{2}n(n+1)\rho\bar{\sigma} + n^2\rho\bar{\sigma}(\rho\bar{\sigma}-1)$。

定理 4.8 考虑由式 (4.80) 描述的 N 辆列车组成的高速铁路多列车动态系统, 列车之间信息交互网络存在未知时滞 τ。假定时滞 τ 的上界已知, 即 $\tau \in [0,\bar{\tau}]$, $\bar{\tau}$ 为已知正常数。选取参数 $h \in (0\ \bar{h}]$, 则式 (4.87) 中协同控制律可以保证高速铁路多列车能够跟踪期望位置-速度曲线, 相邻列车以最小追踪距离协同运行, 即对任意 $i = 1, 2, \cdots, N$, $\lim_{t\to\infty}(p_i(t) - p_{r,i}(t)) = 0$ 及 $\lim_{t\to\infty}(v_i(t) - v_r) = 0$; 对任意 $j = 1, 2, \cdots, N-1$, $\lim_{t\to\infty}s_j(t) = l$。特别地, $\underline{\sigma} = \min\{\lambda_i(H_g)\}$, $\rho > \underline{\sigma}^{-1}$; 参数

$\bar{h}$ 需满足

$$\begin{cases} -1 + 6b_2\bar{h}\rho\bar{\sigma}\left(3\rho\bar{\sigma} - 1\right)\left(1 + 18\rho^2\bar{\sigma}^2\bar{h}\right) + 2\bar{h} < 0 \\ 2 - b_1 + 12b_2\bar{h} + 108b_2\rho^2\bar{\sigma}^2\bar{h}^2 < 0 \\ \bar{h}^{\frac{1}{2}} + 2\bar{h}\rho^2\bar{\sigma}^2 \leqslant \dfrac{5}{12} \end{cases} \tag{4.107}$$

其中，b_1 和 b_2 为正常数，$b_1 > 2$、$18b_1 \leqslant b_2$。

证明 选取 Lyapunov 泛函 $V(t)$ 为

$$\begin{aligned} V(t) = {}& x^{\mathrm{T}}(t)\left(I_N \otimes P\left(\gamma(t)\right)\right)x(t) + b_1\tau\int_0^1 (1+\varphi)|\tilde{u}(\varphi,t)|^2\mathrm{d}\varphi \\ & + b_2\hat{\tau}\int_0^1 (1+\varphi)\left(|w(\varphi,t)|^2 + |w_\varphi(\varphi,t)|^2\right)\mathrm{d}\varphi \end{aligned} \tag{4.108}$$

沿式（4.96）中闭环系统的任意轨线，$V(t)$ 关于时间的导数为

$$\begin{aligned} \dot{V} = {}& 2\dot{x}^{\mathrm{T}}(t)I_N \otimes P\left(\gamma(t)\right)x(t) + x^{\mathrm{T}}(t)I_N \otimes \dot{P}(\gamma(t))x(t) \\ & + 2b_1\int_0^1 (1+\varphi)\tilde{u}^{\mathrm{T}}(\varphi,t)\left[\tilde{u}_\varphi(\varphi,t) - \frac{\tilde{\tau} + \tau\dot{\hat{\tau}}(\varphi-1)}{\hat{\tau}}w_\varphi(\varphi,t)\right]\mathrm{d}\varphi \\ & + 2b_2\int_0^1 (1+\varphi)w^{\mathrm{T}}(\varphi,t)\bigg\{\left[1 + \dot{\hat{\tau}}(\varphi-1)\right]w_\varphi(\varphi,t) + \hat{\tau}\rho H_g \otimes B^{\mathrm{T}}\frac{\partial P}{\partial \gamma}\dot{\gamma}(t)x(t) \\ & + \hat{\tau}\rho H_g \otimes B^{\mathrm{T}}P(\gamma(t))\left(I_N \otimes A - \rho H_g \otimes BB^{\mathrm{T}}\right. \\ & \left. \times P\left(\gamma(t)\right)x(t) + I_N \otimes B\tilde{u}(0,t) + I_N \otimes Bw(0,t)\right)\bigg\}\mathrm{d}\varphi \\ & + 2b_2\int_0^1 (1+\varphi)w_\varphi^{\mathrm{T}}(\varphi,t)\left\{w_{\varphi\varphi}(\varphi,t)\left[1 + \dot{\hat{\tau}}(\varphi-1)\right]\dot{\hat{\tau}}w_\varphi(\varphi,t)\right\}\mathrm{d}\varphi \\ & + b_2\dot{\hat{\tau}}\int_0^1 (1+\varphi)\left(|w(\varphi,t)|^2 + |w_\varphi(\varphi,t)|^2\right)\mathrm{d}\varphi \end{aligned} \tag{4.109}$$

不失一般性，假设 Lyapunov 函数 $V(t)$ 在区间 $t \in [t_s, \infty)$ 存在一阶导数。从式（4.109）右侧可以看出，$\dot{V}(t)$ 中含有的最高阶导数为 $w_{\varphi\varphi}(\varphi,t)$，可由下式得出，即

$$w_{\varphi\varphi}(\varphi,t) = \left.\frac{\partial^2 U}{\partial \vartheta^2}\hat{\tau}^2\right|_{\vartheta = t + \hat{\tau}(\varphi-1)}$$

由引理 4.5 可知，$U(t) \in [\tau, \infty)$ 为二阶可导函数。因此，只要 $\vartheta = t + \hat{\tau}(\varphi-1) \geqslant \tau$ 对任意 $\varphi \in [0,1]$ 成立，则 $w_{\varphi\varphi}(\varphi,t)$ 在相对应区间具有定义。进一步可知，$w_{\varphi\varphi}(\varphi,t)$ 在区间 $t \in [\tau + \hat{\tau}_{\max}, \infty)$ 有定义，其中 $\hat{\tau}_{\max}$ 表示参数 $\hat{\tau}$ 在区间 $t \in [-\tau, \infty)$ 的上确界。

4.3 多源扰动下协同运行分布式抗扰控制

由引理 4.3 可知，$K(\gamma(t)) \in [-\tau, \infty)$ 为二阶可导函数。因为设计的控制增益满足 $K(\gamma(t)) = B^{\mathrm{T}} P(\gamma(t))$，所以 $P(\gamma(t))$ 对于 t 连续可导。进一步，由 $\gamma(t) \in [-\tau, \infty)$ 为二阶可导函数及 $\hat{\tau} \in [-\tau, \infty)$ 为二阶可导函数，可知 $V(t)$ 在区间 $t \in [t_s, \infty)$ 具有一阶时间导数，其中 t_s 满足 $t_s \geqslant \hat{\tau}_{\max} + \tau$。因此，不失一般性可以使 $t_s = \hat{\tau}_{\max} + \tau$，并在区间 $t \in [t_s, \infty)$ 考虑 Lyapunov 函数 $V(t)$ 的一阶导数。

应用式（4.91）中参数化代数黎卡提方程和式（4.96）中闭环控制系统方程，$\dot{V}(t)$ 可由式（4.109）整理为

$$\begin{aligned}\dot{V} =& x^{\mathrm{T}}(t)\left[-I_N \otimes \gamma(t)P(\gamma(t)) - (2\rho H_g - I_N) \otimes P(\gamma(t))BB^{\mathrm{T}}P(\gamma(t))\right]x(t) \\
&+ 2x^{\mathrm{T}}(t)I_N \otimes P(\gamma(t))B\tilde{u}(0,t) + 2x^{\mathrm{T}}(t)I_N \otimes P(\gamma(t))Bw(0,t) + x^{\mathrm{T}}(t)I_N \otimes \frac{\partial P}{\partial \gamma}\dot{\gamma}(t)x(t) \\
&+ 2b_1 \int_0^1 (1+\varphi)\tilde{u}^{\mathrm{T}}(\varphi,t)\tilde{u}_\varphi(\varphi,t)\mathrm{d}\varphi - \frac{2b_1}{\hat{\tau}}\int_0^1 (1+\varphi)\left[\tilde{\tau} + \tau\dot{\hat{\tau}}(\varphi-1)\right]\tilde{u}^{\mathrm{T}}(\varphi,t)w_\varphi(\varphi,t)\mathrm{d}\varphi \\
&+ 2b_2 \int_0^1 (1+\varphi)\left[1 + \dot{\hat{\tau}}(\varphi-1)\right]w^{\mathrm{T}}(\varphi,t)w_\varphi(\varphi,t)\mathrm{d}\varphi \\
&+ 2b_2 \int_0^1 (1+\varphi)w^{\mathrm{T}}(\varphi,t)\left(\hat{\tau}\rho H_g \otimes B^{\mathrm{T}}\frac{\partial P}{\partial \gamma}\dot{\gamma}(t)\right)x(t)\mathrm{d}\varphi \\
&+ 2b_2 \int_0^1 (1+\varphi)w^{\mathrm{T}}(\varphi,t)\left(\hat{\tau}\rho H_g \otimes B^{\mathrm{T}}P(\gamma(t))\right)\left(I_N \otimes A - \rho H_g \otimes BB^{\mathrm{T}}P(\gamma(t))\right)x(t)\mathrm{d}\varphi \\
&+ 2b_2 \int_0^1 (1+\varphi)w^{\mathrm{T}}(\varphi,t)\left(\hat{\tau}\rho H_g \otimes B^{\mathrm{T}}P(\gamma(t))B\right)(\tilde{u}(0,t) + w(0,t))\mathrm{d}\varphi \\
&+ 2b_2 \int_0^1 \dot{\hat{\tau}}(1+\varphi)|w_\varphi(\varphi,t)|^2 \mathrm{d}\varphi + 2b_2 \int_0^1 (1+\varphi)w_\varphi^{\mathrm{T}}(\varphi,t)w_{\varphi\varphi}(\varphi,t)\left[1 + \dot{\hat{\tau}}(\varphi-1)\right]\mathrm{d}\varphi \\
&+ b_2\dot{\hat{\tau}}\int_0^1 (1+\varphi)\left(|w(\varphi,t)|^2 + |w_\varphi(\varphi,t)|^2\right)\mathrm{d}\varphi\end{aligned}$$

应用 $2\rho H_g - 2I_N < 0$ 和式（4.99）～式（4.105），可得

$$\begin{aligned}\dot{V} \leqslant& -\gamma(t)x^{\mathrm{T}}(t)\left(I_N \otimes P(\gamma(t))\right)x(t) + 2|\tilde{u}(0,t)|^2 + 2|w(0,t)|^2 + x^{\mathrm{T}}(t)I_N \otimes \frac{\partial P}{\partial \gamma}\dot{\gamma}(t)x(t) \\
&- b_1\left(|\tilde{u}(0,t)|^2 + \|\tilde{u}(t)\|^2\right) + b_1\frac{2|\tilde{\tau}| + \tau|\dot{\hat{\tau}}|}{\hat{\tau}}\left(\frac{\|w_\varphi(t)\|^2}{\epsilon} + \epsilon\|\tilde{u}(t)\|^2\right) + b_2\left(|\dot{\hat{\tau}}| - 1\right)|w(0,t)|^2 \\
&+ 2b_2\left(|\dot{\hat{\tau}}| - \frac{1}{2}\right)\|w(t)\|^2 + 2b_2\left[h^{\frac{1}{2}}\|w(t)\|^2 + h^{\frac{3}{2}}\left(\frac{\dot{\hat{\tau}}}{\hat{\tau}}\right)^2 x^{\mathrm{T}}(t)(\rho H_g)^2 \otimes \frac{\partial P}{\partial \gamma}BB^{\mathrm{T}}\frac{\partial P}{\partial \gamma}x(t)\right] \\
&+ 2b_2\left[2\left(\rho^2\bar{\sigma}^2 n\right)\hat{\tau}\gamma(t)\|w(t)\|^2 + \aleph(\rho,n)\hat{\tau}\gamma^2(t)x^{\mathrm{T}}(t)I_N \otimes P(\gamma(t))x(t)\right. \\
&\left. + 2n\hat{\tau}\gamma(t)\left(|\tilde{u}(0,t)|^2 + |w(0,t)|^2\right)\right] + 4b_2|\hat{\tau}|\|w_\varphi(t)\|^2 \\
&+ 2b_2\left[|w_\varphi(1,t)|^2 + \frac{1}{2}\left(|\dot{\hat{\tau}}| - 1\right)|w_\varphi(0,t)|^2\left(|\dot{\hat{\tau}}| - \frac{1}{2}\right)\|w_\varphi(t)\|^2\right] \\
&+ 2b_2|\dot{\hat{\tau}}|\left(\|w(t)\|^2 + \|w_\varphi(t)\|^2\right)\end{aligned}$$

$$\tag{4.110}$$

将式（4.106）代入式（4.110），合并同类项可得

$$\dot{V} \leqslant x^{\mathrm{T}}(t)\left(I_N \otimes P(\gamma(t))\right) x(t) \left(-\gamma(t) + 2b_2\aleph(\rho,n)\hat{\tau}\gamma^2(t) + 12b_2n\rho^2\bar{\sigma}^2\hat{\tau}^2\aleph(\rho,n)\gamma^3(t)\right)$$

$$+ x^{\mathrm{T}}(t)\left(I_N \otimes \frac{\partial P}{\partial \gamma}\right) x(t)\left[\dot{\gamma}(t) + 2b_2n\rho^2\bar{\sigma}^2 h^{\frac{3}{2}}\left(\frac{\dot{\hat{\tau}}}{\hat{\tau}}\right)^2 + 4b_2n\rho^2\bar{\sigma}^2\hat{\tau}^2\dot{\gamma}^2(t)\right]$$

$$+ |\tilde{u}(0,t)|^2 \left(2 - b_1 + 4b_2n\hat{\tau}\gamma(t) + 12b_2\rho^2\bar{\sigma}^2\hat{\tau}^2n^2\gamma^2(t)\right)$$

$$+ |w(0,t)|^2 \left[2 + b_2\left(|\dot{\hat{\tau}}| - 1\right) + 4b_2n\hat{\tau}\gamma(t) + 12b_2\rho^2\bar{\sigma}^2\hat{\tau}^2n^2\gamma^2(t)\right]$$

$$+ \|\tilde{u}(t)\|^2\left(-b_1 + b_1\frac{2|\tilde{\tau}| + \tau|\dot{\hat{\tau}}|}{\hat{\tau}}\epsilon\right) \|w(t)\|^2 \left\{2b_2\left[|\dot{\hat{\tau}}| - \frac{1}{2} + h^{\frac{1}{2}} + 2\left(\rho^2\bar{\sigma}^2n\right)\hat{\tau}\gamma(t) + |\dot{\hat{\tau}}|\right]\right\}$$

$$+ \|w_\varphi(t)\|^2 \left(b_1\frac{2|\tilde{\tau}| + \tau|\dot{\hat{\tau}}|}{\hat{\tau}\epsilon} + 8b_2|\dot{\hat{\tau}}| - b_2\right) + b_2\left(|\dot{\hat{\tau}}| - 1\right)|w_\varphi(0,t)|^2 \tag{4.111}$$

考虑 $\gamma(t) = h/\hat{\tau}(t)$，并且

$$\frac{\partial P}{\partial \gamma}\left[\dot{\gamma}(t) + 2b_2n\rho^2\bar{\sigma}^2 h^{\frac{3}{2}}\left(\frac{\dot{\hat{\tau}}}{\hat{\tau}}\right)^2 + 4b_2n\rho^2\bar{\sigma}^2\hat{\tau}^2\dot{\gamma}^2(t)\right]$$

$$\leqslant \frac{\partial P}{\partial \gamma}\left[\frac{h}{\hat{\tau}^2}|\dot{\hat{\tau}}| + 2b_2n\rho^2\bar{\sigma}^2 h^{\frac{3}{2}}\left(\frac{\dot{\hat{\tau}}}{\hat{\tau}}\right)^2 + 4b_2n\rho^2\bar{\sigma}^2\frac{h^2}{\hat{\tau}^2}|\dot{\hat{\tau}}|^2\right]$$

$$\leqslant \gamma(t)\frac{|\dot{\hat{\tau}}|}{\hat{\tau}}\frac{\partial P}{\partial \gamma}\left(1 + 2b_2n\rho^2\bar{\sigma}^2 h^{\frac{1}{2}}|\dot{\hat{\tau}}| + 4b_2n\rho^2\bar{\sigma}^2 h|\dot{\hat{\tau}}|\right)$$

$$\leqslant \gamma(t)P(\gamma(t))\frac{|\dot{\hat{\tau}}|}{\hat{\tau}_{\min}}\frac{\lambda_{\max}\left(\max\limits_{\gamma\in\left[\frac{h}{\hat{\tau}_{\max}},\frac{h}{\hat{\tau}_{\min}}\right]}\left\{\frac{\partial P}{\partial \gamma}\right\}\right)}{\lambda_{\min}\left(P\left(\frac{h}{\hat{\tau}_{\max}}\right)\right)}\left(1 + 2b_2n\rho^2\bar{\sigma}^2 h^{\frac{1}{2}}|\dot{\hat{\tau}}| + 4b_2n\rho^2\bar{\sigma}^2 h|\dot{\hat{\tau}}|\right)$$

$$= h\gamma(t)P(\gamma(t))\vartheta|\dot{\hat{\tau}}|\left[1 + 2b_2n\rho^2\bar{\sigma}^2\left(h^{\frac{1}{2}} + 2h\right)|\dot{\hat{\tau}}|\right] \tag{4.112}$$

其中，$\vartheta = \dfrac{1}{h\hat{\tau}_{\min}}\dfrac{\lambda_{\max}\left(\max\limits_{\gamma\in\left[\frac{h}{\hat{\tau}_{\max}},\frac{h}{\hat{\tau}_{\min}}\right]}\left\{\frac{\partial P}{\partial \gamma}\right\}\right)}{\lambda_{\min}\left(P\left(\frac{h}{\hat{\tau}_{\max}}\right)\right)}$。

因此，将式（4.112）代入式（4.111），并用 h 等价替换 $\gamma(t)\hat{\tau}$ 项，可得

$$\dot{V} \leqslant \gamma(t)x^{\mathrm{T}}(t)\left(I_N \otimes P(\gamma(t))\right) x(t)\left(-1 + 2b_2\aleph(\rho,n)h + 12b_2n\rho^2\bar{\sigma}^2 h^2\aleph(\rho,n)\right)$$

$$+ \gamma(t)x^{\mathrm{T}}(t)\left(I_N \otimes P(\gamma(t))\right) x(t) \times h\vartheta|\dot{\hat{\tau}}|\left[1 + 2b_2n\rho^2\bar{\sigma}^2\left(h^{\frac{1}{2}} + 2h\right)|\dot{\hat{\tau}}|\right]$$

$$+ |\tilde{u}(0,t)|^2\left(2 - b_1 + 4b_2nh + 12b_2\rho^2\bar{\sigma}^2n^2h^2\right)$$

$$+ |w(0,t)|^2\left[2 + b_2\left(|\dot{\hat{\tau}}| - 1\right) + 4b_2nh + 12b_2\rho^2\bar{\sigma}^2n^2h^2\right]$$

4.3 多源扰动下协同运行分布式抗扰控制

$$+ \|\tilde{u}(t)\|^2 \left(-b_1 + b_1 \frac{2|\tilde{\tau}| + \tau |\dot{\tilde{\tau}}|}{\hat{\tau}} \epsilon \right) + \|w(t)\|^2 \left\{ 2b_2 \left[|\dot{\tilde{\tau}}| - \frac{1}{2} + h^{\frac{1}{2}} + 2\left(\rho^2 \bar{\sigma}^2 n\right) h + |\dot{\tilde{\tau}}| \right] \right\}$$

$$+ \|w_\varphi(t)\|^2 \left(b_1 \frac{2|\tilde{\tau}| + \tau|\dot{\tilde{\tau}}|}{\hat{\tau}\epsilon} + 8b_2|\dot{\tilde{\tau}}| - b_2 \right) + b_2 \left(|\dot{\tilde{\tau}}| - 1 \right) |w_\varphi(0,t)|^2 \tag{4.113}$$

注意到，$\lim\limits_{t\to\infty} \hat{\tau}(t) = \bar{\tau}$ 且 $\lim\limits_{t\to\infty} \dot{\hat{\tau}}(t) = 0$。因此，存在足够大的时间常数 t_0 满足 $t_0 > t_s$ 使得对任意 $t \geqslant t_0$，下述条件成立，即

$$\begin{cases} |\dot{\hat{\tau}}(t)| \leqslant \min\left\{ \dfrac{1}{\vartheta}, \dfrac{1}{2b_2 n \rho^2 \bar{\sigma}^2 \left(h^{\frac{1}{2}} + 2h\right)}, \dfrac{\hat{\tau}_{\min}}{\tau}, \dfrac{1}{24} \right\} \\ \dfrac{|\tilde{\tau}|}{\hat{\tau}} \leqslant 1 \end{cases}$$

这表明

$$\begin{cases} b_2\left(|\dot{\tilde{\tau}}| - 1\right)|w_\varphi(0,t)|^2 \leqslant 0 \\ \left(-b_1 + b_1 \dfrac{2|\tilde{\tau}| + \tau|\dot{\tilde{\tau}}|}{\hat{\tau}}\epsilon\right) \|\tilde{u}(t)\|^2 \leqslant b_1\left(-1 + 3\varepsilon\right) \|\tilde{u}(t)\|^2 \\ \left(b_1 \dfrac{2|\tilde{\tau}| + \tau|\dot{\tilde{\tau}}|}{\hat{\tau}\epsilon} + 8b_2|\dot{\tilde{\tau}}| - b_2\right) \|w_\varphi(t)\|^2 \leqslant \left(\dfrac{3b_1}{\varepsilon} - \dfrac{2b_2}{3}\right) \|w_\varphi(t)\|^2 \end{cases} \tag{4.114}$$

应用式（4.114）中的条件，式（4.113）可简化为

$$\begin{aligned}\dot{V} \leqslant &\gamma(t) x^{\mathrm{T}}(t) \left(I_N \otimes P(\gamma(t))\right) x(t) \left(-1 + 2b_2 \aleph(\rho,n) h + 12b_2 n \rho^2 \bar{\sigma}^2 h^2 \aleph(\rho,n) + 2h\right) \\ &+ |\tilde{u}(0,t)|^2 \left(2 - b_1 + 4b_2 nh + 12b_2 \rho^2 \bar{\sigma}^2 n^2 h^2\right) \\ &+ |w(0,t)|^2 \left[2 + b_2\left(|\dot{\tilde{\tau}}| - 1\right) + 4b_2 nh + 12b_2 \rho^2 \bar{\sigma}^2 n^2 h^2\right] + \|\tilde{u}(t)\|^2 b_1 \left(-1 + 3\epsilon\right) \\ &+ \|w(t)\|^2 \left\{ 2b_2 \left[|\dot{\tilde{\tau}}| - \frac{1}{2} + h^{\frac{1}{2}} + 2\left(\rho^2 \bar{\sigma}^2 n\right) h + |\dot{\tilde{\tau}}|\right]\right\} \\ &+ \|w_\varphi(t)\|^2 \left(\frac{3b_1}{\varepsilon} - \frac{2b_2}{3}\right) + b_2\left(|\dot{\tilde{\tau}}| - 1\right)|w_\varphi(0,t)|^2 \end{aligned} \tag{4.115}$$

不失一般性，令参数 $\varepsilon = \dfrac{1}{4}$，选取满足下式的参数 b_1、b_2 和 h，即

$$\begin{cases} -1 + 2b_2 \aleph(\rho,n) h + 12b_2 n \rho^2 \bar{\sigma}^2 h^2 \aleph(\rho,n) + 2h < 0 \\ 2 - b_1 + 4b_2 nh + 12b_2 \rho^2 \bar{\sigma}^2 n^2 h^2 < 0 \\ h^{\frac{1}{2}} + 2h\rho^2 \bar{\sigma}^2 \leqslant \dfrac{5}{12} \quad 18b_1 - b_2 \leqslant 0 \end{cases} \tag{4.116}$$

由此可得，对任意 $t > t_0$，信号 $|\tilde{u}(0,t)|^2$、$|w(0,t)|^2$、$\|\tilde{u}(t)\|^2$、$\|w(t)\|^2$ 和 $\|w_\varphi(t)\|^2$ 相应的系数项均为负。为了方便分析，记

$$1 - 2b_2\aleph(\rho,n)h - 12b_2 n\rho^2\bar{\sigma}^2 h^2\aleph(\rho,n) - 2h = \beta$$

其中，β 为正常数且对参数 h 单调递减。

式（4.115）可进一步简化为

$$\dot{V}(t) \leqslant -\beta\gamma(t)x^\mathrm{T}(t)\left(I_N \otimes P(\gamma)\right)x(t), \quad t > t_0$$

至此，在区间 $t \in (t_0,\infty)$，$\dot{V}(t) \leqslant 0$。为了从理论上证明式（4.96）中协同控制律的有效性，还需要进一步证明随着时间的增加，系统轨线 $x(t)$ 趋于原点、控制信号 $U(t)$ 趋于零。

考虑 $\gamma(t)$ 和 $P(\gamma(t))$ 均有界，下式成立，即

$$\beta\frac{h}{\hat{\tau}_{\max}}\lambda_{\min}\left(P\left(\frac{h}{\hat{\tau}_{\max}}\right)\right)x^\mathrm{T}(t)x(t) \leqslant -\dot{V}(t), \quad t > t_0$$

这表明

$$\int_{t_0}^\infty x^\mathrm{T}(t)x(t)\mathrm{d}t \leqslant \frac{\hat{\tau}_{\max}(V(t_0) - V(\infty))}{\beta h\lambda_{\min}\left(P\left(\frac{h}{\hat{\tau}_{\max}}\right)\right)} \leqslant \frac{\hat{\tau}_{\max}V(t_0)}{\beta h\lambda_{\min}\left(P\left(\frac{h}{\hat{\tau}_{\max}}\right)\right)}$$

考虑 $V(t)$ 在区间 $t \in [t_s,\infty)$ 连续可导，可知 $V(t)$ 在闭区间 $t \in [t_s,t_0]$ 有界。因此

$$\int_{t_0}^\infty x^\mathrm{T}(t)x(t)\mathrm{d}t \leqslant \frac{\hat{\tau}_{\max}V(t_0)}{\beta h\lambda_{\min}\left(P\left(\frac{h}{\hat{\tau}_{\max}}\right)\right)} < \infty \qquad (4.117)$$

由 $x(t)$ 在闭区间 $t \in [-\tau,\infty)$ 的连续性可知，$x(t)$ 在区间 $t \in [0,t_0]$ 有界，因此

$$\int_0^\infty x^\mathrm{T}(t)x(t)\mathrm{d}t = \int_0^{t_0} x^\mathrm{T}(t)x(t)\mathrm{d}t + \int_{t_0}^\infty x^\mathrm{T}(t)x(t)\mathrm{d}t$$

$$\leqslant t_0 \max_{t\in[0,t_0]}\{|x(t)|^2\} + \int_{t_0}^\infty x^\mathrm{T}(t)x(t)\mathrm{d}t$$

$$< \infty \qquad (4.118)$$

这表明，$x(t)$ 平方可积。

考虑 $V(t)$ 在区间 $t \in [t_s,t_0]$ 有界，且 $\dot{V}(t) \leqslant 0$ 对任意 $t > t_0$ 成立，因此 $V(t)$ 在区间 $t \in [t_s,\infty)$ 有界。由式（4.108）中 Lyapunov 函数 $V(t)$ 的定义可知，

4.3 多源扰动下协同运行分布式抗扰控制

在区间 $t \in [t_0, \infty)$, $x(t)$ 有界。进一步,基于 $x(t)$ 在区间 $t \in [-\tau, t_0]$ 的连续性可以得出,$x(t) \leqslant \infty$ 在区间 $t \in [-\tau, \infty)$ 成立。基于式 (4.84) 和式 (4.90),闭环系统动态方程可以整理为

$$\dot{x}(t) = I_N \otimes Ax(t) + \rho H_g \otimes K(\gamma(t-\tau))x(t-\tau) \tag{4.119}$$

由式 (4.119) 及 $K(\gamma(t))$ 在区间 $t \in [-\tau, \infty)$ 有界可以推出,$\dot{x}(t)$ 在区间 $t \in [0, \infty)$ 有界。因为 $x(t)$ 平方可积且 $x(t)$ 和 $\dot{x}(t)$ 均在区间 $t \in [0, \infty)$ 有界,利用 Barbalat 定理可知,随着时间的增加,系统轨线 $x(t)$ 将收敛到原点,即 $\lim\limits_{t\to\infty} x(t) = 0$;由式 (4.90) 可得,随着时间增加,控制信号 $U(t)$ 同样将趋于零,即 $\lim\limits_{t\to\infty} U(t) = 0$。

考虑列车动力学方程中 $n = 3$,式 (4.107) 中定义的条件等价于式 (4.116) 所述的条件。 □

推论 4.1 考虑式 (4.79) 中动态方程描述的 N 辆列车组成的高速铁路多列车动态系统,列车之间信息交互网络存在未知时滞 τ。假定时滞 τ 上界已知,即 $\tau \in [0, \bar{\tau}]$,其中 $\bar{\tau}$ 为已知正常数。存在足够小正常数 $\bar{\gamma}$,$\bar{\gamma}$ 与 $\bar{\tau}$ 成反比例,只要控制器参数 ρ 满足 $\underline{\sigma} = \min\{\lambda_i(H_g)\}$,$i = 1, 2, \cdots, N$,$\rho > \underline{\sigma}^{-1}$;参数 $\gamma(t)$ 满足

$$\gamma(t) \in [-\tau, \infty), \quad \gamma(t) > 0, \quad \lim_{t\to\infty} \gamma(t) \in (0, \bar{\gamma}], \quad \lim_{t\to\infty} \dot{\gamma}(t) = 0 \tag{4.120}$$

则式 (4.87) 设计的时变低增益协同控制律能够保证高速铁路多列车跟踪期望位置-速度曲线,并且相邻列车以最小追踪距离协同运行,即对任意列车 i, $i = 1, 2, \cdots, N$, 有 $\lim\limits_{t\to\infty}(p_i(t) - p_{r,i}(t)) = 0$ 和 $\lim\limits_{t\to\infty}(v_i(t) - v_r) = 0$;对任意列车 j, $j = 1, 2, \cdots, N-1$, 有 $\lim\limits_{t\to\infty} s_j(t) = l$。

证明 针对满足式 (4.120) 中条件的参数 $\gamma(t)$,定义常数参数 h 及时变参数 $\hat{\tau}(t)$ 为

$$\bar{\tau} \lim_{t\to\infty} \gamma(t), \quad \hat{\tau}(t) = \frac{h}{\gamma(t)}$$

可得 $\hat{\tau}(t)$ 的一阶导数和二阶导数为

$$\begin{aligned} \dot{\hat{\tau}}(t) &= -\frac{h\dot{\gamma}(t)}{\gamma^2(t)} \\ \ddot{\hat{\tau}}(t) &= \frac{h}{\gamma^3(t)}\left(2\dot{\gamma}^2(t) - \gamma(t)\ddot{\gamma}(t)\right) \end{aligned} \tag{4.121}$$

注意到参数 $\gamma(t)$ 满足式 (4.120),$\lim\limits_{t\to 0}\hat{\tau}(t) = \bar{\tau}$,$\hat{\tau} \in [-\tau, \infty)$ 为二阶可导函数且 $\lim\limits_{t\to\infty} \dot{\hat{\tau}}(t) = 0$。由 $\bar{\tau}\lim\limits_{t\to\infty}\gamma(t)$ 可知,$\lim\limits_{t\to\infty}\hat{\tau}(t) \in (0, \bar{\gamma}]$ 等价于 $h \in (0, \bar{\tau}\bar{\gamma}]$。

不失一般性,参数 $\gamma(t)$ 可表示为 $\gamma(t) = h/\hat{\tau}(t)$。定理 4.8 指出存在一个独立于时滞信息的充分小的正常数 $\bar{h}$,使得 $h \in (0, \bar{h}]$。式(4.87)中协同控制率能够保证高速铁路多列车跟踪期望位置-速度曲线,相邻列车以最小追踪距离协同运行。基于此,存在充分小的正常数 $\bar{\gamma} = h/\bar{\tau}$,使得对任意参数 γ 满足 $\lim\limits_{t\to\infty}\gamma(t) \in (0, \bar{h}/\bar{\tau}]$,在式(4.87)协同控制率下,高速铁路多列车闭环动态系统能够满足设计要求,达到协同控制目标。 □

为了验证时变低增益协同控制律在多列车通信网络存在时滞下的可行性和有效性,分别对多列车编队建立过程及多列车编队运行状态下运行间隔调整等两种不同运行场景对控制器性能进行仿真验证。考虑 16 编组和谐号 CRH3 电力动车组,其总质量为 9.8×10^5kg,列车初始位置单位为 m,列车运行速度单位为 km/h,列车运行过程中的戴维斯系数单位为 N/kN,分别为 $c_0 = 0.755$、$c_v = 0.00636$、$c_a = 0.000115$。

在高速铁路多列车动态编队过程场景下,考虑 4 列和谐号 CRH3 列车动态编队过程,其中列车编队期望巡航速度为 288 km/h。动态编队过程利用式(4.87)分布式协同控制器对 4 辆列车编队过程进行协同控制。在列车运行过程中,最小安全追踪间隔 l_s 由 ATP 根据列车巡航速度、线路条件、天气状况等因素综合得出。不失一般性,假定最小安全追踪间隔 l_s 为 10km。特别地,每辆列车能够与其之前两辆列车及之后两辆列车进行信息交互,并且列车编队第一辆列车和最后一辆列车可以通过 GSM-R 从 RBC 获取 MA 计算生成列车参考速度距离曲线。每辆列车根据其前方两辆列车和后方两辆列车运行状态信息调整牵引/制动策略,列车通信网络中信息交互时滞的上界设为 1s。

仿真中设定的列车初始速度及位置如表 4.3 所示。由此可知,列车初始速度均不同,相邻列车未按照最小追踪间隔运行,4 辆列车未达到稳定编队运行状态。基于列车信息交互规则,相应的邻接矩阵 A 和矩阵 H_g 为

$$A = \begin{bmatrix} 0 & 1 & 1 & 0 \\ 1 & 0 & 1 & 1 \\ 1 & 1 & 0 & 1 \\ 0 & 1 & 1 & 0 \end{bmatrix}, \quad H_g = L + H = \begin{bmatrix} 3 & -1 & -1 & 0 \\ -1 & 3 & -1 & -1 \\ -1 & -1 & 3 & -1 \\ 0 & -1 & -1 & 3 \end{bmatrix}$$

并且 $h_1 = 1$、$h_4 = 1$。除此之外,$h_i = 0$。根据列车通信网络拓扑结构,选取控制参数 $\rho = 2.5$、$b_1 = 3$、$b_2 = 60$,利用式(4.107)可得 $\bar{h} = 9.42 \times 10^{-6}$。不失一般性,仿真过程选取 $h = 9.4 \times 10^{-6}$,则由 $\bar{\tau} = 1$ 可知 $\lim\limits_{t\to\infty}\gamma(t) = 9.4 \times 10^{-6}$。因此,可选取满足式(4.107)所述条件的控制参量 $\hat{\tau}(t)$ 为

4.3 多源扰动下协同运行分布式抗扰控制

$$\hat{\tau}(t) = \frac{3.8715 \times 10^{-5}}{-0.00475 \arctan(0.1t - 250) + 0.0075}$$

代数黎卡提方程正定解 $P(\gamma)$ 的形式为

$$P(\gamma) = \begin{bmatrix} \gamma^5 & 2\gamma^4 & \gamma^3 \\ 2\gamma^4 & 5\gamma^3 & 3\gamma^2 \\ \gamma^3 & 3\gamma^2 & 3\gamma \end{bmatrix} \tag{4.122}$$

表 4.3 列车初始速度及位置

列车 i	$p_i(t_0)$/km	$v_i(t_0)$/(km/h)
1	107.5	295.2
2	98.8	270
3	87.4	252
4	72.1	277.2

式 (4.87) 采用分布式协同控制器, 通信时滞下 4 辆列车编队过程协同控制仿真结果如图 4.6 ~ 图 4.8 所示。其中, 列车速度-时间运行曲线和相邻列车相对变化速度曲线分别如图 4.6 (a) 和图 4.7 (a) 所示, 相邻列车跟踪间隔误差曲线和列车对参考运行跟踪误差分别如图 4.6 (b) 和图 4.7 (b) 所示。列车加速度（减速度）曲线如图 4.8 (a) 所示。控制参数 γ 如图 4.8 (b) 所示。从图 4.6 (a) 和图 4.7 (a) 可知, 4 辆列车运行速度随时间逐渐收敛到期望巡航速度 288km/h, 相邻列车之间速度追踪误差随时间逐渐收敛到零, 最终达到速度一致。从图 4.6 (b) 和图 4.7 (b) 可知, 相邻列车之间的跟踪间隔误差和每辆列车对参考运行的距离跟踪误差均随时间收敛到零点。这说明, 在分布式协同控制器作用下, 经过 20 分钟协同调整过程, 4 辆列车运行速度达到一致, 追踪间隔收敛到最小安全追踪间隔, 列车编队

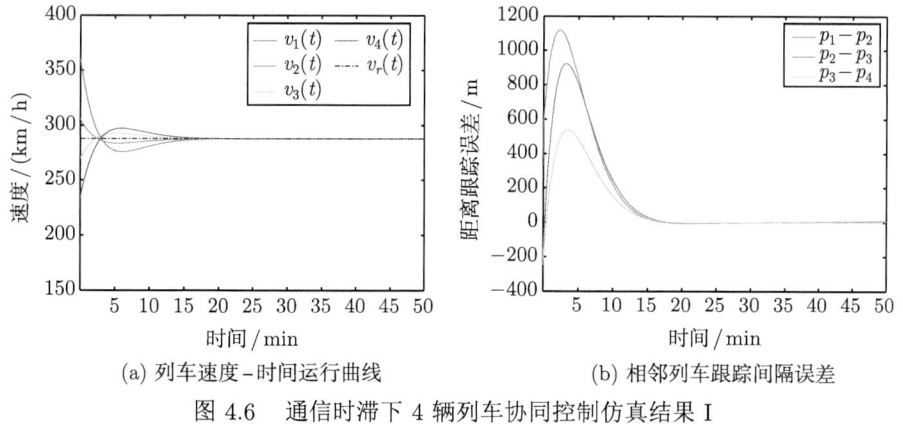

(a) 列车速度-时间运行曲线　　(b) 相邻列车跟踪间隔误差

图 4.6　通信时滞下 4 辆列车协同控制仿真结果 I

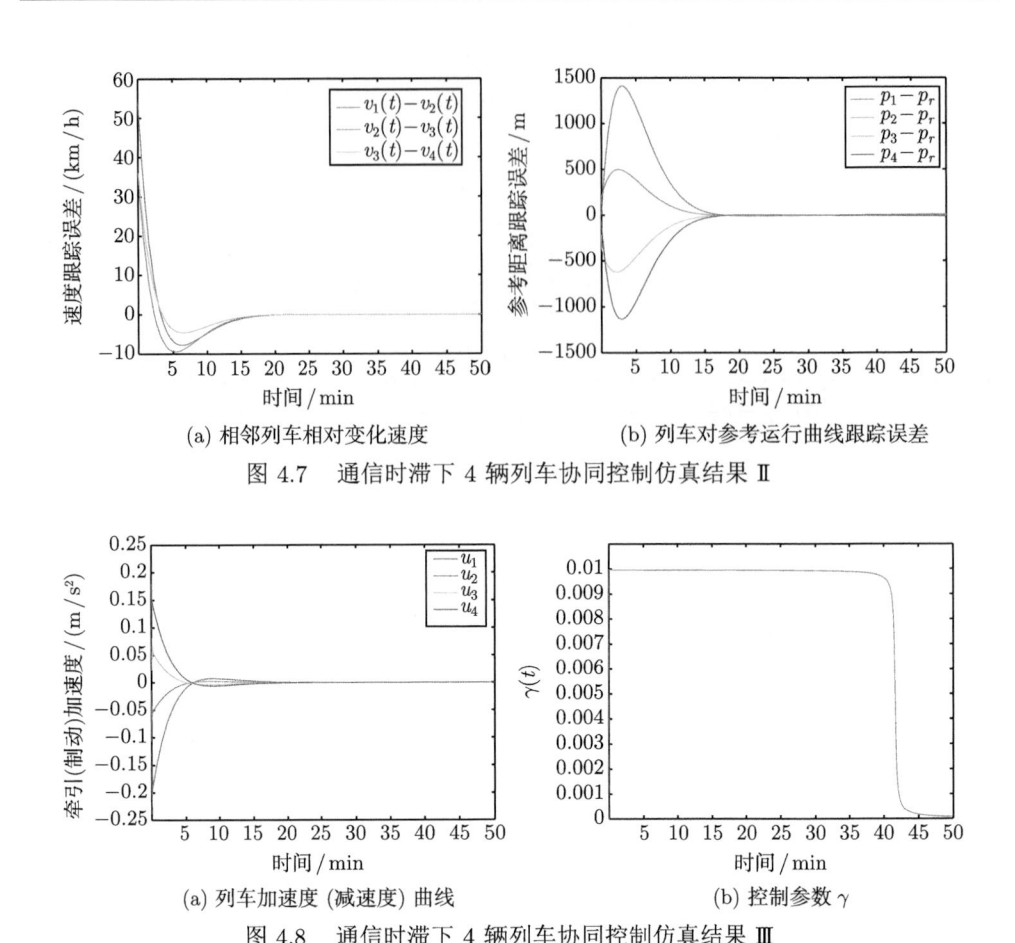

(a) 相邻列车相对变化速度

(b) 列车对参考运行曲线跟踪误差

图 4.7 通信时滞下 4 辆列车协同控制仿真结果 II

(a) 列车加速度 (减速度) 曲线

(b) 控制参数 γ

图 4.8 通信时滞下 4 辆列车协同控制仿真结果 III

达到稳定状态。由图 4.8（a）可知，4 辆列车动态建立编队过程中的最大牵引（制动）加速度仅为 0.2m/s^2，能够满足编队过程中乘客舒适度的要求。图 4.8 中控制参数 $\gamma(t)$ 的变化曲线表明，列车调整刚开始时 $\gamma(t)$ 保持较大值 0.01，可以保证列车调整过程的快速性，随后逐渐递减向其极限值 9.4×10^{-6} 收敛，以保证通信时滞下多列车闭环动态系统的稳定性。对多列车动态编队过程仿真结果的分析表明，分布式时变低增益协同控制器在通信网络存在时滞下，可以将多列车运行状态调整到一致状态，并使其以稳定编组状态按照期望速度距离曲线协同运行。

高速铁路多列车运行间隔动态调整过程场景下，考虑 4 辆列车在北京-上海高速铁路某一区间上以 360km/h 的速度编组运行，行车时间间隔设定为 80s，相邻列车追踪距离为 8km。假定某一时刻京沪铁路某处发生突发事件影响列车正常运行，为了保证列车运行安全，降低对路网中列车运行的影响，调度员需要该特定路段列车降低运行速度，增加行车时间间隔来保证行车安全。与此同时，需要

4.3 多源扰动下协同运行分布式抗扰控制

增加这一路段的列车容量，减少特定时间段内通过该路段列车的数量，并减小与该特定路段相连接瓶颈车站的接发车能力，满足调度突发事件影响范围内全局最优调度的要求。

仿真设定调度场景可描述为，为了满足调度要求，该路段列车需降速至 108km/h，以行车时间间隔 200 s 协同编队运行。临时限速场景下 4 辆列车编队协同控制仿真结果如图 4.9 和图 4.10 所示。由此可知，经过 15 分钟调整过程，编队中各列车降速到 108km/h 运行，运行间隔缩短到 6 km，以更加紧密的编队协同、稳定运行。这表明，分布式协同控制器在列车编队运行模式下追踪间隔动态调整过程中的可行性和有效性。列车加速度（减速度）曲线如图 4.10（b）所示。其中，加速度最大值不超过 $0.5m/s^2$。这表明，分布式协同控制器在满足列车运行间隔动态调整快速性、稳定性要求的同时，还能够保证乘客的舒适度。

(a) 列车速度–时间运行曲线   (b) 相邻列车相对速度变化曲线

图 4.9 4 辆列车编队协同控制运行速度和跟踪误差仿真结果

(a) 相邻列车追踪间隔误差   (b) 列车加速度 (减速度) 曲线

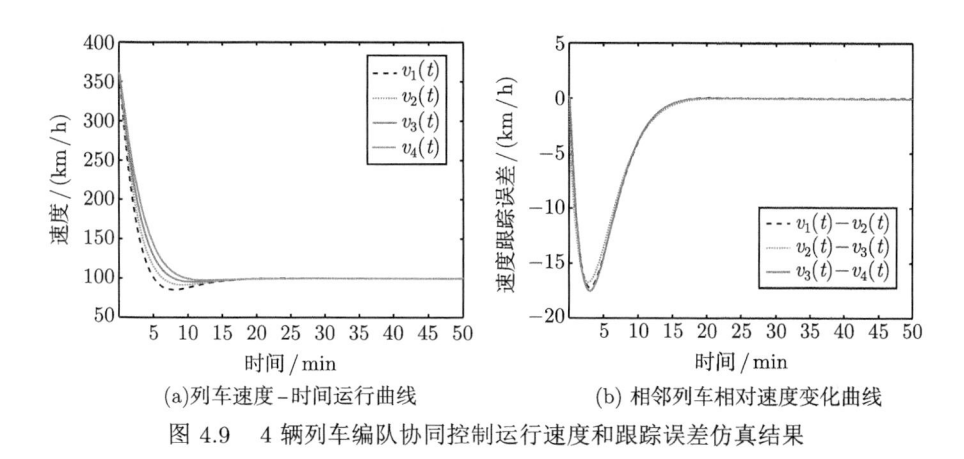

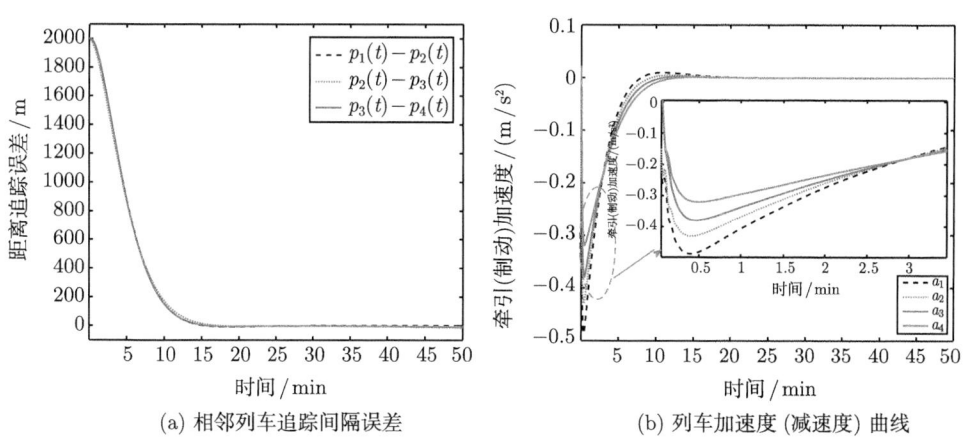

图 4.10 4 辆列车编队协同控制追踪间隔误差和加速度 (减速度) 仿真结果

不失一般性，定义车流量为每 10 分钟通过这一路段的列车数量。线路容量由每 20km 路段容纳的列车数量表示。运行间隔调整前后运行性能对比如表 4.4 所示。分析可知，运行间隔调整后线路容量提升 33.2%，车流量降低 60%，可以极大地缓解突发事件区段相连瓶颈车站突发事件下的接发车压力。

表 4.4　运行间隔调整前后运行性能对比

运行指标	初始状态	稳定状态
追踪距离/km	8	6
列车运行速度/(km/h)	360	108
运行时间间隔/s	80	200
车流量	7.5	3
线路容量	2.5	3.33

4.3.2　分散动力列车的状态依赖拓扑协同运行控制

车车通信技术能够实现大容量、高速度双向通信，是支撑列车协同运行的关键子系统。由于铁路外界环境复杂、列车高运行速度、电磁环境复杂等因素约束，长距离下高速度、低延时、高置信率的车车通信难以实现，通信扰动事件时有发生，协同运行拓扑结构会因通信拓扑改变而改变。下面介绍状态依赖拓扑的列车协同运行控制方法，为应对车车协同通信网络切换事件提供理论支撑。

考虑一列包含 n 节车厢的高速列车，相邻车厢之间由弹性装置连接，每节车厢受到的基本阻力包含机械滚动阻力和空气阻力。对于一辆包含多节车厢的高速列车，相邻车厢之间通过安装在连接点底板下的车钩进行连接。由于列车运行过程中，车钩可以沿着纵向传递车厢间的作用力，因此在减少冲击力、避免碰撞方面起着重要的作用。车钩的动态特性可以近似地用弹簧模型描述，其中车钩产生的车钩力是位移的函数。

设车钩的位移为 $x_i(t)$，$i = 1, 2, \cdots, n-1$，其中 $x_i(t) > 0$ 表示车钩被拉伸，车钩力用作牵引力保持多车厢协同运行；反之，$x_i(t) < 0$ 表示车钩被压缩，车钩力用作制动力有助于相邻车厢保持可接受的距离。

假设车钩力为邻接车厢相对位移和相对速度的线性函数，具体可描述为

$$f(x_i(t)) = kx_i(t) + d\dot{x}_i(t) \tag{4.123}$$

其中，k 为车钩刚性系数；d 为车钩阻尼系数。

列车单位质量受到的基本阻力可描述为 $R(v) = \underbrace{c_0 + c_v v}_{R_m} + \underbrace{c_a v^2}_{R_a}$，其中 R_m 表示滚动机械阻力；R_a 表示空气阻力；v 表示列车运行速度；c_0、c_v 和 c_a 表示戴维斯系数。令 m_i 表示第 i 节车厢的质量；v_i 表示第 i 节车厢的速度；p_i 表示第 i

节车厢的位置。为了简单，考虑列车均采用分布式驱动方式，并假定每节车厢都具有动力单元且具有相同质量 m。若将每节车厢作为一个刚性质点，则含有 n 节车厢的高速列车动力学模型可描述为

$$\begin{cases} \dot{p}_i = v_i, \quad i = 1, 2, \cdots, n \\ m\dot{v}_1 = u_1 - f(x_1) - mR(v_1) \\ m\dot{v}_i = u_i + f(x_{i-1}) - f(x_i) - mR(v_i), \quad i = 2, 3, \cdots, n-1 \\ m\dot{v}_n = u_n + f(x_{n-1}) - mR(v_n) \end{cases} \quad (4.124)$$

其中，$x_i(t) = p_i - p_{i+1} - 2l$，$2l$ 表示 1 节车厢长度；u_i 表示第 i 节车厢的控制力。

定义变量 $\hat{u}_i = \dfrac{u_i}{m}$、$\kappa = \dfrac{k}{m}$、$\varrho = \dfrac{d}{m}$、$\phi(v_i) = c_0 + c_v v_i + c_a v_i^2$，则式（4.124）可整理为

$$\dot{p}_i = v_i \quad (4.125)$$

$$\dot{v}_i = \hat{u}_i + \kappa \sum_{j=1, j \neq i}^{n} \hat{a}_{i,j} [p_j - p_i + 2l(j-i)] + \phi(v_i) + \varrho \sum_{j=1, j \neq i}^{n} \hat{a}_{i,j} (v_j - v_i) \quad (4.126)$$

如果车厢 i 与车厢 j 之间有车钩，则 $\hat{a}_{j,i} = 1$；否则，$\hat{a}_{j,i} = 0$。

对于式（4.125）描述的含有 n 节车厢的高速列车系统，其通信网络拓扑可用加权无向图 $G = (V, E, A)$ 描述，其中集合 $V = \{\nu_1, \nu_2, \cdots, \nu_n\}$ 中的节点 ν_i 表示列车中的车厢 i；$E \subset V \times V$ 是无向图 G 中边的集合。如果边 $(\nu_i, \nu_j) \in E$ 存在，则车厢 j 能够获得车厢 i 的状态信息。如果 $(\nu_i, \nu_j) \in E$，则称车厢 i 是车厢 j 的拓扑-邻接车厢，其中车厢 j 的拓扑-邻接集定义为 $N_j = \{\nu_i \in V : (\nu_i, \nu_j) \in E\}$。矩阵 $A = [a_{ij}]$ 表示无向图 G 的邻接矩阵。如果 $(\nu_j, \nu_i) \in E$，则 $a_{ij} > 0$；否则，$a_{ij} = 0$。不失一般性，假定 $a_{ii} = 0$ 对任意 $i = 1, 2, \cdots, n$ 成立，与邻接矩阵 A 对应定义的拉普拉斯矩阵 $L = [l_{ij}]$ 为 $l_{ii} = \sum\limits_{j \neq i} a_{i,j}$，$l_{i,j} = -a_{ij}$。

对于高速列车，设定以下通信规则，即若车厢 i 可以获得其前一节车厢和后一节车厢的状态信息，第 1 节车厢只能获得第 2 节车厢的状态信息，并且能从 RBC 获得行车授权，生成参考速度距离曲线，则高速列车 n 节车厢之间通信拓扑的无向图 G 为联通图。

当高速列车协同运行时，可通过轨道电路通信和 GSM-R 与地面系统通信，从列车控制中心接收所需的行车授权，进而生成参考的行车速度-距离曲线。通过对参考速度-距离曲线的快速、精确跟踪，可以保证安全跟踪间隔和列车准时。车厢 1 的参考速度-距离曲线可描述为 $\dot{p}_r(t) = v_r(t)$。对于车厢 i，分别定义与其参考

速度-距离曲线的距离误差和速度误差为

$$\tilde{x}_i = p_i - p_r + 2l(i-1), \quad \tilde{v}_i = v_i - v_r \tag{4.127}$$

针对高速列车单列车协同分布式控制问题，控制目标是对每一节车厢 i 设计分布式协同控制算法 $\hat{u}_i(t)$，使每一节车厢 i 精确追踪其速度-距离曲线满足

$$\begin{aligned} &\lim_{t\to\infty} \sum_{j\neq i} |v_i - v_j| = 0 \\ &\lim_{t\to\infty} \sum_{i=1}^{n} |v_i - v_r| = 0 \\ &\lim_{t\to\infty} |p_1 - p_r| = 0 \end{aligned} \tag{4.128}$$

任意相邻车厢 $i-1$ 与车厢 i 维持安全运行距离，并随列车运行时间的增加收敛到车钩标称值，即

$$\begin{aligned} &-\gamma_2 < x_i(t) < \gamma_1, \quad t > 0 \\ &\lim_{t\to\infty} x_i(t) = 0, \quad i = 1, 2, \cdots, n-1 \end{aligned} \tag{4.129}$$

其中，γ_1 为车钩可以被拉伸的最大安全距离；γ_2 为车钩可以被压缩的最大安全距离。

为了保证高速列车各车厢之间协同安全运行，对车厢 i，设计如下分布式协同控制算法，即

$$\begin{aligned} \hat{u}_i =& c_1 \sum_{\nu_j \in N_i} a_{i,j}[(p_j - p_i) + 2l(j-i)] + c_2 \sum_{\nu_j \in N_i} a_{i,j}(v_j - v_i) - \phi(v_i) \\ & - h_i[\mu_1(p_i - p_r) + \mu_2(v_i - v_r)], \quad i = 1, 2, \cdots, n \end{aligned} \tag{4.130}$$

其中，c_1、c_2、μ_1、μ_2 均为正常数；如果 $i=1$，则 $h_i = 1$，否则 $h_i = 0$；如果 $\nu_j \notin N_i$，则 $a_{i,j} = 0$，否则 $a_{i,j}$ 定义为

$$a_{i,j} = \begin{cases} \dfrac{2\gamma_1\delta_1 - \delta_1^2}{\gamma_1^2 - (\tilde{x}_j - \tilde{x}_i)^2} - c_1^{-1}\hat{a}_{i,j}\kappa, & i > j \cap \gamma_1 - \delta_1 < (\tilde{x}_j - \tilde{x}_i) < \gamma_1 \\ & \text{或 } i < j \cap -\gamma_1 < (\tilde{x}_j - \tilde{x}_i) < -\gamma_1 + \delta_1 \\ \dfrac{\delta_2^2}{(\gamma_2 - |\tilde{x}_j - \tilde{x}_i|)^2} - c_1^{-1}\hat{a}_{i,j}\kappa, & i > j \cap -\gamma_2 < (\tilde{x}_j - \tilde{x}_i) < -\gamma_2 + \delta_2 \\ & \text{或 } i < j \cap \gamma_2 - \delta_2 < (\tilde{x}_j - \tilde{x}_i) < \gamma_2 \\ 1 - c_1^{-1}\hat{a}_{i,j}\kappa, & \text{其他} \end{cases} \tag{4.131}$$

4.3 多源扰动下协同运行分布式抗扰控制

式中，$\delta_1 \in (0,\gamma_1)$ 和 $\delta_2 \in (0,\gamma_2)$ 为任意正常数。

利用式（4.130）所述的控制器，对高速列车单列车多车厢分布式协同控制问题，有以下定理。

定理 4.9 考虑式（4.125）描述的高速列车动态系统，假定初始状态下任意相邻两节车厢处于安全距离内，即 $-\gamma_2 < x_i(0) < \gamma_1$, $i=1,2,\cdots,n-1$，则在分布式协同控制器式（4.130）下，闭环动态系统满足式（4.128）和式（4.129）中的控制目标。

证明 利用式（4.127），将式（4.125）中车厢 i 的动态方程和式（4.130）中车厢 i 的控制律分别整理为

$$\dot{\tilde{x}}_i = \tilde{v}_i \tag{4.132}$$

$$\dot{\tilde{v}}_i = \hat{u}_i + \kappa \sum_{j=1,j\neq i}^{n} \hat{a}_{i,j}(\tilde{x}_j - \tilde{x}_i) + \varrho \sum_{j=1,j\neq i}^{n} \hat{a}_{i,j}(\tilde{v}_j - \tilde{v}_i) + \phi(v_i) \tag{4.133}$$

$$\hat{u}_i = c_1 \sum_{\nu_j \in N_i} a_{i,j}(\tilde{x}_j - \tilde{x}_i) + c_2 \sum_{\nu_j \in N_i} a_{i,j}(\tilde{v}_j - \tilde{v}_i) - h_i(\mu_1 \tilde{x}_i + \mu_2 \tilde{v}_i) - \phi(v_i) \tag{4.134}$$

对于满足 $(\nu_i, \nu_j) \in E$ 的边，相应地定义下述半正定泛函，即

$$V_{i,j}(\tilde{x}_i, \tilde{x}_j) = \begin{cases} (\gamma_1 - \delta_1)^2 + (2\gamma_1\delta_1 - \delta_1^2)\ln\dfrac{\gamma_1^2 - (\gamma_1 - \delta_1)^2}{\gamma_1^2 - (\tilde{x}_j - \tilde{x}_i)^2}, \\ \quad i > j \cap \gamma_1 - \delta_1 < (\tilde{x}_j - \tilde{x}_i) < \gamma_1 \\ \quad \text{或 } i < j \cap -\gamma_1 < (\tilde{x}_j - \tilde{x}_i) < -\gamma_1 + \delta_1 \\ (\gamma_2 - \delta_2)(\gamma_2 - 3\delta_2) + 2\delta_2^2\ln\dfrac{\gamma_2 - |\tilde{x}_j - \tilde{x}_i|}{\delta_2} + \dfrac{2\delta_2^2|\tilde{x}_j - \tilde{x}_i|}{\gamma_2 - |\tilde{x}_j - \tilde{x}_i|}, \\ \quad i > j \cap -\gamma_2 < (\tilde{x}_j - \tilde{x}_i) < -\gamma_2 + \delta_2 \\ \quad \text{或 } i < j \cap \gamma_2 - \delta_2 < (\tilde{x}_j - \tilde{x}_i) < \gamma_2 \\ (\tilde{x}_j - \tilde{x}_i)^2, \quad \text{其他} \end{cases}$$

在其所定义的区间为连续可微函数。

定义 $\tilde{x} = [\tilde{x}_1, \tilde{x}_2, \cdots, \tilde{x}_n]^T$、$\tilde{v} = [\tilde{v}_1, \tilde{v}_2, \cdots, \tilde{v}_n]^T$，对任意车厢 i，定义

$$Q_i(\tilde{x}) = \frac{1}{2}p_1 \sum_{\nu_j \in N_i} V_{i,j}(\tilde{x}_i, \tilde{x}_j) + h_i\mu_1\tilde{x}_i^2 \tag{4.135}$$

对高速列车动态系统选取 Lyapunov 泛函，可以描述为

$$E(\tilde{x}, \tilde{v}) = \frac{1}{2} \sum_{i=1}^{n} (Q_i(\tilde{x}) + \tilde{v}_i^2) \tag{4.136}$$

为了分析方便，定义

$$V_i(\tilde{x}) = \frac{1}{2} \sum_{\nu_j \in N_i} V_{i,j}(\tilde{x}_i, \tilde{x}_j)$$

沿着闭环系统轨迹，计算函数 $V_i(\tilde{x})$ 的时间导数，可得

$$\dot{V}_i(\tilde{x}) = \sum_{\nu_j \in N_i} (a_{i,j} + c_1^{-1} \hat{a}_{i,j} \kappa)(\tilde{x}_j - \tilde{x}_i)(\tilde{v}_j - \tilde{v}_i) \tag{4.137}$$

由式（4.131）定义的无向图的对称性可知

$$a_{i,j} + c_1^{-1} \hat{a}_{i,j} \kappa = a_{j,i} + c_1^{-1} \hat{a}_{j,i} \kappa$$

改变式（4.137）等号右边求和顺序，可得

$$\sum_{i=1}^{n} \dot{V}_i(\tilde{x}) = \sum_{i=1}^{n} \sum_{\nu_j \in N_i} (a_{i,j} + c_1^{-1} \hat{a}_{i,j} \kappa)(\tilde{x}_j - \tilde{x}_i)(\tilde{v}_j - \tilde{v}_i)$$

$$= -2 \sum_{i=1}^{n} \sum_{\nu_j \in N_i} (a_{i,j} + c_1^{-1} \hat{a}_{i,j} \kappa)(\tilde{x}_j - \tilde{x}_i)\tilde{v}_i \tag{4.138}$$

定义 $\bar{a}_{i,j} = c_2 a_{i,j} + \varrho \hat{a}_{i,j}$ 为 ν_i 和 ν_j 之间路径的新权重，同时定义 L_v 为与 $\bar{a}_{i,j}$ 对应的拉普拉斯矩阵，则 Lyapunov 函数 $E(\tilde{x}, \tilde{v})$ 沿着闭环系统轨迹的时间导数可以整理为

$$\begin{aligned}\dot{E}(\tilde{x}, \tilde{v}) &= \sum_{i=1}^{n} (h_i \mu_1 \tilde{x}_i \tilde{v}_i + \tilde{v}_i \dot{\tilde{v}}_i) - c_1 \sum_{i=1}^{n} \sum_{\nu_j \in N_i} (a_{i,j} + c_1^{-1} \hat{a}_{i,j} \kappa)(\tilde{x}_j - \tilde{x}_i)\tilde{v}_i \\ &= \sum_{i=1}^{n} \sum_{\nu_j \in N_i} \bar{a}_{i,j}(\tilde{v}_j - \tilde{v}_i)\tilde{v}_i - \sum_{i=1}^{n} h_i \mu_2 \tilde{v}_i^2 \\ &= -\tilde{v}^{\mathrm{T}}(L_v + \mu_2 H)\tilde{v} \end{aligned} \tag{4.139}$$

其中，$H = \mathrm{diag}\{h_1, h_2, \cdots, h_n\}$。

因为描述列车多车厢间通信拓扑结构的无向图 G 为联通无向图，由引理 4.2 可知 $L_v + \mu_2 H > 0$ 成立。因此，$\dot{E}(\tilde{x}, \tilde{v}) \leqslant 0$，当且仅当 $\tilde{v} = 0$ 时，$\dot{E}(\tilde{x}, \tilde{v}) = 0$ 成立。定义水平集 S 为

4.3 多源扰动下协同运行分布式抗扰控制

$$S = \{(\tilde{x}, \tilde{v}) : \dot{E}(\tilde{x}, \tilde{v}) = 0\} \tag{4.140}$$

对不等式 $\dot{E}(\tilde{x}, \tilde{v}) \leqslant 0$ 两边从 0 到 t 求积分，可得

$$E(\tilde{x}(t), \tilde{v}(t)) - E(\tilde{x}(0), \tilde{v}(0)) \leqslant 0, \quad t \geqslant 0$$

在初始状态下，任意相邻车厢处于安全距离，所以存在足够大的常数 M 满足 $E(\tilde{x}(0), \tilde{v}(0)) \leqslant M$。因此，$E(\tilde{x}(t), \tilde{v}(t)) \leqslant M$ 成立。假设 $(\tilde{x}, \tilde{v})$ 为属于水平集 S 的高速列车动态系统的一条状态轨迹，这等价于 $v_i \equiv 0,\ i = 1, 2, \cdots, n$。进一步可知下式成立，即

$$\sum_{i=1}^{n} \tilde{x}_i \dot{\tilde{v}}_i = \sum_{i=1}^{n} \sum_{\nu_j \in N_i} \tilde{x}_i c_1(a_{i,j} + c_1^{-1}\hat{a}_{i,j}\kappa)(\tilde{x}_j - \tilde{x}_i) = 0 \tag{4.141}$$

为了分析方便，定义 $a_{i,j} + c_1^{-1}\hat{a}_{i,j}\kappa$ 为 ν_j 和 ν_i 之间路径的新权重，矩阵 $\hat{L}$ 为相应的拉普拉斯矩阵，则式（4.141）可进一步整理为

$$\tilde{x}^{\mathrm{T}}(c_1\hat{L} + \mu_1 H)\tilde{x} = 0 \tag{4.142}$$

由引理 4.2可得 $c_1\hat{L} + \mu_1 H > 0$，进一步可得 $\tilde{x} = 0$。利用 LaSalle 不变集原理可知，高速列车动态系统闭环渐近稳定。换言之，式（4.134）中分布式协同控制器能够使高速列车各车厢跟踪其期望速度-距离曲线，即 $\lim\limits_{t\to\infty} v_i = v_r$ 且 $\lim\limits_{t\to\infty} p_i = p_r - 2l(i-1),\ i = 1, 2, \cdots, n$。根据式（4.136），由 $E(\tilde{x}(t), \tilde{v}(t)) \leqslant M$ 可以推出，对任意车厢 i 及其拓扑-邻接车厢 j，有 $V_{i,j}(\tilde{x}_i, \tilde{x}_j) \leqslant M$ 成立。

然而，对于任意 $V_{i,j}(\tilde{x}_i, \tilde{x}_j)$，如果 $\tilde{x}_i - \tilde{x}_j \to \gamma_1$ 或者 $\tilde{x}_i - \tilde{x}_j \to -\gamma_2,\ j = i+1$，则 $V_{i,j} \to \infty$。这与 $V_{i,j}(\tilde{x}_i, \tilde{x}_j) \leqslant M$ 矛盾，因此由函数 $V_{i,j}$ 的连续有界性可知，$-\gamma_2 < \tilde{x}_i - \tilde{x}_j < \gamma_1,\ j = i+1$ 成立，即 $-\gamma_2 < x_i(t) < \gamma_1,\ t \geqslant 0,\ i = 1, 2, \cdots, n-1$ 成立，列车运行过程中任意两节邻接车厢之间的距离处于安全范围内。因此，对于高速列车单列车动态系统，式（4.130）中分布式协同控制器可以保证列车运行过程中动态系统达到式（4.128）和式（4.129）的控制目标。 □

在动态拓扑下，车-车通信模式下高速列车协同运行示意图如图 4.11所示。考虑同一条铁路线路上运行的 N 辆高速列车组成的多列车动态系统，列车由自动列车控制子系统控制，运行于移动闭塞模式。在运行过程中，列车的车载系统通过 GSM-R 通信向地面系统发送运行信息，并接收来自 RBC 的 MA。

假设 4.9 列车之间通过车-车无线通信系统进行信息的实时交互，由于无线通信系统的故障等突发事件，受限于有效通信距离，列车只能与其无线通信范围内的其他列车通信；对于可以相互通信的连续列车，运行信息交换发生在后续列车的第一节车厢与前方列车最后一节车厢之间。

定义 $p_{i,j}$ 为多列车系统中第 i 辆列车第 j 节车厢的位置。列车 i 的拓扑-邻接列车的集合定义为

$$N_i = \{j : \|p_{i,1} - p_{j,n_j}\| \leqslant \beta \ \text{或} \ \|p_{i,n_i} - p_{j,1}\| \leqslant \beta, j = 1, 2, \cdots, N, j \neq i\} \quad (4.143)$$

其中，β 为车-车无线通信的半径。

如图 4.11 所示，连续两辆列车在时刻 t 的追踪距离为 $s_i(t) = p_{i,n} - p_{i+1,1}$, $i = 1, 2, \cdots, n-1$，连续两辆列车的最小安全追踪距离为 $l_s + 2l$，紧急制动触发距离为 $l_e + 2l$，其中 l_s 表示常规制动曲线制定的从前车尾端到后车前端的距离；l_e 表示紧急制动曲线制定的从前车尾端到后车前端的距离。如果 $s_i(t)$ 小于 $l_e + 2l$，那么 ATP 会触发紧急制动来避免列车发生碰撞。

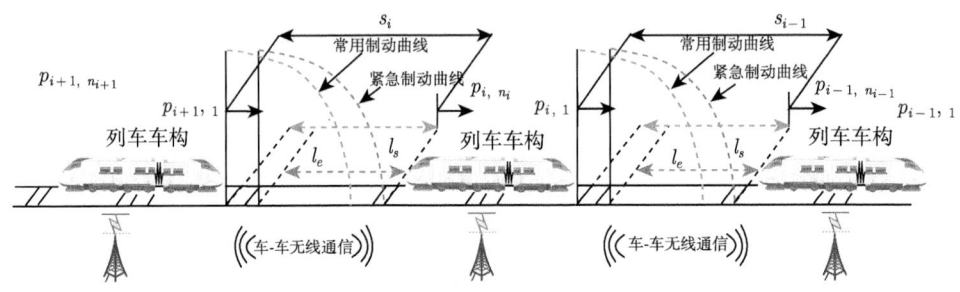

图 4.11 车-车通信模式下多列车协同运行示意图

对于多辆高速列车协同运行组成的系统，由于每两辆列车之间的距离随时间变化，因此每辆列车的拓扑-邻接集可能随时间变化。对于列车 i，不失一般性，假定其由 n_i 节车厢组成，则由 N 辆列车组成的多列车系统底层通信拓扑结构可以描述为加权无向图 $G = (V, E, A)$，其中包含 $\sum_{i=1}^{N} n_i$ 个节点的集合 $V = \{\nu_{i,1}, \nu_{i,2}, \cdots, \nu_{i,n_i}, i = 1, 2, \cdots, N\}$ 的每一个节点表示一节车厢；$E \subset V \times V$ 表示无向图 G 中边的集合，其定义为

$$\begin{aligned} E = \{(\nu_{i,l}, \nu_{j,r}) : &\text{若 } i = j, |l - r| = 1, j = 1, 2, \cdots, N \\ &\text{或 } i = j+1, l = n_i, r = 1, |p_{i,l} - p_{j,r}| < \beta, j = 1, 2, \cdots, N-1 \\ &\text{或 } i = j-1, l = 1, r = n_j, |p_{i,l} - p_{j,r}| < \beta, j = 2, 3, \cdots, N\} \end{aligned}$$
$$(4.144)$$

相应地，列车 i 中车厢 j 的拓扑-邻接列车的集合表示为 $N_{i,l}, l = 1, 2, \cdots, n_i$, $i = 1, 2, \cdots, N$；邻接矩阵表示为 A；拉普拉斯矩阵表示为 L；$m_{i,j}$ 表示列车 i 中车厢 j 的质量；$v_{i,j}$ 表示列车 i 中车厢 j 的速度；$u_{i,j}, j = 1, 2, \cdots, n_i, i = 1, 2, \cdots, N$ 表示列车 i 中车厢 j 的控制力。假定同一列车中的车厢具有相同的质量，即对于

4.3 多源扰动下协同运行分布式抗扰控制

任意 (i,j) 满足 $j=1,2,\cdots,n_i$, $i=1,2,\cdots,N$, 由 $m_{i,j}=m_i$ 成立, 则列车 i 中车厢 j 的动态方程可描述为

$$\dot{p}_{i,j} = v_{i,j} \tag{4.145}$$

$$\dot{v}_{i,j} = \hat{u}_{i,j} + \kappa_i \sum_{\nu_{i,l} \in N_{i,j}} \hat{a}^i_{j,l}[p_{i,l} - p_{i,j} + 2l(l-j)]$$

$$+ \varrho_i \sum_{\nu_{i,l} \in N_{i,j}} \hat{a}^i_{j,l}(v_{i,l} - v_{i,j}) + \phi(v_{i,j}) \tag{4.146}$$

其中, $\hat{u}_{i,j} = \dfrac{u_{i,j}}{m_i}$; $\kappa_i = \dfrac{k}{m_i}$; $\varrho_i = \dfrac{d}{m_i}$; $\phi(v_{i,j}) = c_0 + c_v v_{i,j} + c_a v_{i,j}^2$; 如果车厢 j 和车厢 i 之间有车钩连接, 则 $\hat{a}^i_{j,l}=1$, 否则 $\hat{a}^i_{j,l}=0$。

为了分析方便, 定义

$$x_{i,j} = p_{i,j} - p_{i,j+1} - 2l, \quad j=1,2,\cdots,n_i-1;\ i=1,2,\cdots,N \tag{4.147}$$

$$\tilde{x}_{i,j} = p_{i,j} - p_r + \sum_{m=1}^{i-1}(l_s + 2ln_m) + 2l(j-1), \quad j=1,2,\cdots,n_i;\ i=1,2,\cdots,N \tag{4.148}$$

$$\tilde{v}_{i,j} = v_{i,j} - v_r, \quad j=1,2,\cdots,n_i;\ i=1,2,\cdots,N \tag{4.149}$$

基于上述定义变量, 协同运行列车的追踪间隔可表示为

$$s_i(t) = \tilde{x}_{i,n_i} - \tilde{x}_{i+1,1} + l_s + 2l, \quad i=1,2,\cdots,N-1 \tag{4.150}$$

将式(4.147)代入式(4.145)中的动态方程, 列车 i 中车厢 j 的动态方程可进一步整理为

$$\dot{\tilde{x}}_{i,j} = \tilde{v}_{i,j} \tag{4.151}$$

$$\dot{\tilde{v}}_{i,j} = \hat{u}_{i,j} + \kappa_i \sum_{\nu_{i,l} \in N_{i,j}} \hat{a}^i_{j,l}(\tilde{x}_{i,l} - \tilde{x}_{i,j}) + \varrho_i \sum_{\nu_{i,l} \in N_{i,j}} \hat{a}^i_{j,l}(\tilde{v}_{i,l} - \tilde{v}_{i,j})$$

$$+ \phi(v_{i,j}) \tag{4.152}$$

动态拓扑事件下高速列车协同运行控制的目标如下。

①多列车系统中所有 N 列车的车厢达到协同一致运行, 并能精确追踪其速度-距离曲线, 即

$$\lim_{t \to \infty} \sum_{i=1}^{N} \sum_{j=1}^{n_i} |\tilde{v}_{i,j}| = 0, \quad \lim_{t \to \infty} \sum_{i=1}^{N} \sum_{j=1}^{n_i} |\tilde{x}_{i,j}| = 0 \tag{4.153}$$

②列车运行过程中保证车钩位移 $x_{i,j}$, $j=1,2,\cdots,n_i-1$; $i=1,2,\cdots,N$ 保持在安全范围内同时使列车追踪间隔 s_i, $i=1,2,\cdots,N-1$ 不小于紧急制动间隔，即

$$-\gamma_2 < x_{i,j}(t) < \gamma_1, \; l_e + 2l < s_i(t), \quad t \geqslant 0 \tag{4.154}$$

③随着列车运行，车钩位移 $x_{i,j}$, $j=1,2,\cdots,n_i-1$; $i=1,2,\cdots,N$ 收敛到标称值，列车追踪间隔 s_i, $i=1,2,\cdots,N-1$ 收敛到 l_s+2l，即

$$\lim_{t\to\infty} x_{i,j}(t) = 0, \quad j=1,2,\cdots,n_i-1; \; i=1,2,\cdots,N \tag{4.155}$$

$$\lim_{t\to\infty} s_i(t) = l_s + 2l, \quad i=1,2,\cdots,N-1 \tag{4.156}$$

为了保证高速列车多列车系统安全协同运行，对于列车 i 中的车厢 j, $j=1,2,\cdots,n_i$; $i=1,2,\cdots,N$，建立基于状态依赖通信拓扑结构的分布式协同控制算法为

$$\begin{aligned}
\hat{u}_{i,j} = & c_1 \sum_{\nu_{i,l}\in N_{i,j}} a_{\nu_{i,j},\nu_{i,l}}(\tilde{x}_{i,l}-\tilde{x}_{i,j}) + c_2 \sum_{\nu_{p,l}\in N_{i,j},p\neq i} a_{\nu_{i,j},\nu_{p,l}}(\tilde{x}_{p,l}-\tilde{x}_{i,j}) \\
& + c_3 \sum_{\nu_{i,l}\in N_{i,j}} a_{\nu_{i,j},\nu_{i,l}}(\tilde{v}_{i,l}-\tilde{v}_{i,j}) + c_4 \sum_{\nu_{p,l}\in N_{i,j},p\neq i} a_{\nu_{i,j},\nu_{p,l}}(\tilde{v}_{p,l}-\tilde{v}_{i,j}) \\
& - h_{i,j}(\mu_1 \tilde{x}_{i,j} + \mu_2 \tilde{v}_{i,j}) - \phi(v_{i,j})
\end{aligned} \tag{4.157}$$

其中，c_1、c_2、c_3、c_4、μ_1、μ_2 为常数；如果 $j=1$，则 $h_{i,j}=1$, $i=1,2,\cdots,N$，否则 $h_{i,j}=0$；如果 $\nu_{i,l}\notin N_{i,j}$，则 $a_{\nu_{i,j},\nu_{i,l}}=0$，否则 $a_{\nu_{i,j},\nu_{i,l}}$ 定义为

$$a_{\nu_{i,j},\nu_{i,l}} = \begin{cases} \dfrac{2\gamma_1\delta_1 - \delta_1^2}{\gamma_1^2 - (\tilde{x}_{i,l}-\tilde{x}_{i,j})^2} - c_1^{-1}\hat{a}_{j,l}^i \kappa_i, \\ \quad j>l \cap \gamma_1-\delta_1 < (\tilde{x}_{i,l}-\tilde{x}_{i,j}) < \gamma_1 \\ \quad \text{或 } j<l \cap -\gamma_1 < (\tilde{x}_{i,l}-\tilde{x}_{i,j}) < -\gamma_1+\delta_1 \\ \dfrac{\delta_2^2}{(\gamma_2-|\tilde{x}_{i,l}-\tilde{x}_{i,j}|)^2} - c_1^{-1}\hat{a}_{j,l}^i \kappa_i, \\ \quad j>l \cap -\gamma_2 < (\tilde{x}_{i,l}-\tilde{x}_{i,j}) < -\gamma_2+\delta_2 \\ \quad \text{或 } j<l \cap \gamma_2-\delta_2 < (\tilde{x}_{i,l}-\tilde{x}_{i,j}) < \gamma_2 \\ 1 - c_1^{-1}\hat{a}_{j,l}^i \kappa_i, \quad \text{其他} \end{cases} \tag{4.158}$$

其中，$\delta_1 \in (0,\gamma_1)$ 和 $\delta_2 \in (0,\gamma_2)$ 为任意常数。

4.3 多源扰动下协同运行分布式抗扰控制

定义变量 $\zeta = l_s - l_e$、$\hat{\beta} = \beta - l_s - 2l$，如果 $\nu_{p,l} \notin N_{i,j}$，$p \neq i$，则 $a_{\nu_{i,j},\nu_{p,l}} = 0$，否则 $a_{\nu_{i,j},\nu_{p,l}}$ 定义为

$$a_{\nu_{i,j},\nu_{p,l}} = \begin{cases} 0, & p < i \cap (\tilde{x}_{p,l} - \tilde{x}_{i,j}) > \hat{\beta} \text{ 或 } p > i \cap (\tilde{x}_{p,l} - \tilde{x}_{i,j}) < -\hat{\beta} \\ \dfrac{\hat{\beta} - |\tilde{x}_{p,l} - \tilde{x}_{i,j}|}{\alpha_1}, & p < i \cap \hat{\beta} - \alpha_1 < (\tilde{x}_{p,l} - \tilde{x}_{i,j}) \leqslant \hat{\beta} \\ & \text{或 } p > i \cap -\hat{\beta} \leqslant (\tilde{x}_{p,l} - \tilde{x}_{i,j}) \leqslant \alpha_1 - \hat{\beta} \\ \dfrac{2\alpha_2 \zeta - \alpha_2^2}{\zeta^2 - (\tilde{x}_{p,l} - \tilde{x}_{i,j})^2}, & p < i \cap -\zeta < (\tilde{x}_{p,l} - \tilde{x}_{i,j}) \leqslant \alpha_2 - \zeta \\ & \text{或 } p > i \cap \zeta - \alpha_2 < (\tilde{x}_{p,l} - \tilde{x}_{i,j}) \leqslant \zeta \\ 1, & \text{其他} \end{cases}$$

(4.159)

其中，$\alpha_1 \in (0, \hat{\beta})$ 和 $\alpha_2 \in (0, \zeta)$ 为任意常数。

定理 4.10 考虑运行在同一铁路线路上的 N 辆高速列车，其中列车 i 包含 n_i 辆车厢 $i = 1, 2, \cdots, N$。列车 i 中车厢 j 的动态特性可描述为式（4.145）。假设初始状态下列车车钩位移位于安全范围内，即 $-\gamma_2 < x_{i,j}(0) < \gamma_1$，$j = 1, 2, \cdots, n_i - 1$，$i = 1, 2, \cdots, N$，任意连续两辆列车之间的追踪间隔大于紧急制动触发间隔，即 $s_i(0) > l_e + 2l$，$i = 1, 2, \cdots, N - 1$。式（4.157）中分布式协同控制律可以使多列车闭环动态系统满足式（4.153）～式（4.155）。

证明 对于任意 $(\nu_{i,l}, \nu_{i,j}) \in E(t)$，定义半正定泛函为

$$V_{\nu_{i,l},\nu_{i,j}}(\tilde{x}_{i,j}, \tilde{x}_{i,l}) = \begin{cases} (\gamma_1 - \delta_1)^2 + (2\gamma_1\delta_1 - \delta_1^2)\ln\dfrac{\gamma_1^2 - (\gamma_1 - \delta_1)^2}{\gamma_1^2 - (\tilde{x}_{i,l} - \tilde{x}_{i,j})^2}, \\ \quad i > j \cap \gamma_1 - \delta_1 < (\tilde{x}_{i,l} - \tilde{x}_{i,j}) < \gamma_1 \\ \quad \text{或 } i < j \cap -\gamma_1(\tilde{x}_{i,l} - \tilde{x}_{i,j}) < -\gamma_1 + \delta_1 \\ (\gamma_2 - \delta_2)(\gamma_2 - 3\delta_2) + 2\delta_2^2 \ln\dfrac{\gamma_2 - |\tilde{x}_{i,l} - \tilde{x}_{i,j}|}{\delta_2} + \dfrac{2\delta_2^2|\tilde{x}_{i,l} - \tilde{x}_{i,j}|}{\gamma_2 - |\tilde{x}_{i,l} - \tilde{x}_{i,j}|}, \\ \quad i > j \cap -\gamma_2 < (\tilde{x}_{i,l} - \tilde{x}_{i,j}) < -\gamma_2 + \delta_2 \\ \quad \text{或 } i < j \cap \gamma_2 - \delta_2 < (\tilde{x}_{i,l} - \tilde{x}_{i,j}) < \gamma_2 \\ (\tilde{x}_{i,l} - \tilde{x}_{i,j})^2, \quad \text{其他} \end{cases}$$

(4.160)

函数 $V_{\nu_{i,l},\nu_{i,j}}(\tilde{x}_{i,j}, \tilde{x}_{i,l})$ 在其定义区间连续可导。对于任意 $(\nu_{p,l}, \nu_{i,j}) \in E(t)$，$p \neq i$，定义半正定泛函为

$$V_{\nu_{p,l},\nu_{i,j}}(\tilde{x}_{i,j},\tilde{x}_{p,l}) = \begin{cases} (\hat{\beta}-\alpha_1)^2 + \dfrac{3\hat{\beta}|\tilde{x}_{p,l}-\tilde{x}_{i,j}|^2 - 2|\tilde{x}_{p,l}-\tilde{x}_{i,j}|^3}{6\alpha_1} \\ \quad -\dfrac{3\hat{\beta}(\hat{\beta}-\alpha_1)^2 - 2(\hat{\beta}-\alpha_1)^3}{6\alpha_1}, \\ \quad p<i \,\cap\, \hat{\beta}-\alpha_1 < (\tilde{x}_{p,l}-\tilde{x}_{i,j}) \leqslant \hat{\beta} \\ \quad 或\; p>i \,\cap\, -\hat{\beta} \leqslant (\tilde{x}_{p,l}-\tilde{x}_{i,j}) \leqslant \alpha_1 - \hat{\beta} \\ (\hat{\beta}-\alpha_1)^2 + \dfrac{\hat{\beta}^3}{6\alpha_1} - \dfrac{3\hat{\beta}(\hat{\beta}-\alpha_1)^2 - 2(\hat{\beta}-\alpha_1)^3}{6\alpha_1}, \\ \quad p<i \,\cap\, (\tilde{x}_{p,l}-\tilde{x}_{i,j}) > \hat{\beta} \\ \quad 或\; p>i \,\cap\, (\tilde{x}_{p,l}-\tilde{x}_{i,j}) < -\hat{\beta} \\ (\zeta-\alpha_2)^2 + (2\alpha_2\zeta-\alpha_2^2)\ln\dfrac{\zeta^2-(\zeta-\alpha_2)^2}{\zeta^2-(\tilde{x}_{p,l}-\tilde{x}_{i,j})^2}, \\ \quad p<i \,\cap\, -\zeta < (\tilde{x}_{p,l}-\tilde{x}_{i,j}) < \alpha_2 - \zeta \\ \quad 或\; p>i \,\cap\, \zeta-\alpha_2 < (\tilde{x}_{p,l}-\tilde{x}_{i,j}) < \zeta \\ (\tilde{x}_{p,l}-\tilde{x}_{i,j})^2, \quad 其他 \end{cases} \quad (4.161)$$

函数 $V_{\nu_{p,l},\nu_{i,j}}(\tilde{x}_{i,j},\tilde{x}_{p,l})$ 在其定义区间连续可导。

为了方便分析，令 $i=1,2,\cdots,N$，定义一组变量，即

$$\tilde{x}_i = \begin{bmatrix} \tilde{x}_{i,1}, \tilde{x}_{i,2}, \cdots, \tilde{x}_{i,n_i} \end{bmatrix}^{\mathrm{T}} \quad (4.162)$$

$$\tilde{v}_i = \begin{bmatrix} \tilde{v}_{i,1}, \tilde{v}_{i,2}, \cdots, \tilde{v}_{i,n_i} \end{bmatrix}^{\mathrm{T}} \quad (4.163)$$

$$\hat{x} = \begin{bmatrix} \tilde{x}_1^{\mathrm{T}}, \tilde{x}_2^{\mathrm{T}}, \cdots, \tilde{x}_N^{\mathrm{T}} \end{bmatrix}^{\mathrm{T}} \quad (4.164)$$

$$\hat{v} = \begin{bmatrix} \tilde{v}_1^{\mathrm{T}}, \tilde{v}_2^{\mathrm{T}}, \cdots, \tilde{v}_N^{\mathrm{T}} \end{bmatrix}^{\mathrm{T}} \quad (4.165)$$

对于列车 i，定义

$$Q_i(\tilde{x}) = \frac{1}{2}\sum_{j=1}^{n_i}\left(h_{i,j}\mu_1\tilde{x}_{i,j}^2 + c_1\sum_{\nu_{i,l}\in N_{i,j}}V_{\nu_{i,j},\nu_{i,l}}\right) + \frac{1}{2}\sum_{j=1}^{n_i}\sum_{\nu_{p,l}\in N_{i,j},p\neq i}c_2 V_{\nu_{i,j},\nu_{p,l}} \quad (4.166)$$

基于式 (4.166)，对高速列车多列车动态系统可选择下述 Lyapunov 泛函，即

$$\tilde{E}(\hat{x},\hat{v}) = \frac{1}{2}\sum_{i=1}^{N}(Q_i(\tilde{x}_i) + \tilde{v}_i^{\mathrm{T}}\tilde{v}_i) \quad (4.167)$$

定义

$$\hat{V}_i = \frac{1}{2}\sum_{j=1}^{n_i}\sum_{\nu_{i,l}\in N_{i,j}}V_{\nu_{i,j},\nu_{i,l}} \quad (4.168)$$

4.3 多源扰动下协同运行分布式抗扰控制

$$\tilde{V}_i = \frac{1}{2}\sum_{j=1}^{n_i}\sum_{\nu_{p,l}\in N_{i,j}, p\neq i} V_{\nu_{i,j},\nu_{p,l}} \tag{4.169}$$

沿着闭环动态系统状态轨迹计算函数 $\hat{V}_i$ 和函数 $\tilde{V}_i$ 对时间的导数,并变换求和次序可得

$$\dot{\hat{V}}_i = \sum_{j=1}^{n_i}\sum_{\nu_{i,l}\in N_{i,j}} -2(a_{\nu_{i,j},\nu_{i,l}} + c_1^{-1}\hat{a}_{j,l}^i\kappa_i)(\tilde{x}_{i,l} - \tilde{x}_{i,j})\tilde{v}_{i,j} \tag{4.170}$$

$$\dot{\tilde{V}}_i = \sum_{j=1}^{n_i}\sum_{\nu_{p,l}\in N_{i,j}, p\neq i} a_{\nu_{i,j},\nu_{p,l}}(\tilde{x}_{p,l} - \tilde{x}_{i,j})(\tilde{v}_{p,l} - \tilde{v}_{i,j}) \tag{4.171}$$

定义 $\bar{a}_{\nu_{i,j},\nu_{i,l}} = c_3 a_{\nu_{i,j},\nu_{i,l}} + \varrho_i\hat{a}_{j,l}^i$ 为连接 $\nu_{i,j}$ 和 $\nu_{i,l}$ 的路径; $\bar{a}_{\nu_{i,j},\nu_{p,l}} = c_4 a_{\nu_{i,j},\nu_{p,l}}, p\neq i$ 为连接 $\nu_{i,j}$ 和 $\nu_{p,l}$ 路径的新定义权重。基于式(4.170)和式(4.171),沿着闭环系统状态轨迹计算 Lyapunov 函数 $\tilde{E}(\hat{x},\hat{v})$ 对时间的导数可得

$$\begin{aligned}\dot{\tilde{E}}(\hat{x},\hat{v}) &= \frac{1}{2}\sum_{i=1}^{N}(c_2\dot{\hat{V}}_i + c_1\dot{\tilde{V}}_i) + \sum_{i=1}^{N}\sum_{j=1}^{n_i}(h_{i,j}\mu_1\tilde{x}_{i,j} + \dot{\tilde{v}}_{i,j})\tilde{v}_{i,j}\\ &= \sum_{i=1}^{N}\sum_{j=1}^{n_i}\sum_{\nu_{i,l}\in N_{i,j}} -c_1(a_{\nu_{i,j},\nu_{i,l}} + c_1^{-1}\hat{a}_{j,l}^i\kappa_i)(\tilde{x}_{i,l} - \tilde{x}_{i,j})\tilde{v}_{i,j}\\ &= -\sum_{i=1}^{N}\sum_{j=1}^{n_i}\sum_{\nu_{p,l}\in N_{i,j}, p\neq i} c_2 a_{\nu_{i,j},\nu_{p,l}}(\tilde{x}_{p,l} - \tilde{x}_{i,j})\tilde{v}_{i,j}\\ &\quad + \sum_{i=1}^{N}\sum_{j=1}^{n_i}(h_{i,j}\mu_1\tilde{x}_{i,j} + \dot{\tilde{v}}_{i,j})\tilde{v}_{i,j}\\ &= -\hat{v}^{\mathrm{T}}(L_v + \mu_2\bar{H})\hat{v} \end{aligned} \tag{4.172}$$

其中,矩阵 $\bar{H}$ 为对角矩阵,第 $\sum_{l=1}^{i-1}n_l + j$ 个对角项为 $h_{i,j}$。

利用引理 4.2,矩阵 L_v 和矩阵 $\bar{H}$ 均为半正定矩阵,所以进一步可知 $\dot{\tilde{E}}(\hat{x},\hat{v})\leqslant 0$ 成立,当且仅当 $\hat{v}^{\mathrm{T}}L_v\hat{v}=0$ 和 $\hat{v}^{\mathrm{T}}\bar{H}\hat{v}=0$ 成立时,$\dot{\tilde{E}}(\hat{x},\hat{v})=0$ 成立。定义水平集 $\tilde{S}$ 为

$$\tilde{S} = \{(\hat{x},\hat{v}) : \tilde{E}(\hat{x},\hat{v}) = 0\} \tag{4.173}$$

不失一般性,假定任意时刻 $t>0$,无向图 G 包含 $\omega(t)$,$1\leqslant\omega(t)\leqslant N$ 联通子图,其中子图 q 含有 $\varpi_q(t)$ 辆高速列车,$1\leqslant q\leqslant\omega(t)$。为了便于分析,从列车 1 到列车 $\varpi_q(t)$ 标记子图 q 中的高速列车。

参考 Su 等[113] 的结论，$\hat{v}^\mathrm{T} L_v(t)\hat{v}=0$ 等价于

$$\tilde{v}_{i,1}=\tilde{v}_{i,j}, \quad j=1,2,\cdots,n_i;\ i=1,2,\cdots,\varpi_q(t) \tag{4.174}$$

$$\tilde{v}_{i,1}=\tilde{v}_{i+l,1}, \quad l=1,2,\cdots,\varpi_q(t)-1 \tag{4.175}$$

这意味着，子图 q 中包含的所有车厢均达到速度一致。

根据 $\dot{E}(\hat{x},\hat{v})\leqslant 0$，由于多列车动态系统是自治系统，其状态演化只和所有车厢的初始状态有关。由 LaSalle 不变集原理可以得到结论，在满足 $-\gamma_2<x_{i,j}(0)<\gamma_1, j=1,2,\cdots,n_i, i=1,2,\cdots,N$ 和 $s_i(0)>l_e+2l, i=1,2,\cdots,N-1$ 的初始状态条件下，系统中所有车厢的状态轨迹收敛到不变集 $\tilde{S}$。

由此可知，高速列车多车动态系统的状态轨迹收敛到不变集 $\tilde{S}$，并且 $w(t)$ 联通子图中任意一个子图的列车达到速度一致。因此，基于以上事实，在不变集 $\tilde{S}$ 中，子图 i 中列车的通信拓扑结构保持不变，$i=1,2,\cdots,\omega(t)$。下面利用反证法证明上述结论。首先，假设子图 i 中的通信拓扑在时刻 t_c 改变，即存在一辆列车 j 与另外一辆列车 l 失去通信连接，或者存在一辆列车 j 与另外一辆列车 l 建立通信连接。这意味着，$\tilde{v}_j(t_c)\neq\tilde{v}_l(t_c)$。基于以上分析，由式（4.167）和式（4.172）可知，在时刻 t_c 的一个足够小邻域内有 $\dot{E}(\hat{x},\hat{v})<0$ 成立。这与在不变集内 $\tilde{S}$ 内，$\dot{E}(\hat{x},\hat{v})\equiv 0$ 冲突。因此，不失一般性，在不变集 $\tilde{S}$ 内，所有 $\omega(t)$ 子图中的通信拓扑保持不变。

鉴于 $\hat{v}^\mathrm{T}\bar{H}\hat{v}=0$，$h_{i,1}=1$，$i=1,2,\cdots,N$，明显可得 $\tilde{v}_{i,j}=0$, $j=1,2,\cdots,n_i, i=1,2,\cdots,\varpi_q(t)$，结合"在不变集 $\tilde{S}$ 上，所有 $\omega(t)$ 个联通子图中的通信拓扑保持不变"可推出，沿着不变集 $\tilde{S}$ 中状态的轨迹有 $\tilde{v}_{i,j}\equiv 0$ 成立。

因此，对于联通子图 q 有

$$\sum_{i=1}^{\varpi_q(t)}\sum_{i=1}^{n}\tilde{x}_{i,j}\dot{v}_{i,j}=\sum_{i=1}^{\varpi_q(t)}\sum_{j=1}^{n_i}\sum_{\nu_{q,r}\in N_{i,j}}\tilde{x}_{i,j}c_1\breve{a}_{\nu_{i,j},\nu_{q,r}}(\tilde{x}_{q,r}-\tilde{x}_{i,j}) \tag{4.176}$$

其中，如果 $\nu_{i,r}\in N_{i,j}$，则 $\breve{a}_{\nu_{i,j},\nu_{i,r}}=c_1 a_{\nu_{i,j},\nu_{i,r}}+\hat{a}^i_{j,r}\kappa_i$；如果 $\nu_{q,r}\in N_{i,j}, q\neq i$，则 $\breve{a}_{\nu_{i,j},\nu_{q,r}}=c_2 a_{\nu_{i,j},\nu_{q,r}}$。

定义 L_q 为联通子图 q 中 $\nu_{q,r}$ 和 $\nu_{i,l}$ 路径新定义权重 $\breve{a}_{\nu_{q,r},\nu_{i,l}}$ 对应的拉普拉斯矩阵。

进一步，式（4.176）可整理为

$$\hat{x}_q^\mathrm{T}(L_q+\mu_1 H_q)\hat{x}_q=0 \tag{4.177}$$

其中，$\hat{x}_q=[\tilde{x}_1^\mathrm{T},\tilde{x}_2^\mathrm{T},\cdots,\tilde{x}_{\varpi(t)}^\mathrm{T}]^\mathrm{T}$；矩阵 H_q 定义为

$$H_1=\mathrm{diag}\left\{1,0_{n_1-1\times n_1-1},\cdots,1,0_{n_{\varpi_q(t)}-1\times n_{\varpi_q(t)}-1}\right\}$$

4.3 多源扰动下协同运行分布式抗扰控制

注意到，子图 q 为联通图，由引理 4.2 可知，$L_q + \mu_1 H_q$ 为正定矩阵，进一步可推出结论，即子图 q 中所有车厢的位置跟踪误差为 0，即 $\hat{x}_q = 0$。不失一般性，可以推出结论，高速列车多列车动态系统位置跟踪误差为 0。由此可以得出结论，即在不变集 $\tilde{S}$ 中，$x_{i,j}(t) = 0$, $j = 1, 2, \cdots, n_i - 1$, $i = 1, 2, \cdots, N$，$s_i(t) = l_s + 2l < \beta$, $i = 1, 2, \cdots, N-1$。

因此，由式（4.143）可知，在不变集 $\tilde{S}$ 中，多列车动态系统中的任何一辆列车均处于其相邻列车的无线通信范围内。这等价于在不变集 $\tilde{S}$ 内，无向图 G 为连通图；多列车动态系统中所有车厢状态均达到一致且收敛到相应参考速度-距离曲线。至此，式（4.153）和式（4.155）描述的控制目标证明完成。式（4.154）可以用类似于式（4.128）的证明方法证明。 □

仿真用到的高速列车参数值如表 4.5 所示。设列车期望位置单位为 km，期望速度单位为 km/h，期望速度具有三种不同模式，即

$$v_r = \begin{cases} 316, & 108 \leqslant p_r < 161 \\ 342, & 161 \leqslant p_r < 294 \\ 324, & 294 \leqslant p_r < 450 \end{cases} \quad (4.178)$$

高速列车第一节车厢的初始位置设定为 108km，初始速度设定为 295km/h。不失一般性，指定列车车钩的初始位移随机分布于 $[-1\text{m}, 1\text{m}]$，并且高速列车剩余 4 节车厢的初始速度随机分布在 $[293.2\text{km/h}, 296.8\text{km/h}]$。显然，高速列车车钩初始位移满足定理 4.9 中假设处于指定安全区间 $(-\gamma_2, \gamma_1)$。假定单节车厢长度 $2l$ 为 80m。仿真中控制参数分别选取为 $c_1 = 4$、$c_2 = 1$、$\mu_1 = 10^{-4}$、$\mu_2 = 0.4$、$\delta_1 = 0.5\text{m}$ 和 $\delta_2 = 0.3\text{m}$。

表 4.5 仿真用到的高速列车参数值

参数	数值	参数	数值
m/kg	80×10^3	k/(N/m)	1.6×10^5
c_0/(N/kg)	0.01176	d/(Ns/m)	600
c_v/(Ns/mkg)	0.00077616	γ_1/m	1.7
c_a/(Ns^2/m^{2}kg)	1.6×10^{-5}	γ_2/m	1.6

在协同控制律下，单列车分布式协同控制器控制性能如图 4.12 和图 4.13 所示。为了表明所有车辆的运行状态在短时间内达到一致，根据实际仿真结果绘制时间-速度和时间-位移坐标图。图 4.12（a）和图 4.12（b）表明，在初始时刻车厢速度和车钩位移在时间 $t = 20\text{s}$ 附近首先达到一致状态；在时间 $t = 175\text{s}$ 附近，所有车厢一致跟踪到参考速度 $v_r = 316\text{km/h}$，并维持此速度直到 $t = 600\text{s}$。当列车参考速度增加到 $v_r = 342$ km 时，各车厢在大约 150s 完成对新参考速度的快速跟踪。由于只有第一节车厢能够实时获得参考速度-距离曲线信息，因此参

考速度的突变会打破各车厢的一致运行状态。由图 4.12 (b) 可知，车钩位移在 $t=640$s 时收敛到 0。这意味着，所有车厢再次达到一致状态。

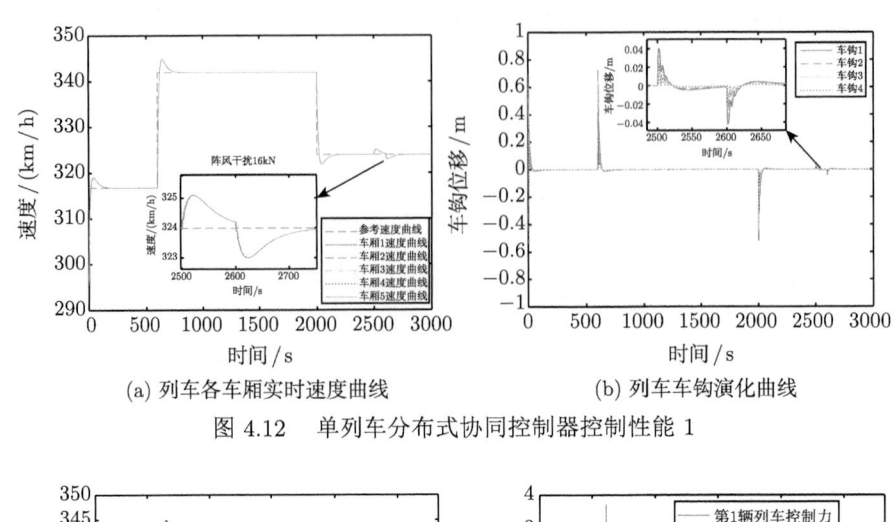

(a) 列车各车厢实时速度曲线

(b) 列车车钩演化曲线

图 4.12　单列车分布式协同控制器控制性能 1

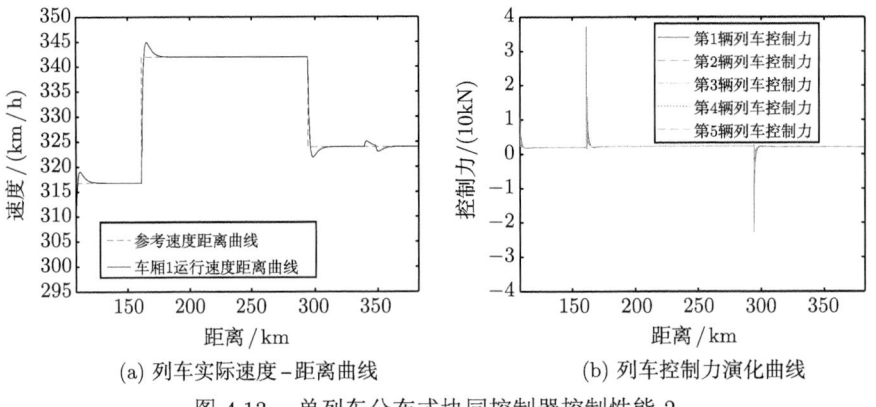

(a) 列车实际速度-距离曲线

(b) 列车控制力演化曲线

图 4.13　单列车分布式协同控制器控制性能 2

进一步，设计高速铁路多列车动态系统的数值仿真，证明分布式协同控制律在状态依赖信息传输拓扑下对多列车协同巡航控制问题的有效性。不失一般性，指定最小追踪间隔 $l_s + 2l = 20.16$km，紧急制动触发距离 $l_e + 2l = 15.16$km。选择车-车无线通信半径 $\beta = 24$km。控制器参数选为 $c_1 = 4$、$c_2 = 10^{-4}$、$c_3 = 1$、$c_4 = 0.1$、$\mu_1 = 0.016$、$\mu_2 = 0.5$、$\delta_1 = 0.5$m、$\delta_2 = 0.3$m、$\alpha_1 = 1$km、$\alpha_2 = 0.6$km。

由于高速铁路所处的环境复杂，在多列高速列车系统中不可避免地存在非规则的扰动和延迟，因此仿真假设通信拓扑的延迟为 0.2s，并对第一辆列车头节车厢在 $[2000s, 2050s]$ 施加由不规则扰动。例如，突变阵风、轮轨条件随着天气的突然变化引起 16 kN 的突变阻力。各列车首车厢初始位置与速度如表 4.6 所示。不失一般性，设每辆列车车钩位移随机分布于 $[-1\text{m}, 1\text{m}]$，列车 i 剩余 4 节车厢初

4.3 多源扰动下协同运行分布式抗扰控制

始速度随机分布于 $[v_{i,1} - 1.8\text{km/h},\ v_{i,1} + 1.8\text{km/h}]$。

表 4.6 各列车首车厢初始位置与速度

项目	1	2	3	4
$p_{i,1}(t_0)/\text{km}$	110	90.2	70.5	50.1
$v_{i,1}(t_0)/(\text{km/N})$	295.2	255.6	257.4	277.2

在多列车协同运行分布式协同控制器下，多列车协同运行控制仿真结果如图 4.14 和图 4.15 所示。各车厢控制力变化曲线如图 4.16 所示。图 4.14（a）和图 4.14（b）表明，同一辆列车中的各车厢很快达到速度一致状态，同时两节相邻车厢之间车钩的位移快速收敛到标称状态。这表明，同一辆列车中不同车厢能在很短时间内达到状态一致。图 4.14（a）同时表明，所有列车首先在 $t = 300\text{s}$ 跟踪到参考巡航速度 $v_r = 342\text{km/h}$，并保持此速度不变，直到 $t = 1250\text{s}$，列车速度变化为 $v_r = 324\text{km/h}$；50s 后多列车再次跟踪上参考速度的变化。注意到，追踪参考速度变化所需的时间比仿真开始时追踪初始参考速度所需的时间短很多。进或上述现象的原因是，在最后一次多列车速度调整过程中，列车实际运行位移与参考位移的误差比仿真开始时的误差小，如图 4.15（a）所示。

(a) 每辆列车中各车厢速度曲线 (b) 每辆列车车钩位移演化曲线

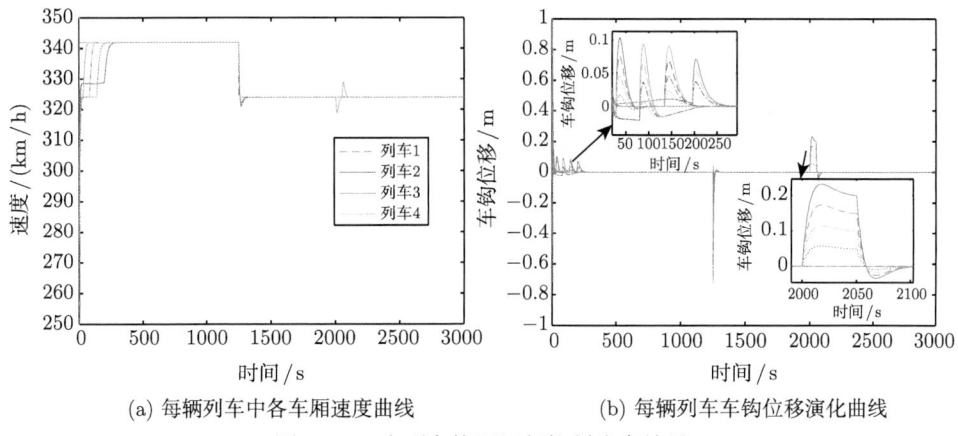

图 4.14 多列车协同运行控制仿真结果

此外，如图 4.14（a）所示，当第一辆列车在 $t = 2000\text{s}$ 受到额外的运行阻力后，第一辆列车中各车厢的速度首先下降，然后很快次收敛到参考速度；当额外的运行阻力在 $t = 2050\text{s}$ 移除之后，第一辆列车各车厢速度先增加，然后迅速在很短时间内下降并收敛到参考速度。发生上述仿真现象的原因是，当额外阻力突然施加到第一辆列车第一节车厢后，其控制力迅速增加以减弱突然施加的额外运行阻力。当额外的运行阻力突然移除后，控制力再次在很短时间内减小，以使列车速度再次恢复到参考速度（图 4.16）。

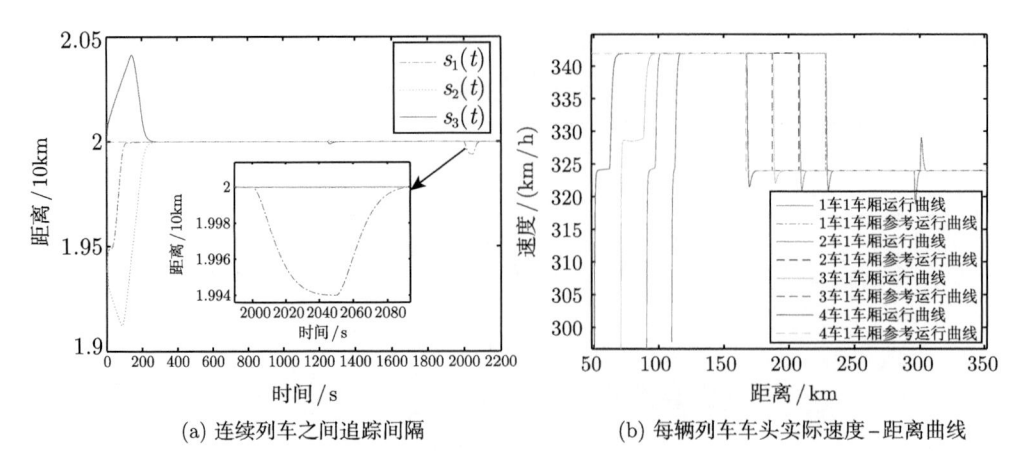

(a) 连续列车之间追踪间隔　　　　(b) 每辆列车车头实际速度-距离曲线

图 4.15　多列车分布式协同控制仿真结果

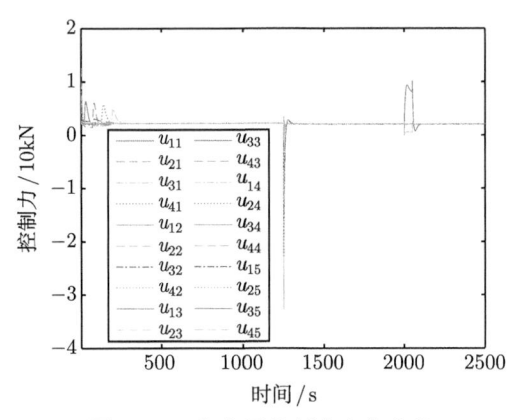

图 4.16　各车厢控制力变化曲线

在调整过程中,每辆列车车钩位移演化曲线如图 4.14(b) 所示,其中第一辆列车车钩位移的幅度沿着列车第一节车厢往后逐渐递减,即 $\|x_{1,5}(t)\| < \|x_{1,4}(t)\| < \|x_{1,3}(t)\| < \|x_{1,2}(t)\| < \|x_{1,1}(t)\|$, $t > 2000 \mathrm{s}$。由图 4.15 (a) 可知,在突发运行阻力添加到第一辆列车之后,列车之间的追踪间隔从第一辆列车往后逐渐递减。通过比较参考速度-距离曲线和实际列车运行速度-距离曲线可知,所有的列车均能在很短运行距离内追踪到参考速度距离曲线 (图 4.15 (b))。进一步,每一辆列车的所有车钩位移均处在设定的安全范围 $(-1.6\mathrm{m}, 1.7\mathrm{m})$ (图 4.14 (b)),并且连续列车间的追踪间隔在避免触发紧急制动的情况下快速收敛到最小间隔 $l_s + 2l$ (图 4.15 (a))。多列车协同控制的仿真结果表明,分布式控制律能够保证 4 列高速列车精确地跟踪其参考速度-距离曲线,实现协同控制目标。特别地,在通信延迟的情况下,分布式协同控制律对不规则干扰的鲁棒性同样可以得到验证。

第 5 章　高速铁路运行控制调度一体化

针对突发事件下列车运行控制与调度指挥分层导致的信息交流效率不高、人工调度及驾驶效率均一性差、调度方案协同效力差等问题，通过运行控制与动态调度一体化优化，协同生成实时的控制与调整策略是进一步提升应急处置能力和恢复运行效率的核心，也是实现高速铁路智能化和自主化的关键。本章围绕突发事件导致的列车延误场景，从延误列车数量的角度给出三种控制调度协同优化策略下的一体化方法。

5.1　考虑进路控制的列车运行速度曲线优化

当突发事件导致列车发车延误时，其占用的站台会导致与后续进入该站台的列车产生股道占用冲突。后行列车将被迫停在站外，等候调度安排进站进路和开放进站信号。其最初通常只会影响相邻两列列车，若处置不当可能导致延误传播，影响后续列车正常运行。针对此问题，本节提出一种基于信号开放时机的列车运行速度曲线优化方法，将调度安排进站进路中的进路控制过程与后续列车运行速度控制过程相结合，综合考虑进站信号开放时机和列车运行速度，优化后续列车进站过程的运行速度曲线，减少后续列车的延误时间。图 5.1 描绘了进站冲突的三维空间场景模型。基于信号开放时机的预测，采用解析策略和群体智能的方法对延误的后方列车进行调整，避免长时间的等候停车，有效节省进站运行时间。

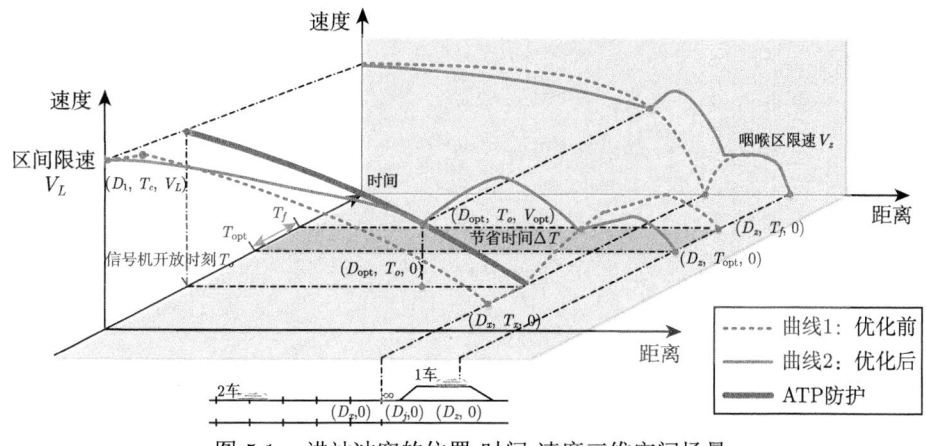

图 5.1　进站冲突的位置-时间-速度三维空间场景

5.1.1 基于信号开放时机的列车运行速度曲线优化模型

通过考虑信号开放时机的运行速度曲线优化，可以压缩后方列车进站时间，减少后方列车的延误时间。列车从调整进站开始的总运行时间分为两个阶段。运行调整的第一阶段是指，列车从某一起始点运行至调整点前的列车运行时间。该值取决于信号机开放时机与最优调整点。运行调整的第二阶段是指，列车从调整点运行至停站的运行时间。该值取决于线路数据、列车数据、调整点速度等。本节以优化前列车运行过程为原始运行场景（图 5.1 中曲线 1），优化后的运行过程为优化运行场景如图 5.1 中曲线 2 所示。在两个场景下，列车进站总运行时间的差值即减少的延误时间。

原始运行场景为，前方列车 1 车由于大风等恶劣天气不能按照预定的时刻表完成运行计划，导致进站冲突，后续列车 2 车运行权限受到影响。2 车以最大运行速度曲线行驶到区间时，由于进站信号机未开放开始反应制动，此时状态为 (D_1, T_c, V_L)，运行时间 T_r 到达进站信号机 $(D_x, T_x, 0)$。由于信号机未开放，按规定在进站信号机前停车，等待时间 T_w 等候调度指令；等信号机开放后，重新启动加速，以规定速度进站，最终停在站内侧线终点 $(D_z, T_f, 0)$。考虑该场景下 2 车进站延误时间较长，继而影响后续列车（只讨论 1 车与 2 车），因此提出一种优化运行场景。

由于列车再启动，信号机开放后的进站停车过程耗时较长，因此考虑列车不停车，在信号机开放时刻能够及时到达信号机位置，以一定速度驶入站内，即列车经过总调整时间 $T_r + T_w$ 到达最优调整点 $(D_{\text{opt}}, T_o, V_{\text{opt}})$，此时信号机恰好开放。在该设定下选择最优调整进站策略，进站后停在同一位置 $(D_z, T_{\text{opt}}, 0)$。可对比出二者运行场景的时间差值 $\Delta T = T_f - T_{\text{opt}}$。图 5.2 为时间-距离曲线优化对比图，为便于进站运行策略的理论分析，将图 5.1 场景简化为二维的速度-位置运行场景。进站运行策略示意图如图 5.3 所示。参数说明如表 5.1 所示，除 ΔT_i 外，均采用绝对值。

最优列车运行速度曲线通常由最大牵引、巡航、最大制动、惰行等四种工况组成[114]。由于本节主要针对进站冲突造成的列车运行延误问题，因此惰行工况不予考虑，根据加速、巡航、制动三种工况规划进站运行策略。在图 5.3 中，由于调整进站运行速度曲线需在进站信号机开放和 ATP 防护曲线更新之后，调整点必然在优化前防护曲线上。从调整点开始可以选择任一种工况条件，进而得到三种策略，分别为加速-巡航-制动（MA-CR-MB）进站运行模式、加速-制动（MA-MB）进站运行模式、加速（MA）进站运行模式。

优化前原始运行所需的时间 T_{ori} 为

5.1 考虑进路控制的列车运行速度曲线优化

$$T_{\text{ori}} = \frac{x_z - x_x - \dfrac{v_z^2}{2a_t} - \dfrac{v_z^2}{2a_b}}{v_z} + \frac{v_z}{a_b} + \frac{v_z}{a_t} \tag{5.1}$$

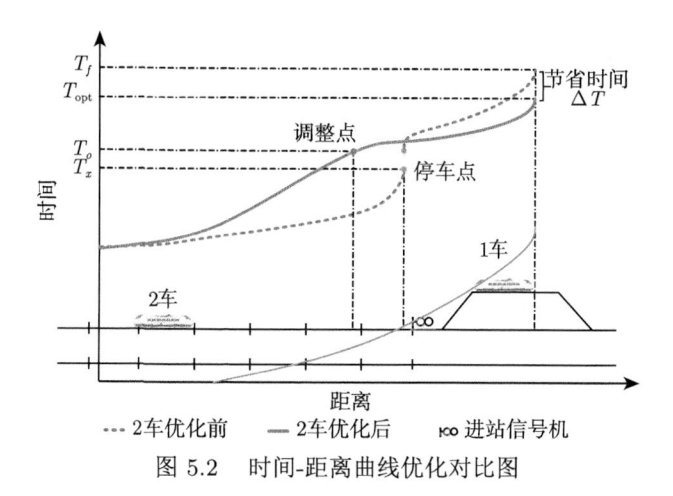

图 5.2 时间-距离曲线优化对比图

每种进站运行模式节省的列车进站运行时间 $\Delta T_i = T_i - T_{\text{ori}}$ ($i=1, 2, 3$)，所以 ΔT_i 为负值。构建模型时需满足几点假设。首先，视加速与减速过程为理想匀变速过程，规划进站运行速度曲线的终点为图 5.3 中的 $(x_z, 0)$ 位置，并且站台长度满足列车可以在任一状态达到咽喉区最大速度 v_z 和巡航的条件。其次，为简化场景，站间没有其他临时限速，最高限速为 v_L。最后，该运行模式的引入主要忽略了咽喉区的联锁机制，所以假设接车路径作为一个单一的实体进行锁定和释放。

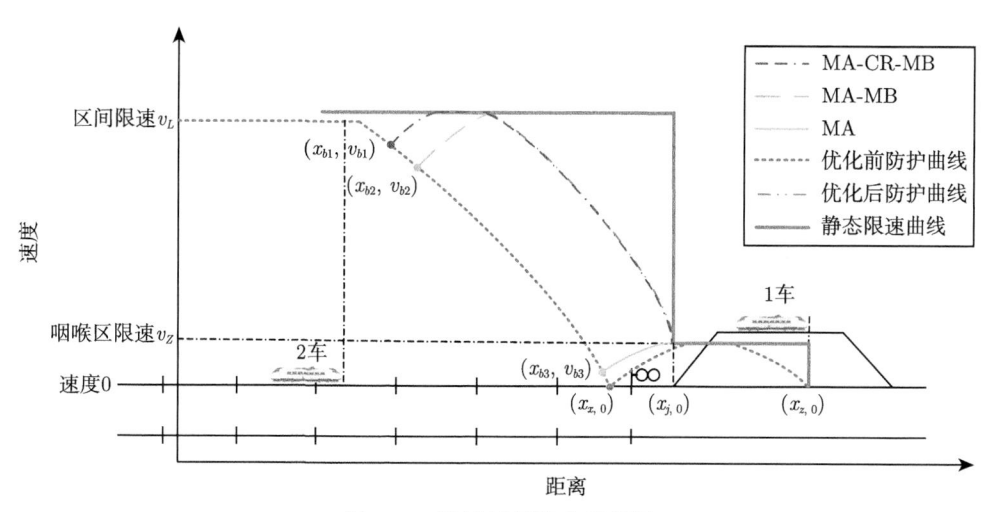

图 5.3 进站运行策略示意图

表 5.1 参数说明

参数	参数符号
信号机位置/m	x_x
进站点位置/m	x_j
停站终点/m	x_z
优化列车当前位置/m	x_b
优化列车当前速度/(m/s)	v_b
咽喉区限速/(m/s)	v_z
区间限速/(m/s)	v_L
MA-MB 中交点速度/(m/s)	v_j
列车牵引加速度/(m/s²)	a_t
列车制动加速度/(m/s²)	a_b
模式 i 进站运行时间/s	$T_i, i=1,2,3$
模式 i 节省时间/s	$\Delta T_i, i=1,2,3$
原始进站时间/s	T_o

下面围绕三种进站运行模式进行理论分析。为得到每种进站运行模式下节省时间与列车当前速度 v_b 的关系，需求解每一种模式下自变量 v_b 的范围。

1. 加速-巡航-制动进站运行模式

该模式包含加速、巡航、制动三个阶段，见图 5.3 中 MA-CR-MB 列车运行轨迹。初始状态 (x_b, v_b) 距离进站较远时，列车收到前方信号机开放时机的信息，先加速至静态限速 v_L，然后以静态限速巡航，在速度达到 ATP 防护曲线速度值时，工况切换至最大制动，列车减速到 (x_j, v_z) 状态进站。

当加速段趋近 0 时，v_b 最大值为最大限速 v_L，当巡航段趋近 0 时，v_b 存在最小值 $v_b{}^*$，即

$$\begin{cases} \dfrac{v_L{}^2 - v_b{}^2}{2a_t} + \dfrac{v_L{}^2 - v_z{}^2}{2a_b} = x_j - x_b \\ x_x = x_b + \dfrac{v_b^2}{2a_b} \end{cases} \tag{5.2}$$

$$v_b{}^* = \sqrt{v_L^2 - \frac{a_t \times v_z^2}{a_t + a_b} - \frac{2a_t \times a_b \times (x_j - x_x)}{a_t + a_b}} \tag{5.3}$$

为确保该模式存在，线路参数需满足 $v_L^2 \geqslant \dfrac{a_t \times v_z^2 - 2a_t \times a_b \times (x_j - x_x)}{a_t + a_b}$。求解 MA-CR-MB 进站运行模式所需的运行时间需要分为五个阶段，即

$$T_1 = t_1 + t_2 + t_3 + t_4 + t_5$$

$$= \frac{v_L - v_b}{a_t} + \frac{x_j - x_b - \dfrac{v_L{}^2 - v_b{}^2}{2a_t} - \dfrac{v_z{}^2 - v_L{}^2}{-2a_b}}{v_L} \tag{5.4}$$

5.1 考虑进路控制的列车运行速度曲线优化

$$+ \frac{v_L - v_z}{a_b} + \frac{x_z - x_j - \frac{v_z^2}{2a_b}}{v_z} + \frac{v_z}{a_b}$$

其中，t_1 表示列车从 v_b 加速至 v_L 的时间；t_2 表示列车以最高限速 v_L 巡航的时间；t_3 表示列车从 v_L 制动至 v_z 的时间；t_4 表示列车进入站内，以站内最高限速 v_z 巡航的时间；t_5 表示列车从 v_z 制动至停车的时间。

由式（5.1）可知，ΔT_1 是一个关于 v_b 的二次函数表达式，即

$$\Delta T_1 = \left(\frac{1}{2a_b \times v_L} + \frac{1}{2a_t \times v_L} \right) \times v_b^2 - \frac{v_b}{a_t}$$
$$+ \left(\frac{v_L - v_z}{a_t} + \frac{x_j - x_x + \frac{v_z^2}{2a_b} - \frac{v_L^2}{2a_t} - \frac{v_L^2}{2a_b}}{v_L} + \frac{v_L - v_z}{a_b} + \frac{x_x - x_j + \frac{v_z^2}{2a_t}}{v_z} \right)$$
(5.5)

2. 加速-制动进站运行模式

该模式包含加速、制动两个阶段，见图 5.3 中 MA-MB 列车运行轨迹。初始状态 (x_b, v_b) 与进站点距离适中时，列车收到前方信号机开放时机的信息，先加速至静态限速 v_L，再将工况切换至最大制动，列车减速至 (x_j, v_z) 状态进站。

在 MA-MB 模式下，v_b 的最大值即 MA-CR-MB 中巡航段趋近 0 时对应的速度值。最小值 v_b^* 根据进站距离的长度而不同。当进站信号机距离站台长度较长，$(x_j - x_x) > v_z^2 \times 2a_t$ 时，存在 MA-MB 模式，因此 MA-MB 模式下 $v_b^* = 0$。MA 与 MA-MB 状态的临界示意图如图 5.4 所示。当进站信号机距离站台长度较短，$(x_j - x_x) \leqslant v_z^2 \times 2a_t$ 时，存在 MA 模式和 MA-MB 模式。MA 与 MA-MB 状态的临界示意图如图 5.5 所示。在临界状态，MA-MB 模式中制动段趋近 0 时，有

$$\min F = v_b$$
$$\begin{cases} x_x - x_b = \dfrac{v_b^2}{2a_b} \\ x_j - x_b \geqslant \dfrac{v_z^2 - v_b^2}{2a_t} \end{cases}$$
(5.6)

$$v_b^* = \sqrt{\frac{a_b \times v_z^2 - 2a_t \times a_b \times (x_j - x_x)}{a_t + a_b}}$$
(5.7)

为确保该模式存在，线路参数需满足 $v_z^2 \geqslant 2a_t \times (x_j - x_x)$。

在 MA-MB 进站运行模式中，加速段曲线与制动段曲线相交，假定交点速度

值为 v_j，根据进站运行速度曲线可知

$$\frac{v_j^2 - v_b^2}{2a_t} + \frac{v_j^2 - v_b^2}{2a_b} = x_j - \left(x_x - \frac{v_b^2}{2a_b}\right) \quad (5.8)$$

$$v_j = \sqrt{\frac{2a_t \times a_b \times (x_j - x_x) + v_z^2 \times a_t}{a_t + a_b} + v_b^2} \quad (5.9)$$

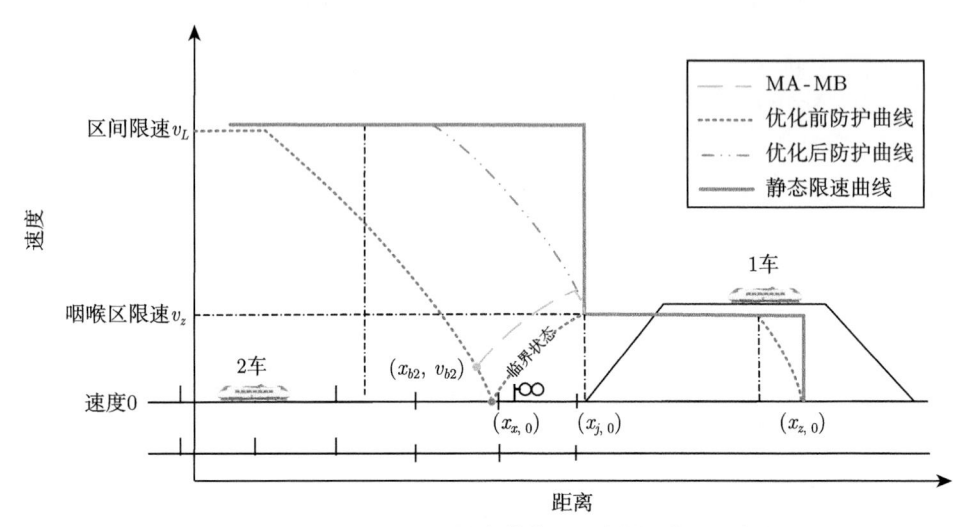

图 5.4　MA 与 MA-MB 状态的临界示意图 (进站距离长)

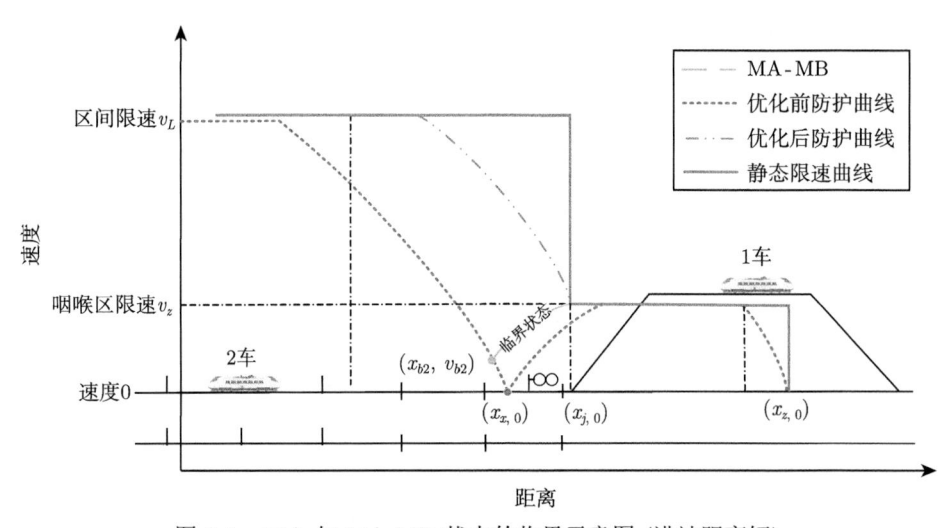

图 5.5　MA 与 MA-MB 状态的临界示意图 (进站距离短)

5.1 考虑进路控制的列车运行速度曲线优化

MA-MB 进站运行模式所需时间的求解可以分为四个阶段，定义为

$$T_2 = t_1 + t_2 + t_3 + t_4$$
$$= \frac{v_j - v_b}{a_t} + \frac{v_j - v_z}{a_b} + \frac{x_z - x_j - \dfrac{v_z^2}{2a_b}}{v_z} + \frac{v_z}{a_b} \tag{5.10}$$

其中，t_1 表示列车从 v_b 加速至 v_j 的时间；t_2 表示列车从 v_j 制动至 v_z 的时间；t_3 表示列车以站内最高限速 v_z 巡航的时间；t_4 表示列车从 v_z 制动至停车的时间。

由式（5.1）可推导出 ΔT_2，即

$$\Delta T_2 = \frac{1}{a_t}(v_j - v_b) + \frac{v_j}{a_b} - \frac{v_z}{a_t} - \frac{v_z}{a_b} + \frac{x_x - x_j + \dfrac{v_z^2}{2a_t}}{v_z} \tag{5.11}$$

3. 加速进站运行模式

该模式只包括加速阶段，见图 5.3 中 MA 列车运行轨迹。该模式较为特殊，要求进站信号机与进站点 (x_j, v_z) 距离满足 $(x_j - x_x) \leqslant v_z^2 \times 2a_t$，反之 MA 模式不存在。

MA 模式中 v_b 的最大值为 MA-MB 中制动段趋近 0 时对应的速度值。该模式下 v_b 的最小值为 0。此外，当站台长度 $L > L_{\text{MA}'} + L_{\text{CR}'} + L_{\text{MB}'}$ 时，进站运行模式会转变为图 5.6 所示的模式。

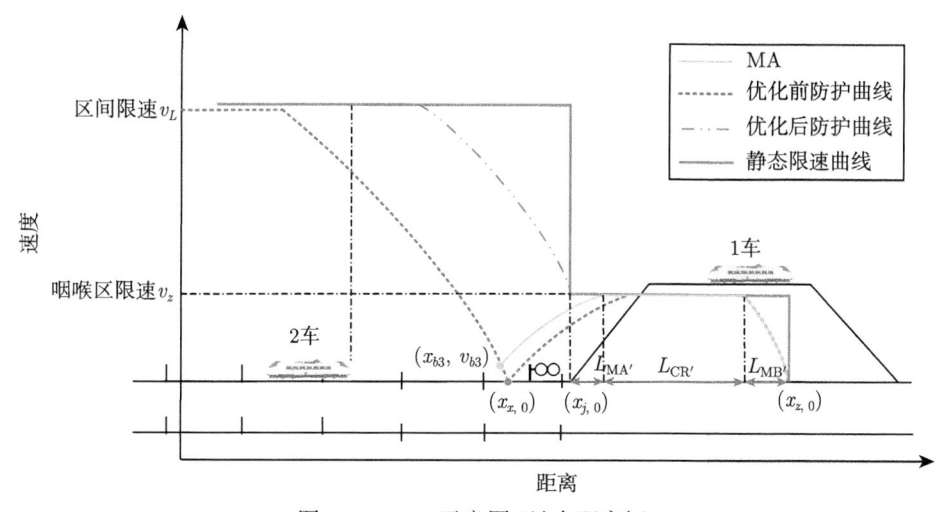

图 5.6　MA 示意图 (站台距离短)

求解 MA 进站运行模式所需的时间需要分为三个阶段，即

$$T_3 = t_1 + t_2 + t_3$$
$$= \frac{v_z - v_b}{a_t} + \frac{x_z - x_x + \frac{v_b^2}{2a_t} + \frac{v_b^2}{2a_b} - \frac{v_z^2}{2a_b} - \frac{v_z^2}{2a_t}}{v_z} + \frac{v_z}{a_b} \tag{5.12}$$

其中，t_1 表示列车从 v_b 加速至 v_z 的时间；t_2 表示列车以站内最高限速 v_z 巡航的时间；t_3 表示列车从 v_z 制动至停车的时间。

由式（5.1）可知，ΔT_3 是一个关于 v_b 的二次函数表达式，即

$$\Delta T_3 = \left(\frac{\frac{1}{2a_t} + \frac{1}{2a_b}}{v_z} \right) \times v_b^2 - \frac{v_b}{a_t} \tag{5.13}$$

5.1.2 基于群体智能的速度曲线与进路控制一体化优化

基于上述进站运行模式，可以通过求解最优调整点，利用智能计算方法推算调整点前的列车优化调整轨迹。群体智能优化理论与方法是人工智能发展的重要方向之一，其体现的特征与以往传统的智能优化算法不同。群体智能是通过模拟动物搜索行为而开发的优化策略，用于解决复杂的优化问题。Mirjalili 等[115]根据灰狼群体合作捕食的行为提出灰狼优化（grey wolf optimizer，GWO）算法。该算法具有性能良好、易于实现的特点，但是在用于求解运行曲线优化问题时，存在以下问题，即当站间距离过长时，会使求解问题的维度变高，难以快速求解。本节提出一种改进的算法，由于不同维度之间的列车运行工况对算法的搜索方向没有太大的启发作用，将 n 维空间的求解分解成 n 个一维空间的求解问题，提高求解效率。在模型构建的基础上，运用改进的 GWO 算法优化设计最优调整点之前的列车运行速度优化曲线，满足列车经过总调整时间到达最优调整点且信号机恰好开放的条件。

灰狼以群居的方式生活，并且内部具有严格的等级分层制度，呈金字塔型，依次为领导者 α 狼、β 狼、δ 狼，以及位于底层的 ω 狼。灰狼群体的狩猎行为主要包括跟踪、追逐并接近猎物；追捕包围猎物，进行骚扰直至其停止移动；最后攻击猎物。该算法包括包围猎物与狩猎方向等两个步骤。

1) 包围猎物阶段

狼群领导者确定目标猎物位置之后，会下达狼群包围猎物的指令。在每次迭代计算中更新搜索的位置，将狼群围捕猎物的行为定义为

$$D = |CX_p(t) - X(t)| \tag{5.14}$$

5.1 考虑进路控制的列车运行速度曲线优化

$$X(t+1) = X_p(t) - AD \tag{5.15}$$

式 (5.14) 表示狼群个体与猎物之间的距离,t 表示算法迭代次数,$X_p(t)$ 表示 t 次迭代中猎物的位置矢量,$X(t)$ 表示 t 次迭代中灰狼的位置矢量。式 (5.15) 表示灰狼的位置更新。

2) 确定狩猎方向

当灰狼识别猎物的位置之后,β 狼和 δ 狼在 α 狼的带领下包围猎物。在优化算法实现的决策空间中,猎物的位置是未知的,所以假设 α 狼、β 狼、δ 狼更能搜索出猎物的潜在位置,迫使其他的灰狼个体根据这三者的位置不断移动靠近,即

$$\begin{cases} D_\alpha = |C_1 X_\alpha - X| \\ D_\beta = |C_2 X_\beta - X| \\ D_\delta = |C_3 X_\delta - X| \end{cases}, \quad \begin{cases} X_1 = X_\alpha - A_1 D_\alpha \\ X_2 = X_\beta - A_2 D_\beta \\ X_3 = X_\delta - A_3 D_\delta \end{cases} \tag{5.16}$$

$$X(t+1) = \frac{X_1 + X_2 + X_3}{3} \tag{5.17}$$

式 (5.16) 为位置更新公式。式 (5.17) 表示灰狼最终的位置取 α 狼、β 狼和 δ 狼位置的平均值。

考虑灰狼优化算法属于搜索算法,定义解空间时采用普遍适用的离散型建模方法,将整个列车运行过程离散化,在离散化的可行解空间中搜索,收敛至最优解。因为灰狼优化算法的位置更新是连续型,所以需要将其离散化。离散运行子过程工况如表 5.2 所示。假定列车运行速度曲线优化过程包含 n 个离散子过程,其中 $n = (T_r + T_w)/\Delta t$,$T_r + T_w$ 为总调整时间,Δt 为控制列车运行的周期。每个过程对应的工况代码为 x_i,限定为含上下界的整数解,其中 $x_i \in [0,6]$。

表 5.2 离散运行子过程工况

工况	对应值
最大牵引加速度 ($100\% a_t$)	0
最大牵引加速度 ($80\% a_t$)	1
最大牵引加速度 ($50\% a_t$)	2
最大制动减速度 ($100\% a_b$)	3
最大制动减速度 ($80\% a_b$)	4
最大制动减速度 ($50\% a_b$)	5
巡航	6

在每次迭代过程中,每一只狼表示一组 n 维空间解向量。工况解目标函数受目标位置约束与预定速度约束,将其定义为

$$F = \left| \sum_1^n x_n - x_b \right| + \left| v_L + \sum_1^n a \times \Delta t - v_b \right| \tag{5.18}$$

迭代计算每只狼的适应度函数，α 狼、β 狼、δ 狼的位置在每次迭代中更新为目标函数，表现更好的三个工况解序列，基于此确定搜索方向，对每只灰狼进行位置更新，循环往复直至迭代次数达到最大值。

收敛因子是用于平衡算法全局搜索与收敛能力的因子[116]。测试过程发现，收敛因子初始设为 1 时，算法收敛速度偏快，收敛的最终解精度不高，导致求解的速度、位置误差偏高。设定测试总数 10 次，根据每次列车运行时间是否在总调整时间内判断是否为有效解。由于解空间的设置限制了列车运行时间，因此在程序没有出现偏离正常运行路径情况下一般均为有效解。

根据收敛因子对算法性能的影响规律，修改其在 [1,2] 的取值，计算测试速度、位置与设定调整点的偏差，求解平均值对比结果。在取值为 1.5 左右已经趋近最优解，取值为 2 评价指标变化较小，说明优化已基本达到最终效果。当种群数量为 40，收敛因子 $a = 2$ 时可以发现，平均速度误差为 2.060m/s，平均位置误差为 1.292m，评价指标最好，因此收敛因子选取 2。为验证本节提出的模型和算法的有效性，设计典型线路区段场景进行仿真验证。典型线路区间采用京沪线某段，设定区间限速为 300km/h、站台限速为 80km/h、最大牵引加速度与制动减速度均为 0.5m/s^2。为尽可能体现运行控制优化模型的调整效果，设运行全长为 9594m、站台长度为 1450m。另外，进站信号机作为指示进站列车进入或通过铁路车站的信号机，主要用于对车站的安全防护，一般设在距铁路车站最外侧道岔尖轨尖端 50~400m 的地点。为满足三种进站运行模式的存在条件，并使进站运行调整效果最大化，设定进站信号机与进站点的距离为 400m。

初始化 GWO 控制器中狼群个体数量为 40，根据上述离散化运行过程中的 n 值初始化解空间，设收敛因子为 2、迭代次数为 100 次、算法总调整时间为 170s。经三种进站运行策略运算对比发现，在该线路条件下，MA-MB 运行模式可获取最优调整点速度 $v_b = 12.18$m/s。进站运行策略仿真验证如图 5.7 所示。由图 5.8（a）可知，灰狼算法在迭代次数达到 50 时接近收敛，算法运行时间约为 27s。由图 5.8（b）可以观察到，在原始进站运行策略的制动位置前，列车就做出了优化运行调整，以 GWO 控制器推荐的运行轨迹进行提前制动，到达解析算法求解的最优调整点。调整点的位置速度分别为 $x_b = 7999.80$m、$v_b = 14.42$m/s。这符合预期，且控制器的平均速度误差小于 2.20m/s，平均位置误差小于 2m。基于 GWO 控制器的算法设计，结合线路参数可求解列车运行调整轨迹。在该场景下验证模型，最终节省进站运行时间近 10.3%。

5.1 考虑进路控制的列车运行速度曲线优化

图 5.7 进站运行策略仿真验证

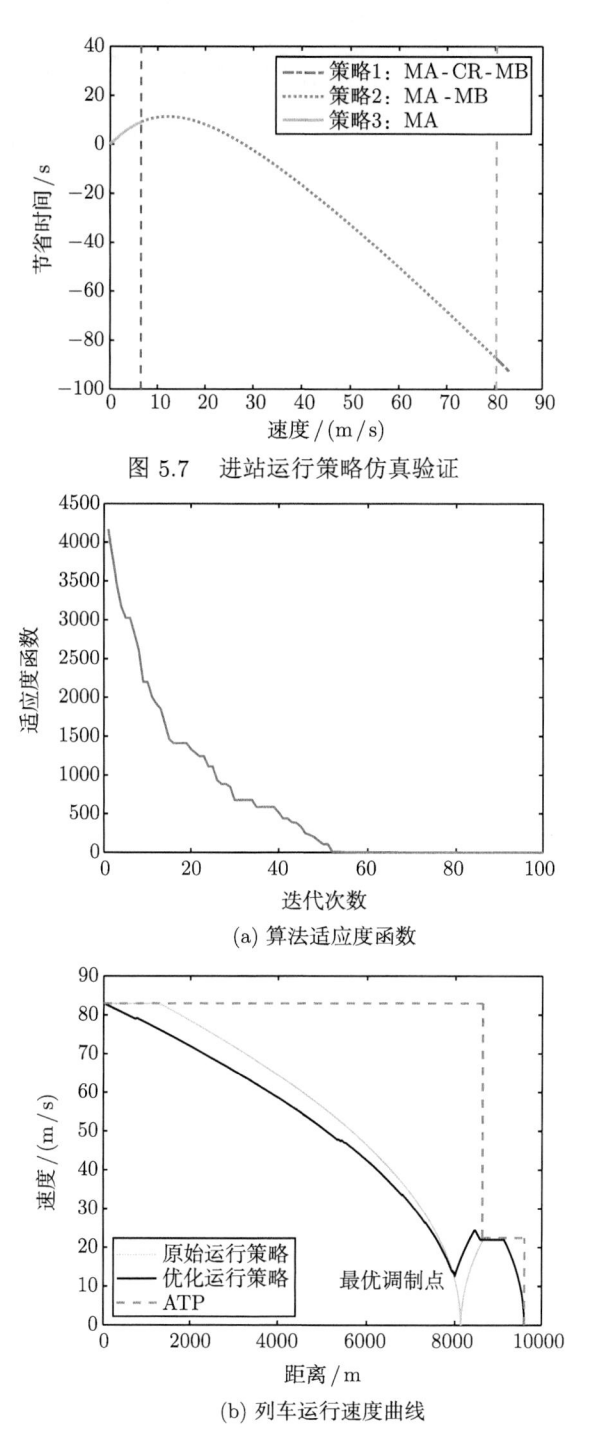

(a) 算法适应度函数

(b) 列车运行速度曲线

图 5.8 GWO 控制器仿真验证

5.2 临时限速下考虑速度曲线的列车运行智能调整

针对大风、大雪等灾害天气导致区间临时限速进而影响多列车正常运行的场景，调度员需要根据线路列车运行状态及临时限速信息调整运行图。对列车运行控制过程中的状态进行准确估计是保障运行图调整方案可行性和最优性的基础。临时限速下调度员对区间运行时间的预估过短，列车实际到站时间将晚于调整后的图定到站时间，需要调度员对运行图进行反复调整；反之，如果对区间运行时间预估过长，将导致线路资源浪费，延缓晚点的恢复过程。本节以列车速度曲线优化为基础，通过对临时限速场景下列车最速曲线进行计算，将列车最短区间运行时间作为运行图调整的约束，一体化生成列车最速曲线与调整后的运行图。临时限速下考虑不同速度曲线的列车运行图调整示意图如图 5.9 所示。图 5.9(a)中曲线 1 是临时限速下列车区间运行最速曲线，曲线 2 和曲线 3 是在不同驾驶策略下的可行速度曲线。图 5.9(b)是临时限速下计划运行图与调整后运行图的对比示意图。由于临时限速导致列车区间运行时间增加，以曲线 1 对应的区间运行时间为约束对运行图进行调整，可快速吸收列车延误时间，显著降低突发事件的影响。

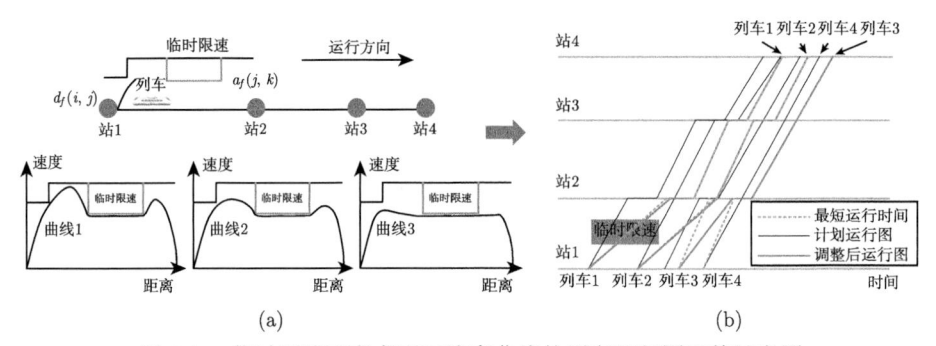

图 5.9 临时限速下考虑不同速度曲线的列车运行图调整示意图

5.2.1 基于区间最小运行时分的列车运行调整模型

图 5.10 为 4 个车站、3 个区间组成一段运行线路的示意图。车站和区间均由两个节点 $i \in N$（N 为节点集合）和 $j \in N$ 之间的弧 (i,j) 表示，弧 $(0,1)$ 表示车站 0，弧 $(1,2)$ 表示车站 0 与车站 1 之间的区间，车站由多条平行弧组成。

区间临时限速下的列车运行调整通常以列车总晚点时间最小为目标，具体为列车在各个车站的到站时间和发车时间与计划运行图的时间偏差。本节从所有列车角度出发，采用每列列车在每个车站的到站晚点时间和发车晚点时间来刻画实际运行图与计划运行图的偏离程度，构建列车运行图调整模型为

5.2 临时限速下考虑速度曲线的列车运行智能调整

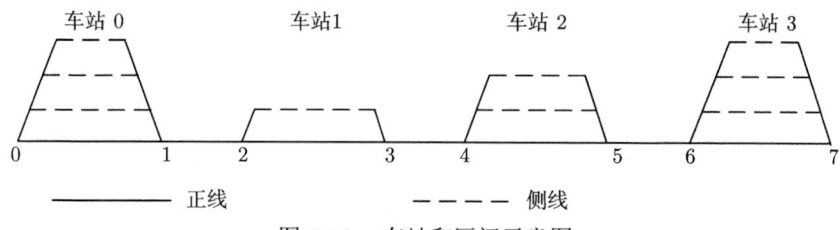

图 5.10 车站和区间示意图

1. 目标函数

$$Z = \min \sum_{f \in F} \left\{ \sum_{(i,j) \in A_{s,*}, j \in N-d} |\bar{d}_f(i,j) - d_f(i,j)| + \sum_{(i,j) \in A_{i,*}, i \in N-o} |\bar{a}_f(i,j) - a_f(i,j)| \right\} \quad (5.19)$$

式（5.19）等号右侧的两个绝对值分别表示实际发车时间和到站时间与计划时间的偏差，其中 $\bar{a}_f(i,j)/a_f(i,j)$ 和 $\bar{d}_f(i,j)/d_f(i,j)$ 分别表示计划运行图/实际运行图中列车 $f \in F(F$ 为列车集合) 到达区段 (i,j) 的时间和离开时间；$A_{s,*}$ 和 $A_{i,*}$ 表示非起始车站区段和区间区段；o 和 d 表示起始节点和终止节点。

2. 列车到站时间和发车时间约束

$$d_f(i,j) \geqslant \bar{d}_f(i,j), \quad f \in F, (i,j) \in A_{s,*}, i \in N \setminus \{d\} \quad (5.20)$$

$$a_f(i,j) \geqslant \bar{a}_f(i,j), \quad f \in F, (i,j) \in A_{s,*}, j \in N \setminus \{o\} \quad (5.21)$$

$$d_f(i,j) = a_f(j,k), \quad f \in F, (i,j), (j,k) \in A, i \in N \setminus \{d\} \quad (5.22)$$

式（5.20）~ 式（5.22）表示列车在每个车站的出发和到达时间不能早于计划运行图中给定的到站发车时间，并且从前一区段的离开时间与进入后一区段的时间相等，保证列车从车站进入区间或从区间进入车站的时间一致性。

3. 列车区间运行约束

$$r_f(i,j) = d_f(i,j) - a_f(i,j), \quad f \in F, (i,j) \in A, i \in N \setminus \{o\}, j \in N \setminus \{d\} \quad (5.23)$$

$$r_f(i,j) \geqslant \psi_f^{\min}(i,j) + g, \quad f \in F, (i,j) \in A_{\text{int}} \quad (5.24)$$

其中，$r_f(i,j)$ 为列车 f 经过区段 (i,j) 的停站时间或运行时间；$\psi_f^{\min}(i,j)$ 为列车最短区间运行时间（列车按最速曲线运行所需的时间）；g 为区间冗余运行时间。

调整后的区间运行时间不能小于该区间最短运行时间。

4. 停站时间约束

$$r_f(i,j) \geqslant \phi_f^{\min}(i,j), \quad f \in F, (i,j) \in A_{s,*}, i \in N \setminus \{o\}, j \in N \setminus \{d\} \tag{5.25}$$

$$r_f(i,j) \leqslant \phi_f^{\max}(i,j), \quad f \in F, (i,j) \in A_{s,*}, i \in N \setminus \{o\}, j \in N \setminus \{d\} \tag{5.26}$$

其中，$\phi_f^{\min}(i,j)$ 和 $\phi_f^{\max}(i,j)$ 为列车在车站停站时间的最小值和最大值。

5. 列车间发车最小间隔约束

$$d_{f'}(i,j) + (1 - \theta(f,f',i,j)) \times M \geqslant d_f(i,j) + h,$$
$$f, f' \in F, f \neq f', (i,j) \in A_{s,*}, j \in N \setminus \{d\} \tag{5.27}$$

$$d_f(i,j) + \theta(f,f',i,j) \times M \geqslant d_{f'}(i,j) + h,$$
$$f, f' \in F, f \neq f', (i,j) \in A_{s,*}, j \in N \setminus \{d\} \tag{5.28}$$

其中，$\theta(f,f',i,j)$ 为列车在每个区段的发车次序决策变量，如果列车 f' 在列车 f 之后离开区段 (i,j)，则 $\theta(f,f',i,j)=1$，否则 $\theta(f,f',i,j)=0$；h 为列车到站/发车的最小安全间隔；M 为足够大的正数。

6. 次序一致性和唯一性约束

$$\theta(f,f',i,j) = \theta(f,f',j,k), \quad f,f' \in F, f \neq f', (i,j) \in A_{s,*}, (j,k) \in A_{i,*} \tag{5.29}$$

$$\theta(f,f',i,j) + \theta(f',f,i,j) = 1, \quad f,f' \in F, f \neq f', (i,j) \in A, j \in N \setminus \{d\} \tag{5.30}$$

列车从车站进入区间或从区间进入车站时的次序保持一致且任意两列列车发车次序是唯一的。

7. 列车之间的到发最小间隔约束

$$a_{f'}(i,j) + (1 - \xi(f,f',j,k)) \times M \geqslant d_f(j,k),$$
$$f, f' \in F, f \neq f', (j,k) \in A_{s,*}, j \in N \setminus \{d\} \tag{5.31}$$

$$a_f(i,j) + \xi(f,f',i,j) \times M \geqslant d_{f'}(i,j),$$
$$f, f' \in F, f \neq f', (i,j) \in A_{s,*}, j \in N \setminus \{d\} \tag{5.32}$$

$$\xi(f,f',i,j) + \xi(f',f,i,j) = 1,$$
$$f, f' \in F, f \neq f', (i,j) \in A, j \in N \setminus \{d\} \tag{5.33}$$

其中，$\xi(f,f',j,k)$ 为列车在每个区段的发到次序决策变量，如果列车 f' 在列车 f 离开区段 (j,k) 之后到达区段 (j,k)，则 $\xi(f,f',j,k)=1$，否则 $\xi(f,f',j,k)=0$。

5.2 临时限速下考虑速度曲线的列车运行智能调整

8. 列车最大越行数量约束

$$v_f(j,k) \leqslant F,$$
$$f,f' \in F, (i,j) \in A_{i,*}, i \in N \setminus \{o\}, (j,k) \in A_{s,*}, k \in N \setminus \{d\} \quad (5.34)$$

$$v_f(j,k) = \sum_{f':f' \neq f} (1 - \theta(f,f',i,j)) \times \theta(f,f',j,k),$$
$$f,f' \in F, (i,j) \in A_{i,*}, i \in N \setminus \{o\}, (j,k) \in A_{s,*}, k \in N \setminus \{d\} \quad (5.35)$$

$$w_f(j,k) \leqslant F,$$
$$f,f' \in F, (i,j) \in A_{i,*}, i \in N \setminus \{o\}, (j,k) \in A_{s,*}, k \in N \setminus \{d\} \quad (5.36)$$

$$w_f(j,k) = \sum_{f':f' \neq f} \theta(f,f',i,j) \times (1 - \theta(f,f',j,k)),$$
$$f,f' \in F, (i,j) \in A_{i,*}, i \in N \setminus \{o\}, (j,k) \in A_{s,*}, k \in N \setminus \{d\} \quad (5.37)$$

为避免晚点列车被过多数量的后行列车越行，导致晚点列车在后续车站的到站发车时间进一步加剧，需要对列车之间的越行次数加以限制。式（5.34）~式（5.37）表示在运行图调整过程中需要满足列车最大越行数量约束，包括列车越行其他列车的数量约束和列车被其他列车越行数量约束，其中 $v_f(j,k)$ 和 $w_f(j,k)$ 分别为离开区段 (j,k) 时，列车 f 越行其他列车和被列车 f' 越行的列车数量；F 表示列车最大越行数量。

9. 车站侧线数量约束

$$x_{f'}(j,k) = \sum_{f:f \neq f'} \theta(f,f',i,j) - \sum_{f:f \neq f'} \xi(f,f',j,k),$$
$$f,f' \in F, (i,j) \in A_{i,*}, i \in N \setminus \{o\}, (j,k) \in A_{s,*}, k \in N \setminus \{d\} \quad (5.38)$$

$$x_{f'}(j,k) \leqslant \zeta(j,k),$$
$$f,f' \in F, (i,j) \in A_{i,*}, i \in N \setminus \{o\}, (j,k) \in A_{s,*}, k \in N \setminus \{d\} \quad (5.39)$$

其中，$x_{f'}(j,k)$ 为当列车 f' 进入区段 (j,k) 时，已经被前车占用的侧线数量；$\zeta(j,k)$ 为车站区段 $(i,j) \in A_{\text{sta}}$ 的侧线数量。

10. 车站能力约束

$$a_{f'}(j,k) + (\zeta(j,k) - x_{f'}(j,k) + 2 - P_{f'}(j,k) - \xi(f,f',j,k)) \times M$$
$$\geqslant d_f(j,k) + h,$$
$$f,f' \in F, (i,j) \in A_{i,*}, i \in N \setminus \{o\}, (j,k) \in A_{s,*}, k \in N \setminus \{d\} \quad (5.40)$$

对于有停站计划的列车，需要为其分配一条空闲的侧线股道，对于直通列车，可以利用正线股道直接通过车站，只需要满足与前行列车的最小进站间隔即可。结合列车计划运行图中是否存在停站计划、车站侧线股道数量信息，将车站能力约束转化为列车之间的发到间隔约束。其中，$P_{f'}(i,j)$ 为列车是否停站标志，如果列车 f' 在车站区段 $(i,k) \in A_{\text{sta}}$ 停车，则 $P_{f'}(i,j) = 1$，否则 $P_{f'}(i,j) = 0$。

11. 列车等级约束

$$\theta(f,f',j,k) \geqslant \theta(f,f',i,j), \quad f,f' \in F, f \neq f', \bar{\theta}(f,f',j,k) > \bar{\theta}(f,f',i,j)$$
$$(i,j) \in A_{i,*}, i \in N \setminus \{o\}, (j,k) \in A_{s,*}, k \in N \setminus \{d\} \tag{5.41}$$

$$\theta(f,f',j,k) \leqslant \theta(f,f',i,j), \quad f,f' \in F, f \neq f', \bar{\theta}(f,f',j,k) < \bar{\theta}(f,f',i,j)$$
$$(i,j) \in A_{i,*}, i \in N \setminus \{o\}, (j,k) \in A_{s,*}, k \in N \setminus \{d\} \tag{5.42}$$

$$\theta(f,f',j,k) = 1, \theta(f,f',i,j) = 1, \quad f,f' \in F, f \neq f', \rho_f \geqslant \rho_{f'}$$
$$\bar{\theta}(f,f',i,j) = 1, \bar{\theta}(f,f',j,k) = 1,$$
$$(i,j) \in A_{i,*}, i \in N \setminus \{o\}, (j,k) \in A_{s,*}, k \in N \setminus \{d\} \tag{5.43}$$

$$\theta(f,f',j,k) \leqslant \theta(f,f',i,j), \theta(f,f',i,j) = 1, \quad f,f' \in F, f \neq f', \rho_f < \rho_{f'}$$
$$\bar{\theta}(f,f',i,j) = 1, \bar{\theta}(f,f',j,k) = 1,$$
$$(i,j) \in A_{i,*}, i \in N \setminus \{o\}, (j,k) \in A_{s,*}, k \in N \setminus \{d\} \tag{5.44}$$

$$\theta(f,f',j,k) = 0, \theta(f,f',i,j) = 0, \quad f,f' \in F, f \neq f', \rho_f \leqslant \rho_{f'}$$
$$\bar{\theta}(f,f',i,j) = 0, \bar{\theta}(f,f',j,k) = 0,$$
$$(i,j) \in A_{i,*}, i \in N \setminus \{o\}, (j,k) \in A_{s,*}, k \in N \setminus \{d\} \tag{5.45}$$

$$\theta(f,f',i,j) = 0, \theta(f,f',i,j) \leqslant \theta(f,f',j,k), \quad f,f' \in F, f \neq f', \rho_f > \rho_{f'}$$
$$\bar{\theta}(f,f',i,j) = 0, \bar{\theta}(f,f',j,k) = 0,$$
$$(i,j) \in A_{i,*}, i \in N \setminus \{o\}, (j,k) \in A_{s,*}, k \in N \setminus \{d\} \tag{5.46}$$

式(5.41)~式(5.46) 表示运行图调整过程中需满足的列车等级约束，包括三个原则。首先，计划运行图中存在低等级列车越行高等级列车情况，调整后的运行图允许低等级列车越行高等级列车。其次，计划运行图中不存在低等级列车越行高等级列车情况，调整后的运行图不允许低等级列车越行高等级列车。最后，计划运行图中不存在同等级列车之间的越行情况，调整后的运行图不允许该同等级列车之间的越行。其中，$\bar{\theta}(f,f',i,j)$ 为计划运行图中的列车次序标志，如果列车 f' 在列车 f 之后离开区段 (i,j)，则 $\bar{\theta}(f,f',i,j) = 1$，否则 $\bar{\theta}(f,f',i,j) = 0$。$\rho_f$ 为列车 f 的等级，等级越高值越大。

5.2.2 基于深度强化学习的列车最速曲线与运行图调整一体化

在构建的列车运行图调整模型中，列车之间安全约束的数量随着列车和车站数量的增加呈指数增长。传统运筹学优化法是基于优化模型或数学公式描述的列车运行约束，依据严格的数学逻辑从一个初始解逐渐搜索到最优解，从而实现对列车运行图调整问题求解。在处理更大规模列车运行调整问题时，传统方法的求解实时性和通用性较差，难以利用历史数据、调度员的调整经验和知识，在应对不可预知干扰等方面存在不足。本节首次提出基于格斗双深度 Q 网络（dueling double deep Q-network，D3QN）的列车最速曲线与运行图调整一体化方法，对突发事件下线路信息、列车运行状态信息、运行图信息与列车驾驶策略和运行图调整方案的非线性关系进行学习。

由于调整模型是按照车站和列车两个维度建立的时间约束关系，车站与车站、列车与列车之间是离散关系。根据运行图调整的特性，可将运行图调整过程转化为马尔可夫决策过程，采用深度强化学习对该序贯决策问题进行求解，将深度学习的复杂信息提取能力与强化学习的决策控制能力相结合，实现从运行图的状态信息（输入）到调整策略（输出）的直接控制与学习。根据运行图调整问题，对深度强化学习中的环境与状态、智能体与动作、奖励进行说明。

1. 环境与状态

深度强化学习的环境是对列车运行图的调整过程模拟。从车站和车次维度对列车运行图调整模型中的约束进行检查，对不满足约束的到站时间和发车时间进行调整。环境的另一个作用是为智能体选择动作提供状态信息，智能体根据状态信息选择合适的动作。其中，状态信息包括列车的到发时间、停站计划、到站发车次序、列车等级、最小站间运行时间、停站时间及已经调整过的车站标志信息。

列车的到站发车时间构成一个二维矩阵。我们采用卷积神经网络对运行图状态信息进行提取。由于列车在运行过程中会改变次序，矩阵中相邻的数据可能刻画实际运行过程中的不相邻列车，直接对该不相邻列车的到站发车时间进行卷积操作会导致神经网络学习效率降低。为了解决该问题，需要对到站发车时间矩阵进行处理，其中列车在车站的发车次序发生改变，在区间运行时次序不变。因此，只需要对列车的发车时间进行处理。如图 5.11 所示，首先对列车的到站发车时间进行排序，获得列车在每个车站的次序。对于区间列车的次序，图中表示为（1，2）、（3，4）、（5，6）、（7，8）的实线，到站次序与发车次序一致，不需要处理即可直接获得。对于车站 1、2、3 的列车次序，图中表示为（2，3）、（4，5）、（6，7）的虚线，需要根据到站次序进行调整（图中灰色矩阵）。将处理后的次序进行堆叠，构成一个 4×14 的次序矩阵，根据次序矩阵中对应的列车从到站发车时间

矩阵中选择相应的时间组成新的时间矩阵，处理后的到站发车时间矩阵为

$$AD_i = \begin{bmatrix} d_{0,1} & a_{0,2} & d_{0,2} & a_{0,3} & \cdots & d_{0,k} & a_{0,k+1} & \cdots & d_{0,K-1} & a_{0,K} \\ \vdots & \vdots & \vdots & \vdots & & \vdots & \vdots & & \vdots & \vdots \\ d_{j,1} & a_{j,2} & d_{j,2} & a_{j,3} & \cdots & d_{j,k} & a_{j,k+1} & \cdots & d_{j,K-1} & a_{j,K} \\ \vdots & \vdots & \vdots & \vdots & & \vdots & \vdots & & \vdots & \vdots \\ d_{J,1} & a_{J,2} & d_{J,2} & a_{J,3} & \cdots & d_{J,k} & a_{J,k+1} & \cdots & d_{J,K-1} & a_{J,K} \end{bmatrix} \quad (5.47)$$

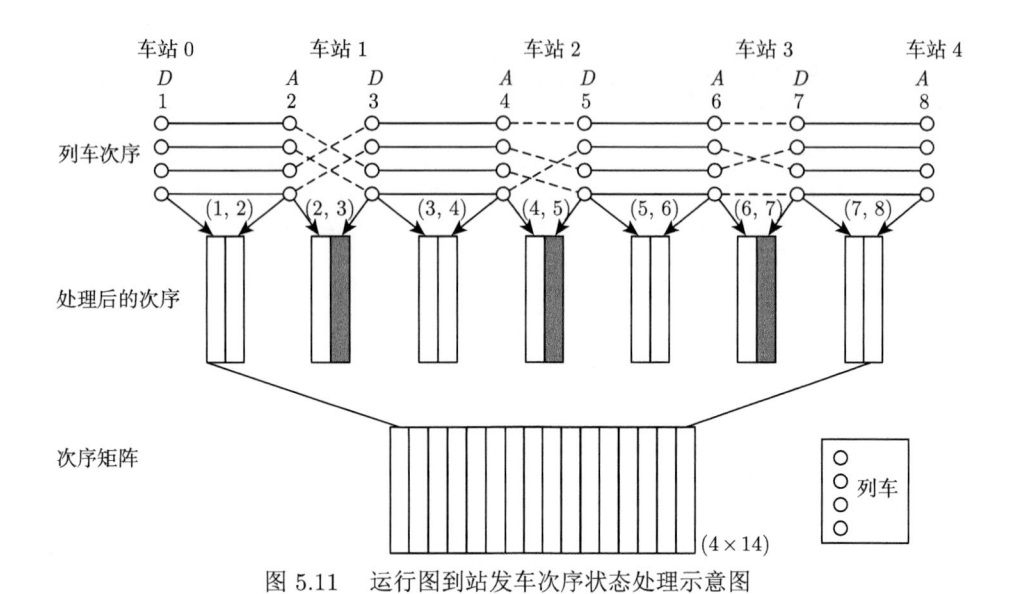

图 5.11 运行图到站发车次序状态处理示意图

对于停站计划、到站次序、发车次序、列车等级、开始调整车次和车站标志信息，采用与到站发车时间矩阵相同的处理方式构建对应的状态信息矩阵，最后堆叠构成在 i 阶段的状态信息张量 S_i，并进行归一化处理。

2. 智能体与动作

运行图调整智能体根据列车运行图状态信息，从动作可行集中选择一个合适的调整动作。智能体的动作定义为列车在各车站的发车次序。运行图调整环境根据选择的动作对列车到站发车时间进行调整，并将调整数据保存在记忆库中。当存储足够数量样本后，智能体随机对记忆库进行采样，通过学习状态信息与动作之间的非线性映射关系，持续提高选择最优动作的概率。运行图环境中的时间调整算法根据列车的发车次序对到站发车时间进行调整。智能体在 i 阶段的动作 A_i 为

$$A_i \in \{s_k | k = 0, 1, \cdots, 23\} \quad (5.48)$$

5.2 临时限速下考虑速度曲线的列车运行智能调整

3. 奖励

将列车的晚点时间信息作为智能体选择动作的奖励。由于列车在前序车站的晚点时间最小不能保证在最后车站的晚点时间最小，因此设置中间车站的奖励为一个标志。运行图调整的奖励函数 R_i 设置为智能体调整后的列车平均总晚点时间与 Cplex 求解器优化结果的比值，即

$$\begin{aligned} V_{s,\text{DRL/Cplex}} &= \frac{1}{F}\sum_{f=1}^{F}\Bigg\{\sum_{(i,j)\in A_{s,*}, j\in N-d} |\bar{d}_f(i,j) - d_f(i,j)| \\ &\quad + \sum_{(i,j)\in A_{i,*}, i\in N-o} |\bar{a}_f(i,j) - a_f(i,j)|\Bigg\} \times R_i \\ &= \frac{V_{s,\text{DRL}} - V_{s,\text{Cplex}}}{V_{s,\text{Cplex}}} \end{aligned} \tag{5.49}$$

其中，$V_{s,\text{DRL}}$ 和 $V_{s,\text{Cplex}}$ 分别为深度强化学习智能体和 Cplex 求解器在晚点场景 s 下优化结果的晚点时间。

为验证运行图调整模型、深度强化学习模拟环境、D3QN 算法在求解运行图调整问题的可行性与有效性，基于京沪高速铁路北京南至德州东段线路，设计不同初始晚点场景进行仿真实验。实验中，线路中间车站包括廊坊站、天津南站、沧州西站。假设运行图调整时上下行列车独立调整，列车在首站发车前和在末站到站后都有足够的股道容纳列车，因此在首末站设置足够多的股道，中间车站设置为实际车站的侧线股道数量，具体为廊坊站设置一条侧线、天津南站和沧州西站设置两条侧线。如图 5.10 所示，为便于描述，将图中始发到达和终到发车编号取消。图 5.12 展示北京南至德州东段的车站线路示意图及各车站的进站出站信号机标号。计划运行图为 2020 年某天京沪高速铁路，从北京南站出发，途径德州东站的 19 列列车。由于运行图调整模型考虑列车等级约束及列车最大越行次数约束，为了验证模型在列车等级设置方面的普适性，19 列列车的速度等级随机设置。

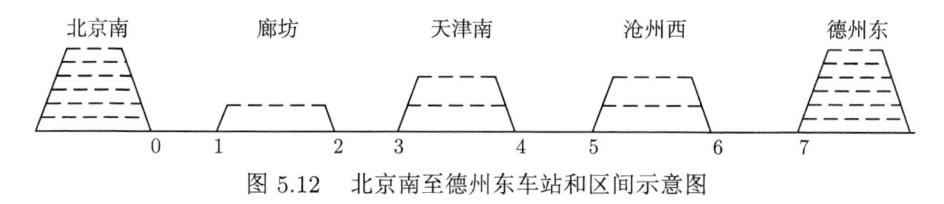

图 5.12 北京南至德州东车站和区间示意图

本节设置不同的初始晚点场景，具体为每列列车在每个车站的到站时间和发车时间分别晚点 5、10、15、20 min。结合车站数量和列车数量，共存在 456（19×

$4\times2\times3$）种组合。由于无停站计划的列车在车站的到站晚点和发车晚点是相同的晚点场景，因此排除始发车站的到站晚点、终到车站的发车晚点及重复晚点场景后，共有 292 个有效晚点场景。采用 Python 3.6.5 和 TensorFlow 实现深度强化学习环境、智能体及深度神经网络编程与调试。

4. D3QN 算法有效性分析

采用 Cplex 求解器和先进先出（first in first out，FIFO）调整策略对所有晚点场景下的运行图调整模型进行求解，并作为 D3QN 算法在晚点场景情况下的对比对象。我们将 Cplex 的解作为最优解，FIFO 调整策略的结果作为可行解。采用 D3QN 算法对运行图调整问题进行求解，在深度强化学习训练数据准备阶段和训练阶段前，列车运行图调整模拟环境计划运行图和晚点场景进行初始化，并对一定数量随机设置晚点场景下的调整结果求平均值，作为智能体选择动作的评价指标。当训练数据积累到一定数量后，从样本记忆库中采样一定数量的样本对智能体进行训练。为进一步提升智能体调整运行图的性能，充分利用 Cplex 和 FIFO 策略调整结果中的隐藏知识，将所有初始晚点场景下 Cplex 求得的最优解作为 D3QN 算法初始训练的样本。由于引入其他示例样本对 D3QN 算法的智能体进行训练，称为学习演示的深度 Q 学习（deep Q-learning from demonstrations，DQfD），后续实验将对 DQfD 算法的性能进行验证。

在训练过程中，选择 10 次随机初始晚点场景的调整结果作为 D3QN 算法性能的评价。为了更清晰地表达训练效果的趋势，对平均值进行 50 步滑动平均，后续的训练结果图都采用这种描述方式。由于采用的初始晚点场景是随机设置的，因此其平均值可以反映 D3QN 算法智能体在所有延误场景中调整运行图的整体性能。

在随机设置的晚点场景下对 D3QN 算法智能体进行训练。智能体训练过程的损失函数如图 5.13 所示。随着训练的进行，损失函数整体呈现下降趋势，具体为先经历快速下降阶段，在训练 2500 回合后呈现微小上升趋势，表明训练到 2500 回合的智能体达到一个局部最优解。为了比较深度强化学习与 Cplex 求解器和 FIFO 调整策略在不同晚点场景下的求解性能，将 D3QN 算法的调整结果与 Cplex 最优解和 FIFO 策略调整结果的比值作为 D3QN 算法智能体动作的奖励值。图 5.14 和图 5.15 分别为基于 Cplex 调整结果和基于 FIFO 调整结果的 D3QN 算法奖励函数，随着训练的进行，曲线整体呈现上升趋势，两条曲线在训练 2000~3000 回合间都达到最大值。在 3000 回合后，两条曲线都出现不同程度的波动，表明训练到 2000~3000 回合之间，智能体达到其性能的一个局部最优点，与损失函数中训练到 2500 回合的智能体达到局部最优解一致。

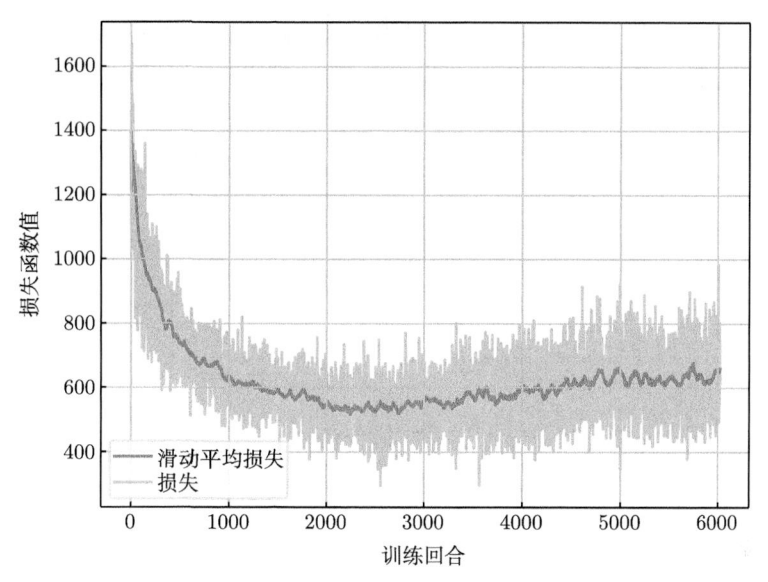

5.2 临时限速下考虑速度曲线的列车运行智能调整

图 5.13　D3QN 算法的损失函数

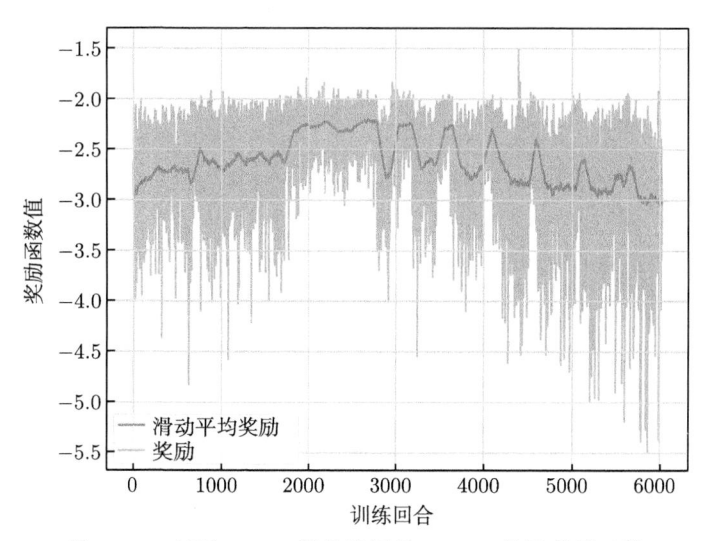

图 5.14　基于 Cplex 调整结果的 D3QN 算法奖励函数

D3QN 算法的损失函数(图 5.13)呈现下降趋势,奖励函数(图 5.14 和图 5.15)呈现上升趋势,表明深度神经网络可以学习到运行图状态信息与调整策略之间的映射关系。从图 5.14 和图 5.15 可以看出,奖励函数在最高点的值分别为 −2.20 和 −1.04,表示 D3QN 算法调整后的列车晚点时间是 Cplex 和 FIFO 策略调整后晚点时间的 2.2 倍和 1.04 倍,即未达到 Cplex 求解最优解的性能,甚至不如 FIFO

调整策略的性能。因此，需要进一步提升 D3QN 算法智能体的求解性能。

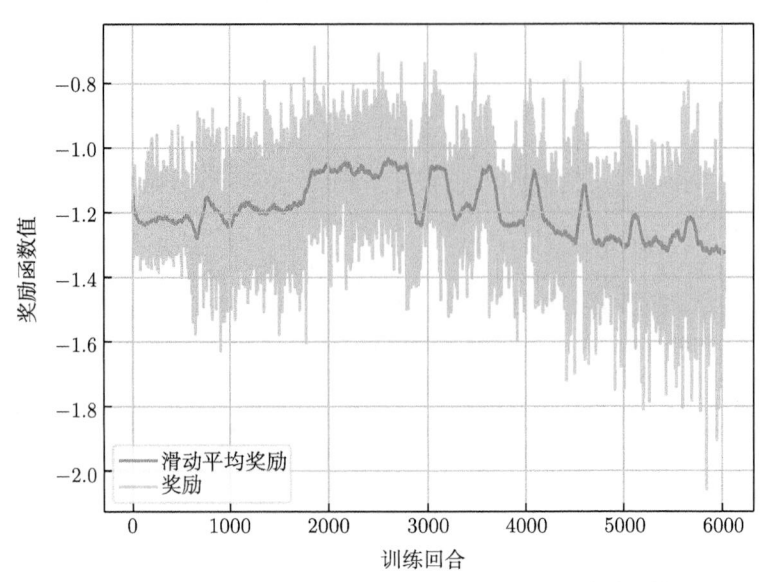

图 5.15　基于 FIFO 调整结果的 D3QN 算法奖励函数

5. DQfD 算法有效性分析

将所有初始晚点场景下 Cplex 求解运行图调整模型的结果转化为 DQfD 算法训练的示例样本，从而进一步提升智能体调整运行图的性能。每个晚点场景下的调整结果按照一定的数据结构存储样本，构建训练样本记忆库。对 Cplex 调整结果的采样方式与训练 D3QN 算法智能体的均匀采样不同，按照记忆库样本的优先级采样。为了高效地存储新样本和采样，一般采用 sum-tree 的数据结构实现优先经验回放机制（prioritized experience replay，PER）。优先经验回放机制的核心是按经验重要性增大其被采样的概率，通过提升重要经验数据被采样的次数，提高学习效率。在 DQfD 算法的预训练阶段，将依据优先经验回放机制采样示例样本作为训练样本，经过一定数量的预训练，深度强化学习的智能体具备一定的求解能力。在智能体正常训练过程中，Cplex 的最优解与智能体的调整结果按照样本自身的重要性进行采样，共同作为智能体的训练样本。

在 DQfD 算法训练中，设置预训练和正常训练的回合数相近。图 5.16～图 5.21 分别描述 DQfD 算法智能体的预训练和正常训练阶段的结果。在预训练阶段，训练样本只包含 Cplex 的调整结果，在正常训练阶段的样本包含 Cplex 的调整结果和智能体与运行图调整环境的交互数据。随着训练回合的增加，损失函数均呈现下降趋势，并在最后阶段趋于局部最小值。与预训练最后阶段的损失函数相比，

5.2 临时限速下考虑速度曲线的列车运行智能调整

正常训练阶段损失函数的振荡幅度更大，表明预训练阶段的 DQfD 算法性能更稳定。图 5.17 和图 5.18 与图 5.20 和图 5.21 分别表示两个训练阶段智能体的奖励

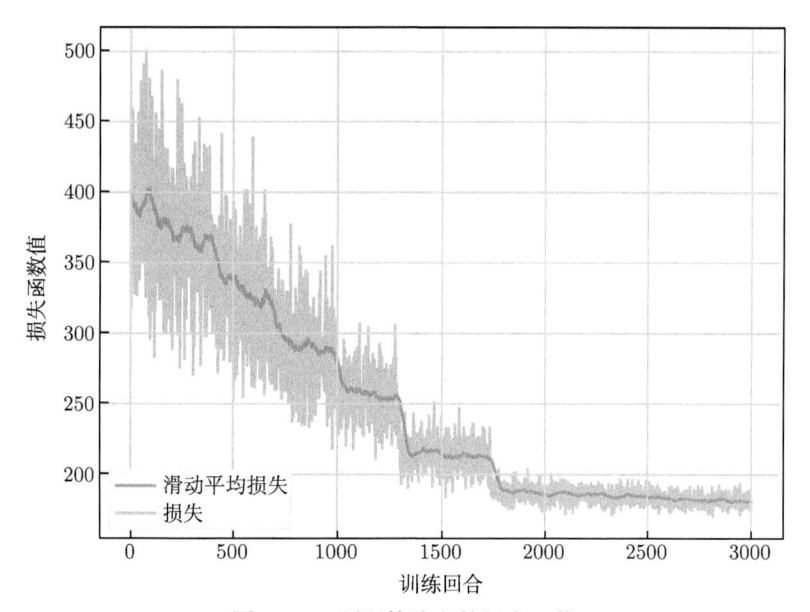

图 5.16 预训练阶段的损失函数

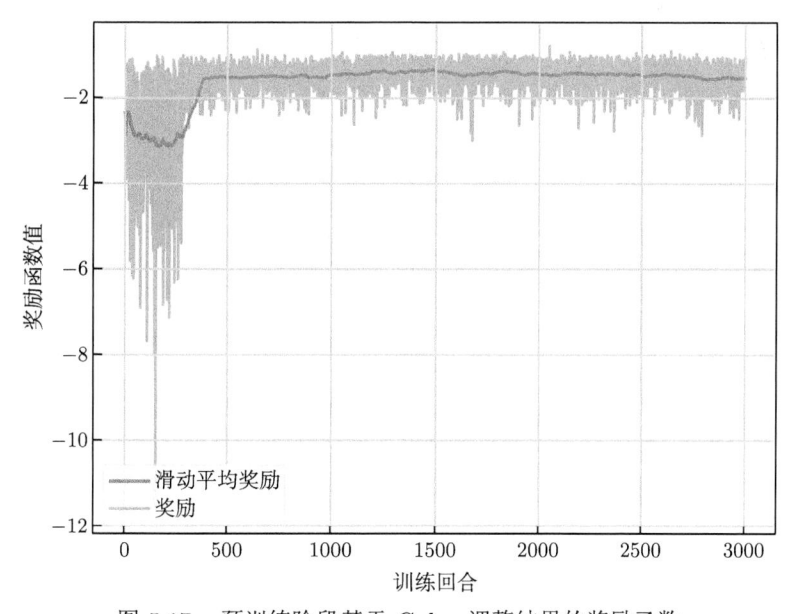

图 5.17 预训练阶段基于 Cplex 调整结果的奖励函数

函数值变化情况。从整体来看，正常训练阶段的奖励函数比预训练阶段的奖励函数波动更大，这与损失函数预训练阶段智能体的性能比正常训练过程更稳定的

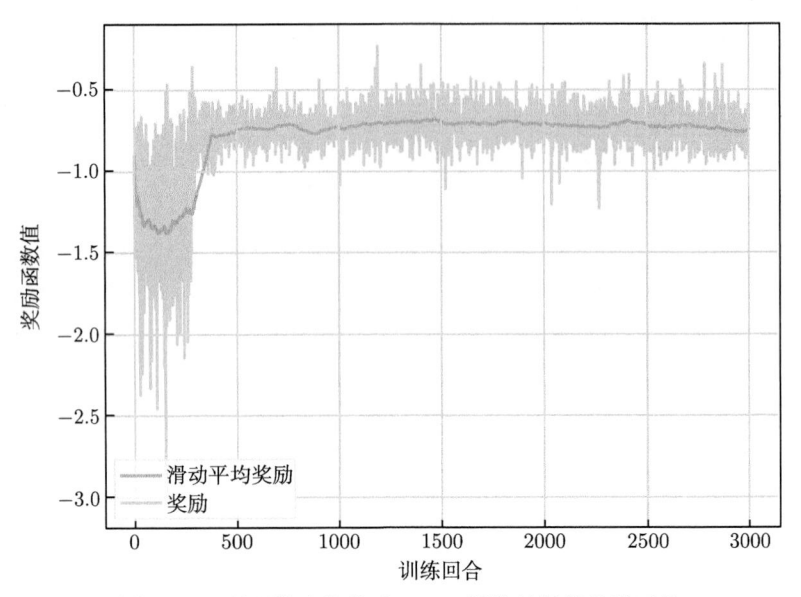

图 5.18　预训练阶段基于 FIFO 调整结果的奖励函数

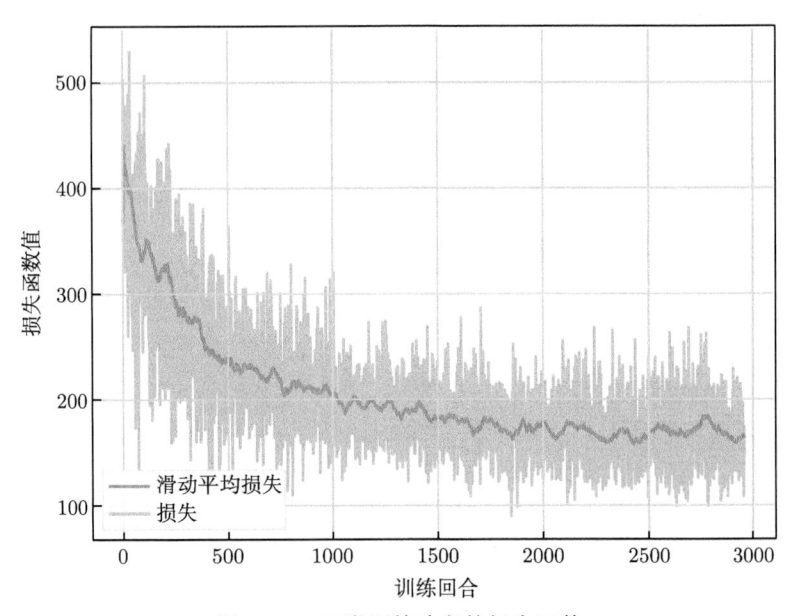

图 5.19　正常训练阶段的损失函数

5.2 临时限速下考虑速度曲线的列车运行智能调整

结论一致。从数值来看，在预训练阶段的基础上，正常训练阶段的奖励函数都得到进一步提升。由图 5.20 可知，DQfD 算法求解随机设置晚点场景下列车运行图调整

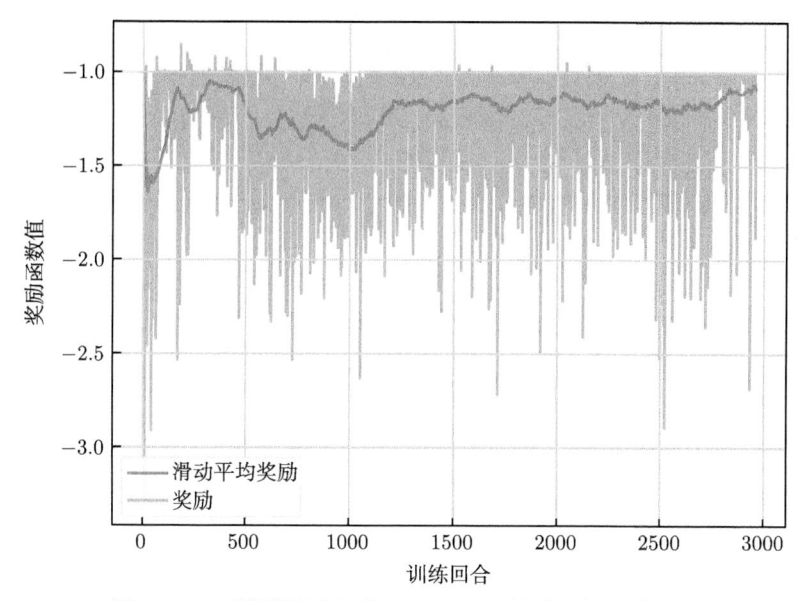

图 5.20　正常训练阶段基于 Cplex 调整结果的奖励函数

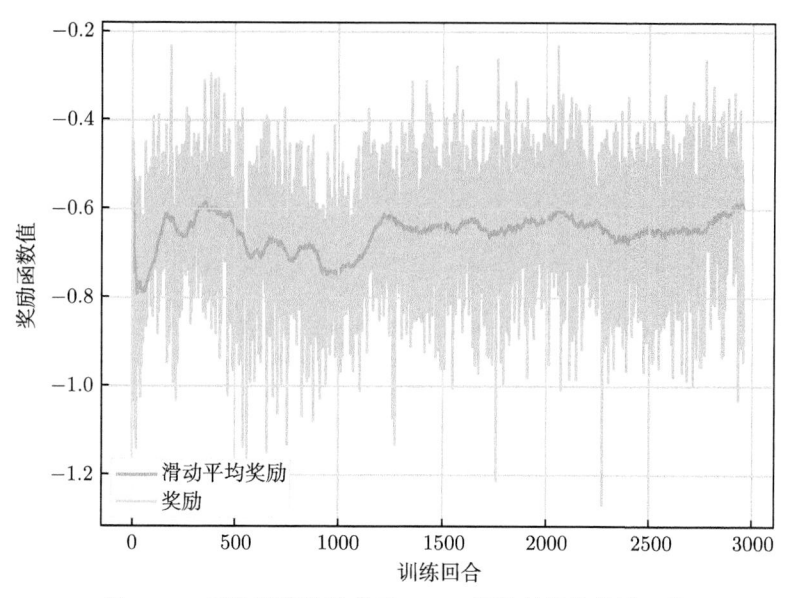

图 5.21　正常训练阶段基于 FIFO 调整结果的奖励函数

模型的性能逐渐接近于 Cplex 的最优性能。由图 5.21 可知，DQfD 算法的性能已超过 FIFO 调整策略，通过引入 Cplex 的最优解作为训练样本，DQfD 算法求解运行图调整模型的性能得到提升。

6. DQfD 算法与 Cplex 和 FIFO 的性能对比

进一步，对 DQfD 算法求解运行图调整问题解的最优性和实时性两方面进行分析验证。在有效初始晚点场景下，DQfD 算法智能体对晚点列车进行调整，并与 Cplex 和 FIFO 策略的调整结果进行对比，通过一定数量的重复实验验证 DQfD 算法的实时性。表 5.3 展示部分有效晚点场景下 Cplex、FIFO 和 DQfD 算法调整结果对比，上半部分（S_0 至 S_330）和下半部分（S_15 至 S_360）分别为 DQfD 算法求得的解达到和未达到 Cplex 最优解性能的场景。表中，第一列为晚点场景的标号，虽然所有有效晚点场景有 292 种组合，但是为了便于标识，仍采用有效场景在所有场景中的序号。为了使两类场景显示均衡，在所有场景中，从第一个场景开始每间隔 15 个晚点场景挑选一个场景展示，并对其进行分类。

表 5.3 部分有效晚点场景下 Cplex、FIFO 和 DQfD 算法调整结果对比

晚点场景		晚点时间/min			计算时间/s		
序号	初始晚点	Cplex	FIFO	DQfD	Cplex	FIFO	DQfD
S_0	(0, 1, 5)	23	23	23	2.184	0.085	0.120
S_45	(1, 6, 10)	27	72	27	1.534	0.122	0.136
S_90	(3, 5, 15)	107	189	107	1.439	0.112	0.063
S_180	(7, 4, 5)	19	72	19	1.543	0.026	0.027
S_195	(8, 1, 20)	460	460	460	1.697	0.053	0.056
S_210	(8, 5, 15)	143	164	143	1.411	0.059	0.043
S_225	(9, 3, 10)	96	149	96	1.461	0.057	0.044
S_240	(10, 1, 5)	33	33	33	1.686	0.046	0.042
S_285	(11, 6, 10)	31	45	31	1.443	0.085	0.055
S_330	(13, 5, 15)	190	210	190	1.451	0.028	0.015
S_15	(0, 4, 20)	79	334	257	1.523	0.039	0.042
S_30	(1, 2, 15)	86	137	137	1.517	0.039	0.039
S_75	(3, 1, 20)	390	390	392	1.563	0.045	0.033
S_105	(4, 3, 10)	68	121	91	1.557	0.032	0.036
S_120	(5, 1, 5)	38	38	71	1.663	0.065	0.070
S_135	(5, 4, 20)	111	382	415	1.591	0.106	0.084
S_255	(10, 4, 20)	91	406	313	1.536	0.065	0.019
S_315	(13, 1, 20)	567	567	606	1.735	0.035	0.014
S_345	(14, 3, 10)	87	87	212	1.479	0.014	0.026
S_360	(15, 1, 5)	51	51	157	1.549	0.032	0.008

5.2 临时限速下考虑速度曲线的列车运行智能调整

在晚点场景下，DQfD 算法、Cplex 和 FIFO 的晚点时间对比如图 5.22 所示。通过统计分析，DQfD 算法在 64.7%(= 189/292) 的晚点场景中求解得到的运行图晚点时间与 Cplex 求得最优解相同。这表明，DQfD 算法可以在接近 2/3 的晚点场景中实现运行图的最优调整。与 FIFO 调整策略相比，在 84.2%(= 246/292) 的场景中，DQfD 算法求解得到的运行图晚点时间相当或少于 FIFO 调整策略得到的晚点时间。而在 DQfD 算法求解的晚点时间多于 FIFO 调整策略的场景中，仅有 3.8%(= 11/292) 的场景下 DQfD 算法求解得到的运行图晚点时间超过 FIFO 调整策略得到的晚点时间的 1.5 倍。

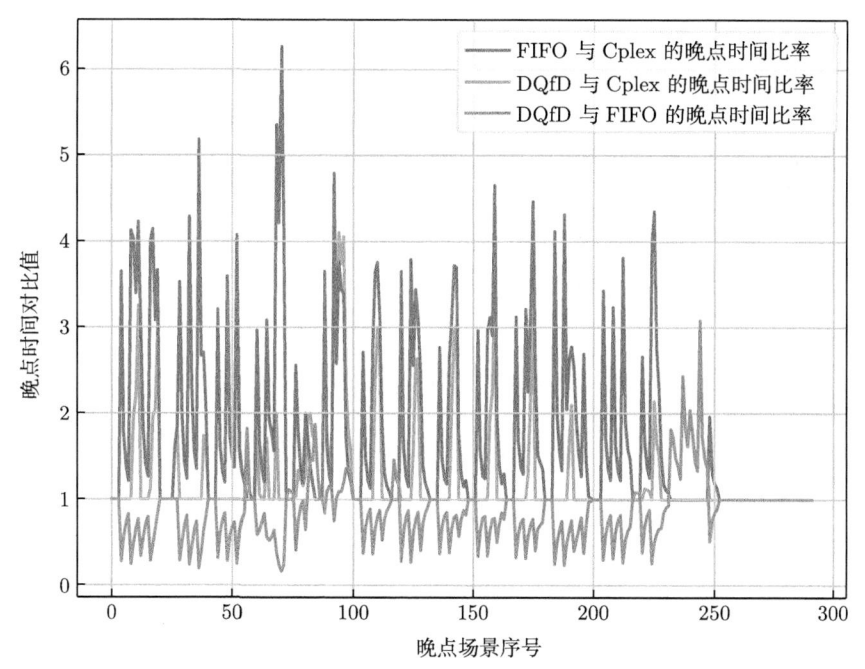

图 5.22　晚点场景下 DQfD 算法与 Cplex 和 FIFO 的晚点时间对比

在晚点场景 S_67 (2, 5, 20) 中，DQfD 算法与 Cplex 求解运行图模型的结果相同，调整结果如图 5.23 所示。图中虚线和实线表示计划运行图和调整后得到的运行图，相同颜色的运行线表示 DQfD 算法调整过程中不同批次的列车。浅色线表示每个批次的第一列列车，从第二批次开始，每个批次的第一列列车是上一批次的最后一列车，因此，只需要 3 种颜色就可以区分每个调整批次设定的 4 列列车。晚点列车是到站晚点，晚点列车之后的列车到站时间依次推迟。DQfD 算法调整晚点列车的次序和 Cplex 最优调整次序都与计划图一致，表明 DQfD 算法智能体学习到该晚点场景下的最优调整策略。

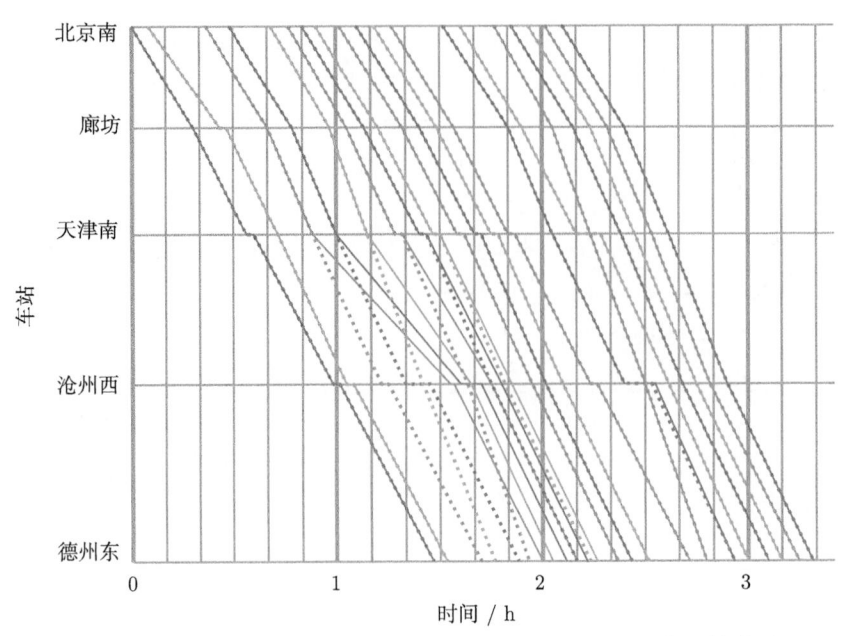

图 5.23　DQfD 算法和 Cplex 在场景 S_67（2, 5, 20）的调整结果

5.3　临时限速下列车运行控制与动态调度一体化

本节针对区间临时限速导致的大范围列车延误场景，以列车区间运行时间为中间信息，以列车速度曲线优化为基础，构建列车速度曲线和运行图调整一体化模型。多列车最小区间运行时间作为列车运行图调整的约束下界，运行图调整后的区间运行时间作为多列车速度曲线的优化目标，以列车区间运行能耗作为运行图调整策略的评价指标，提出基于深度强化学习的列车速度曲线和运行图调整一体化智能优化方法。

为了描述临时限速下列车运行控制与动态调度一体化问题，突发事件对列车运行控制和运行图调整影响示意图如图 5.24 所示。调度员凭经验对临时限速下区间运行时间进行估计，预估差异会导致不同的运行图调整结果。不同的列车司机接收临时限速信息，会采取不同的策略驾驶列车通过限速区段。如果人工驾驶模式下列车通过限速区间的运行时间与调度预估的时间存在偏差，将导致对运行图的反复调整，严重影响突发事件下的应急处置能力。因此，如何根据突发事件对列车运行的实际影响，快速调整列车运行图，并控制列车按照调整后到站发车时间准点运行是区间临时限速下列车运行控制与动态调度一体化问题的核心。

5.3 临时限速下列车运行控制与动态调度一体化

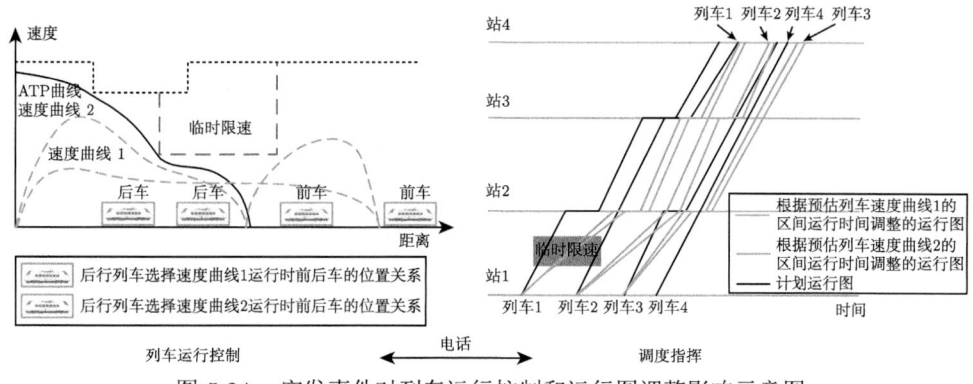

图 5.24 突发事件对列车运行控制和运行图调整影响示意图

5.3.1 列车速度曲线优化和运行图调整一体化模型

根据对列车运行控制与动态调度一体化问题的分析可知，对于列车运行控制层而言，列车将严格依据运行图给定的到发时间执行，区间运行时间和发车间隔决定列车在区间的运行速度和追踪间隔；对于调度层而言，列车区间运行时间与临时限速信息，以及线路上各列车的运行状态等密切相关，保证调整后的列车运行时间不小于列车实际运行时间的最小值。

将突发事件下多列车区间最短运行时间引入运行图调整模型中，运行图给定的到站发车时间作为多列车速度曲线优化过程中区间运行时间的目标，同时优化多列车速度曲线，并向运行图调整模型反馈列车的区间运行能耗，通过区间运行时间将列车运行图调整模型和列车速度曲线优化模型联系起来，建立列车速度曲线优化与运行图调整的一体化模型。

1. 目标函数

$$Z = \min\{W_1 Z_1 + W_2 Z_2 \eta\} \tag{5.50}$$

其中，W_1 和 W_2 为权重系数；η 为能耗放缩系数，使晚点时间与能耗在数值上处于相同的数量级；Z_1 和 Z_2 为列车运行图的总晚点时间和列车区间运行总能耗，满足

$$Z_1 = \sum_{f \in F} \left(\sum_{(i,j) \in C_{s,*}, j \in N-d} |\bar{d}_f(i,j) - d_f(i,j)| + \sum_{(i,j) \in C_{i,*}, i \in N-o} |\bar{a}_f(i,j) - a_f(i,j)| \right) \tag{5.51}$$

$$Z_2 = \sum_{f \in F} \left(\sum_{(i,j) \in C_{i,*}, j \in N \backslash d} E_f(i,j) \right) \tag{5.52}$$

2. 到站时间和发车时间约束

$$d_f(i,j) \geqslant \bar{d}_f(i,j), \quad f \in F, (i,j) \in C_{s,*}, i \in N \setminus \{d\} \tag{5.53}$$

$$a_f(i,j) \geqslant \bar{a}_f(i,j), \quad f \in F, (i,j) \in C_{s,*}, j \in N \setminus \{o\} \tag{5.54}$$

$$d_f(i,j) = a_f(j,k), \quad f \in F, (i,j), (j,k) \in C, i \in N \setminus \{d\} \tag{5.55}$$

式(5.53)~式(5.55)表示列车在每个车站的出发时间和到达时间不能早于计划运行图中给定的时间，并且从前一区段的离开时间与进入后一区段的时间相等，从而保证列车从车站进入区间或从区间进入车站的时间一致性。

3. 列车区间运行约束

$$r_f(i,j) = d_f(i,j) - a_f(i,j), \quad f \in F, (i,j) \in C, i \in N \setminus \{o\}, j \in N \setminus \{d\} \tag{5.56}$$

$$r_f(i,j) \geqslant \psi_f^{\min}(i,j), \quad f \in F, (i,j) \in C_{i,*} \tag{5.57}$$

其中，$\psi_f^{\min}(i,j)$ 为列车最短区间运行时间。

4. 停站时间约束

$$r_f(i,j) \geqslant \phi_f^{\min}(i,j), \quad f \in F, (i,j) \in C_{s,*}, i \in N \setminus \{o\}, j \in N \setminus \{d\} \tag{5.58}$$

$$r_f(i,j) \leqslant \phi_f^{\max}(i,j), \quad f \in F, (i,j) \in C_{s,*}, i \in N \setminus \{o\}, j \in N \setminus \{d\} \tag{5.59}$$

其中，$\phi_f^{\min}(i,j)$ 和 $\phi_f^{\max}(i,j)$ 为列车停站时间的最小边界值和最大边界值。

5. 发车间隔约束

$$\begin{aligned} & d_f(i,j) + \theta(f,f',i,j) \times M \geqslant d_{f'}(i,j) + h, \\ & f, f' \in F, f \neq f', (i,j) \in C_{s,*}, j \in N \setminus \{d\} \end{aligned} \tag{5.60}$$

$$\begin{aligned} & d_{f'}(i,j) + (1 - \theta(f,f',i,j)) \times M \geqslant d_f(i,j) + h, \\ & f, f' \in F, f \neq f', (i,j) \in C_{s,*}, j \in N \setminus \{d\} \end{aligned} \tag{5.61}$$

两列列车发车间隔满足最小间隔约束。

6. 发车间隔约束到站间隔约束

$$\begin{aligned} & a_f(i,j) + \theta(f,f',i,j) \times M \geqslant a_{f'}(i,j) + h, \\ & f, f' \in F, f \neq f', (i,j) \in C_{i,*}, j \in N \setminus \{d\} \end{aligned} \tag{5.62}$$

$$\begin{aligned} & a_{f'}(i,j) + (1 - \theta(f,f',i,j)) \times M \geqslant a_f(i,j) + h, \\ & f, f' \in F, f \neq f', (i,j) \in C_{i,*}, j \in N \setminus \{d\} \end{aligned} \tag{5.63}$$

两列列车到站间隔满足最小间隔约束。

5.3 临时限速下列车运行控制与动态调度一体化

7. 到发间隔约束

$$a_f(i,j)+\xi(f,f',i,j) \times M \geqslant d_{f'}(i,j),$$
$$f,f' \in F, f \neq f', (i,j) \in C_{s,*}, j \in N \setminus \{d\} \quad (5.64)$$

$$a_{f'}(i,j)+(1-\xi(f,f',j,k)) \times M \geqslant d_f(j,k),$$
$$f,f' \in F, f \neq f', (j,k) \in C_{s,*}, j \in N \setminus \{d\} \quad (5.65)$$

两列列车到站发车间隔满足最小间隔约束。

8. 次序一致性和唯一性约束

$$\theta(f,f',i,j) = \theta(f,f',j,k), \quad f,f' \in F, f \neq f', (i,j) \in C_{s,*},(j,k) \in C_{i,*} \quad (5.66)$$
$$\theta(f,f',i,j) + \theta(f',f,i,j) = 1, \quad f,f' \in F, f \neq f', (i,j) \in C, j \in N \setminus \{d\} \quad (5.67)$$
$$\xi(f,f',i,j) + \xi(f',f,i,j) = 1, \quad f,f' \in F, f \neq f', (i,j) \in C, j \in N \setminus \{d\} \quad (5.68)$$

列车从车站进入区间或从区间进入车站时的次序保持一致，并且任意两列列车发车次序是唯一的。

9. 列车最大越行数量约束

$$\gamma_f(j,k) \leqslant F \quad (5.69)$$

$$\gamma_f(j,k) = \sum_{f:f \neq f'} \theta(f,f',j,k) - \sum_{f:f \neq f'} c(f,f',j,k) \quad (5.70)$$

$$c(f,f',j,k) \geqslant \theta(f,f',i,j) + \theta(f,f',j,k) - 1 \quad (5.71)$$

$$c(f,f',j,k) \leqslant \theta(f,f',i,j), c(f,f',j,k) \leqslant \theta(f,f',j,k) \quad (5.72)$$

$$c(f,f',j,k) \in \{0,1\},$$
$$\forall f,f' \in F, (i,j) \in C_{i,*}, i \in N \setminus \{o\}, (j,k) \in C_{s,*}, k \in N \setminus \{d\} \quad (5.73)$$

$$\mu_f(j,k) \leqslant F \quad (5.74)$$

$$\mu_f(j,k) = \sum_{f:f \neq f'} \theta(f,f',i,j) - \sum_{f:f \neq f'} c(f,f',j,k) \quad (5.75)$$

$$c(f,f',j,k) \geqslant \theta(f,f',i,j) + \theta(f,f',j,k) - 1 \quad (5.76)$$

$$c(f,f',j,k) \leqslant \theta(f,f',i,j), c(f,f',j,k) \leqslant \theta(f,f',j,k) \quad (5.77)$$

$$c(f,f',j,k) \in \{0,1\},$$
$$f,f' \in F, (i,j) \in C_{i,*}, i \in N \setminus \{o\}, (j,k) \in C_{s,*}, k \in N \setminus \{d\} \quad (5.78)$$

运行图调整过程需要满足列车最大越行数量约束，包括列车越行其他列车的数量约束和列车被其他列车越行数量约束。

10. 车站侧线数量约束

$$\chi_{f'}(j,k) = \sum_{f:f\neq f'} \theta(f,f',i,j) - \sum_{f:f\neq f'} \xi(f,f',j,k) \tag{5.79}$$

$$\chi_{f'}(j,k) \leqslant \zeta(j,k),$$
$$f,f' \in F, (i,j) \in C_{i,*}, i \in N\setminus\{o\}, (j,k) \in C_{s,*}, k \in N\setminus\{d\} \tag{5.80}$$

停靠在车站的列车数量不能超过车站的侧线股道数量。

11. 车站能力约束

$$a_{f'}(j,k) + (\zeta(j,k) - \chi_{f'}(j,k) + 2 - P_{f'}(j,k) - \xi(f,f',j,k)) \times M$$
$$\geqslant d_f(j,k) + h \tag{5.81}$$

结合列车计划运行图中是否存在停站计划、车站侧线股道数量等固定信息,将车站能力约束转化为列车之间的发到间隔约束。对于有停站计划的列车,需要为其分配一条空闲的侧线股道,对于直通列车可以直接利用正线股道通过车站,只需满足与前行列车的最小间隔即可。

12. 列车等级约束

$$\theta(f,f',j,k) \geqslant \theta(f,f',i,j), \quad f,f' \in F, f\neq f', \bar{\theta}(f,f',j,k) > \bar{\theta}(f,f',i,j),$$
$$(i,j) \in C_{i,*}, i \in N\setminus\{o\}, (j,k) \in C_{s,*}, k \in N\setminus\{d\} \tag{5.82}$$

$$\theta(f,f',j,k) \leqslant \theta(f,f',i,j), \quad f,f' \in F, f\neq f', \bar{\theta}(f,f',j,k) < \bar{\theta}(f,f',i,j),$$
$$(i,j) \in C_{i,*}, i \in N\setminus\{o\}, (j,k) \in C_{s,*}, k \in N\setminus\{d\} \tag{5.83}$$

$$\theta(f,f',j,k) = 1, \theta(f,f',i,j) = 1, \quad f,f' \in F, f\neq f', q_f \geqslant q_{f'}$$
$$\bar{\theta}(f,f',i,j) = 1, \bar{\theta}(f,f',j,k) = 1,$$
$$(i,j) \in C_{i,*}, i \in N\setminus\{o\}, (j,k) \in C_{s,*}, k \in N\setminus\{d\} \tag{5.84}$$

$$\theta(f,f',j,k) \leqslant \theta(f,f',i,j), \theta(f,f',i,j) = 1, \quad f,f' \in F, f\neq f'$$
$$\bar{\theta}(f,f',i,j) = 1, q_f < q_{f'}, \bar{\theta}(f,f',j,k) = 1,$$
$$(i,j) \in C_{i,*}, i \in N\setminus\{o\}, (j,k) \in C_{s,*}, k \in N\setminus\{d\} \tag{5.85}$$

$$\theta(f,f',j,k) = 0, \theta(f,f',i,j) = 0, \quad f,f' \in F, f\neq f', q_f \leqslant q_{f'}$$
$$\bar{\theta}(f,f',i,j) = 0, \bar{\theta}(f,f',j,k) = 0,$$
$$(i,j) \in C_{i,*}, i \in N\setminus\{o\}, (j,k) \in C_{s,*}, k \in N\setminus\{d\} \tag{5.86}$$

$$\theta(f,f',i,j) = 0, \theta(f,f',i,j) \leqslant \theta(f,f',j,k), \quad f,f' \in F, f\neq f', q_f > q_{f'}$$
$$\bar{\theta}(f,f',i,j) = 0, \bar{\theta}(f,f',j,k) = 0,$$

5.3 临时限速下列车运行控制与动态调度一体化

$$(i,j) \in C_{i,*}, i \in N \setminus \{o\}, (j,k) \in C_{s,*}, k \in N \setminus \{d\} \tag{5.87}$$

列车等级约束满足以下三点原则。首先，如果计划运行图中存在低等级列车越行高等级列车的情况，调整后的运行图允许低等级列车越行高等级列车。其次，如果计划运行图中不存在低等级列车越行高等级列车的情况，调整后的运行图中不允许低等级列车越行高等级列车。最后，如果计划运行图中不存在同等级列车之间的越行情况，调整后的运行图不允许同等级列车之间的越行。

13. 列车的最短区间运行时间约束

$$\psi_f^{\min}(i,j) = \int_{x_f^i}^{x_f^j} \frac{\mathrm{d}x_f}{v_f^{\max}(x_f)}, \quad f \in F, (i,j) \in C, i \in N \setminus \{o\}, j \in N \setminus \{d\} \tag{5.88}$$

其中，$v_f^{\max}(x_f)$ 为列车在区间运行的最大允许速度。

14. 列车区间运行目标函数

$$\min \frac{w_t}{N} \cdot \sum_{f \in F} \left| \frac{T_f(i,j) - r_f(i,j)}{r_f(i,j)} \right| + \frac{w_e}{N} \cdot \sum_{f \in F} \frac{E_f(i,j) - E_f^{\min}(i,j)}{E_f^{\min}(i,j)} \tag{5.89}$$

其中，$r_f(i,j)$ 为运行图给定的区间运行时间；$E_f^{\min}(i,j)$ 为最短区间运行时间对应的能耗；$T_f(i,j)$ 和 $E_f(i,j)$ 为列车实际运行时间和能耗，满足

$$T_f(i,j) = \int_{x_f^i}^{x_f^j} \frac{\mathrm{d}x_f}{v_f(x_f)} \tag{5.90}$$

$$E_f(i,j) = \int_{x_f^i}^{x_f^j} p_f(x_f) \cdot \kappa_f^a(x_f) \cdot A_f(v_f) \mathrm{d}x_f \tag{5.91}$$

其中，x_f 和 v_f 为列车的位置和速度；$A_f(v_f)$ 和 $p_f(x_f)$ 为列车最大牵引力和牵引制动率；$\kappa_f^a(x_f)$ 为列车牵引控制参数。

15. 列车动力学模型

$$\pi_f(x_f) = \frac{\mathrm{d}v_f(x_f)}{\mathrm{d}x_f} = \frac{p_f(x_f) \cdot L_f(v_f, x_f) - W_0(v_f) - W_a(x_f)}{q_f \cdot m_f \cdot v_f(x_f)} \tag{5.92}$$

$$i_f(x_f) = \frac{\mathrm{d}t_f(x_f)}{\mathrm{d}x_f} = \frac{1}{v_f(x_f)} \tag{5.93}$$

其中，$W_0(v_f)$ 和 $W_a(x_f)$ 为列车基本运行阻力和列车附加运行阻力；$L_f(v_f, x_f)$ 为列车的牵引力和制动力的合力，满足

$$L_f(v_f, x_f) = \kappa_f^a(x_f) \cdot A_f(v_f) + \kappa_f^b(x_f) \cdot B_f(v_f) \tag{5.94}$$

$$\kappa_f^a(x_f) + \kappa_f^b(x_f) \leqslant 1, \quad \kappa_f^a(x_f), \kappa_f^b(x_f) \in \{0,1\} \tag{5.95}$$

其中，$\kappa_f^b(x_f)$ 为列车制动控制参数，与 $\kappa_f^a(x_f)$ 一同保证列车运行过程中的牵引力和制动力不能同时作用到列车。

16. 牵引/制动率约束

$$p_f(x_f) \in [0,1] \tag{5.96}$$

17. 区间起始点、终止点速度约束

$$v_f(x_f^i) = v(x_f^j) = 0, \quad (i,j) \in C_{i,*}, j \in N \setminus \{d\} \tag{5.97}$$

其中，x_f^i 和 x_f^j 分别为区段 (i,j) 的起点和终点。

18. 最大牵引加速度约束

$$\pi_f(x_f) \leqslant 0.67, \quad \kappa_f^b(x_f) = 0 \tag{5.98}$$

19. 最大制动加速度约束

$$\pi_f(x_f) \geqslant -0.5, \quad \kappa_f^a(x_f) = 0 \tag{5.99}$$

20. 最大冲击率约束

$$\frac{\mathrm{d}\pi_f(x_f)}{\mathrm{d}x_f} \leqslant \frac{0.7}{v_f(x_f)} \tag{5.100}$$

21. ATP 限速约束

$$v_f(x_f) \leqslant \tilde{V}_{\text{ATP}}(x_f, b_{f-1}^{t_f}) \tag{5.101}$$

其中，$\tilde{V}_{\text{ATP}}(x_f, b_{f-1}^{t_f})$ 为列车 f 运行到 x_f 处时以前行列车 $f-1$ 所处闭塞区段 $b_{f-1}^{t_f}$ 入口位置为起点反向计算的 ATP 限速曲线在 x_f 的限速值。

22. 相邻列车最小到站间隔约束

$$t_f(x_f^j) - t_f(x_{f-1}^j) \geqslant h \tag{5.102}$$

多列车速度曲线计算确定运行图调整过程中区间运行时间的下界。运行图调整确定的列车到站发车时间决定多列车速度曲线优化过程中的区间运行时间目标，且多列车速度曲线优化过程向运行图调整过程反馈给定区间运行时间下的列车区间运行能耗，与列车总晚点时间共同构成一体化模型的优化目标。多列车速度曲线计算过程与运行图调整过程相互制约、相互促进。

5.3 临时限速下列车运行控制与动态调度一体化 · 207 ·

5.3.2 列车速度曲线和运行图调整一体化智能优化

一体化模型包括多列车速度曲线优化过程、运行图调整过程，以及两个过程之间的交互。以列车在相邻车站有停站计划为例，对速度曲线优化和运行图调整之间的关系进行说明，在多列车速度曲线优化过程中，将运行图调整后相邻车站的到站发车时间差作为列车速度曲线优化目标。速度曲线优化完成后，将列车区间运行能耗作为评估运行图调整结果优劣的一个因素。因此，可将多列车速度曲线优化过程视为运行图调整过程中更微观的计算过程，采用深度强化学习对该序贯决策问题进行求解。下面采用 DQfD 算法对深度强化学习模型中的环境与状态、智能体与动作、奖励等进行说明。

1. 环境与状态

一体化环境模拟多列车速度曲线优化和列车运行图调整过程。一体化模型需要将多列车速度曲线对应的能耗返回给列车运行图调整过程，并评价运行图调整结果的质量。在列车运行图调整前，需要根据多列车在区间的最短运行时间设置相应的约束边界，因此在运行图调整的状态信息中增加列车在所有区间、车站的最小运行时间和最小停站时间。如图 5.11 所示，将该信息处理为维度相同的矩阵，与运行图调整状态信息共同构成一体化状态信息张量。

2. 智能体与动作

多列车速度曲线和运行图调整一体化智能体相当于考虑列车区间运行情况的调度员。通过列车速度曲线计算过程可以得出给定区间运行时间目标下的多列车速度曲线，因此智能体根据列车运行图状态信息和列车区间运行状态信息，从可行动作集中选择一个调整动作。运行图调整过程根据选择的动作对列车发车次序和到发时间进行调整，计算相应区间的运行时间。智能体的动作指的是列车在各车站的发车次序。智能体在 i 阶段的动作 A_i 为

$$A_i \in \{s_k | k = 0, 1, \cdots, 23\} \tag{5.103}$$

3. 奖励

采用调整完成后的列车晚点时间和运行能耗加权值作为最终奖励。中间奖励设置为一个标志。列车速度曲线优化和运行图调整一体化的奖励函数 R_i 设置为

$$V_{s,\text{DRL/Cplex}} = \frac{W_t}{F} \cdot \sum_{f=1}^{F} \left(\sum_{(i,j) \in A_{s,*}, j \in N-d} |\bar{d}_f(i,j) - d_f(i,j)| \right.$$
$$\left. + \sum_{(i,j) \in A_{i,*}, i \in N-o} |\bar{a}_f(i,j) - a_f(i,j)| \right)$$

$$+ \frac{W_e}{F} \cdot \sum_{f=1}^{F} \sum_{(i,j) \in A_{s,*}, j \in N-d} \frac{E_f(i,j) - E_f^{\min}(i,j)}{E_f^{\min}(i,j)} \quad (5.104)$$

$$R_i = -\frac{V_{s,\text{DRL}} - V_{s,\text{Cplex}}}{V_{s,\text{Cplex}}} \quad (5.105)$$

以列车速度曲线优化为基础，区间运行时间作为运行图调整和速度曲线优化的中间信息，充分利用深度强化学习的信息提取能力和决策能力，实现多列车速度曲线优化和运行图调整方案一体化生成。图5.25展示基于深度强化学习的列车

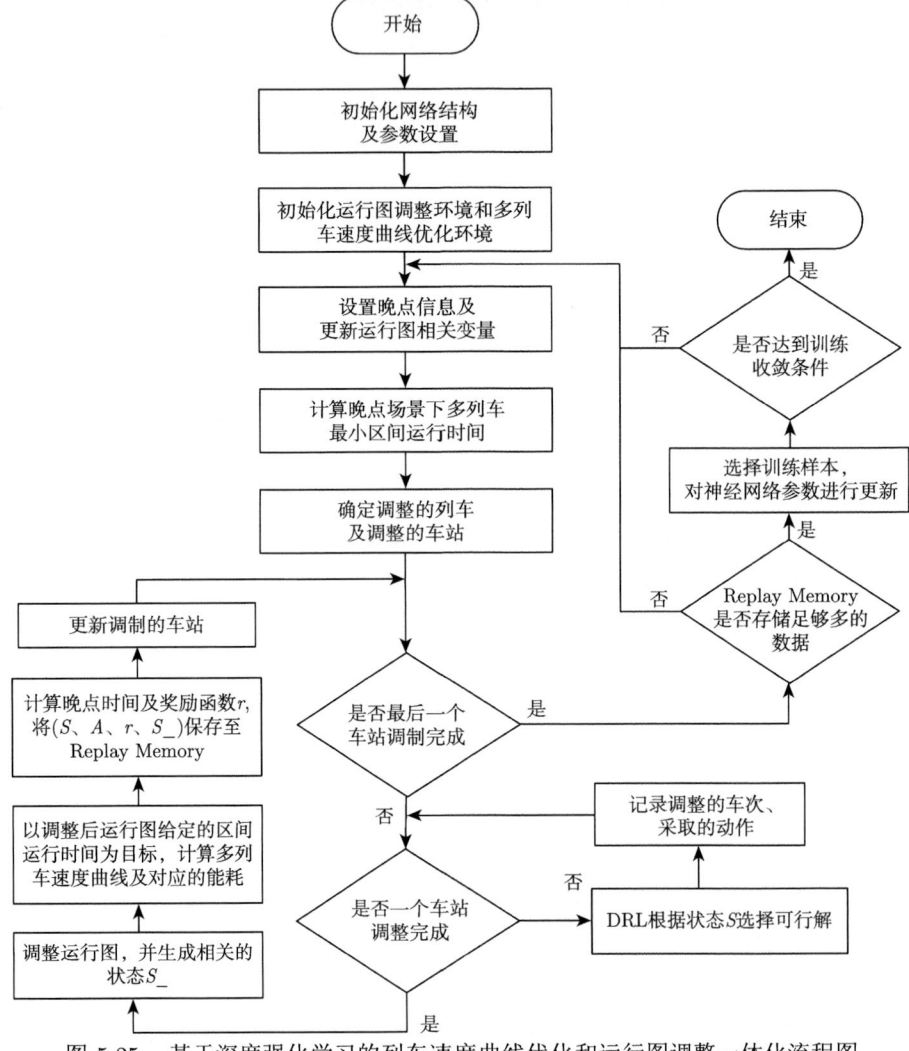

图 5.25　基于深度强化学习的列车速度曲线优化和运行图调整一体化流程图

5.3 临时限速下列车运行控制与动态调度一体化

速度曲线优化和运行图调整一体化流程。

为了验证列车速度曲线优化与运行图调整一体化模型和基于深度强化学习的求解算法的有效性，基于京沪高速铁路北京南至德州东段运行图、线路数据与实测列车牵引制动参数，设计不同晚点场景下列车运行图调整与列车速度曲线一体化优化实验。

图 5.26 展示不同权重系数下深度强化学习智能体训练过程的损失函数。损失函数曲线波动程度不同，但是均呈现下降趋势，表明基于深度强化学习的列车速度曲线优化和运行图调整一体化方法学习到列车运行图中列车等级、车站股道数量、列车停站计划、列车区间运行时间、能耗等状态信息与运行图调整策略之间的关系。权重系数比为 4:1 的损失函数下降最快，波动相对较小，后续实验均采用此比例下训练的智能体对一体化问题进行求解。

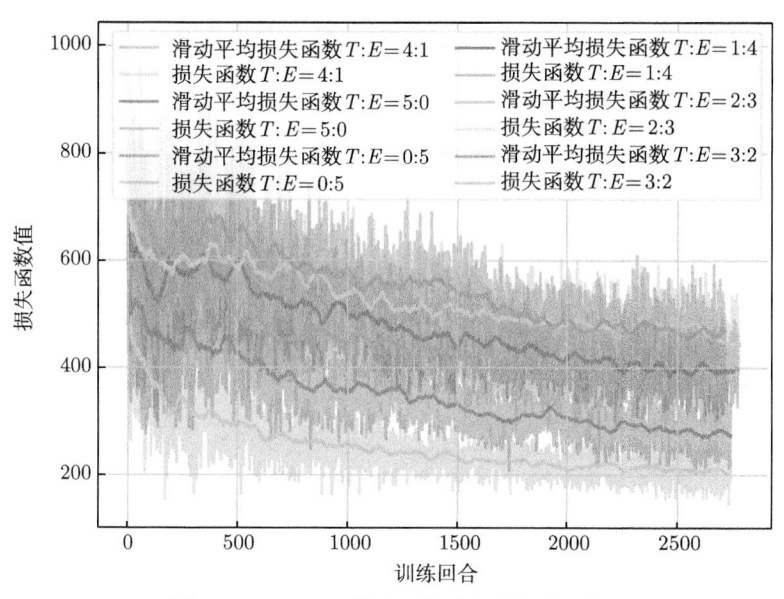

图 5.26　DQfD 算法训练过程的损失函数

以列车 6 在天津南站的到站时间晚点 15 min 为例，对智能体求解性能进行分析。在该场景下，DQfD 算法生成的调整后列车运行图如图 5.27 所示，其中虚线和实线分别为计划和调整后的列车运行线。深度强化学习智能体选择的调整策略不改变晚点列车在廊坊站的发车次序，受影响的最后一列列车（列车 11）在沧州西站停站，可适当压缩其停站时间，使晚点影响不再向后续区间传播。为显示方便，下图只展示受影响的 6 列列车的速度曲线。

DQfD 算法生成的多列车三维速度图如图 5.28 所示。图中包含受影响列车

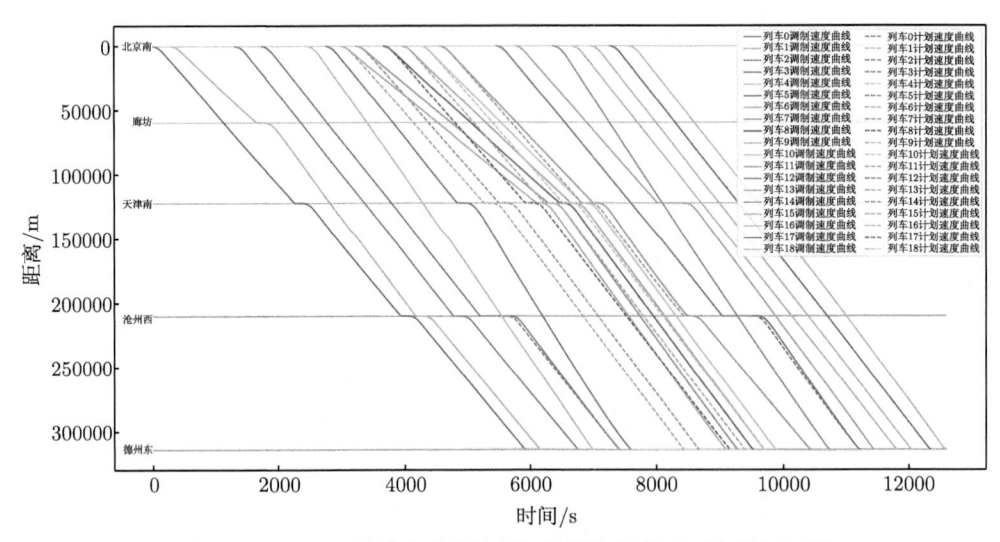

图 5.27　DQfD 算法生成的计划运行图与调整后列车的运行图

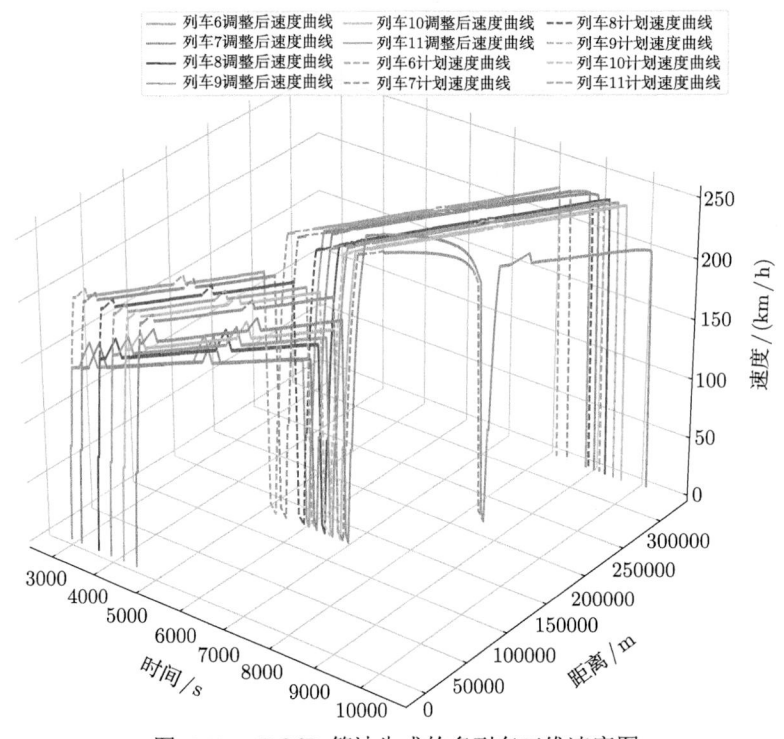

图 5.28　DQfD 算法生成的多列车三维速度图

（列车 6~列车 11）的速度曲线三维图。压缩时间轴可得列车位置速度曲线图。

5.3 临时限速下列车运行控制与动态调度一体化

DQfD 算法生成的列车速度曲线如图 5.29 所示。可以看出，受晚点影响的前 5 列列车由于其停站计划相同，各列车在起始车站的发车间隔大于 3 min，区间速度曲线较为一致。为减少后续列车的晚点时间并实现最小安全间隔，列车在北京南站至天津南站之间的运行时间依次减少，运行速度逐渐增加，而在天津南站至德州东站之间，发车间隔与到站间隔都接近 3 min，区间运行时间接近，列车的站间运行速度一致。由于列车 11 在天津南站发车晚点，其影响未传播至列车 11 在沧州西站的发车时间。调整后的区间运行时间减少，列车运行速度高于计划运行速度，通过减少列车在沧州西站的停站时间可以进一步降低晚点的传播。

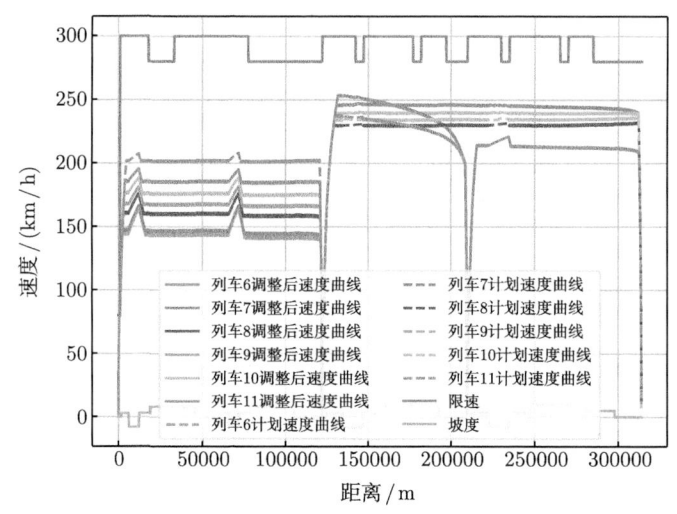

图 5.29 DQfD 算法生成的列车速度曲线

如图 5.30 所示，每条曲线起点与终点的横坐标分别对应各列车在起始车站的发车时间和终点车站的到站时间。列车在终点车站与前车的距离为 0 表示前车到达终点站后一直停靠在车站，相当于后车参考终点车站的位置。随着后车到达车站，两车之间的距离逐渐减少至 0，各列车与前车的距离大于 0（最小值为 2048 m），满足安全行车要求。列车 6 与前车的距离明显比其余列车波动大，原因是列车 6 为首列晚点列车，与前车的距离随着时间的推移逐渐拉大，其余列车的停站计划相似，与前车之间的距离变化相对平稳，曲线变化趋势较为相似。DQfD 算法生成的列车速度曲线对应的能耗如图 5.31 所示。由于受影响列车的区间运行时间变化不明显，调整后列车运行能耗较计划运行能耗降低幅度较小。

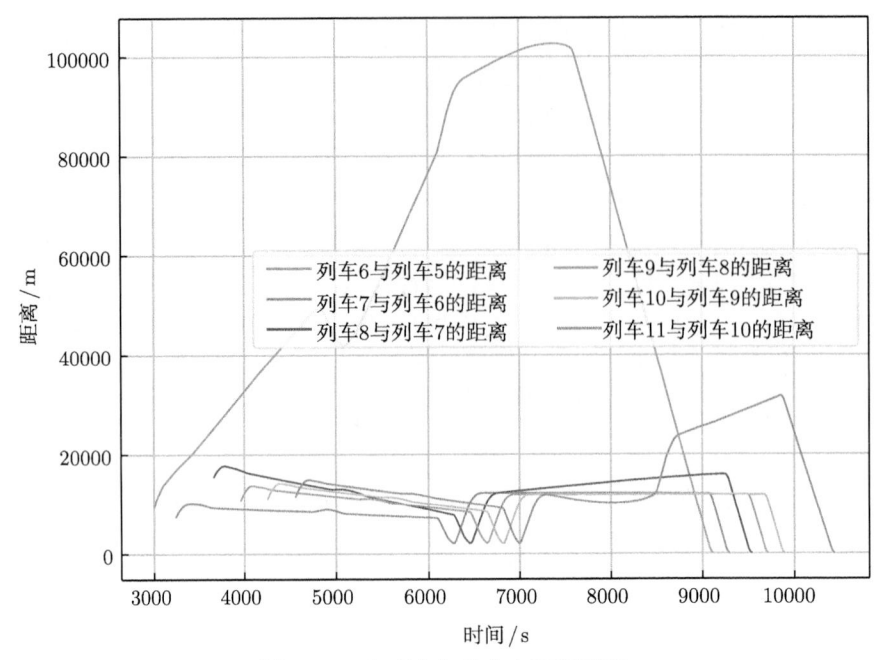

图 5.30　各列车与前车之间的距离

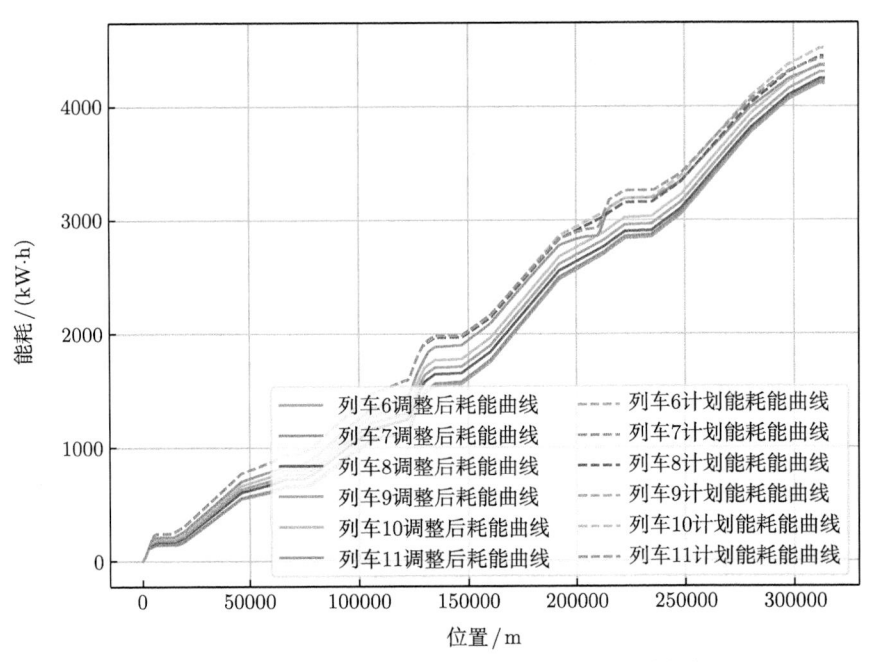

图 5.31　DQfD 算法生成的列车速度曲线对应的能耗

第 6 章　高速铁路运行控制调度一体化仿真平台

高速铁路运行控制调度一体化具备智能、协同、稳定等特征，是进一步提升高速铁路运行效率和应急处置能力的重要保障。为确保其基础理论和关键技术研究的可靠性、可用性、有效性，平台测试与应用验证是不可或缺的重要手段。现场运行试验成本代价高，而测试仿真平台具有成本低、研发周期短、调试及验证灵活等优势。高速铁路运行控制调度一体化仿真平台（以下简称一体化仿真平台）由数据库、仿真系统和实物设备等组成，通过"一体化仿真平台-最小原型系统-实车试验线"三级联动实现方法和技术的典型场景验证。本章重点介绍平台的总体方案、一体化仿真平台、最小原型系统与验证、实车试验线验证等内容。

6.1　平台总体方案

6.1.1　平台设计原则与功能

高速铁路运行控制调度一体化系统复杂、信息交互数据量大、系统协作复杂度高，不同子系统之间应具有协同的紧耦合和功能的深融合。一体化仿真平台包含列车运行控制、列车调度指挥和一体化决策三部分，具备可裁剪与增强性。其设计原则如下。

① 平台包含车载设备、列车动力学单元、计算机联锁（computer based interlocking，CBI）系统、车站 CTC、中心 CTC、轨道电路等关键子系统。

② 子系统以功能的仿真实现为主，根据实际需求进行功能简化合并。

③ 子系统之间的通信均采用离线读取数据库与在线 UDP（User Datagram Protocol，用户数据报协议）、TCP/IP（Transmission Control Protocol/Internet Protocol，传输控制协议/因特网互联协议）等通信方式。

④ 子系统规范各信息系统接口协议，并预留足额的数据接收缓冲区。

⑤ 为方便注入现场存在的故障，保留车站、轨旁等主要子系统。

⑥ 标准化设计系统功能组件，重视系统的可扩展性和可运维性。

⑦ 子系统之间的层次化架构采用现有高速铁路系统中的功能架构。

⑧ 优先高速列车控制调度一体化算法验证，保留非一体化系统控制、调度算法独立接口。

一体化仿真平台的主要功能是对典型场景下实时控制与调整算法的仿真与验证等，实现不同子系统间的信息流交互，具有如下功能。

① 通过故障注入（包含系统自身故障和恶劣自然环境导致的系统故障及列车限速），复现当前高速铁路突发事件对运营的影响传播过程及调度处理效果。

② 实例化控制、调度、一体化的算法与功能，生成列车控制序列及运行计划图，并与常规的调度效果进行对比。

③ 通过平台功能扩展，支撑智能调度、车-车通信和移动闭塞等列车控制新方法和新技术的验证。

6.1.2 平台组成及架构

一体化仿真平台由车载子系统、地面子系统、一体化决策系统、算法验证注入、平台管理与配置，以及数据存储与解析等六部分组成。一体化仿真平台架构如图 6.1 所示。

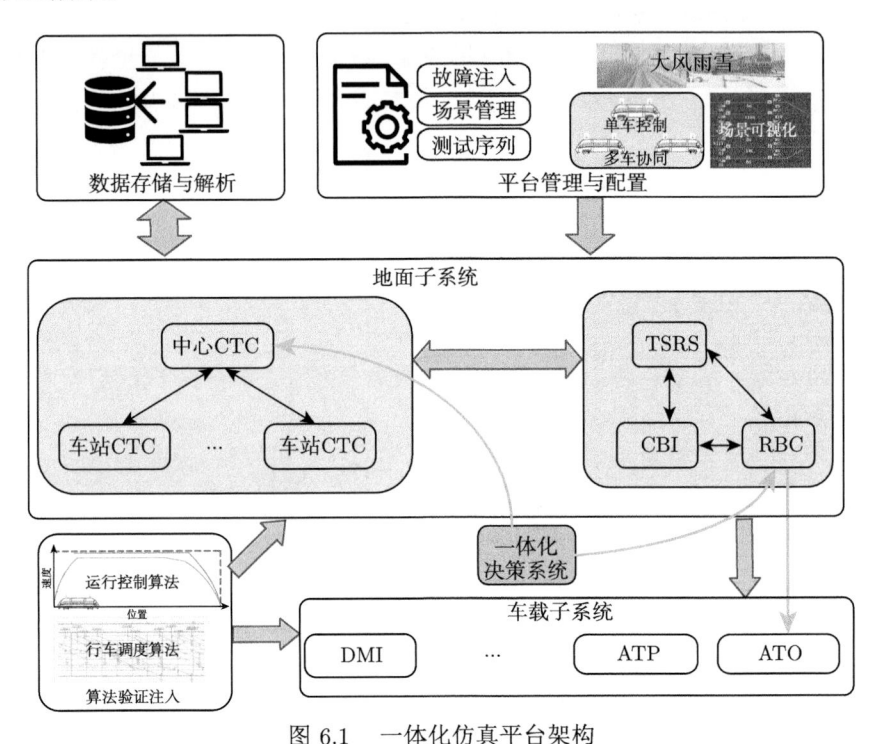

图 6.1 一体化仿真平台架构

6.2 一体化仿真平台

6.2.1 中心 CTC 子系统

中心 CTC 子系统主要由列车运行信息读取与下发、界面绘制与列车调整三个功能组成。作为仿真平台的顶层系统，中心 CTC 从宏观上调整与监控每列列

6.2 一体化仿真平台

车的运行情况。其结构如图 6.2所示。

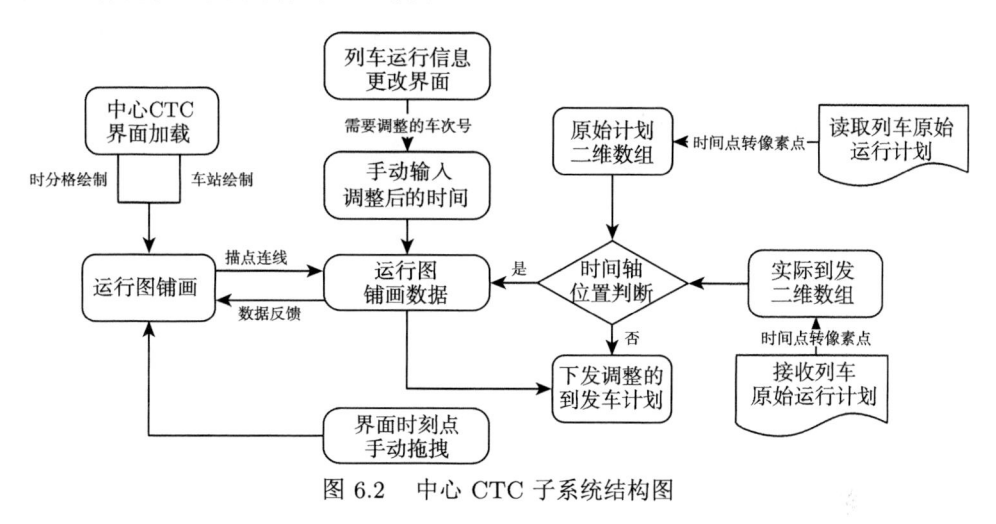

图 6.2 中心 CTC 子系统结构图

中心 CTC 是仿真平台的指挥与监控中心，一方面通过与车站 CTC 子系统通信完成计划运行图与列车到发站信息的交互，另一方面通过与 RBC 子系统通信实现临时限速的下发。中心 CTC 子系统界面如图 6.3所示，主要实现读取列车时刻表并任意设置运行图启始时间和显示比例，铺画列车运行图，通过点击车站按钮实现车站股道折叠与展开显示模式的切换。在列车发车前，通过选择列车车次号并输入相应信息，实现单列车运行计划命令下发。在运行过程中，通过接收车站 CTC 的列车实际到发站信息绘制实际列车运行线，完成列车运行过程的监管与反馈。在突发事件中，可以设置限速值、启始位置和区段长度等信息实现临时限速等命令的下发。

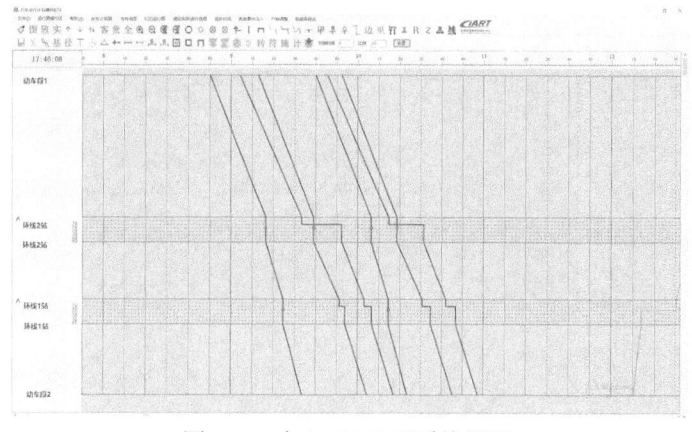

图 6.3 中心 CTC 子系统界面

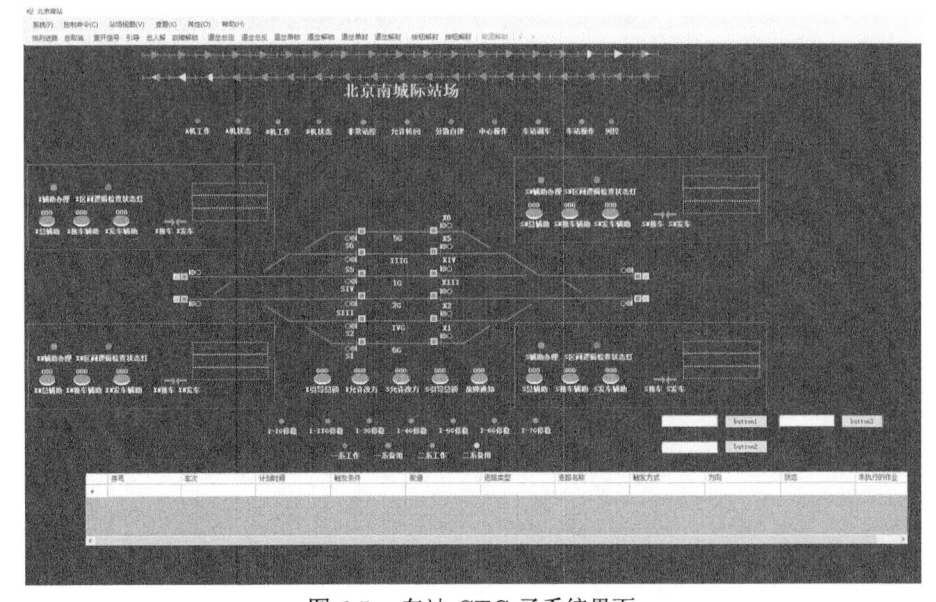

6.2.2 车站 CTC 子系统

车站 CTC 子系统是分散自律调度集中系统的重要组成部分，是整个系统的基本功能节点。调度中心将列车运行调整计划下达至车站，车站 CTC 子系统根据计划通过向计算机联锁系统发送命令完成进路的选排、冲突检测、控制输出等核心功能。其结构和界面分别如图 6.4 和图 6.5 所示。

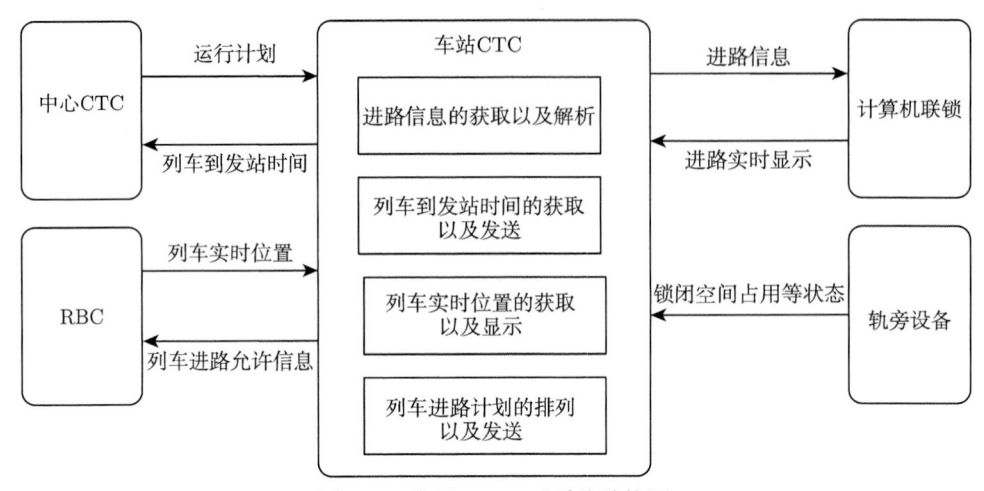

图 6.4 车站 CTC 子系统结构图

图 6.5 车站 CTC 子系统界面

6.2 一体化仿真平台

车站 CTC 主要完成列车运行计划的读取，并将计划发送至计算机联锁子系统进行进路的排列解锁。车站 CTC 根据来自 RBC 的列车位置信息，将列车实时显示在界面上，并在列车到发站时，将车站进路允许信息和时间戳分别送至 RBC 和中心 CTC。

车站 CTC 依据不同的进路类型对进路开放时机进行判断,接车进路将列车当前的区间位置作为开放信号条件，发车进路将列车当前站内位置和发车时间作为开放信号条件，直接通过进路按列车当前区间位置作为开放信号条件。根据 RBC 实时上传的列车区间和站内位置信息，实现车次号在站内站间的连续跟踪显示等功能。

6.2.3 RBC 子系统

在 CTCS-3 级列车控制系统中，RBC 子系统根据联锁子系统发送的信号授权及列车发送的位置报告，结合轨道占用状态和灾害防护信息，为管辖范围内的每列列车生成行车许可，并通过 GSM-R 网络发送给列车，控制列车安全运行。RBC 子系统结构图和界面分别如图 6.6 和图 6.7 所示。

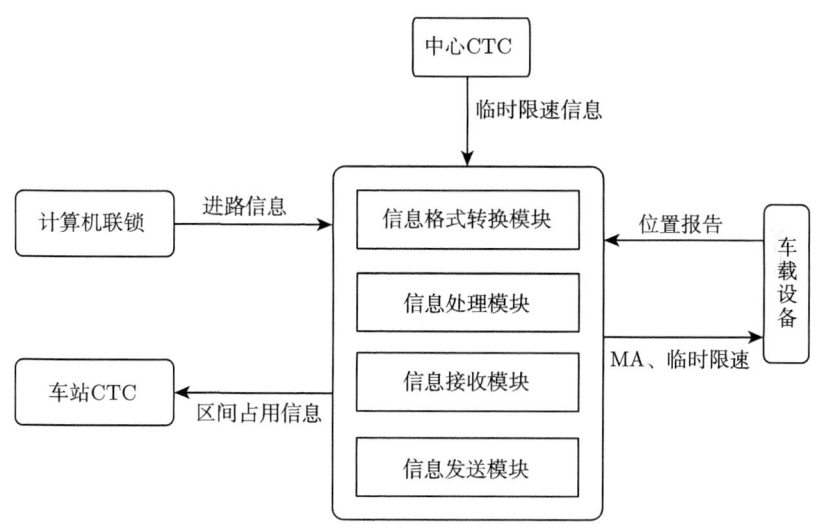

图 6.6 RBC 子系统结构图

RBC 子系统，通过 UDP 通信接收到其他设备的信息后，经数据格式处理模块，将信息转换为 RBC 所需的数据格式。随后根据与各设备的通信需求经数据打包模块发送信息，主要包括区间占用信息、进路信息、临时限速信息和行车许可信息等。

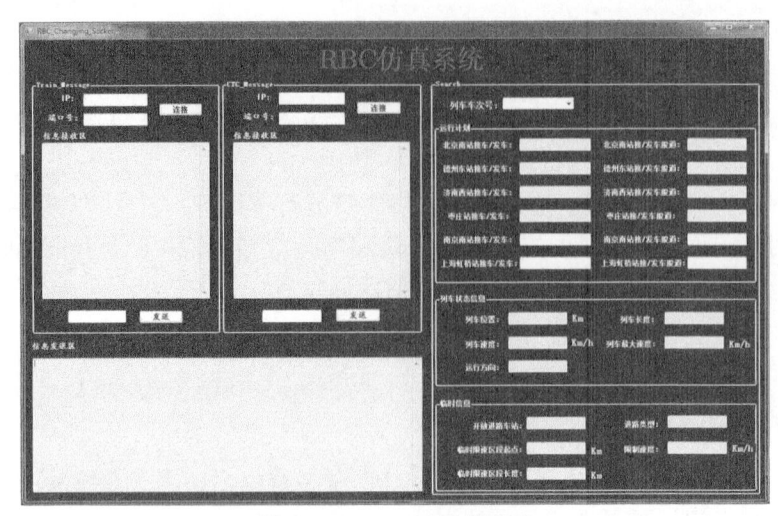

图 6.7　RBC 子系统界面

6.2.4　车载子系统

车载子系统主要包括车载 ATP 和 ATO 功能模块。其界面如图 6.8所示。车载 ATP 根据行车许可生成列车速度监控曲线,并实时监督列车的当前速度。当运行速度超过防护曲线时,向列车输出制动命令。

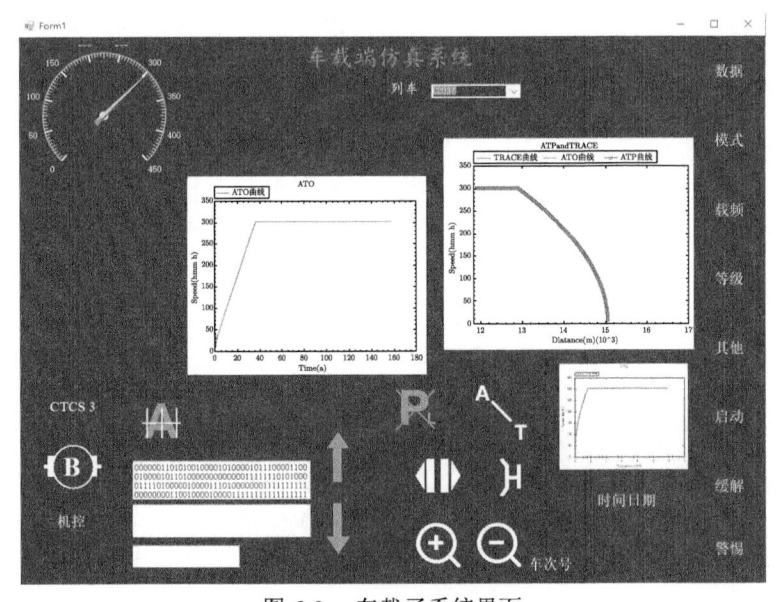

图 6.8　车载子系统界面

车载 ATO 根据车载 ATP 设备计算的列车速度监控曲线，生成推荐位置速度曲线，并由车载计算机进行列车的实际运行控制，完成 ATP 防护下的列车正常行驶。

车载 ATO 功能包括接收数据，将 ATP 生成的速度监控曲线作为限制条件计算推荐速度曲线，存储列车当前位置，包括列车运行过程中的实时位置、实时速度的记录存储，以及运行时间；位置的实时发送，根据 UDP 将列车实时位置传送给 RBC，确定列车的当前位置，并接收下一阶段的 MA。

6.2.5 轨道电路子系统

在一体化仿真平台中，轨道主要完成进路中占用、锁闭、空闲等状态的表示工作。轨道作为车站 CTC 站场图的重要组成部分，与道岔一同构成站场图的主要框架。道岔定反位和单轨表示如图 6.9 所示。

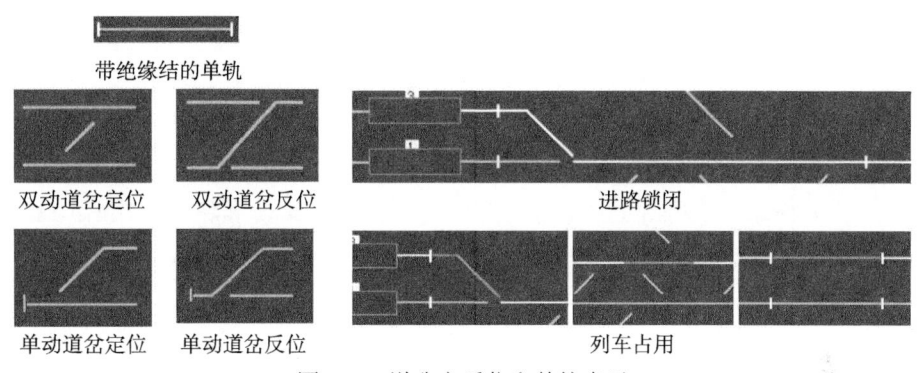

图 6.9 道岔定反位和单轨表示

道岔需要接收联锁发送的命令，根据不同的进路指示移动岔尖，进行定反位的表示，并在站场图上进行相应的显示。道岔及轨道电路通过联锁发送的命令，完成相应的锁闭和解锁功能，通过获取列车的实时位置信息，在站场图上以红光带的形式表示列车的占用。列车占用结束后对红光带进行清除，并根据系统要求显示白光带或解锁等状态。

轨道电路、道岔等模块封装为控件供绘制时调用，其功能包括道岔定位反位的表示，以及轨道电路和道岔占用、锁闭、空闲状态的表示。依据北京南、永乐、天津站站场图，对相应的轨道电路和道岔进行调用。排列进路时，依据接收到的指令对显示状态进行变更。

6.2.6 临时限速服务器子系统

TSRS 是重要的地面设备，与一体化决策子系统共享限速信息，负责全线临时限速的统一管理，实现对各列车控制中心和无限闭塞中心的分配，并且集中管理列车控制系统限速命令,具有对全线临时限速命令的存储、校验、撤销、拆分、设置、取消,以及临时限速设置时机的辅助提示等功能。TSRS 具备与 RBC、CTC、相邻临时限速服务器的接口交互能力同时安全信息传输采用冗余配置的专用传输通道。临时限速服务器子系统功能框架如图 6.10 所示。

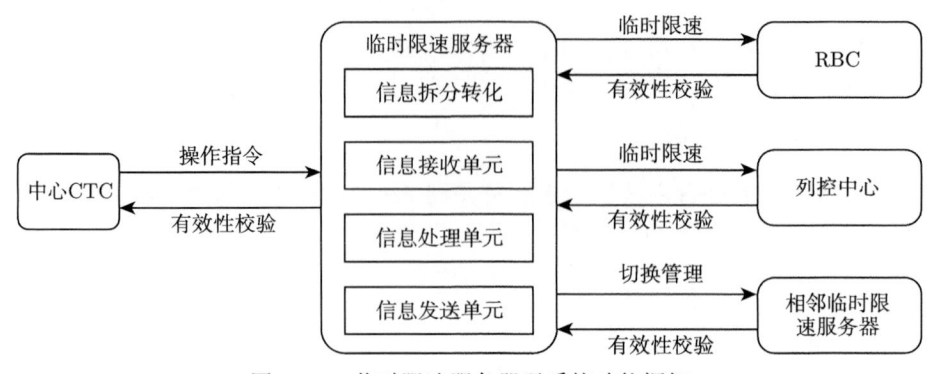

图 6.10　临时限速服务器子系统功能框架

TSRS 的具体功能包括,根据临时限速命令的位置参数判别确定相关的 TCC 和 RBC,并根据临时限速管辖范围及接口协议要求,拆分和转换为相应设备识别的临时限速信息,使 RBC 根据临时限速命令,生成相应的临时限速信息包,与相应的行车许可同时发送给列车;将临时限速命令的验证结果、执行结果、设置提示等信息传送给 CTC;与相邻的临时限速服务器完成线路管理切换;接收中心 CTC 的操作指令等。

6.2.7　一体化决策子系统

一体化决策子系统是列车运行智能调整、控制调度一体化的综合智能决策系统。它结合列车运行调整与列车速度曲线优化,同时生成列车运行图与速度曲线,协同生成不同场景下实时的控制与调度调整策略。一体化决策系统是基于 B/S 架构的智能决策系统。一体化决策子系统结构如图 6.11所示。系统采用后端调整算法、数据处理与前端可视化展示、交互式功能分离的设计方法,可以实现客户端的统一,简化系统的开发、维护和使用。服务器集中了调整算法和数据处理的功能模块,如列车运行调整、列车速度曲线优化、调控控制一体化等调整算法。前端页面实现显示与交互功能,如运行图铺画、运行调整选项注入、风险事件注入等。数据库存储了来自铁路局实际线路、列车与实绩运行图等数据,细分为线路数据、运行图数据、风险事件和车辆数据等。

一体化决策子系统通过与 RBC 和中心 CTC 进行通信,获取列车在途运行信息和实绩运行图信息,并计算推荐的列车速度曲线和调整的运行图。系统根据

6.2 一体化仿真平台

延误场景，智能选择调整策略的优化指标。针对微延误场景和小延误场景，分别采用单车智能运行控制与叠加多车协同控制的策略，实现对列车运行的自动调整。针对大于 30 分钟或影响范围为 5 趟列车以上的延误场景，运行控制调度一体化策略介入。在注入突发事件后，系统根据风险事件类型、开始及结束时间，采用不同的调度策略调整优化目标，如最小化延误、最小化取消列车数量、最小化被影响列车数量等，实现对列车运行图与速度曲线的一体化优化，同时针对被调整的列车生成列车运行图与速度曲线调整结果，完成对列车位置-速度、时间-速度曲线的实时控制与调整。一体化决策子系统界面如图 6.12 所示。

图 6.11 一体化决策子系统结构图

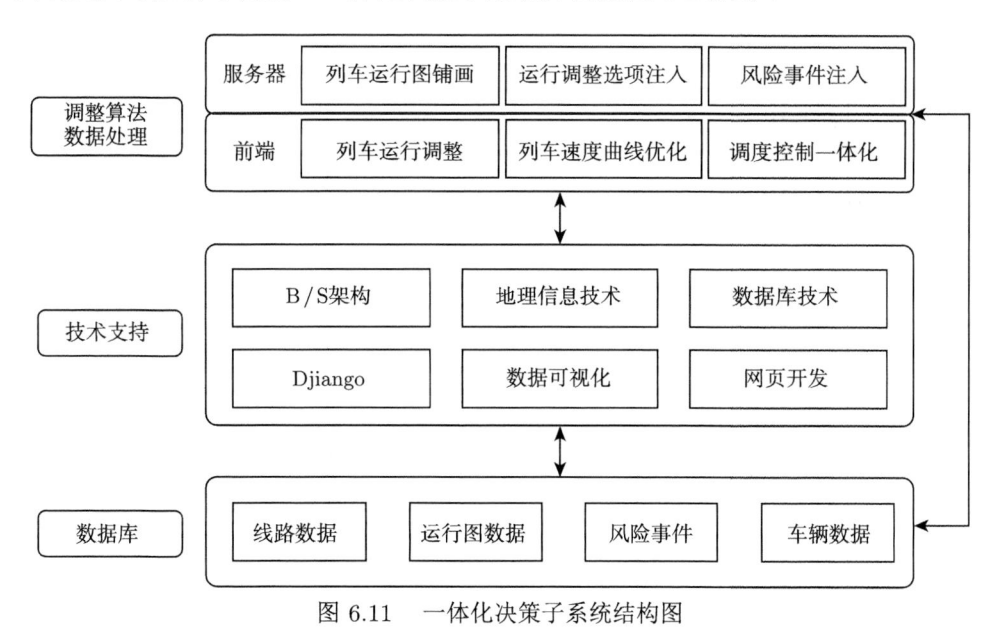

图 6.12 一体化决策子系统界面

6.3 最小原型系统与验证

6.3.1 最小原型系统结构

为体现一体化架构下控制层、调度层在时间、空间上的强耦合关系，依据我国高速铁路相关规范，构建一体化最小原型系统，如图 6.13 所示。

为表征高速铁路跨路局管理的时空关联及大型车站人流分布，系统沙盘选取 1 个动车段、2 个分界车站和 4 个大型车站。车站股道在满足验证要求的前提下，大站为 6 股道，分界站为 4 股道。最小原型系统涵盖站、桥、隧道等典型场景。

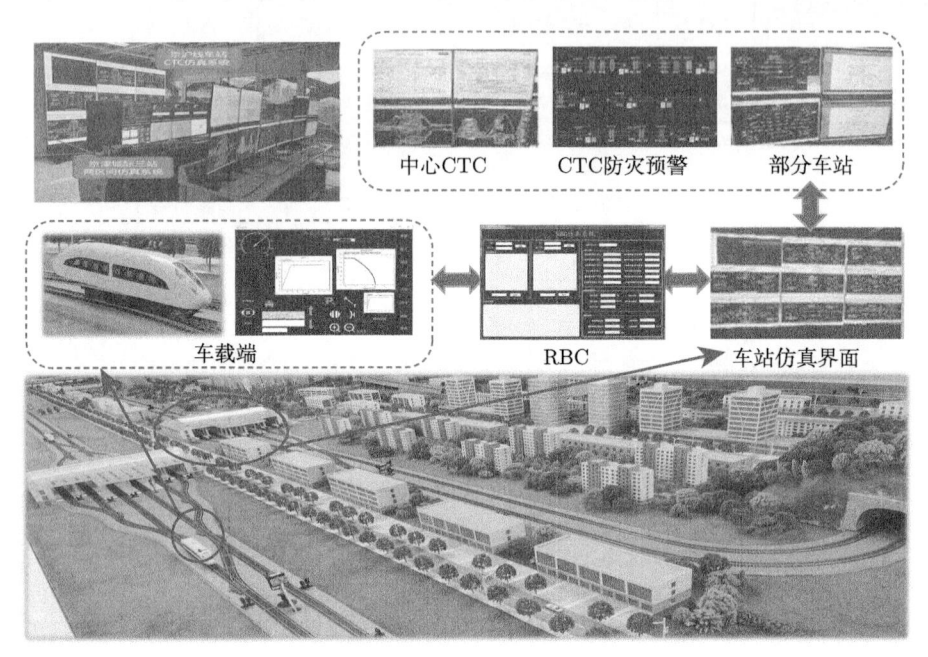

图 6.13　一体化最小原型系统

6.3.2 列车智能运行调整优化验证

参照实际场景中某高速铁路线的典型区段设置对应线路参数，即线路全长 19594 m；进站信号机位于相对位置 18144 m 处；站台长度 1450 m；站间最高限速 300 km/h；站内咽喉区最高限速 80 km/h 和列车最大牵引加速度与制动加速度 1m/s²。

在前方发生延误、进站信号开放后，列车从进站信号机位置启车进站，驶入站内侧线停车，现有驾驶模式下的进站运行时间为 108.4 s。利用列车运行曲线智能优化算法对前方发生延误场景下的列车运行曲线进行优化后，调整驾驶模式的进站运行时间为 96.0 s，优化运行曲线的优化调整点为（17985 m，43.3 km/h）。在信号机开放时刻相同的前提下对比进站运行时间，采用智能优化算法对列车运行曲线进行优化后节省约 12.4 s，相较于现有驾驶模式进站运行时间节省约 11.4%。智能优化列车运行曲线对比如图 6.14 所示。

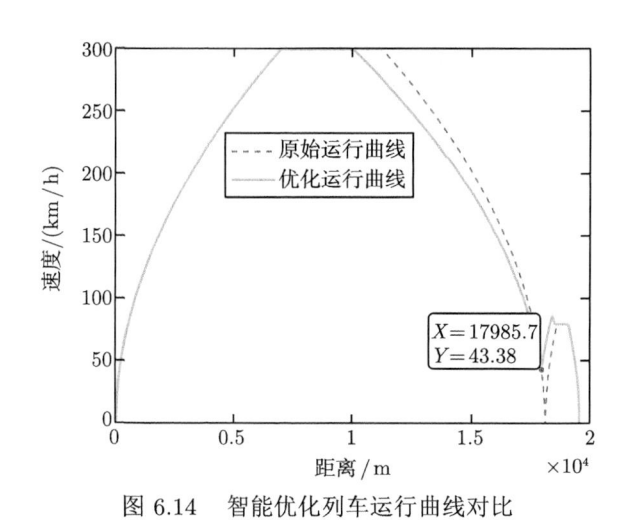

图 6.14　智能优化列车运行曲线对比

6.3.3　多车协同运行验证

多车协同运行验证选取的线路区段全长约 407566 m；区间最高限速 350 km/h；列车最大牵引加速度与制动加速度 $1 m/s^2$；高速列车在编队行驶模式下，列车间隔 2500 m。在最大限速相同的情况下，追踪列车采用列车协同智能控制算法进行多车列车协同运行验证。前车与追踪列车在一定区域内完成发车-多车成编-最大限速编队行驶-停车动作，运行计划与运行路线均相同，发车间隔 1 分 50 秒。

前车发车后，以最大加速度至 300 km/h，然后巡航运行。追踪列车设定为多车协同运行驾驶模式，以最大限速 350 km/h 追踪至期望间隔，形成稳定的列车编队。列车协同智能控制算法实时计算追踪列车速度，编队提速至 350 km/h，前后列车通过同一空间点的时间间隔为 30 s。在保证轨旁设备与车载设备响应达标，满足车间通信延迟与控制算法计算时间的前提下，高速列车可使用多车协同运行模式行驶，在列车编队最大限速为 350 km/h 的速度下，车间间隔可以达到 2500 m，行车时间间隔减至 30 s。算法可以提高多列车行驶的灵活性、有效性，更好地保证相对固定线路下多列车的高效安全行驶，缩短行车间隔，提高行车效率。协同列车速度跟踪曲线示意图如图 6.15 所示。

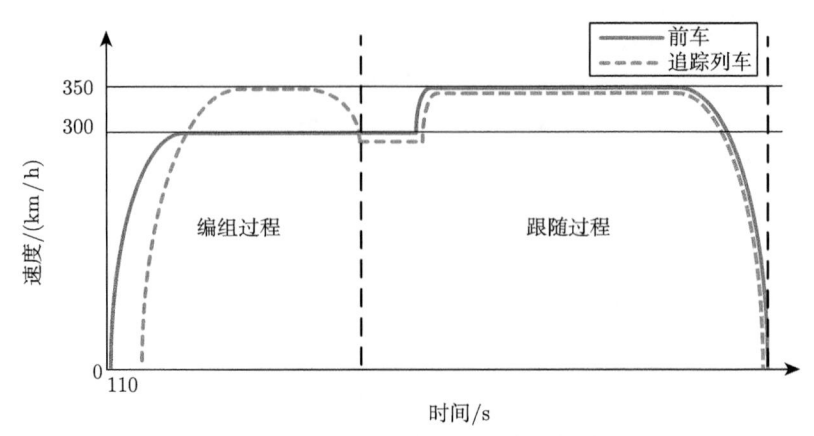

图 6.15 协同列车速度跟踪曲线示意图

6.4 实车试验线验证

为进一步对一体化相关技术与算法进行验证，在国家铁道试验中心环形标定线进行实车试验验证。测试线路全长 8.4 km，最大坡度 6.9‰，最高限速 110 km/h，具备列车运行调度、联锁、制动、运行、防滑、动力学试验等专项试验测试能力。实车试验线路、车站及限速情况如图 6.16 所示。实车测试选用 JY290XX 型重型轨道车，最高车速 100 km/h，整备重量 25t，具有良好的运行稳定性、平稳性，以及

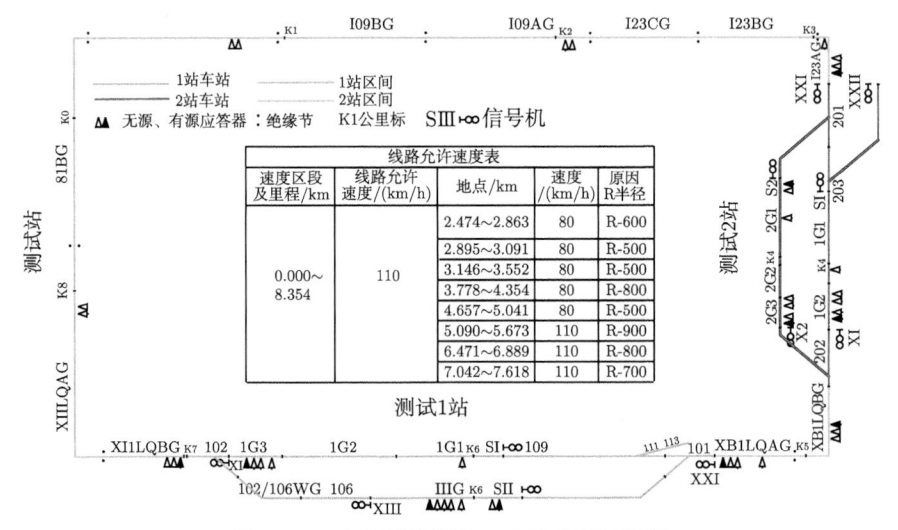

图 6.16 实车试验线路、车站及限速情况

6.4 实车试验线验证

良好的起动和牵引性能。其动力学参数如表 6.1 所示。

表 6.1 JY290 XX 型重型轨道车动力学参数

运行速度 /(km/h)	轮周牵引力/kN	各坡道牵引吨位 / t						
		0‰	6‰	12‰	18‰	24‰	30‰	38‰	50‰
4~8	47.1	1130	460	270	190	140	110	80	60
8~12	46.0	1130	460	270	190	140	110	70	50
12~16	37.1	1130	450	240	160	110	90	60	40
16~22	27.6	1130	320	170	110	80	60	30	20
22~30	20.5	1120	230	120	70	50	30	10	—
30~40	15.0	740	150	70	40	30	20	—	—
40~55	11.0	450	100	40	20	10	—	—	—
55~74	8.2	260	60	20	10	—	—	—	—
74~100	6.1	110	20	—	—	—	—	—	—

为完成试验并最大限度地减少硬件差异带来的算力差异，统一采用相同配置的测试机。地面设备包含中心 CTC、车站 CTC、CBI、RBC 中心、车载子系统等。实车测试地面设备如图 6.17 所示。定位设备和图像采集设备安装于实车前端驾驶台。实车测试车载设备（图 6.18）包含在途信息感知、车载端仿真设备、车地通信等系统。鉴于列车控制系统安全性与完整性，控制指令采用人在回路的形式隔离执行单元与计算单元，实现对算法的测试验证。试验软硬件设备信息如表 6.2 所示。

图 6.17 实车测试地面设备

图 6.18　实车测试车载设备

表 6.2　试验软硬件设备信息

设备		信息	
客户端	测试机	Intel (R) Core (TM) i7-6500U CPU@2.50GHz 2.59GHz 内存：8GB 硬盘：500GB	操作系统：Windows10 64位专业版 软件支持：IE11浏览器、Firefox浏览器、chrome浏览器
	定位设备	Advanced Navigation Spatial, DB9、波特率115200	操作系统：Windows10 64位专业版
	图像采集设备	双目 ZED-2，JZC-N81820S 模组	操作系统：Windows10 64位专业版
服务器	公网接入设备	E5576-855，最大150Mbit/s	windowserver 2012 R2 Nginx-1.17.1
	即时通信服务器	4 CPU，8GB内存，60GB存储	windowserver 2012 R2 apache-tomcat-8.5.55
	数据库	mySQL	windowserver 2012 R2 apache-tomcat-8.5.55

6.4 实车试验线验证

6.4.1 列车智能运行调整实车验证

列车智能运行试验的目的是比较优化运行场景和原始运行场景的延误时间，验证一体化方法和技术的有效性。其中，原始运行场景指前方列车 1 车由于大风等恶劣天气不能按照预定的时刻表完成运行计划，进而导致进站冲突，2 车按规定在进站信号机前停车等待，等候调度指令，等信号机开放后重新启动加速。优化运行场景指由于信号机开放后列车再启动进站停车过程耗时较长，因此考虑列车不停车，在信号机开放时刻能够及时到达信号机位置，以一定的速度驶入站内。

通过分析车载设备数据，原始运行场景运行时间为 403 s，在图 6.16 中的 XXI 信号机前 150 m 停车 34 s；优化运行场景运行时间为 372 s，相比原始运行场景约节省 31 s。考虑信号机开放时间不同，即原始运行场景信号机开放在第 305 s，第二圈信号机开放在第 281 s，对两者作差可知两圈信号机开放时间相差 24 s，因此在信号机开放时间相同的情况下，可知实际节省时间约为 7 s。此次测试线路总长为 6254 m，当线路长度较长时，节省时间的效果更好。曲线优化跟踪界面如图 6.19 所示。

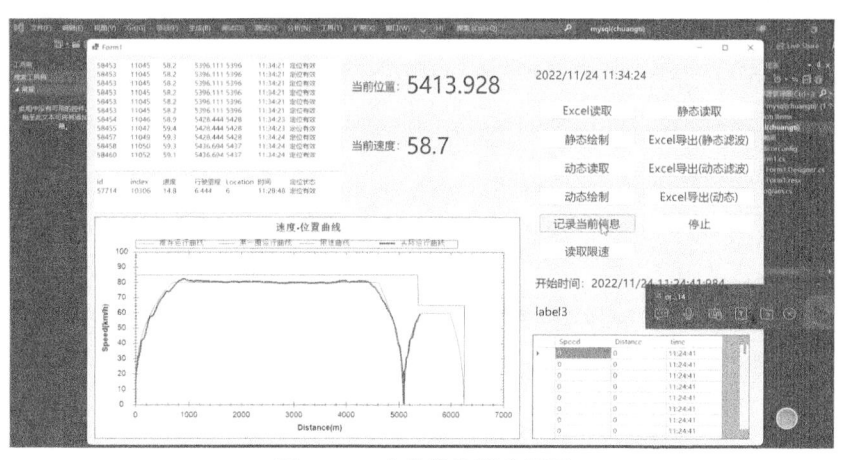

图 6.19　曲线优化跟踪界面

6.4.2 多车协同实车验证

多车协同实车验证的目的是测试列车协同优化与编队控制算法的有效性。测试过程包含仿真列车与实车同步验证，实车开机启动后车载设备通过网络接入设备、即时通信服务器与仿真列车建立信息交互通道。仿真列车以实车的速度、位置信息作为列车协同控制跟踪算法输入，根据计算得出的速度保持特定间隔跟踪运行，测试多车协同运行效果。考虑 ATO 曲线和调度对列车时刻表进行一体化优化，测试多车协同运行条件下与 CTC 联动的效果。虚拟列车模型的设计综合考虑列车运行的准时性、舒适性、节能性和精确停车等多指标要求，分析列车运行全过程的受力情况，建立列车运动非线性动力学模型。多车协同运行示意图如图 6.20 所示。

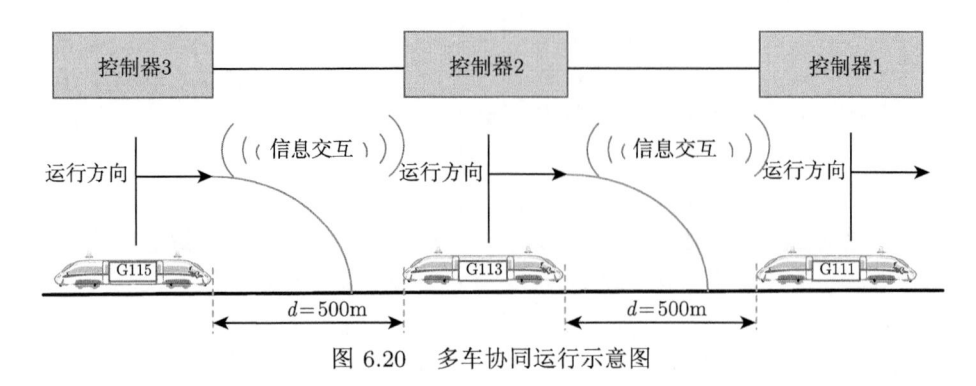

图 6.20　多车协同运行示意图

通过仿真列车与实车测试数据对比，轨旁设备响应时间、与中心 CTC、车站 CTC 通信延迟满足多列车协同运行。在 100 km/h 限速场景下，列车追踪缩短至 500m。设计的列车控制算法具有良好的控制效果，可以自适应估计不确定环境和列车参数的变化，给出实时控制信号，实现对给定目标速度-距离曲线的跟踪控制。列车实际运行速度和目标速度的偏差小于 0.5 km/h。

6.4.3　运行控制调度一体化验证

列车运行控制调度一体化验证可以分为临时限速和中断两个场景。列车按照运行计划运行，即正常情况下的列车时刻表如表 6.3 所示。其中，CS 代表测试验证场景一为临时限速下的列车运行测试。此场景根据设置的临时限速具体位置、持续时间、风速大小对列车运行图与速度曲线进行协同调整，实现临时限速场景下的控制调度一体化。验证场景二为中断下的列车运行测试。此过程模拟红光带异常下，列车运行图与速度曲线协同调整。

验证场景一为临时限速下的列车运行控制调度一体化。具体测试过程为中心 CTC 下发列车 CS111-CS121 的运行计划，车站 CTC 及 RBC 接收列车运行计划并对每列车进行注册。在发送临时限速命令之前，列车与车站 CTC 联锁按照运行计划和速度曲线运行，对进路进行锁闭与清空。列车 CS111 发车后，在 K2 至 K3 区段设置 20 km/h 的临时限速，同时对列车速度曲线运行计划进行协同优化与调整，并将调整后的列车运行计划下发给车站 CTC 与 RBC。更新后的列车实绩运行图如图 6.21 所示。如表 6.4 所示，车站 CTC 按照更新的列车运行计划与列车实时运行信息对进路锁闭与清空，并将列车实际到发站信息反馈给中心 CTC。

6.4 实车试验线验证

表 6.3 正常情况下的列车时刻表

车次	车站	到达时间	出发时间	占用股道
CS111	测试站	—	06:20:00	1G
	测试 2 站	06:21:47	06:21:47	1G
	测试 1 站	06:22:28	06:22:28	1G
	测试站	06:23:19	—	1G
CS113	测试站	—	06:20:50	3G
	测试 2 站	06:22:48	06:23:36	3G
	测试 1 站	06:24:38	06:25:07	3G
	测试站	06:26:13	—	3G
CS115	测试站	—	06:22:51	5G
	测试 2 站	06:24:43	06:24:43	5G
	测试 1 站	06:25:40	06:26:05	5G
	测试站	06:27:11	—	5G
CS117	测试站	—	06:24:50	1G
	测试 2 站	06:26:37	06:26:37	1G
	测试 1 站	06:27:18	06:27:18	1G
	测试站	06:28:09	—	1G
CS119	测试站	—	06:25:30	3G
	测试 2 站	06:27:28	06:28:16	3G
	测试 1 站	06:29:18	06:29:47	3G
	测试站	06:30:53	—	3G
CS121	测试站	—	06:27:41	5G
	测试 2 站	06:29:33	06:29:33	5G
	测试 1 站	06:30:30	06:30:55	5G
	测试站	06:32:01	—	5G

正常场景下，6 列下行列车 CS111-CS121 的总旅行时间为 1564s。由于图 6.16 中的 K2-K3 区段发生 20km/h 的临时限速，通过一体化调整与优化，6 列下行列车的总旅行时间（包括列车区间运行时间与停站时间）为 2005s，总延误为 570s。与非一体化策略得到的总延误为 647s 相比，减少 77s 的总延误，占比 11.9%。非一体化策略中列车总旅行时间相较一体化策略减少 2.7% 的总旅行时间。其中一体化策略通过对列车速度曲线进行优化，减少列车总区间运行时间，同时加入列车越行策略，虽然使 CS113 与 CS119 在测试 2 站停站时间增加，但是使限速场景下列车发车密度与车站接发车能力提高。此外，在一体化策略中，最后一列到达终点车站的列车为 CS119，具体时间为 06:32:45。在非一体化策略中，最后一列到达终点车站的列车为 CS121，具体时间为 06:33:07。一体化策略在减少列车总延误的同时可以用更短的时间完成需要执行的列车运行计划。

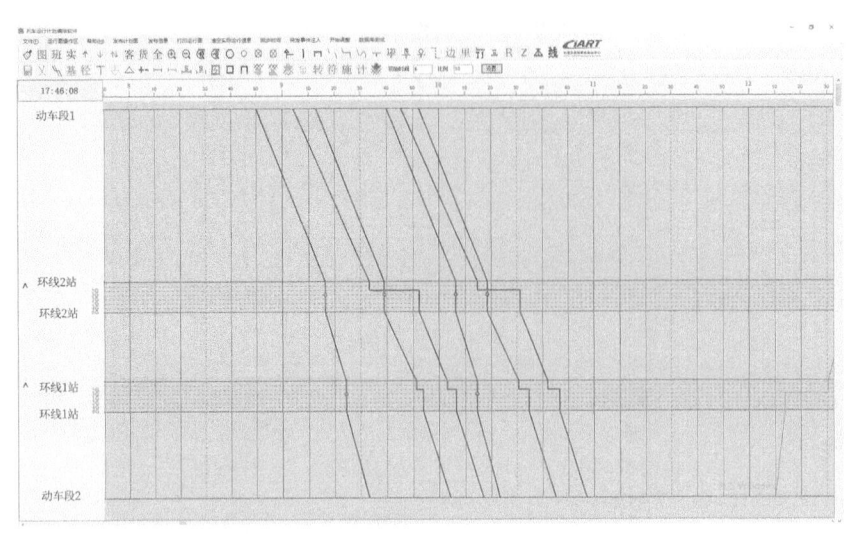

图 6.21　临时限速场景下列车实绩运行图

表 6.4　限速情况下的列车时刻表

车次	车站	到达时间	出发时间	占用股道
CS111	测试站	—	06:20:00	1G
	测试 2 站	06:22:38	06:22:38	1G
	测试 1 站	06:23:27	06:23:27	1G
	测试站	06:24:20	—	1G
CS113	测试站	—	06:21:25	3G
	测试 2 站	06:24:20	06:26:14	3G
	测试 1 站	06:27:18	06:27:39	3G
	测试站	06:28:42	—	3G
CS115	测试站	—	06:22:17	5G
	测试 2 站	06:24:54	06:24:54	1G
	测试 1 站	06:26:07	06:26:23	3G
	测试站	06:27:26	—	5G
CS117	测试站	—	06:25:00	1G
	测试 2 站	06:27:38	06:27:38	1G
	测试 1 站	06:28:27	06:28:27	1G
	测试站	06:29:20	—	1G
CS119	测试站	—	06:25:33	3G
	测试 2 站	06:28:28	06:30:08	3G
	测试 1 站	06:31:12	06:31:40	3G
	测试站	06:32:43	—	3G
CS121	测试站	—	06:26:14	5G
	测试 2 站	06:28:51	06:28:51	1G
	测试 1 站	06:30:04	06:30:28	3G
	测试站	06:31:31	—	5G

6.4 实车试验线验证

验证场景二为中断场景下的列车运行控制调度一体化。与验证场景一类似,中心 CTC 下发列车 CS111-CS121 的运行计划,车站 CTC 及 RBC 接收列车运行计划并对每列车进行注册。在列车 CS111 发车之前,设置测试站发车进路出现红光带异常,同时对速度曲线进行协同优化与调整,并将调整后的列车运行计划下发给车站 CTC 与 RBC,更新列车运行计划。中断场景下调整后的列车运行图如图 6.22 所示。中断情况下的列车时刻表如表 6.5 所示。车站 CTC 按照更新的列车运行计划与列车实时运行信息对进路锁闭与清空,并将列车实际到发站信息反馈给中心 CTC。

中断场景具体为 CS111 发车前,车站内发生红光带异常,造成发车延误。通过一体化调整与优化,6 列下行列车的总旅行时间为 1590s,总延误为 818s。与非一体化策略得到总旅行时间与总延误分别为 1620s 和 960s 的结果对比,可以减少 142s 的总延误与 30s 的总旅行时间,占非一体化策略结果的 14.7% 与 1.85%。一体化策略除了通过对列车速度曲线进行优化,还对运行图增加两次关键越行。虽然列车 CS113 与列车 CS119 在车站测试 2 站的停站时间增加,导致列车总旅行时间降低效果不明显,但是一体化策略通过合理优化列车运行次序,提高发车密度、车站与线路利用效率。在一体化策略中,最后一列到达终点车站的列车为 CS119,具体时间为 06:33:14。在非一体化策略中,最后一列到达终点车站的列车为 CS121,具体时间为 06:33:40。一体化策略可以用更短的时间完成需要执行的列车运行计划。

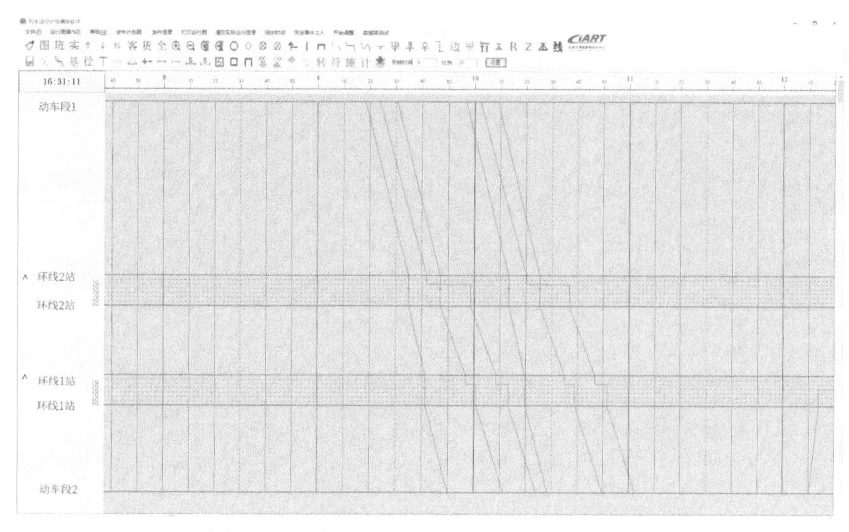

图 6.22 中断场景下调整后的列车运行图

表 6.5　中断情况下的列车时刻表

车次	车站	到达时间	出发时间	占用股道
CS111	测试站	—	06:22:50	1G
	测试 2 站	06:24:30	06:24:30	1G
	测试 1 站	06:25:08	06:25:08	1G
	测试站	06:26:00	—	1G
CS113	测试站	—	06:23:23	3G
	测试 2 站	06:25:11	06:26:51	3G
	测试 1 站	06:27:51	06:28:19	3G
	测试站	06:29:24	—	3G
CS115	测试站	—	06:24:04	5G
	测试 2 站	06:25:42	06:25:42	1G
	测试 1 站	06:26:40	06:27:04	3G
	测试站	06:28:08		5G
CS117	测试站	—	06:26:40	1G
	测试 2 站	06:28:20	06:28:20	1G
	测试 1 站	06:28:58	06:28:58	1G
	测试站	06:29:50	—	1G
CS119	测试站	—	06:27:13	3G
	测试 2 站	06:29:01	06:30:41	3G
	测试 1 站	06:31:41	06:32:09	3G
	测试站	06:33:14	—	3G
CS121	测试站	—	06:27:54	5G
	测试 2 站	06:29:32	06:29:32	1G
	测试 1 站	06:30:30	06:30:54	3G
	测试站	06:31:58	—	5G

参考文献

[1] 王同军. 智能高速铁路战略研究. 第一卷. 北京: 中国铁道出版社, 2021.

[2] 国家统计局. 中国统计年鉴. 北京: 中国统计出版社, 2022.

[3] 宁滨, 董海荣, 郑伟, 等. 高速铁路运行控制与动态调度一体化的现状与展望. 自动化学报, 2019, 45(12):2208–2217.

[4] 何华武, 朱亮, 李平, 等. 智能高速铁路体系框架研究. 中国铁路, 2019, (3):1–8.

[5] Dong H, Ning B, Cai B, et al. Automatic train control system development and simulation for high-speed railways. IEEE Circuits and Systems Magazine, 2010, 10(2):6–18.

[6] Dong H, Liu X, Zhou M, et al. Integration of train control and online rescheduling for high-speed railways in case of emergencies. IEEE Transactions on Computational Social Systems, 2021, 9(5):1574–1582.

[7] 宁滨, 唐涛, 李开成, 等. 高速列车运行控制系统. 北京: 科学出版社, 2012.

[8] 王同军. 中国智能高速铁路 2.0 的内涵特征, 体系架构与实施路径. 铁路计算机应用, 2022, 31(7):1–9.

[9] 柴天佑. 工业人工智能发展方向. 自动化学报, 2020, 46(10):2005–2012.

[10] 莫志松, 郑升. 高速铁路列车运行控制技术-CTC3-3 级列车运行控制系统. 北京: 中国铁道出版社, 2015.

[11] 宁滨. 智能交通中的若干科学和技术问题. 中国科学: 信息科学, 2018, 48(9):1264–1269.

[12] Jiaxin C, Howlett P. Application of critical velocities to the minimisation of fuel consumption in the control of trains. Automatica, 1992, 28(1):165–169.

[13] Jiaxin C, Howlett P. A note on the calculation of optimal strategies for the minimization of fuel consumption in the control of trains. IEEE Transactions on Automatic Control, 1993, 38(11):1730–1734.

[14] Howlett P. A new look at the rate of change of energy consumption with respect to journey time on an optimal train journey. Transportation Research Part B: Methodological, 2016, 94:387–408.

[15] Chou M, Xia X, Kayser C. Modelling and model validation of heavy-haul trains equipped with electronically controlled pneumatic brake systems. Control Engineering Practice, 2007, 15(4):501–509.

[16] Zhuan X, Xia X. Speed regulation with measured output feedback in the control of heavy haul trains. Automatica, 2008, 44(1):242–247.

[17] Zhuan X, Xia X. Optimal scheduling and control of heavy haul trains equipped with electronically controlled pneumatic braking systems. IEEE Transactions on Control Systems Technology, 2007, 15(6):1159–1166.

[18] Gao S, Dong H, Chen Y, et al. Approximation-based robust adaptive automatic train control: An approach for actuator saturation. IEEE Transactions on Intelligent Transportation Systems, 2013, 14(4):1733–1742.

[19] Faieghi M, Jalali A. Robust adaptive cruise control of high speed trains. ISA Transactions, 2014, 53(2):533–541.

[20] Lin X, Dong H, Yao X, et al. Neural adaptive fault-tolerant control for high-speed trains with input saturation and unknown disturbance. Neurocomputing, 2017, 260:32–42.

[21] Bai W, Yao X, Dong H, et al. Mixed H_-/H_∞ fault detection filter design for the dynamics of high speed train. Science China Information Sciences, 2017, 60:1–3.

[22] Ganesan M, Ezhilarasi D, Benni J. Second-order sliding mode controller with model reference adaptation for automatic train operation. Vehicle System Dynamics, 2017, 55(11):1764–1786.

[23] Yin J, Chen D, Li L. Intelligent train operation algorithms for subway by expert system and reinforcement learning. IEEE Transactions on Intelligent Transportation Systems, 2014, 15(6):2561–2571.

[24] Patel M, Pratap B. Design of an adaptive neuro-observer-based feedback controller for high-speed trains with parametric uncertainties. Proceedings of the Institution of Mechanical Engineers, Part F: Journal of Rail and Rapid Transit, 2019, 233(8):765–782.

[25] Farooqi H, Incremona G P, Colaneri P. Railway collaborative ecodrive via dissension based switching nonlinear model predictive control. European Journal of Control, 2019, 50:153–160.

[26] Lin P, Huang Y, Zhang Q, et al. Distributed velocity and input constrained tracking control of high-speed train systems. IEEE Transactions on Systems, Man, and Cybernetics: Systems, 2020, 51(12):7882–7888.

[27] Chen Y, Huang D, Li Y, et al. A novel iterative learning approach for tracking control of high-speed trains subject to unknown time-varying delay. IEEE Transactions on Automation Science and Engineering, 2020, 19(1):113–121.

[28] Novak H, Lešić V, Vašak M. Energy-efficient model predictive train traction control with incorporated traction system efficiency. IEEE Transactions on Intelligent Transportation Systems, 2021, 23(6):5044–5055.

[29] 刘晓宇, 荀径, 高士根, 等. 高速列车精确停车的鲁棒自触发预测控制. 自动化学报, 2022, 48(1):171–181.

[30] Ning B. Absolute braking and relative distance braking-train operation control modes in moving block systems. WIT Transactions on The Built Environment, 1998, 37: 96–117.

[31] Baek J H. The study on train separation control & safety braking model technology using balise for conventional lines//INTELEC 2009-31st International Telecommunications Energy Conference, Edinburgh, 2009:1–4.

[32] Takagi R. Synchronisation control of trains on the railway track controlled by the moving block signalling system. IET Electrical Systems in Transportation, 2012, 2(3):130–138.

[33] Gao S, Dong H, Ning B, et al. Cooperative adaptive bidirectional control of a train platoon for efficient utility and string stability. Chinese Physics B, 2015, 24(9):90506.

[34] Zhao Y, Ioannou P. Positive train control with dynamic headway based on an active communication system. IEEE Transactions on Intelligent Transportation Systems, 2015, 16(6):3095–3103.

[35] Dong H, Gao S, Ning B. Cooperative control synthesis and stability analysis of multiple trains under moving signaling systems. IEEE Transactions on Intelligent Transportation Systems, 2016, 17(10):2730–2738.

[36] Carvajal-Carreño W, Cucala A P, Fernández-Cardador A. Fuzzy train tracking algorithm for the energy efficient operation of CBTC equipped metro lines. Engineering Applications of Artificial Intelligence, 2016, 53:19–31.

[37] Gao S, Dong H, Ning B, et al. Cooperative prescribed performance tracking control for multiple high-speed trains in moving block signaling system. IEEE Transactions on Intelligent Transportation Systems, 2019, 20(7):2740–2749.

[38] Bai W, Lin Z, Dong H, et al. Distributed cooperative cruise control of multiple high-speed trains under a state-dependent information transmission topology. IEEE Transactions on Intelligent Transportation Systems, 2019, 20(7):2750–2763.

[39] Xun J, Yin J, Liu R, et al. Cooperative control of high-speed trains for headway regulation: A self-triggered model predictive control based approach. Transportation Research Part C: Emerging Technologies, 2019, 102:106–120.

[40] Liu Y, Liu R, Wei C, et al. Distributed model predictive control strategy for constrained high-speed virtually coupled train set. IEEE Transactions on Vehicular Technology, 2021, 71(1):171–183.

[41] Lin P, Tian Y, Gui G, et al. Cooperative control for multiple train systems: Self-adjusting zones, collision avoidance and constraints. Automatica, 2022, 144:110470.

[42] Mannino C, Mascis A. Optimal real-time traffic control in metro stations. Operations Research, 2009, 57(4):1026–1039.

[43] Liu X, Zhou M, Song H, et al. Parallel intelligence method for timetable rescheduling of high-speed railways under disturbances//2021 IEEE 1st International Conference on Digital Twins and Parallel Intelligence, Beijing, 2021: 414–417.

[44] 曾壹, 张琦, 陈峰. 基于约束规划方法的高速铁路调整优化模型. 铁道学报, 2019, 41(4):1–9.

[45] D'Ariano A, Corman F, Pacciarelli D, et al. Reordering and local rerouting strategies to manage train traffic in real time. Transportation Science, 2008, 42(4):405–419.

[46] D'Ariano A. Innovative decision support system for railway traffic control. IEEE Intelligent Transportation Systems Magazine, 2009, 1(4):8–16.

[47] 谭立刚, 杨肇夏. 编组站模拟系统中到达流生成的方法. 北方交通大学学报, 1998, 22(6):43–47.

[48] 何世伟, 宋瑞, 谭立刚, 等. 枢纽编组站智能调度系统的设计与实现. 北京交通大学学报, 2002, 26(5):19–23.

[49] Gainanov D N, Konygin A V, Rasskazova V A. Modelling railway freight traffic using the methods of graph theory and combinatorial optimization. Automation and Remote Control, 2016, 77:1928–1943.

[50] Törnquist J, Persson J A. N-tracked railway traffic re-scheduling during disturbances. Transportation Research Part B: Methodological, 2007, 41(3):342–362.

[51] Xu P, Corman F, Peng Q, et al. A train rescheduling model integrating speed management during disruptions of high-speed traffic under a quasi-moving block system. Transportation Research Part B: Methodological, 2017, 104: 638–666.

[52] Espinosa-Aranda J L, García-Ródenas R. A demand-based weighted train delay approach for rescheduling railway networks in real time. Journal of Rail Transport Planning & Management, 2013, 3(1-2):1–13.

[53] Krasemann J T. Design of an effective algorithm for fast response to the re-scheduling of railway traffic during disturbances. Transportation Research Part C: Emerging Technologies, 2012, 20(1):62–78.

[54] 代学武, 程丽娟, 崔东亮, 等. 基于强化学习的高速列车群运行调整方法. 中国科学: 信息科学, 2022, 52(5): 890–906.

[55] Hassannayebi E, Sajedinejad A, Kardannia A, et al. Simulation-optimization framework for train rescheduling in rapid rail transit. Transportmetrica B: Transport Dynamics, 2021, 9(1):343–375.

[56] Ning L, Li Y, Zhou M, et al. A deep reinforcement learning approach to high-speed train timetable rescheduling under disturbances//2019 IEEE Intelligent Transportation Systems Conference, Auckland, 2019:3469–3474.

[57] Ghaemi N, Zilko A A, Yan F, et al. Impact of railway disruption predictions and rescheduling on passenger delays. Journal of Rail Transport Planning & Management, 2018, 8(2):103–122.

[58] Jespersen-Groth J, Potthoff D, Clausen J, et al. Disruption Management in Passenger Railway Transportation. Berlin: Springer, 2009.

[59] Zhou M, Dong H, Liu X, et al. Integrated timetable rescheduling for multidispatching sections of high-speed railways during large-scale disruptions. IEEE Transactions on Computational Social Systems, 2021, 9(2):366–375.

[60] Acuna-Agost R, Michelon P, Feillet D, et al. SAPI: Statistical analysis of propagation of incidents a new approach for rescheduling trains after disruptions. European Journal of Operational Research, 2011, 215(1):227–243.

[61] Meng L, Zhou X. Simultaneous train rerouting and rescheduling on an N-track network: A model reformulation with network-based cumulative flow variables. Transportation Research Part B: Methodological, 2014, 67: 208–234.

[62] Zhu Y, Goverde R M. Railway timetable rescheduling with flexible stopping and flexible short-turning during disruptions. Transportation Research Part B: Methodological, 2019, 123:149–181.

[63] Hong X, Meng L, D'Ariano A, et al. Integrated optimization of capacitated train rescheduling and passenger reassignment under disruptions. Transportation Research Part C: Emerging Technologies, 2021, 125:103025.

[64] 文超. 高速铁路列车运行冲突管理研究. 成都: 西南交通大学, 2012.

[65] 庄河, 何世伟, 戴杨铖. 高速铁路列车运行调整的模型及其策略优化方法. 中国铁道科学, 2017, 2017(2):118–126.

[66] Altazin E, Dauzère-Pérès S, Ramond F, et al. Rescheduling through stop-skipping in dense railway systems. Transportation Research Part C: Emerging Technologies, 2017, 79:73–84.

[67] Li X J, Han B M, Qi Z. Delay adjustment method at transfer station of high-speed railway. Advances in Mechanical Engineering, 2013, 5:752632.

[68] Shakibayifar M, Sheikholeslami A, Corman F, et al. An integrated rescheduling model for minimizing train delays in the case of line blockage. Operational Research, 2020, 20:59–87.

[69] Sañudo R, Bordagaray M, dell'Olio L, et al. Discrete choice models to determine high-speed passenger stop under emergency conditions. Transportation Research Procedia, 2014, 3:234–240.

[70] Dollevoet T, Huisman D, Kroon L G, et al. Application of an iterative framework for real-time railway rescheduling. Computers & Operations Research, 2017, 78:203–217.

[71] Ning B, Xun J, Gao S, et al. An integrated control model for headway regulation and energy saving in urban rail transit. IEEE Transactions on Intelligent Transportation Systems, 2014, 16(3):1469–1478.

[72] Li X, Lo H K. An energy-efficient scheduling and speed control approach for metro rail operations. Transportation Research Part B: Methodological, 2014, 64:73–89.

[73] Luan X, Wang Y, de Schutter B, et al. Integration of real-time traffic management and train control for rail networks-Part 2: Extensions towards energy-efficient train operations. Transportation Research Part B: Methodological, 2018, 115:72–94.

[74] Yang X, Li X, Ning B, et al. A survey on energy-efficient train operation for urban rail transit. IEEE Transactions on Intelligent Transportation Systems, 2015, 17(1):2–13.

[75] Montigel M. Operations control system in the lotschberg base tunnel. European Rail Technology Review, 2009, 49: 235–261.

[76] 孟迪舸, 吕蒂, 阿赫曼, 等. 提高速铁路路长大隧道安全性的铁路运营管理系统. 中国铁路, 2014, (1):23–26.

[77] Hou Z, Dong H, Gao S, et al. Energy-saving metro train timetable rescheduling model considering ATO profiles and dynamic passenger flow. IEEE Transactions on Intelligent Transportation Systems, 2019, 20(7):2774–2785.

[78] 侯卓璞. 面向调度控制一体化的列车运行自动调整方法研究. 北京: 北京交通大学, 2021.

[79] Dai X, Zhao H, Yu S, et al. Dynamic scheduling, operation control and their integration in high-speed railways: A review of recent research. IEEE Transactions on Intelligent Transportation Systems, 2021, 23(9):13994–14010.

[80] Zhan S, Wang P, Wong S, et al. Energy-efficient high-speed train rescheduling during a major disruption. Transportation Research Part E: Logistics and Transportation Review, 2022, 157:102492.

[81] Zhao Z, Xun J, Dong H, et al. An integrated method for optimizing train speed profile in case of entering station conflict//2021 China Automation Congress, Kunming, 2021:5408–5413.

[82] Mazzarello M, Ottaviani E. A traffic management system for real-time traffic optimisation in railways. Transportation Research Part B: Methodological, 2007, 41(2):246–274.

[83] Corman F, Quaglietta E. Closing the loop in real-time railway control: Framework design and impacts on operations. Transportation Research Part C: Emerging Technologies, 2015, 54:15–39.

[84] Roberts C, Chen L. Optimal networks for train integration management across Europe. European Railway Review, 2013, 19(3):48–52.

[85] Wang P, Goverde R M. Multiple-phase train trajectory optimization with signalling and operational constraints. Transportation Research Part C: Emerging Technologies, 2016, 69:255–275.

[86] Chen L, Roberts C, Schmid F, et al. Modeling and solving real-time train rescheduling problems in railway bottleneck sections. IEEE Transactions on Intelligent Transportation Systems, 2015, 16(4):1896–1904.

[87] Luan X, Wang Y, de Schutter B, et al. Integration of real-time traffic management and train control for rail networks-Part 1: Optimization problems and solution approaches. Transportation Research Part B: Methodological, 2018, 115:41–71.

[88] Union Funding for Research & Innovation E. Europe's rail. https://shift2rail.org/ [2003-4-27].

[89] Swiss Federal Railways. The Swiss Way to Capacity Optimization for Traffic Management. Switzerland: Swiss Federal Railways, 2017.

[90] 中国铁路总公司. 高速铁路 ATO 系统暂行总体技术方案：铁总科信 [2018]8 号. 北京：中国铁路总公司，2018.

[91] Liu R R, Golovitcher I M. Energy-efficient operation of rail vehicles. Transportation Research Part A: Policy and Practice, 2003, 37(10):917–932.

[92] Ince E L. Ordinary Differential Equations. Chicago: Courier Corporation, 1956.

[93] Albrecht A, Howlett P, Pudney P, et al. The key principles of optimal train control-Part 2: Existence of an optimal strategy, the local energy minimization principle, uniqueness, computational techniques. Transportation Research Part B: Methodological, 2016, 94:509–538.

[94] Vu X. Analysis of Necessary Conditions for the Optimal Control of a Train. Berlin: VDM Verlag Dr. Müller, 2006.

[95] Liu T, Xun J, Liu Y. Analysis of optimal train control problem on a non-steep track with speed limit//2019 IEEE Intelligent Transportation Systems Conference, Auckland, 2019:2533–2538.

[96] 黄琳. 系统与控制理论中的线性代数. 北京: 科学出版社, 2018.

[97] Polycarpou M. Stable adaptive neural control scheme for nonlinear systems. IEEE Transactions on Automatic Control, 1996, 41(3):447–451.

[98] Dong H, Gao S, Ning B, et al. Error-driven nonlinear feedback design for fuzzy adaptive dynamic surface control of nonlinear systems with prescribed tracking performance. IEEE Transactions on Systems, Man, and Cybernetics: Systems, 2017, 50(3):1013–1023.

[99] Khalil H K. Nonlinear Systems. 3rd Ed. Upper Saddle River: Prentice, 2002.

[100] Gao S, Dong H, Ning B, et al. Neural adaptive control for uncertain nonlinear system with input saturation: State transformation based output feedback. Neurocomputing, 2015, 159:117–125.

[101] Ge S S, Wang C. Adaptive neural control of uncertain MIMO nonlinear systems. IEEE Transactions on Neural Networks, 2004, 15(3):674–692.

[102] Cheng D, Wang J, Hu X. An extension of LaSalle's invariance principle and its application to multi-agent consensus. IEEE Transactions on Automatic Control, 2008, 53(7):1765–1770.

[103] Anderson P M, Bose A. Stability simulation of wind turbine systems. IEEE Transactions on Power Apparatus & Systems, 1983, 102(12):3791–3795.

[104] Chen J, Patton R J, Liu G P. Optimal residual design for fault diagnosis using multi-objective optimization and genetic algorithms. International Journal of Systems Science, 1996, 27(6):567–576.

[105] Douglas R K, Speyer J L. Robust fault detection filter design. Journal of Guidance, Control, and Dynamics, 1996, 19(1):214–218.

[106] Chen B, Nagarajaiah S. Linear-matrix-inequality-based robust fault detection and isolation using the eigenstructure assignment method. Journal of Guidance, Control, and Dynamics, 2007, 30(6):1831–1835.

[107] Iwasaki T, Hara S. Generalized KYP lemma: Unified frequency domain inequalities with design applications. IEEE Transactions on Automatic Control, 2005, 50(1):41–59.

[108] Zhou M, Wang Z, Shen Y. Fault detection and isolation method based on H_-/H_∞ unknown input observer design in finite frequency domain. Asian Journal of Control, 2017, 19(5):1777–1790.

[109] Sontag E D. Mathematical Control Theory: Deterministic Finite Dimensional Systems. New York: Springer, 2013.

[110] Wei Y, Lin Z. Time-varying low gain feedback for linear systems with unknown input delay. Systems and Control Letters, 2019, 123:98–107.

[111] Zhou B, Duan G, Lin Z. A parametric Lyapunov equation approach to the design of low gain feedback. IEEE Transactions on Automatic Control, 2008, 53(6):1548–1554.

[112] Zhou B, Lin Z, Duan G R. Properties of the parametric Lyapunov equation-based low-gain design with applications in stabilization of time-delay systems. IEEE Transactions on Automatic Control, 2009, 54(7):1698–1704.

[113] Su H, Wang X, Lin Z. Flocking of multi-agents with a virtual leader. IEEE Transactions on Automatic Control, 2009, 54(2):293–307.

[114] Albrecht A, Howlett P, Pudney P, et al. The key principles of optimal train control-Part 1: Formulation of the model, strategies of optimal type, evolutionary lines, location of optimal switching points. Transportation Research Part B: Methodological, 2016, 94:482–508.

[115] Mirjalili S, Mirjalili S M, Lewis A. Grey wolf optimizer. Advances in Engineering Software, 2014, 69:46–61.

[116] Malik M R S, Mohideen E R, Ali L. Weighted distance grey wolf optimizer for global optimization problems//2015 IEEE International Conference on Computational Intelligence and Computing Research, Madurai, 2015:1–6.